墨海春秋

墨海春秋

——投资·金融·编辑·公文·写作

文明◎著

中国财经出版传媒集团
中国财政经济出版社

图书在版编目（CIP）数据

墨海春秋：投资·金融·编辑·公文·写作/文明著. —北京：中国财政经济出版社，2019. 1

ISBN 978 -7 -5095 -8751 -5

Ⅰ. ①墨…　Ⅱ. ①文…　Ⅲ. ①社会科学 - 文集　Ⅳ. ①G53

中国版本图书馆 CIP 数据核字（2018）第 302493 号

责任编辑：张怡然　　　　责任印制：刘春年
责任校对：李　丽　　　　装帧设计：陈宇琰

中国财政经济出版社 出版

URL：http：//www. cfeph. cn

E - mail：cfeph @ cfeph. cn

社址：北京市海淀区阜成路甲 28 号　邮政编码：100142

营销中心电话：010 - 88191537

北京财经印刷厂印刷　各地新华书店经销

787 × 1092 毫米　16 开　26. 75 印张　422 000 字

2019 年 5 月第 1 版　2019 年 5 月北京第 1 次印刷

定价：88. 00 元

ISBN 978 - 7 - 5095 - 8751 - 5

（图书出现印装问题，本社负责调换）

本社质量投诉电话：010 - 88190744

打击盗版举报热线：010 - 88191661　QQ：2242791300

作者简介

文明 1943年8月23日出生在陕西省横山县石窑沟乡折家山村。1955年，在子洲县石垛坪村完成初小学业，考入子洲县水地湾高级小学。

1957年7月考入横山中学，并在这所中学里完成了6年的中学学业。这所中学创建于1955年，是横山县当时唯一的一所中学。他是进入该校的第三届中学生，正逢建校初期，经常参加繁重的建校劳动和勤工俭学活动。

1964年考入中央财经大学（原为中央财政金融学院），于1968年完成了4年多的大学学业。

1968年12月，大学毕业后被分配到建筑工程部102工程指挥部。这个指挥部的任务是搞“三线”建设，建设中国第二汽车制造厂，地址在湖北省十堰市。从建厂到投产历时5年，期间主要从事建筑企业的财务会计工作。1972年参与了湖北省建委组建的建筑安装工程预算定额编制办公室的工作。1973年5月随建制调回北京第三建筑工程公司，又从事了5年的财务会计及企业管理工作。其间，曾为102系统首期会计培训班授课，为干部学习马列著作举办辅导讲座，直到1978年。

1978年2月至1989年5月的11年间，在财政部直属的中国财政经济出版社从事图书编辑工作，任编辑室主任、副编审。期间，编辑出版财政、经济、投资、金融类教材及图书160余种，6000余万字，策划、组织《财经大辞典》的出版工作，有30多种论著、教材获国家各类优秀图书及优秀教材奖。

1989年6月至1996年3月，在中国建设银行投资研究所从事期刊编审及投资理论研究工作，先后担任研究室主任、编辑室主任、副所长和编审等职务。7年间编审《投资研究》《中国投资管理》80多期，主编大型工具书《融资投资实用全书》（中国财政经济出版社1995年出版），参与主编大型工具书《中国投资管理大全》（中国财政经济出版社1990年出版）、《中国投资年鉴》（中国金融出版社1994年、1995年出版）、《投资知识百科全书》（中国金融出版社1992年出版）等5部，共计1000多万字。

1996年3月中国建设银行投资研究所撤销，先在行内教育部工作半年，后调到行长办公室工作，直至2008年完成行史3本书的总编纂工作之后，离开工作岗位。其间，先后负责公文核稿及专项调研工作，参与了《建设银行内部控制》《建设银行公文办法》及工作规则、会议制度等重要文献的起草工作，主管《现代商业银行导刊》《投资研究》的终审工作，负责《中国建设银行史》《中国建设银行辉煌50年》《中国国建设银行大事记（1954~2005）》的总编纂工作等；2000年7月行政职务由副主任级升为主任级，任行史编写办公室主任。

从1996年开始被聘为财政部研究生部兼职教授、研究生导师，先后20多年，负责讲授《投资经济讲座》，指导研究生，期间出版专著《投资经济导论》（经济科学出版社1999年出版）。

在30多年的编辑出版及科研工作中，共编辑出版图书180多种，编审期刊100余期，总计8000多万字；发表投资、金融、财政、经济、编辑学论文近百篇，其中《投资辨析》《投资体制改革目标研究》《国有商业银行改革重在制度创新》等论文分别荣获中国投资学会1989年度、1994年度和2000年度的优秀论文奖，其余大多收入相关论文集。

目录

序篇

投资研究篇

金融研究篇

行史研究篇

编辑研究篇

公文写作篇

序篇

与有肝胆人共事，从无字句处读书。

学习、思考、奉献是我生命的主题。

墨海春秋

学至于行

——“京华陕北人”系列之文明

毕竟是“老牌”大学生，今年已经73岁的文明仍然怀着一颗忧国忧民的心。他凭着自己的学术素养到现在仍然担任着财政部财政科学研究所研究生部的兼职教授，每年都要花很多时间去指导研究生，为研究生讲授投资学。

同为横山中学的校友，我和文明先生有过几次接触，总觉得他和蔼可亲，讲话入情入理而又不缺少激情，而且话中带着浓浓的思辨的味道。

4月1日下午，当我们按照约定的时间来到文明先生家中的时候，他正在为自己所带的学生修改硕士毕业论文。

随着哲理般的话语，他不断摘下又戴上的眼镜。他一生所学是那么宽广，可是每当谈起自己专业领域的问题，他却又显得那么谨慎。

文明1943年8月23日出生于横山县石窑沟乡的折家山村，父亲姓韩，母亲姓文。由于他出生后，他和母亲都总是闹病，经当地有名的“算命”大师测算后认为是母子相克，于是在虚岁四岁时他被领到外婆家，随母亲姓了文。奇怪的是，从此以后，他和母亲不再闹病了，身体也长得壮实起来。

70年的时间已经过去，今天，文明先生在说起这段经历时还诙谐地说：“这一改姓也许真的是改变命运的开始。”因为到了外婆家生活后，村里有学校，他有机会得以读书。尽管中华人民共和国成立前中共米西区委成立大会就在折家山文明先生的村里召开，但折家山毕竟处在穷乡僻壤，想要上学几乎不太可能。

1951年春天，村里办起了夏书房。初入学堂的文明还只有乳名，学校也还没有课本，于是先生就在他那个用粗麻纸订成的识字本上写下“文明儿”三个字，算作他的名字。可文明觉得那个“儿”字不好听，就自己改名字为“文汉明”，“汉”字也符合舅舅家的字辈排行叫法。可后来，他五年级时，一位叫高天培的班主任老师，在进行少先队员登记和给他画一幅水彩画的笔记本封面时，两次直接改他的名字为“文明”。从此，“文明”就成了他正式的名字，也正如他的为人与处世的原则，做一个“文明”的人。

1957年，在全横山县720多名考生中，文明和另外179人被横山中学录取，成为一名初中生。“那时候我们勤奋、上进”，在校长黑义忠领导的横山中学，他们创造着一个又一个的辉煌。今天，当他再次说起母校，依然饱含深情，他对黑义忠校长充满深深的敬意和无限的怀念，对教过他的老师满含深情，而校园里的一草一木似乎还历历在目。因为他在那里完成了自己的初中、高中学习，人生最美好的年华就在那里度过。

在中学里，文明担任过横山中学第三任少年先锋队大队长，可他觉得他的人生中好像没有少年，只想着为生存而念书、干活。他从童年开始就需要担当起挑水、背煤、砍柴、种地等大人们干的活计。因为9岁那年，他的外公去世后，幼小的文明必须承担起家庭的重担。而在学校里，他也没能在音乐、美术、体育这些副课上太下工夫，他怕浪费时间，他要努力学习主课，他立志要考上大学，改变自己和家庭的命运，做一个对国家有贡献的人。

从高二学期暑假起，文明放假就不再回家，而是在学校里勤工俭学，一边复习功课，一边为学校放羊，补贴生活的费用。那时候，他也正怀揣着工程师的梦想，胸藏对哲学、物理学的热爱，在追求知识的道路上不舍昼夜。以至于在1964年考大学时，他主动加试数学。最终，他被录取到中央财政金融学院（现为中央财经大学）。从此，他开启了服务财政、金融工作的职业生涯。

当“文化大革命”风暴席卷全国的时候，文明也曾随着串联队伍从北京一路到西安、成都、重庆，又顺江而下到武汉，一直到达南京、上海、杭州，再去了井冈山、南昌、韶山等地。将近3个月后，当他回到校园的时候，造反派夺权后不久，又分成了天派、地派。派性从文斗转向武斗，恐怖、混乱、迷茫的阴影笼罩着校园。看到这样的情形，他一头钻进教学楼开始读书，主要阅读马列主义著作，哲学、经济学及相关专业等著作，成了“学习派”，不再卷入那些狂热的打斗中。由于读书多，写成的文稿也多，可以为那些写大字报的人提供素材，他倒也没受什么干扰。

他说，那两年读的书真正成就了他，使他的知识得到系统的提升，而文学的梦想依然还在，哲学的情怀依然还在。多年来，文明总是不断学习，不断汲取新的营养，拓宽新的视野，这让他获益良多。博学和专业让他在退休后，依然被中国建设银行总部聘任继续工作，真的是退而不休。行领导要他担任行史办主任，由他担任《中国建设银行史》《中国建设银行辉煌五十年》《中国建设银行大事记》三本巨著的总编纂，洋洋460万字的三大卷，历经8年多，终于在2010年付梓发行。

如今，回想起自己一步一步走过的人生道路，文老用“工作学习”四个字来总结。古人讲“学而优则仕”，其实“仕而优则学”更重要。只有在工作中坚持学习，善读无字之书，才会游刃有余。大概他家里悬挂的那幅书法作品“与有肝胆人共事，从无字句处读书”正是他的追求。

他说无论是1968年大学毕业后到湖北十堰市的国家建筑工程部102工程指挥部（“二汽”初建时的施工单位秘密代码）担任会计工作，还是1973年随北京三建公司回到北京继续搞财务管理工作，他一刻都没有停止专业、理论方面的学习和探索。

1976年之后，当经济建设成为全党中心工作的时候，他觉得自己应该“归队”，十年没有招生的中国亟需大批财政、金融方面的人才。他要让自己在大学所学服务于改革开放的事业。于是，他谢绝了北京三建领导的挽留，调到中国财政经济出版社做起了编辑工作，为中国各类大、中专财经院校编辑出版财经专业的教材。那时候，他的编辑室出版图书最多，获奖最多，创收最多，是所谓的“三多”编室。1989 年，文明被调往中国建设银行投资研究所担任副所长、编审，专门从事投资、金融专业的理论研究和期刊编审工作。

本该在 2003 年就退休的文明，因为工作需要，直到 2010 年才正式从工作岗位下来。

退休以后的文明除了教学之外仍关注着国家的经济、投资、金融动态，关注中国乃至世界形势的发展变化。作为同乡，他以他的人生智慧告诉我们，陕北人应该审视自己性格中的长项和短处。在坚持耿直、忠厚、坚毅、勤勉品质的同时，千万不要气势太盛、锋芒毕露，说话办事要留有余地，识时务、知进退，要学会沉稳含蓄，修炼人生的大智慧。

在文老家里的墙上，挂着一些书法作品，内容都是他所喜欢或者能够表达他内心想法的词句。比如他非常喜欢的“学至于行”这幅，正是出自《荀子·儒效》中“不闻不若闻之，闻之不若见之，见之不若知之，知之不若行。学至于行而止矣”的原话。他的人生经历正是如此——他把大学所学的知识实践到企业的财务管理工作中，而他所掌握的一线企业的生产经营动态，又会给他研究金融、经济理论提供最扎实的实践基础，让他能够把理论和实践很好地结合起来，相辅相成。

当又一个春天到来的时候，文老在他的窗前填词《朝天子》一首，并在采访时赠送给我和朝阳，一种淡定、从容的人生况味跃然纸上：

惊蛰，春风，又见垂柳黄。

冬去春来独自尝，痴立陋居房。

松立屋后，柳伴窗前，人生费思量。

莫问，少想，品茗意犹长。

儒雅、谦和、睿智、思辨

与有肝胆人共事，从无字句处读书

乡音伴好茶

平静述年华

关注天下事，思考解难题

8年，460万字，讲述建设银行的辉煌，文老担任总编纂

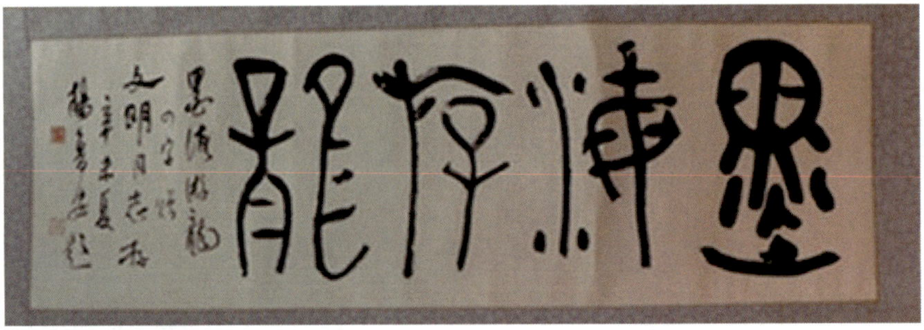

墨海游龙

1956年人生第一张照片

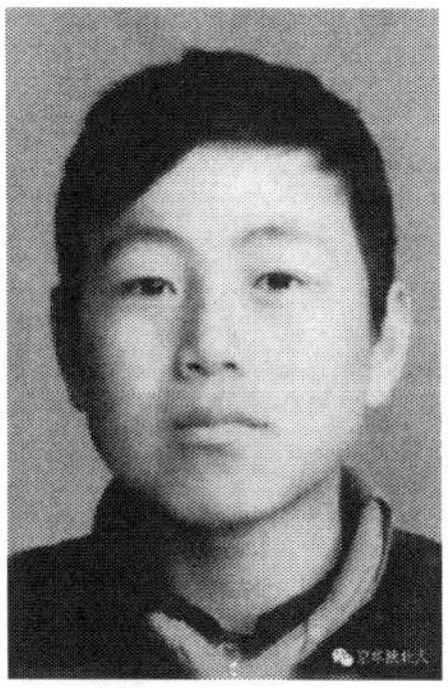

1957年秋冬初入横山中学时的照片

1960年春天戴校徽的照片

1963年7月几位好友在榆林合影

1962年横山中学校门口同班合影

1963年高中毕业照“从高一开始，我是横山中学物理组三成员之一，可以玩学校唯一的德国照相机，冲洗了许多照片，这是保存下来的一张。”

1964年与几位校友合影

1964年国庆节在天安门与
柳金柱同学合影

1968年大学毕业照

1964年7月与史瑞林同学在绥德合影

清泉石上流

恩爱相守，岁月长留

（2016 年 4 月 6 日，发表于“京华陕北人”公众号，摄影：朝阳，撰稿：永利）

文章千古事　明德万年馨

——记中国建设银行行长办公室文明校友

采访文明校友是一段很美妙的机缘和过程。之前的约见便相当的顺利，文明校友甚至征求我们的约访时间。7 月中旬一个美丽的早晨，我们如约来到位于金融街中国建设银行总部大楼 1728 房间，文明校友的办公室。在两个多小时的访谈过程中，文明校友将自己 60 多年来的人生体悟娓娓道来，在波澜不惊中呈现出老校友分段治事、不急而速的人生哲学和儒雅气质。在每一个人生阶段，文明校友都能洞悉条理，按部就班地完成自己的使命；身处不同的角色，文明校友都能尽情挥洒，演绎从容率真的自我。

感恩：赤子之心

文明校友出生在陕西省横山县，生长在黄土高原的他，有着大西北男子汉身上的粗犷、豪气、倔强。对于自己成长的故乡、母校具有深深的情谊，对于那些帮助过自己的亲人、朋友、老师、同学都怀着深深的感恩之情，在采访过程中，文明校友一次次提到他们的名字，那种敬佩、感激之情溢于言表。

文明校友两三岁后主要生活在外祖父家并随母亲姓文，是外祖父教他读《三字经》《千字文》，讲《薛仁贵征东》《薛丁山征西》等有趣的故事，亲自把他送进村里刚成立的夏书房，并期望他能多认识几个照门字。他至今记得小时候外祖父慈爱地问他长大后想当什么的情景，他的回答是当一名乡文书，因为他看见乡文书的形象与气质比村里人高雅。外祖父对他读书这件事显然是很满意的！老人临终前唯一的嘱托是要父母亲一定要坚持供他读书。谈起他的祖父、祖母和父亲、母亲，文明校友总是如赤子一般的虔诚和眷恋。在念中学的时候，学校生活很苦，经常吃不饱，每逢村里偶尔有人进县城，他的母亲就会捎一些炒面、炒米之类的干粮，而每次吃的时候，他的眼泪就会不自觉地流出来，因为他知道自己多吃一口，家里的父母亲和兄弟们就会少吃一口，也许正是这种深深的感恩之情激励着文明校友努力学习，最后考上了中央财政金融学院（现中央财经大学）。

谈起母校，文明校友说道，中央财经大学之所以成功的校友比较多，是由于那时我们学校是唯一一家由财政部和人民银行合办的高校，因此任教的老师大都是国内各个专业的权威专家，他们有的来自财政部、人民银行，有的来自当时高校财经专业的优秀教师，他们既有深厚的理论基础，又有丰富的实践经验，因此讲起课来非常生动也很实用。说到自己敬仰的老师，文明校友一口气说出财政系的沈云主任，姜维壮、叶振鹏、韩壁、林犹恭、郭光耀、秦元英等授课老师的名字，他对这些老教授的人品、学品赞赏不已。特别是财政系主任沈云老师，文明校友至今记得这位财政领域大师曾经明确地告诉他们，中央财政金融学院是专门培养中央和省一级财政专业干部的！也许正是当年学校如此明确的培养定位，激励着中财学子刻苦钻研专业知识，后来都取得不俗的成绩。沈云老师不仅在学校的时候的谆谆教诲使文明校友受益匪浅，而且也是沈老师把他带到了中国财政经济出版社开始编辑生涯，一干就是十一年半。在此期间，沈老师不仅给了文明校友财经编辑专业的指导，而且在做人的风度、宽容等方面都有潜移默化的影响。对于这位老恩师，文明校友充满了感恩之心。“人应该懂得感恩”，无论是对故乡还是对母校，文明校友是这样想的，也是这样做的，在出版社工作期间，为母校的教师出版著作十多部，包括姜维壮的《当代财政学主要观点》《当代财政学主要观点研究》，林犹恭的《基本建设财务信用学》，孙翊刚的《中国财政史》，王广谦、李健的《当代西方金融学说》……对于母校的教学工作提供了巨大的便利。对此，王广谦校长特意在一次校刊座谈会上感谢文明校友对母校的巨大贡献。

学而不厌：从大学生到财经专家

文明校友在1968年大学毕业后被分配到建筑工程部102工程指挥部至1978年的十年期间，主要从事财务会计及企业管理工作。从学校到企业再到后来的中国财政经济出版社和中国建设银行，对于文明校友来说，有一点始终没有改变的，那就是学习。在学校的时候，文明校友坦言自己没有太多其他爱好，那时唯一的爱好便是学习。学习的另一个动力便是来自内心的谦逊，总感觉自己很无知，需要学习的东西太多。但是在学习的内容上，文明校友更侧重基本理论课，诸如政治经济学、哲学、党史及财政金融专业理论，而对于会计、计算技术等操作性较强的课程，却没有花太多的精力。虽然在工作岗位上，文明校友从事财务会计工作多年且成绩斐然，甚至在年轻时就曾崭露头角，但是文明校友认为掌握了基本财务会计原理，干起来很快就会熟能生巧，关键是在工作中学习和钻研。

参加工作后，文明校友便把工作当作学习，在学习中工作，在工作中学习，学习专业知识，学习解决问题的能力。在学习中多思考、多琢磨。文明校友还提到，以前我们都知道孔子讲过“学而优则仕”，而实际上孔子还讲过“仕而优则学”，无论你处于什么样的位置，都有很好的学习机会，都不能忽视学习，而且职位越高，责任越重大，学习的重要性也就越突出。刚毕业的时候，由于是为数不多的大学生，文明校友在做完会计本职工作之后，会做很多分外的工作来加强学习。在出版社当编辑室主任的时候，他就从与作者、编者的沟通中学习，在这期间学到的要远远超过读一个硕士和博士的知识量。在投资研究所的时候，他更是将学习与研究贯穿始终。因为他总是能看到别人身上的长处，看到自己的短处，择其善者而从之，其不善者而改之，因此总是能从身边的人身上学习到新的知识，也正基于这样一个评价人的体系，使文明校友结交了很多受益匪浅的好朋友。

对于学习，文明校友强调既要广博，又要有所专长，比方说经济问题不仅仅是经济专家就能解决的，它往往要涉及社会、政治、文化等各个方面，因此经济学家也不要单单了解经济学就大谈经世济国，否则会很可笑的。对于这些问题我们大多数人都是无能为力的，但是我们至少要有这样的情怀，一旦被赋予了那样的职位和使命我们才能真正地去解决这些问题。

诲人不倦：良师益友

文明校友虽然身居要职工作繁忙，但是非常的平易近人，他总喜欢和年轻人在一起，因为年轻人总给他带来活力和新鲜的思想，他也可以用自己的经历去帮助年轻人成长。1996 年，文明校友被聘为财政部研究生部兼职教授、研究生导师，负责讲授《投资经济讲座》。对于自己的学生，文明校友要求很严格，但是从不会为难他们，因为他总是能设身处地的替同学考虑，理解他们的困难和压力，尽可能去帮助他们。

在中国财政经济出版社的时候，文明校友就像伯乐一样，发现那些有才华的青年才俊，并帮助他们成长进步，因为他知道，一本书能否顺利出版、何时出版都将决定一个人进步的步伐。因此，他总是牺牲自己的休息时间，夜以继日忘我地工作，为此甚至落下了严重的脊椎病，至今坐在椅子上还需要一个靠垫。还记得有一年大年三十，当大家都忙着辞旧迎新的时候，文明校友还在审阅稿子，沉浸在书稿中完全忘记了节日的到来。有一次，社里组织去北戴河休养，文明校友却带着厚厚的一打稿子过去了，说是休养，实际上还是工作；还有一次，由于长时间阅读书稿，文明校友忽然发现稿子的字跳动起来了，之后才知道那是因为眼睛痉挛的缘故。文明校友总是在践行着自己的理想——做一个对社会有益、对他人有助的人。他总是默默做着自己的工作，甘为人梯，当他看到一批批年轻人成长起来后，脸上便会露出自豪和欣慰的微笑。在 30 年的编辑出版及科研工作中，文明校友共编辑出版图书 180 多种，编审期刊 100 余期，总计约 8000 多万字，朋友因此题赠金文横幅“墨海游龙”。

调到中国建设银行投资研究所以后，虽然职务是主任、副所长，但是文明校友总是善于倾听大家的意见，再加上文明校友以前丰富的编辑经验和专业知识，于是一些年轻同事们都愿意称他为“文老师”。文明校友说我们无论处在什么位置，都要尊重人，人们才会尊重你，这样才会成为一位真正的良师益友。

不惑：智者

文明校友说自己一直对做官不感兴趣，一步步只是踏踏实实做好自己的本职工作。知足常乐，随遇而安，朴实无华，最终却已在不经意间硕果累累。

作为编辑工作者，文明校友要广泛接触各学各派，对于同一个学术理论问题，不同观点的专家之间往往争得面红耳赤，但是在文明校友看来，其实很多情况只是同一个问题的两个不同的方面，都有道理，只要能自圆其说，都会帮助他们出版。文明校友一般不过分强调自己的观点，而是能够通过比较，在不同中发现相同的因子，见贤思齐，择善而从。当然做到这一点，不仅要有谦卑之心，更必须具备深厚的知识基础和人生积淀，这也使文明校友的内心具有很强的包容性和强大的人格力量。

在谈到“求同存异”的时候，文明校友认为求同存异只是和解共处的一种手段，关键是能够从异中看到同，从同中看到异，而要达到这个境界，中庸之道就显得尤为重要了。中庸不是中间，而是“适度”，是对“度”的把握，不要极端。从这个意义上讲，中庸之道就是人生的最高境界。中庸之道在经济学上也很有意义，例如讲经济平衡主要是供求之间的均衡，这个均衡也不仅仅是总量上的平衡，还有结构上的平衡，不是绝对的平衡，而是动态的均衡。这就是“适度”在经济学上的把握和运用。已进入耳顺之年的文明校友更能够全面地、中庸地看待身边的一切。

对于人生的几次工作调动，文明校友告诉我们，“文化大革命”结束后，国家百废待兴，尤其经济领域的专业人才更是奇缺，高校教材也是严重匮乏，出于专业报国的想法和对于国家强烈的责任感与使命感，文明校友跟随沈云老师来到中国财政经济出版社。在出版社的时候，也是由于工作受到中国建设银行领导的认可，他自己也希望能够从事投资领域的专业研究而进入建行。对于工作的一次次调动，文明校友看得都很淡然，“把我放在哪我都会很好地做好自己的工作”，这种对于环境的适应力表现了文明校友“水”一样的生存哲学，具有很强的“韧性”，却又不断勇往直前，无论到哪里，都能够展现自己存在的价值。

升华：辉煌建行人

文明校友和中国建设银行的渊源可以追溯到他刚毕业那会儿，在102工程指挥部任建筑企业会计的文明校友经常到“二汽”工地上的建设银行办理业务，和建设银行的员工共同工作在基建工地上，亲身感受到建设银行对于我国工业化、现代化建设所做出的巨大贡献和重要意义。调到出版社后，由于负责编审几乎所有有关基本建设投资和建设银行的书籍，那时的文明校友就和建设银行往来密切。建设银行的行长会议、教材编审委员会会议、投资学会会议等，文明校友都会作为出版社的代表应邀参加。由于文明校友扎实的专业知识和与建行密切的联系，80年代中后期，经过建行党组成员的一致同意，文明校友调到中国建设银行投资研究所工作。

当时，对于进入不惑之年的文明校友，经过多年在企业的工作和学习以及在出版社的专业训练之后，对于在建行的工作已经得心应手了。在此期间编审《投资研究》《中国投资管理》约80多期，主编大型工具书《融资投资实用全书》（中国财政经济出版社1995年出版），参与主编大型工具书《中国投资管理大全》（中国财政经济出版社1990年出版）、《中国投资年鉴》（中国金融出版社1994年、1995年出版）、《投资知识百科全书》（中国金融出版社1992年出版），5部著作，共计1000多万字。

1996年文明校友调到建行行长办公室，负责公文核稿等专项研究工作，直接对行领导负责。当时王岐山行长对公文的要求很严，所有报经他签发的公文必须先经主任级的文明校友审核。因此当时建行流传着文明主任是建行“最后一支笔”的说法。虽然面对如此重大的责任和繁重的工作压力，文明校友却很轻松，因为多年的编辑工作经验使他游刃有余。除了审阅公文他还组织起草了《建设银行内部控制》《建设银行公文办法》《建设银行会议制度》《党委会及行务会工作规则》等重要文件；承担《现代商业银行导刊》《投资研究》的终审工作；负责《中国建设银行史》《中国建设银行辉煌50年》《中国建设银行大事记》的总编纂工作等。

文明校友说自己最后职业生涯的使命就是编写和出版建行行史。虽然2003年文明校友就到了退休的年龄，但是行领导却要他继续完成编写行史这样一份神圣而艰巨的任务。一提起建行的历史，文明校友便显得特别的自豪和激动。文明校友说企业与企业之间竞争比的是综合竞争力，如果非要找银行的核心竞争力，那只能是企业文化。企业文化缘自企业历史的积淀，是企业发展最为持久的动力。文明校友告诉我们，现在的建设银行是在1908年成立的交通银行的基础上创建的。建设银行创建之初，在主体业务、制度体系、领导班底、分支机构、员工队伍、办公场所6个方面，全面承继了中华人民共和国成立初期的交通银行。在老一代建行员工中，从行领导、部门领导到业务专家，有相当一部分就是从交通银行转过来的。一位参与接管交通银行的老领导，在谈到建设银行与交通银行的关系时说："建设银行与交通银行的关系，就是解放军与八路军的关系。"这个比喻很形象，也很真实。而建设银行的历史实际上又是我国社会主义工业化和现代化建设的历史，国家建设的每一个项目都离不开建设银行的参与和支持。作为一个建行人，这是很值得自豪的事情。也正是这份自豪鼓励着文明校友付出了8年多的时间和精力去专心研究并提出一套独到的编写建行历史的创意、主题和框架，目前，这些成果即将付梓。文明校友为其最后的使命画上一个圆满的句号。

梁楣之愿：我们都是中财人

对于小校友，老校友表现出了一种天然的亲切和关怀。当我们到他办公室的时候，他已经在等我们了，甚至给我们泡好了茶，让我们很是受宠若惊。在采访的最后，老校友还盛情地邀请我们共进午餐。对于这种校友间的情谊，文明校友说是不分年龄的。虽然老校友很多同学的学生都已经是我们的老师了，但是一提起校友，他说我们应该"以朋友相待"。对于年轻的中财学子，文明校友引用了孔子的三句话"学而时习之，不亦说乎。有朋自远方来，不亦乐乎。人不知而不愠，不亦君子乎。"来勉励大家要勤奋学习，广交朋友，宽以待人。文明校友认为《论语》的前两句话一句讲学习，一句讲交朋友。学习和交友是人生的两大乐事，恰恰说明了学习与友谊的重要性，而要善于学习、善结朋友又必须学会宽容。中央财经大学现在在国内财经院校中享有盛誉，生源质量高，学习气氛也很好，专业品牌对于中财学子是一大优势。同时，中财校友相互的认可度也很高，校友与校友之间建立的友谊也深远牢固，这也是中财人的另一大优势。只要我们心有理想、脚踏实地，必然会有越来越多的中财人成为校之大器、国之栋梁！

文明校友的一篇《六十感怀》，是他人生的纪实和回顾。我们也衷心地祝愿我们的老校友耳顺之年拥有而立之年的心态、不惑之年的体格，幸福生活从心所欲，不逾矩。

六十花甲忆峥嵘，
往事历历昨与今。
少小从学亦作农，

寒窗苦修十六春。
投身建设汽车城，
南北五载历艰辛。
甘做嫁衣事财经，
墨海奉献赤子心。
不惑年后建行人，
流年十四家园情。
耳顺时节话归隐，
细品人生笑春风。

（本文是中央财经大学校友工作者协会记者刘朋博士2008年7月23日撰写的采访稿，由校友总会编入《春华秋实——中财校友风采录》第一辑第284~290页。）

同是不老中财人

——中央财经大学1964年级校友相识50周年联谊会演讲稿

尊敬的王瑶琪校长、校友总会杨长汉秘书长，各位校友、各位领导、各位来宾：

大家好！

50年前的金秋九月，我们财政64年级的158名风华正茂的学子，在跨越了异常艰辛的高考门槛之后，分别从北京、河北、山西、陕西、四川、上海、山东、江苏、河南、湖南等10个省市，走进了中央财政金融学院的校园；50年后

在中央财经大学64级校友相识50周年联谊会上

王瑶琪校长莅临联谊会

的金秋时节，我们81名两鬓斑白的古稀老人，又从祖国各地回到了中央财经大学的校园，参加“64年级校友相识50周年联谊会”。这是一次50年后的聚首，这是一次古稀之年的相会，这是一次50年人生马拉松的检阅，这是一次对大学青春年华的寻梦、回忆和品味，这是一次50年的人生交流和总结，这也是光荣的中财人的一次校园文化的传承与弘扬！

让我们为50年的联谊会，尽情地欢唱，倾心地畅谈，共度这人生美好的时光！

亲爱的校友们，当我们这些早已结束职业生涯的老人，今天仍然能迈着沉稳但已迟缓的步履，走进我们魂牵梦绕的母校的校园时，我们在欣喜之余，更应感谢母校的深情召唤！更应感谢62、63级学长们为我们树立的楷模和榜样！更应感谢母校的各级领导和校友会各位老师和各位年轻校友们的精心筹备和组织！更应感恩曾经为我们传道授业解惑的每一位敬爱的老师！我们尊敬的财政系主任沈云老师，为我们讲授国家预算的韩璧、叶振鹏、王之英老师，为我们讲授企业财务的秦元英老师，为我们讲授基建财务的郭光耀老师，为我们讲授会计原理的时映西老师，还有我们景仰的姜维壮老师、林犹恭老师，他们渊博的学识、敬业奉献的品格，永远让我们敬重、怀念和难忘！让我们向他们，向每一位教导、辅导过我们的老师致以深情的感谢和祝福！让我们向中财的创建者、历届的领导者，向过去和现在的每一位老师、校友，致以真挚的祝福和衷心的感谢！

各位校友、各位来宾：50年前，我们都是二十岁上下稚气未退的青年，在高中毕业填报高考志愿时，大都是冲着“中央”二字而来，至于何谓“财政”“金融”，大都还是懵懵懂懂的状态。记得刚一入校每人领到一只算盘时，心情变得沉重而失落！有的同学甚至流下了悲伤的眼泪！怎么进了中央的大学还要学习打算盘？这与中专财校有何区别？经过半个月的入学教育，经过校、系、年级老师的谆谆教导，以及两年多的专业学习，我们逐步走上了人生的财经之路，并成长为国家财经战线上的生力军！特别是在经历曲折艰难的探索，党和国家的中心工作走上以经济建设为中心之后，我们财政64年级的校友们都在财经领域崭露头角，尽显专业优势，不仅涌现了一批中高级财经专家和管理人才，而且还有十多位同学担任了司局级以上的高级领导职务。他们既为国家经济建设做出了卓越贡献，也为中财母校争得了巨大荣誉！

各位校友、各位来宾：50年前，我们财政64年级的同学，在两年间就系统地学完了哲学、政治经济学、中共党史等基础理论课，也系统地学习了财政预算、各门财务与会计、计算技术、外语等几乎全部的必修专业课程。1966年下学期本来是要我们到农村参加社会主义教育运动的，但史无前例的“文化大革命”风暴湮没了平静的校园，惊恐、狂热、沉默、徘徊、深思、选择、决断，是我们每个亲历者都曾经历过的人生心路的艰难历程；我们每个亲历者都经历了心灵的煎熬和砺炼；我们每个亲历者都经历了阶级斗争及路线斗争的洗涤和熏陶。同是一段历史，亲历者往往有不同的感受和解读，但它对每个人的人生坐标移位的影响，却是一个不争的共识。于是，在整整两年半的风雨之后，我们64年级的同学们终于走向边疆，走向农村，走向工厂，走向“三线”建设，踏上了做普通工人和普通农民的职业生涯的始发站。

我们尊敬的财政系主任沈云，在入学教育时说：“中央财政金融学院财政系的任务，就是为财政部、省市财政厅局培养高级财政专业干部。”他当时的讲话极大地激励了我们学习财政专业的热情和动力！让我们永生铭记！然而在特殊年代出现的历史现象，并不说明中财院的既定培养目标的错位。恰恰相反，正是这些中央财院的财政、金融、会计专业培养的校友们，为创建“中国财经黄埔”的品牌，留下了不朽的历史符号和标记！如果说两年的专业课学习是奠定了我们的专业理论知识的基本功底的话，那么，两年多的风雨砺炼和长达十年的基层磨炼，则是对我们意志和综合能力的测试和考验！历史没有如果，历史不能重来，但历史为中央财金学院的师生们确实给出了历史的最高分数——优秀！

我们在母校的五年间，乃至走向社会的几十年间，深深感悟到中央财院的人才培养是独特而成功的！财政、金融、会计专业的个性是鲜明的！也许是财政学的审慎、严谨、公允，造就了财政系师生的稳健、循规、内敛的中庸风范！或许是金融学的融通、创新、进取，激发了金融系师生的灵活性、开放性和竞争性！大概是会计学的精准、严密、平衡，铸造了会计系师生的组织力、凝聚力和战斗力！总之，财政、金融、会计鲜明的个性特色和共同的培养目标，这正是中财人成长的风范和专业的优势！

如果说改革开放的大潮，为中财学子们发挥专业优势，提供了展示发展的平台的话，那么，同时也为母校的恢复、新生、再度崛起，创造了宝贵的历史机遇！新老中财人用坚定、执着、刚毅、智慧、勤勉、奉献的精神，经过几代人三十多年的奋斗，将中央财政金融学院升格为中央财经大学，将部属的专业院校升级为教育部直属的综合性大学，将大钟寺的老四合院校区扩展为具有现代化设施的新老两处校区。中财的规模壮大了，中财的质量提高了，中财的名气更响了，中财的品牌更亮了！我们为母校的繁荣鼎盛，充满了喜悦和自豪！在此，我们再一次为创建、恢复、发展、壮大、提升中央财经大学品牌的每一位奉献者们，送上由衷的问候和谢意！

中财相识五十年，
大学同窗情谊深。
人生古稀喜重逢，
同是不老中财人。

各位校友，让我们为此生能成为光荣的中财人而骄傲和自豪！

让我们每一位中财人为中财长久的发展壮大而继续努力和奉献！

让我们共同祝愿中财人的母校永葆青春、永远兴旺、永远昌盛！

最后我真诚祝贺“64 年级校友相识 50 年联谊会”圆满成功！

谢谢大家！

1965年1641班第四小组在校园合影

1965年1641班第四小组在教学楼东侧合影

1965年“五四”青年节1641班团日活动在颐和园佛香阁前合影

1968年国庆节与刘必文合影

1966年夏留影

1967年初留影

1968年12月分别留影

(2014 年 10 月 18 日。)

留住少年　留住春天

——横山中学50年校庆大会演讲稿

尊敬的校长、各位领导、各位老师、各位校友、各位来宾，亲爱的全体校友们：

大家好！

值此母校五十华诞之际，已离校四十余载的我，一个20世纪60年代离开横中的老校友，此时此刻，百感交集、思绪万千，激动的心情难以言表！面对母校众多的校友们，既感亲切又觉陌生；面对母校的校园，既感熟悉又觉旧梦难寻；面对五十年校庆的热烈庄重场面，既感到由衷的高兴又有绵绵的怀念之情！横中在半个世纪的历程中，几代勤劳、智慧的园丁——我们尊敬的老师们，为国家培育了成千上万的人才。在横山、在榆林、在陕西、在全国、在海外，到处都有横中的校友显露头角、为国效力。其中不乏各种事业卓著的精英人才。然而，这些众多的精英、众多的人才，都是从这里扬起人生的风帆，从这里走向了事业成功发达的彼岸！

2005年返回横山中学

校庆大会演讲

今天能在这里作为校友代表发言，我很荣幸！我很感谢牛校长、母校对我的厚爱！在此，我要向全体老师和校友们问好！向母校问好！向各位嘉宾问好！向五十年校庆大会致以衷心的祝贺！

在临离开北京之时，北京校友会要我代表北京校友向校庆大会致贺。现在的北京校友已有近百人之多，大部分是80年代之后的一批年轻有为的精英们在创业、在奋斗！他（她）们当中有教授、研究员、高级工程师、政府公务员、企业家、高级职员，还有书法、绘画、摄影方面的艺术人才。他们朝气蓬勃、才华横溢、学业长进、事业有成，为母校争得了荣誉，为家乡显露了风光。我为他（她）们的成长、成材，感到由衷的高兴！今天，我要郑重转达北京校友会向校庆大会的祝贺，向母校问好，向校友们问候！

从1957年至1963年，我在横中度过了人生最宝贵的六年青春岁月。在这里，我不仅系统地完成了中学的学业，而且也经受了艰苦生活对身体、意志的磨炼；在这里，不仅留下了我终生难以忘却的青春少年时代的美好回忆，而且也永远铭记着传道授业解惑的众多老师的教诲。阳光雨露、春华秋实。横中的园丁们用他（她）们高尚的师德和渊博的知识，培养了一代又一代的横中学子。

我至今记得，1957年7月间，在横中的大操场上，我们尊敬的黑义忠校长身着一身崭新的灰色中山装，用地道的绥德口音，对我们参加1957年初中升学考试的700多名考生作精彩演讲的场面。我至今记得，在横中初创时期，黑义忠校长招贤纳士、广聚良师、精心治校、爱生如子的高尚师德和所作所为！老校长是横山中学的卓越创建者，是横山县中学教育事业的开拓者，是师生爱戴的、学识渊博的教育家，是当之无愧的横山中学教育之父！在此，请允许我向敬爱的老校长表示深情的怀念和追思！并向他的家人们表示衷心的问候！

在横中创建初期，师资队伍主要来自三个方面：一是老校长从榆林中学带了几位骨干教师；二是从当时横山的主要小学中选调了几位优秀教师；三是从关中等地区陆续调进了一批受过高等师范教育的骨干教师，填补、充实了当时数理化、外语等学科师资的短缺和严重不足。他们是奠定横中教育水平、提高教学质量、提升高考升学率的一代功勋教师。40余年过去，他们的音容笑貌永远定格在我的记忆之中。语文功底深厚的任亚东、刘仁、李祥山、沈太和、刘述益、张自修、严善乐等老师，具有高超数学教学能力的张景明（校长、主任）、王自政、郭振英、张志杰、任永俊、李宝山、田俊明老师，化学教学出众的方振业老师，物理学水平高深的白志文老师，历史知识渊博的张汉友、钱宏模、张同生老师，地理教学出众的李云亭老师，外语教学成绩卓著的陈忻民老师，才艺双全的音乐、美术老师赵秉瑞老师，开展劳卫制体育教学出众的王润民老师，还有管理食堂精明有方的高锦文老师……限于时间，恕我在这里不能一一念出他们的名字。但是，这一代老教师对横中的卓越贡献已永远载入横中的史册。他们对我们的教诲永远铭刻在我们的心中。在此，请允许我向我们尊敬的老教师们及所有的教职员工们再一次表示深深的敬意和感激之情！特别向关中地区、北京、上海等支援横中教育事业发展做出杰出贡献的老师们，致以崇高的敬意！因为是他们最早成为横中数理化及外语教学的骨干教师，因为是他们最早支援了横山的教育事业！我们横中的学子们，永远铭记他们，永远感谢他们！

在离开母校的几十年间，无论是在大学学习期间，还是走上职业生涯以后；无论是在紧张的学习、工作之余，还是在与家乡人相逢之时；母校、老师、校友，无不是我的眷恋和思念，无不是我关心的话题和梦中的回忆！在那动乱的岁月，我决意不回母校，因为我不能忍受对校长、老师的批判和折磨；在那紧张工作的岁月里，我潜心事业、身不由己，难有闲暇返回母校，于是失去了看望校长、恩师的机会；离校 30 年后的 1994 年，我终于有了一次回到母校的机会，见到了尊敬的张景明校长和几位老师，还有许多老师已失去了谋面的缘分！然而在我的记忆中，我还是在红领巾、共青团的时代。我们尊敬的老校长还是那样慈祥、庄重、智慧、学者风度的身影！我们尊敬的老师们还是那样年轻有为、勤于耕耘、忠于职守的良师形象！我的少先队大队辅导员沈太和老师，还是那样富有激情和朝气！我们的团委书记朱直叙老师，还是那样年轻和充满活力！

岁月如歌，时间如梭。回首间 50 年过去。在我离开母校之后，始终有一种怀念的情结。我怀念母校，我怀念老师，我怀念同学挚友，我将历史永远定格在那难忘的五六十年代！那时，母校文艺队有一个歌舞节目，名字是《花儿与少年》，看起来翩翩风姿，听起来非常动情，令我至今难忘！其中有两句歌词是："山里高不过凤凰山，川里平不过草原；人中间英俊的是少年，少年是人间的春天。"我衷心希望校友们留住少年！留住春天！因为我们的少年在横中！我们的春天在横中！我们人生最美好的回忆在横中！

金秋时节，天高气爽。刚过中秋，又迎国庆。在母校五十年校庆的喜庆时刻，我们大家在团聚话别离、相逢叙友情之时，我们不仅为横中现在的发展壮大满怀喜悦，更对未来的美好前景充满憧憬！

50年风雨历程，校园兴旺事业壮大；半世纪教书育人，桃李芬芳誉满天下。

让历史告诉未来，横中校园育良材；让未来铭记历史，传承文化铸辉煌。

各位老师、各位校友，如果要为我今天的发言确定一个主题的话，那就是八个字：留住少年，留住春天！

谢谢大家！

横山中学20世纪60年代的校园全景

横山中学20世纪60年代的教师办公室，中间为教导处

20世纪60年代横山中学领导和部分教师合影（校长王怀智前排右二、校长黑义忠前排左二、书记师保洲右三、张景明主任前排右一、吴金民主任前排左一、郭振英主任中排左二、方振业老师中排右二、张志杰老师后排右一、王自政老师后排右二）

（2005年9月29日。）

学习　思考　奉献

——民主生活会发言提纲

一、我的工作——编行史——建行职业的最后奉献

从今年一季度之后，“两刊”的终审工作交政研室后，现在的主业就是行史工作。这是一项宏大的文化工程，任务艰巨、困难不少，但有利条件也很多，最主要的是党委重视、行领导重视、办公室领导重视。对于困难，我有充分的考虑和认识，工作就要克服困难、解决矛盾的。我相信在2004年行庆之前将完成这一历史著作。

从大学毕业后参加工作，我的人生大概有三个阶段：

第一个十年是在建筑施工企业从事财务会计工作的；

第二个十年是在出版社从事图书编辑工作的；

第三个十年是在中国建设银行工作的——事业的终点在建行。

失去的往往是宝贵的，将要失去的往往是倍加珍惜的！我倍加珍惜对建行事业的奉献。强国兴行是几代建行人的使命，也是我的追求。我为建行的发展壮大高兴，也为改革进程中的曲折忧伤。我所能做的是微不足道的，不求成就与光荣，但求心安理得、问心无愧！

二、我的思想——不愿虚度时光，不愿浪费生命

既考虑为建行事业尽最后的责任和义务，也考虑在有生之年为国家、民族做一点有益的事情。学习、思考、奉献是我生命的主题。

我很珍惜为建行工作的最后机会。我已进入生命的秋天，没有多少丰收的喜

悦，却感到一些秋风的悲凉！过去我对建行的改革关注多于参与。有感于行长、党委以人为本的治行新方略及“家园文化”的亲和力，我在7月16日的建设银行报上发表了《中国建设银行　建设美好家园》的小文章。这是我为数不多的直接面对建行改革主题的一点声音，没想到竟受到许多赞许和鼓励！特别是赵玉琢老行长、几个分行同志的电话鼓励，使我进一步感受到建行人对“家园文化”的认同！

我在办公室的工作始终是快乐的、充实的、和谐的。如果说做了一点工作，那是领导信任、同志们支持的结果！我期望能为建行、为办公室、为每一位同事多做一些工作，这是个人价值实现的最好途径！我始终谨记“帮忙不添乱，补位不越位”的工作宗旨。但有时也会添些麻烦！这是最令我内疚的事情！

我做的工作不多，心态相对平和，没有太多可讲的，不想占用大家更多的时间。请各位主任、各位处长批评帮助！

谢谢大家！

（2002年7月16日，于行长办公室。）

投资研究篇

投资是个独立的经济范畴。

投资是扩大社会生产能力，增强国民经济实力的主要手段，它是促进国民经济发展的“第一推动力”。

墨海春秋

中国投资学理论 60 年之发展与演变

一、中国投资学理论的发展，是与中国的改革开放同步的

投资建设事业是国民经济的一个重要的综合经济领域。但是在 20 世纪 80 年代之前，不仅中国的民众对“投资”这个经济学概念还是相当生疏的，而且在中国经济学家的辞典中也难觅其踪。在进入 90 年代以后，情况发生了很大变化。人们在改革开放的实践中逐步对“投资”这个曾经生疏甚至是被禁忌的经济学概念开始熟悉起来，并且随着改革开放的深入发展，投资与人们的生活息息相关。中国的经济学家们在关注投资建设实践的同时，也开始思考和研究投资学的理论问题。改革开放的伟大实践不仅推动了中国经济建设事业的蓬勃发展，而且给中国经济理论界带来空前繁荣的新局面。中国投资学理论研究也由此而发端。国家、地区的经济发展靠投资，企业、事业单位的发展靠投资，居民个人财产的保值增值也需要投资；新的建设项目上马需要投资，原有企业生产能力的扩大也需要投资；生产经营项目建设需要投资，基础设施、公共福利设施建设也需要投资。如此等等，不言而喻地说明了我国的投资建设事业已经发展到了一个崭新的阶段。中国投资学理论的探索与研究由此而开始，并伴随着中国改革开放实践的深入发展而逐步地走向普及和提高，最终形成了中国投资学科的独立理论体系。如果没有改革开放的伟大实践，中国人可能至今还在投资科学的门外徘徊。

二、中国投资学论的发展，是以中国投资的实践活动为基础的

在中国的改革开放的事业中，投资建设的伟大实践是最令人耳目一新的。从 20 世纪 80 年代到 90 年代的十多年间，中国的投资建设事业取得了惊人的成就，

各种投资研究机构相继成立，投资理论及学术研究活动广泛开展，可以说这个10年，是中国投资学理论兴旺发展的10年。中国投资学理论的研究是以丰富的投资实践活动为基础，以翔实的、系统的历史资料为依据。这样，才能用历史的眼光、发展的观点，在较大的历史跨度和广阔的空间内审视和探索投资管理工作的历史经验和带有规律性的东西。没有投资建设事业的辉煌发展，就不会有投资理论研究的长足进步。而没有科学的投资理论来指导投资的实践活动，投资建设事业就会陷入盲目性。理论的产生和发展依赖于实践，理论的进一步发展，又对投资实践活动产生重要的指导和促进作用。总之，历史告诉我们：中国投资学理论的发展，是以中国投资实践活动为基础的。

三、中国投资学理论发展的四个阶段

如果我们对中华人民共和国成立至今的50多年来的投资理论发展及投资学科建设的演进，作一个纵向的回顾和比较，就可以呈现出一个清晰的阶段性发展的轮廓。从1949年到1978年底的30年间基本上是一个徘徊阶段；从1979年至1989年的10年是一个过渡阶段；进入90年代之后是一个突破阶段；21世纪之后是新阶段。下面对四个发展阶段分别加以论述。

（一）30年的徘徊阶段

从中华人民共和国成立到1978年底制定改革开放方针，开始社会主义现代化建设的近30年间，我国处在传统的、高度统一的计划经济体制时期。由于国家投资建设的资金集中由财政供应，国家几乎是唯一的投资主体，所以投资学作为一门经济科学，基本上还没有形成独立的科学体系。但这并不是说国家大规模的经济建设不是一种投资活动，也不是说没有投资科学就等于没有投资活动。而是说这个时期的投资活动与其他经济活动，都在国家这个主体的全部经济行为的涵盖之内，难以做出具体的区分；与投资活动有关的学科理论知识，还主要包括在财政科学范畴之内。这个时期的经济建设有高潮，也有低潮，投资分配有集中，也有分散的交替变化，但反映在学科理论的研究上，不可能有新的发现和突破，只能在封闭的计划经济体制的大格局下，处于一种漫长的徘徊之中。如果说对这30年的徘徊期再进行分析的话，又可以分为两个阶段。第一个阶段是50年代向苏联学习的阶段，第二个阶段是60年代在自力更生建设的基础上，开始总结自己的经验，形成自己的著作阶段。

投资经济理论研究及学科建设的徘徊，是与我国经济建设的30年徘徊期的大背景完全一致的，是不可能超越的。

中华人民共和国成立以后，为了适应经济建设对基本建设管理人才的需要，1952年，国家首先在中国人民大学开办了“基本建设拨款与贷款”班，先后培养了一批师资及专业工作人员。这一批人员以后大部分都成了这一学科的骨干人才。当时所有的教材基本上是从苏联搬来的。60年代开始，中国不能再学习苏联了，开始总结研究自己的东西。

1963年财政部教材编审委员会审定出版的《基本建设财务与信用》一书，是我国该专业正式出版的第一本高等财经院校试用教材。本书是由当时担任中国人民建设银行行长的许毅同志亲自主持下，由陶增骥教授等编写的。这本大学教科书是在总结我国“一五”、“二五”和三年调整时期基本建设财务与信用管理工作的实际经验，根据当时对我国固定资产再生产过程中资金运动客观规律的初步认识基础上编写出来的。它以财政、信贷理论为依据，结合我国当时基本建设财务与信用工作的特点，第一次把基本建设财务与信用作为财政学专业的教科书正式出版，从而为开拓这一新的学科领域迈出了第一步。本书根据我国固定资产再生产的特点和社会主义经济发展的客观要求，从理论上指出，基本建设财务与信用是社会主义国家利用价值形式，有计划地组织实现固定资产再生产的有力杠杆。国家通过基本建设财务与信用，在国家预算分配确定的基本建设支出的基础上，集中一切用于基本建设的财政资金和信贷资金，分别按照无偿的财政拨款和有偿的银行贷款原则，在基本建设范围内组织资金的分配和再分配。同时还指出，基本建设信用是国家有计划地动员和集中闲置的货币资金，满足基本建设流动资金临时周转需要的基本形式，它对于节约国家财政资金，促进建设事业发展起着重要作用。尽管当时的基本建设信用的实际业务内容还很单纯，建设银行只对建筑安装企业发放超定额储备贷款和固定资产大修理贷款两类，但本书仍将基本建设信用作为本学科的重要组成部分，初步形成了基本建设财务信用学科的理论体系。这是本书对建立这一新兴学科的又一重要贡献。本书在理论上还提出了社会主义国家用于基本建设的资金不能由人们的主观意志来任意决定，而必须受客观比例关系制约的科学论点；分析了决定基本建设投资效果的各种相关因素；论述了基本建设财务与信用的实质、作用及任务等一些重要问题。这些见解的提出在当时是难能可贵的。可以说，《基本建设财务与信用》一书，是中华人民共和国成立初期十多年间的基本建设投资管理工作实践经验和理论研究成果的结晶，是对建立这一新兴的边缘性学科所进行的初步探索。

1978 年财政部教材编审委员会审定出版的《基本建设财务与拨款》，这是该专业的第二本统编教材，当时虽然对教学和干部自学起了一定的作用，但由于编写背景的局限，在学科体系和基本理论方面未能作新的尝试和探讨。

1984 年财政部教材编审委员会又审定出版了《基本建设财务信用学》，这是第三本统编教材，是前两个版本的更新和发展。本书首先从探索基本建设财务与信用的共性和联系出发，指出基本建设财务与信用这两个不同的经济范畴，都是通过价值形态来管理基本建设的货币收支、组织基本建设资金运动，都具有分配和管理基本建设资金的职能，都在国家统一计划指导下统筹安排财务信用收入和基本支出，由此构成了基本建设财务与信用的共同理论基础。在财务与信用这样两个不同经济范畴之间寻求共性和联系，并以此作为基本建设财务信用学科理论建设的基础，这是前两个版本所未曾探讨的学科理论问题，诚然，这是一个新的、有益的尝试。

本书从探索基本建设财务与信用的特殊性出发，指出本学科的研究范围与对象是在总结我国基本建设投资管理工作基本经验的基础上，探讨基本建设资金运动规律及其科学管理方法，以及由资金运动而引起的各种财务信用关系之间的规律性，从而为基本建设投资管理工作提供理论依据。这种探讨，无疑是向本学科的系统性、科学性方面迈出的可喜一步。

本书以基本建设资金运动的全过程为主线，以提高基本建设投资效益为核心，强调在资金运动的每个环节上都要讲求使用效果，才能保证基本建设投资的最终效果。本书对提高基本建设投资效果的重要性和相关因素的分析，以及对考核投资效果的方法体系的论述，都比前两个版本更系统、更全面、更切合实际，并吸收了 80 年代初期有关投资效果问题研究的新成果、新内容。在结构体系上，本书首先以基本建设投资决策、投资额确定及投资计划落实等章节开头；然后分别按照不同资金来源的管理、拨款、贷款、结算、流动资金及工程成本等不同业务内容和环节分别设章；最后以财务与竣工决算的审查、投资回收期的管理与监督以及投资效果的考核与分析等章，综括地分析了投资的最终成果。本书在内容上较之以前两个版本，不仅增加和充实了投资决策和投资回收这样首尾两部分新鲜内容，使本学科的结构体系更加严谨和完善，而且以五章的篇幅详述了基本建设投资信用的业务内容。这样，不但使基本建设信用成为一个相对独立和完整的有机整体，而且充分反映了基本建设投资实行信贷管理的新制度和新方法，从而突出了用信贷杠杆管理基本建设投资的必要性和重要性。同时在财务、拨款、贷款等有关章的内容中，充分反映了我国基本建设投资管理工作的最新业务内容。这本书从基本理论、结构体系和业务内容方面，都体现了80年代改革开放的新视野、新精神，尤其突出了信用关系对基本建设管理的重要性。它把这门财政专业的教科书提高到了一个新高度，为创建投资学产生了积极的推动作用。

从70年代前期财政部和中国人民建设银行在当时辽宁财经学院和湖北财经学院创办了“基本建设财务与信用”专业之后，即着手制订这一专业的教材编写出版规划，并于1978年后，陆续出版了《基本建设财务与拨款》《基本建设预算》《建筑工程概论》《基本建设会计学》等高等财经院校试用教材。到1978年，除了中国人民大学率先在我国成立“基本建设经济”专业外，中央财政金融学院、上海财经学院、江西财经学院等院校也先后开办了“基本建设财务与信用”专业。在这一时期不仅培养了一大批专业人才，而且教材编写及学科建设方面，也呈现了蓬勃兴旺的景象。这个时期的教材出版物的一个特点是，在原有的基本建设财务拨款的基础上，融合、引进了建筑经济管理方面的专业知识，同时将《施工企业会计》、《建设单位会计》等与基本建设有关的专业课并入该专业，开始形成一个与财政专业平行的基本建设财务与信用专业。由于当时面临党的中心工作向经济建设转移的新形势，各部门都急于解决专业人才匮乏的问题，于是将原来停办的财经院校基本都恢复起来了，而办学首先面临的困难是教材短缺，所以这一时期主要是急于规划和出版大中专教材，还没有在投资学科理论研究方面有太多的研究和探讨。从1949年到1979年的30年间，中国投资学科理论研究之所以处在一个较为漫长的徘徊时期，主要是因为在30年传统的计划经济体制下，投资经济活动主要囿于以国家为主体的一种经济活动。这种经济活动虽然对加速实现社会扩大再生产、增加社会资本存量有过推动作用，但是在特定的传统经济体制下的投资学科理论研究只能处在漫长的徘徊阶段，而不可能超越特定的历史发展阶段。

（二）10年的过渡阶段

从1979年至1989年的10年间，是中国改革开放发展的辉煌时期。这个时期大规模的现代化建设空前高涨，“基本建设经济”这六个字在经济理论研究中最为突出。为了研究和解决中国基本建设的理论和实际问题，1979年1月国家基本建设委员会和社会科学院成立了“中国基本建设经济研究所”，1980年7月成立了“中国基本建设经济研究会”，1982年中国人民建设银行成立了“投资研究所”，1985年7月“中国投资学会”正式成立。这一时期的基本建设经济研究所、研究会相继成立。同时，许多财经院校的基本建设财务与信用专业开始改为基本建设经济专业。基本建设经济学虽然涉及许多投资问题，许多人似乎把基本建设经济学等同为中国的投资学，然而这两者之间无论从学科对象上比较，还是从特定的经济活动比较，都是不能等同的。一方面，基本建设经济学主要是在基本建设财务信用学的基础上演进和发展起来的；另一方面基本建设经济学的内容中，涉及了众多的投资理论问题，是一门综合性较强的边缘性学科。应该说，这是向投资科学的独立体系发展的一个过渡时期。

这个过渡期的基本特征是：第一，基本建设经济既包括了基本建设财务与拨款及与建设资金运动有关的研究内容，也包括了建筑经济学及国民经济综合管理方面的内容。第二，在基本建设经济学科建设与理论研究中，开始较多地涉及投资学理论的研究和探索。最有代表性的基本建设经济研究会与投资学会在80年代相继成立之后，两会研究的内容非常接近和雷同。第三，这一时期虽然对投资理论的研究和探索十分热烈，但主要囿于固定资产投资这样一个比较局限的范围，有相当一些学者把固定资产投资学等同于投资学，因此对投资学的研究对象、任务、体系等都不能完全跳出基本建设经济学研究的范围和思路。

所谓过渡期就是一个不确定的、交替的时期，是传统的东西与新生的东西兼而有之，而又表现出一种迈向新阶段的强烈趋势。能够代表这一过渡期的著作，主要是两本基本建设经济学著作。一本是由财政部教材编审委员会审定、中国财政经济出版社出版的《基本建设经济学》（1982 年初版，1985 年修订再版）；另一本是由原国家建委基本建设经济研究所组织编写、中国建筑工业出版社出版的《基本建设经济》（1982 年出版）。前一本是由张仲敏教授等主编，中国人民大学、辽宁财经学院、湖北财经学院等院校基建专业的教师参加编写，作为统编大学教材出版；后一本是基本建设经济研究所和中国人民大学基建专业的教师合作编写，作为干训教材出版的。这两本书基本代表了我国 80 年代这一领域的教学科研水平。

尤其是《基本建设经济学》作为大学统编的教科书第一次正式出版，对推动基本建设经济学科的建设，大力开展基本建设经济问题研究，加强基本建设经济管理起到了积极的作用，并为中国投资学科的演进和发展，完成了承前启后的过渡性使命。

《基本建设经济学》，在总结我国 30 多年经济建设实践经验的基础上，从理论上肯定了基本建设作为一个独立的特殊经济领域，不仅是社会主义再生产领域的一个有机组成部分，而且在国民经济中处于举足轻重的地位。忽视基本建设领域的客观存在，或是指导基本建设经济活动的方针、政策失误，都会给国民经济的全局带来重大损失。《基本建设经济学》从揭示基本建设经济领域存在的客观经济规律出发，以基本建设经济活动总体和全过程为中心，形成了基本建设经济学教科书的独立体系。全书包括基本建设的意义、作用和管理原则，基本建设的规划理论，设计经济原理，施工组织管理原理和方法，基本建设生产要素运动规律，以及讲求投资效果问题等内容。

全书力图从理论上揭示基本建设领域中各种经济规律的作用和表现形式；阐明按照经济规律的要求来发展基本建设的原理和方法；探索如何根据我国的国情，走出一条投资少效果好的道路，从而为国家制定基本建设发展方针和政策提供理论依据。这些都是 80 年代基本建设经济理论研究成果的集中表现，无疑是对基本建设经济学体系的一种科学探索，是对发展基本建设经济理论的有益贡献。

从 80 年代到 90 年代，是中国由计划经济体制向市场经济体制逐步转变的过渡时期。在这一大背景下的投资学科理论建设的一个重要变化是，基本建设财务信用专业都改为基本建设经济管理专业，并成为与财政专业平行的一个新的专业学科体系。这种发展变化，是国家进行大规模投资建设的客观需要，也是对中国计划经济体制进行改革的历史必然。基本建设经济理论是中国投资建设实践的产物。从学科理论发展的历史阶段看，基本建设经济学主要把购建固定资产作为研究对象，并且强调基本建设是一个独立物质生产领域，其学科体系的构建，具有较强的边缘性特征，还不能与投资学完全等同。在现代市场经济条件下，各类投资主体的投资对象主要是各种金融资产，而不能仅仅局限于固定资产的购建。所以，80 年代到 90 年代的 10 年间是基本建设财务信用专业转变为基本建设经济专业，并由基本建设经济学专业进一步向投资专业的过渡阶段。

（三）90 年代的突破阶段

80 年代基本建设经济及投资理论研究的蓬勃开展，对投资学科理论建设产生了极大的推动作用。80 年代中期以后，基本建设财务与信用专业、基本建设经济专业相继改为投资经济专业。国家教委在 1987 年颁发的《普通高等学校社会科学本科专业目录》中设置了“投资经济管理专业”。到 1992 年，我国开设“投资经济管理”专业的高等院校已达 20 多所，统编及自编的投资类教科书大量出版，投资学科建设的理论问题逐渐引起重视。从学科建设及专业设置的实际情况看，1987 年国家教委专业目录中设置“投资经济管理”专业的决定，已经确立了中国投资经济专业作为独立的学科体系的历史地位。而且有不少院校在此之前，已经设置了这一专业。

既然 80 年代后期，投资经济专业已经列入国家教委的专业目录，而且相继出版了不少有关投资学的教材和著作，为什么说我国投资学科的建设在 90 年代才发生了真正的突破呢？为什么不是说 80 年代就突破呢？科学研究的发展是一个渐进的过程，很难以某个时点作为分水岭。但研究问题要有一个基本标准，要抓住一些有代表性的特征加以分析和判断。把 90 年代作为投资学科在我国真正确立的主要依据是：

第一，80 年代后期的一些所谓投资学著作，基本上没有跳出固定资产投资的局限，基本上局限于基本建设经济学研究的范围。

第二，80 年代的投资学著作中对投资概念的研究还不够深入和全面，而且对投资学科研究对象的分析还比较肤浅。

第三，80 年代投资学研究对投资主体的认定，主要局限于国家，没有把企业、居民的投资主体纳入投资研究的视野。

第四，80 年代投资范围的研究没有把金融投资摆在应有的地位，股票、债券投资这一当代投资研究的重要对象，实际上还没有列入投资学的范畴。

如果说，80 年代是投资学的开花期，那么 90 年代就是投资学科建设的结果期。90 年代的投资学科建设突破的主要标志是：

第一，经过 80 年代的规划和准备，90 年代初期出版了一些有代表性的投资学著作。这一时期的投资学著作，整体上讲，都比 80 年代的起点高、体系新。而最有代表性的则是两本统编教材。其中，财政部教材编审委员会审定的《投资学概论》，是由中南财经大学李昌清教授主编的，中国财政经济出版社于 1993 年 5 月出版；另一本是由人民银行教材工作委员会审定的《投资学》，由中国人民大学张仲敏教授等主编，东北财经大学出版社于 1993 年 12 月出版。这两本统编大学本科教材在建立投资学体系、界定投资的科学定义、明确投资学研究对象方面有了质的飞跃。

第二，投资学研究的范围超越了固定资产投资的局限，金融投资与实业投资的融合，在理论上有了新的进展。这两本教材尽管在结构体系及内容上比较接近，但前一本是作为财政类统编教材出版，后一本是作为金融类教材出版。这在客观上表明，投资不再仅仅是国家财政的独家领地，银行同样把投资与金融联系在一起。应该说这不是巧合，这是投资实践发展的必然结果。

第三，投资学研究跳出了国家投资主体的局限，企业、居民投资主体的投资活动，纳入了投资学研究的范围。

第四，1990 年上海证券交易所与深圳证券交易所的相继成立，以及股票、债券市场在中国的正式运行，标志了中国资本市场的形成，从而使投资学理论的研究进入了一个新的历史时期。

中国投资学科演进的三个历史时期的初步划分和研究说明，如果没有 80 年代中国经济发展的大背景，没有 90 年代经济体制改革及对外开放的新发展，中国投资学的理论研究还可能处在新的徘徊期，很难设想会出现由 80 年代的过渡期转入90年代新的发展时期。

（四）21世纪的新阶段

从20世纪90年代后期到进入21世纪之后的几年间，随着中国正式加入世界贸易组织，中国经济与世界经济逐步接轨，以及世界经济一体化步伐的加快，中国投资学理论的研究又出现了新的变化。各种西方投资学教科书及投资银行学著作纷纷进入中国的校园和图书市场，各种投资品种、投资工具和评估应用方法逐步得到普及和推广，中、西方投资学理论研究出现了总体融合的趋势。如果对这一趋势做出一个判断的话，也可以将此看作是中国投资学理论发展的第四个阶段，即中国投资学理论与西方投资学理论的接轨和融合的阶段。这一阶段的主要特征是：（1）投资成为各种法人主体及居民个人的一种普遍经济行为或理财实践；（2）投资学科的内容逐步细分，涵盖了宏观与微观、实体与虚拟的广阔空间；（3）伴随着中国资本市场的快速发展、完善、壮大，投资银行的业务领域在扩展，投资银行的功能在加强，投资银行学已成为一门重要的投资学科。这是一种趋势，也是一种不以人的意志为转移的客观现实。

相对论的创始人爱因斯坦在谈到科学理论发展时，有这样一段精辟的论述："科学理论的发展，不是拆了旧房盖新房。它像登山一样。创立一个新的理论就像登上一座高峰。视野扩大了，原来隐蔽着的东西被发现了。我们的出发点——原有的理论——仍然历历在目，只是显得小了，成了广阔视野中的一小部分。"一门学科理论的建设本身，就是一个不间断的科学探索过程，也像登山一样，需要不断地攀高。从20世纪60年代到70年代的《基本建设财务与信用》，到80年代的《基本建设经济学》，再到90年代后的《投资学》，三个历史时期的教科书，代表了中国投资学科理论近50年发展演进的三个历史阶段。而进入21世纪以来，《投资银行学》在中国的广泛出版和普及，则是一个新的历史阶段，也可以定位为从1949～2009年的60年间的第四个阶段。60年来中国投资学科的慢长发展演变进程，具有特有的历史、政治、经济、文化背景，既有特殊性，也有必然性。现代投资银行学科的确立，仅仅是中国投资学科理论研究在新的起点上开始的新的研究进程，在这个领域里还有许多有待探索和研究的课题。投资学理论研究已经取得的一些成果，与尚未开拓的未知领域相比较，是根本不值得满足和就此止步的。中国的投资实践领域正在拓展，中国的投资理论研究还有待深入，我们不能“拆了旧房盖新房”，而要坚持不懈地登攀，以扩大我们的知识视野。

（本文是1996年前后撰写的演讲稿，1999年编入《投资经济导论》，2009年6月27日重新补充修改，题目由《中国投资学理论的发展》改为《中国投资学理论60年之发展与演变》。）

投资范畴研究

要研究并创立一门新的投资经济学科，首先就要对投资的概念予以科学的定义，这是进行投资理论研究、建立投资学科的起点和基础。投资的概念不是一个一般名词概念的解释，而是对投资学科学内涵和外延的理论界定。对这一概念的理论界定、逻辑推演，在很大程度上标志着投资学作为一门独立的经济科学的发展水平和成熟的程度。投资内涵的本质属性应该是相对稳定的，但投资外延的表现形式是多样的，投资的内容是发展变化的。这就使投资这一概念的理论界定和现实研究，具有一定的艰巨性和复杂性。不过科学研究原本就是一个艰难的、渐进的探索过程，否则，就谈不上是科学。

一、投资是个独立的经济范畴

投资所涉及的范围与投资相关联的社会经济现象极其复杂，对投资概念的含义应从理论推演和实际管理要求两个不同方面进行研究，进而得出理论概念和管理工作概念的多种定义。但是，作为专业基础学科的投资学，只能从最广泛、最复杂的经济联系中抽象出最一般、最深刻、最能反映事物本质特征的质的规定性来下定义。投资的一般含义，是指投资主体为获取预期收益而投入经济要素以形成资产的经济活动。投资的这一含义，适用于商品经济存在的一切社会形态。但是，在市场经济条件下，投资者为获取预期收益所投入的各种经济要素，都可以表示为一定量的资本或资金额度，于是，投资一般的定义也可表述为：投资是投资主体为获取预期收益而投入资本（或资金）以形成资产的经济活动。关于“资本”和“资金”的经济属性和社会属性，在马克思经典著作及当代经济学著作中，都有过明确的界定和分析，特别是资本的社会属性，马克思在《资本论》中有过精辟而深刻的揭示。根据马克思主义经典作家的理论分析，包括货币在内的各种经济要素本身并不是资本，只是到了资本主义社会被资本家阶级所占有并作为剥削手段时才成为资本。资本体现了以雇佣劳动为基础的剥削关系。社会主义消灭了剥削，社会主义经济形态下有无资本，以及对资本属性作何解释，这在我国几十年的理论研究及实践应用中，是一个或明或暗的问题。于是，资本与资金的运用，有时有区别，有时没区别。在投资定义中这个问题，不能回避。关于资金和资本的关系问题，我国理论界曾有过如下看法：其一，认为资金就是资本，但它不反映在社会主义经济中已经消灭了的以雇佣劳动为基础的剥削关系。（参见陈共、侯梦蟾、袁振宇：《财政学教程》，中国财政经济出版社 1985 年版）其二，认为把资金比作“资本”，主要是为了突出资金在循环过程中的增殖特性。从这一意义上说，把资金视作不含剥削关系的“资本”的观点是揭示了资金的本质，但这一定义所规定的资金的量的范围非常狭窄，在研究社会资金的流向和流量时，仅仅以这一定义为依据是不敷使用的。（参见贝多广：《中国资金流动分析》，上海三联书店 1989 年版）其三，商品经济作为一个生产过程，它同某种所有制并没有必然的联系，只要撇开马克思对资本主义私有制和资本主义商品经济社会性质的理论分析，《资本论》就是一部扩大商品经济的光辉巨著；而社会主义经济恰恰是一种扩大商品经济形态，追求剩余价值是扩大商品生产的目的，也是社会主义商品生产和资本主义商品生产的基础。因此，社会主义经济中就不能忌讳资本、剩余价值这些提法（参见卓炯的有关著作）。这是 20 世纪 80 年代改革开放大背景下的研究情况。进入 90 年代后，资本在经济生活中、在理论研究中，似乎更为广泛。对这一问题的理论界定应该有新的观点。资本的经济属性是增值。在市场经济条件下，资本的存在是一个客观现实。所以，投资是指资本的投入，应该是顺理成章的。因为多种生产要素的投入，从价值形态看，也都可以量化为资本形态。要深入理解并准确把握投资的概念及其含义，需要对定义中的主要问题作进一步的分析。投资主体或投资者，是指经济法人和自然人，诸如各种公司、企事业单位或企业集团，居民个人以及各级政府等；预期收益，包含着投资的动机或目的，体现着一定的经济数量关系，包括经济收益、社会效益和环境效益等；投入的经济要素，是指从事生产、经营活动所必需的各种生产要素，它可以是各种有形资产，也可以是各种无形资产；形成资产，实际上是指投资的对象或客体，即由投入的多种经济要素或资本，所形成的实物资产或金融资产。从社会投资的角度看，投资最终应体现为资本存量的增加；而从投资者的角度看，主要是形成各种实物资产或金融资产。

上述分析说明，投资这一概念的广义含义，包括了投资主体、投资动机或目的、投资的客体或投资对象，反映了投资经济活动中各种因素及其所体现的经济关系的高度内在统一。同时，也充分体现了投资与所有权相联系的本质特征，即投资活动中的要素投入权、资产所有权和收益占有权之间的有机统一。因此，凡具有上述诸因素的内在高度统一，并具有这种三权统一特征的经济活动，均属投资范畴。投资者有无资本投入权，是投资主体能否成为真正投资经济活动主体的首要特征，这是第一位的。有了这一条，投资主体对投资所形成的资产拥有所有权，对资产拥有的未来收益权，就是一个必然结果。

投资之所以能成为一个独立的经济范畴，能与其他经济活动相区别，是由于它在本质上体现了一种特殊的经济关系。这种经济关系决定着投资的目的或动机，规定着投资的发展方向，决定着投资与其他经济活动相区别的性质。从商品经济社会开始的商品交易活动，是一种商品的买卖关系，买者与卖者等价交换，而且这一交换过程的完成是十分短暂的。商品经济发展到一定程度后，在一般的商品买卖关系之外，又出现了一种货币借贷关系。货币借贷关系是货币资金拥有者通过对资金使用权的让渡，而定期获得规定的利息。显然借贷关系具备了与买卖截然不同的特征。投资活动所反映的经济关系，既不是一种商品买卖，也不是一种货币借贷。投资经济活动是投资者为取得未来的预期收益而进行的一次性集中投入。从资本投入到取得收益的间隔期相对比较长，而且收益具有不确定性和较大的风险性。投资活动所体现的经济关系，与一般的商品买卖关系、货币资金的借贷关系之间，有着明显的区别，是一种特殊的经济关系。投资的这种对于内部来说具有规律性表现的性质和对于外部来说具有区别性表现的特点，是投资成为独立的经济范畴和特殊的科学研究领域的科学依据。

在我国，“投资”的内涵和外延，是随着经济社会实践的发展演进而不断发展和变化的。中华人民共和国成立初期，我们在经济管理体制上比较多地借鉴了苏联模式，在高度集中的统收统支的财政体制下，企事业单位的一切收入要上缴财政，一切扩大再生产的支出和流动资金都由财政统一拨付，国营企事业单位的资本金都是国家的，国家是唯一的投资主体。在那时，“基本建设”这一概念基本上可以满足当时的实际管理工作及理论研究的需要。进入20世纪80年代以后，企业的技术改造开始迅速推进，为适应当时管理更新改造资金的需要，经济管理部门提出并运用了固定资产投资的概念，固定资产投资包括基本建设投资和更新改造投资两部分内容。与固定资产投资相对应的，是流动资金投资。之后，随着证券市场和房地产市场的兴起，又出现了证券投资、房地产投资的概念。在我国经济理论界，一直对“投资”这一概念的概括和理解存在着较大差异，但这并不妨碍我们使用这一概念。因为，在特定的环境和背景下，我们所谈的投资对象是一定的。通常情况下，投资的广义概念应包含经济意义上的投资和金融意义上的投资两方面的内容。

二、投资概念的比较分析

投资是个独立的经济范畴，根据投资所体现的特有的经济关系及其本质特征，完全可以给投资下一个一般定义。投资的一般定义主要体现投资的共性。但是投资又是一个具体的经济概念，它不仅在商品经济发展的不同阶段，展示其不同的外在表现形式，而且在不同的经济社会环境中也会有特殊的具体的表现形式。由于我国在80年代之前的30年间实行的是计划经济体制，所以在这一经济社会条件下，对投资概念的认识必然有其历史的特殊性和局限性。为了对投资概念的认识，既重视其本质的经济内涵和外延的统一性，又能够认识这一概念的历史演进，所以很有必要对这一经济范畴进行比较分析。

（一）西方经济学中的投资定义

“投资”是近代资本主义经济制度的产物。自从18世纪的产业革命以来，在整个资本主义发展进程中，资本作为资本家的灵魂，活跃异常。资本家为了追逐利润而进行各种交易、投机及经营活动，有的被称作“投资”，有的不被称作“投资”。所以，在资本主义经济范畴内，“投资”一词的解释也不一致。在资本主义投资学的研究中，投资的含义大体可分为狭义和广义两种。狭义的投资概念只限于证券投资，包括个人及公司团体以其资本从事证券买卖而坐享收益。具体的投资对象如政府公债、公司股票、公司债券及其他有价证券等。企业资本家直接进行的企业投资和政府的投资活动，都不在投资学的研究范围之中，自然也不包括在“投资”的含义之内。显然，狭义的“投资”含义专指货币资本的间接性投资，即金融投资。资本主义投资学中，有关投资的广义含义是指以获利为目的之资本使用，其形式为收益或增殖，或两者兼而有之。凡是购进各种证券，运用资本增添机器设备、建筑物、原料等，而形成资产的活动均为投资。广义的投资含义把直接性投资和间接性投资都包括在其范围之内。广义的投资概念更多地偏重于理论概括。而在实际管理工作和日常生活中，人们谈及投资时，在不同的场合、不同的讨论范围，总是给投资限定了一个较之广义的概念要小的范围。经济学家们一般是从“经济”和“金融”两层含义上来概括和认识投资概念的。

美国哈佛大学博士、麻省理工大学经济学教授保罗·A. 萨缪尔森在其《经济学》一书中这样定义投资：“必须注意：对于经济学者而言，投资的意义总是实际的资本形成——增加存货的生产，或新工厂、房屋和工具的生产。对于一般人而言，投资意义仅仅是购买几张通用汽车公司的股票，购买街角的地基或开立储蓄存款的户头。必须弄清这种混淆之处：如果从我的保险柜中取出 1000 元把它存于银行，或用来从一个经纪人那里购买普通股票，仅就这一行动而论，经济学者认为投资和储蓄都没有增长。只有当物质资本形成产生时，才有投资，只有当社会的消费少于它的收入，把资源用于资本形成时才有储蓄。”

美国斯坦福大学财政金融学教授赫伯特·E. 杜格尔与圣克拉拉大学财政金融学教授弗朗西斯·J. 科里根 1920 年合著的《投资学》一书对投资的金融和经济概念作了如下描述：“从投资者和资本供给者的观点来看，投资是投入现在的资金以便用利息、股息、租金或退休金等形式取得将来的收入，或者使本金增殖。”“从这种金融的立场出发，储蓄和投资是否用于经济意义上的‘生产性’用途是无关紧要的。”“无论是投资者从别人那里买进证券，还是把资金用于新的资产，都没有关系。……实际上，一般意义上讲，大多数投资都是金融资产在其所有者之间的转让。”“关于投资本质在金融意义上或是在一般意义上的这些意见，明显地不同于它经济上的含义。后者有这样的意思，即它是以新的建筑、新的生产者的耐用设备或追加存货等形式构成新的生产性资本。”

上述两种投资定义在西方投资学中具有典型代表性。萨缪尔森的定义，着眼于社会的实际资本形成；而杜格尔和科里根的定义是从投资者与资本供给的关系出发，侧重于金融投资的形成和交易。

在资本主义发展初期，投资者一般直接占有生产财富，通常是直接投资；而资本主义发展到垄断阶段，出现了所谓“占有资本同资本在生产中的运用相分离，货币资本同工业资本生产资本的相分离，全靠货币资本的收入为生的食利者同企业家和其他一切直接参与运用资产资本的相分离”。（列宁：《帝国主义是资本主义的最高阶段》，第53页）这种分离的结果，就出现了两种资本家，即为了取得利息的货币资本家和运用这种货币资本并取得企业利润的职能资本家。而投资的第一步是金融现象，终极才是实物资本的持有者，当他把货币资本投入银行或证券公司后，货币转化为债券所有权，投资者得到的是利息；直接运用资本的企业资本家得到的是利润。由于现代西方市场经济的空前发展，社会经济生活中的分工越来越细，市场化程度越来越高，金融产品的创新越来越快，所以西方经济学中的投资定义，通常多是指狭义投资。

西方投资学教科书对“投资”的含义虽有狭义和广义之分，但在西方资本主义制度下，投资这一概念的实际含义常常陷于混乱。“投资”和“投机”之间的界限实际上划分不清楚，或者说在字义上勉强可以区分，在实践中则无法辨别，即所谓“投资只是投机的成功，而投机不过为经验中已证明其为失败的投资而已”。譬如，在美国实业界久负盛名的洛克菲勒、卡立金和福特三大财团，在他们的垄断经营活动成功之前，一般人都批评他们为冒险的投机者。以后洛克菲勒在石油工业、卡立金在炼钢工业、福特在汽车工业方面，都相继成为垄断财团时，又被誉为谨慎的投资家，于是此三人的传记言行风行资本主义世界，并备受推崇。“投资”与“投机”如此混淆，难怪连美国著名的投资学教授克罗汀斯基也说：“投资与投机是颇难区别的，两者分别予以正确的定义，亦颇不容易。”（《投资学原理》第4页）美国著名的莫德投资者服务公司总理亦曾说：“投资与投机两个名词，在英国语文中，解释含糊，不易了解。普通人士固不易解释清楚，即华尔街方面，亦不能说明白。反之，一般人认为某人为投机者，可是他的买卖行为毫无投机意义，并且确为一诚实的投资者。”（《投资学原理》第4页）“投资”与“投机”含义的混乱，不易区分，从根本上讲并不是英文单词的含糊，也不是投资学教授的肤浅，而是因为资本家唯利是图，拼命追逐剩余价值的行为本身，就是一种冒险的投机活动，这恰恰为资本主义利润的生产和资本增殖规律所决定，是资本主义基本经济规律的必然反映。恩格斯说："在资产阶级看来，世界上没有一样东西不是为了金钱而存在的，连他们本身也不例外，因为他们活着就是为了赚钱，除了快快发财，他们不知道还有别的幸福，除了金钱的损失，也不知道还有别的痛苦。"（《马克思恩格斯全集》第2卷，第564页）资本家在赚钱、发财欲望的驱使下，其一切投资活动都难免带有冒险投机以致赌博的性质。所以，要想把资本家的投资与投机行为加以区别，实在是枉然。不过，这并不妨碍我们确定投资的含义。

苏联的科兹洛夫和彼尔乌森主编的《简明经济学辞典》中，给资本主义投资下了这样一个定义："为获得利润而在国内或国外长期投资。在资本主义时代，主要以购进股份公司的有价证券和公债债券方式投资。垄断资本主义时代所特有的产业垄断组织的投资（由银行收购股票）以及资产阶级国家的投资（由银行收购国家有价证券），是以银行投资形式进行的。帝国主义国家用来奴役其他国家的国外投资达到了巨大的规模。"这个定义虽然未能正面指出投资的一般含义（既有长期，也应有中短期投资，"长期"、"中短期"只是时间界限不同，而非"投资"本身的含义差别），但是投资的基本性质是明确的：（1）投资的目的是获得利润；（2）只限于长期投资；（3）资本投资的场所有国内和国外；（4）投资的方式主要是购进股份公司的有价证券和公债债券；（5）垄断组织和资产阶级国家的投资都通过银行收购股票和国家有价证券。从以上定义的基本内容我们只能得出这样的结论：投资就是资本的投放和应用，投资行为完全为资本的本性所支配和驱使，所以，投资是资本主义的经济范畴，它受资本主义基本经济规律的制约。

科兹洛夫和彼尔乌森对投资的资本主义定义，仅仅是把"投资"作为一个资本主义的经济范畴来解释的，忽视了社会主义制度下投资的含义。《辞海》把"投资"的释义分解为资本主义和社会主义两种含义，但把投资的社会主义含义仅仅限定为"基本建设投资"。

（二）在传统的计划经济体制下对投资的定义

在传统的计划经济体制下，"投资"对人们似乎也并不十分陌生，而且有关基本建设投资、投资效果问题的理论研究，无论在苏联、东欧国家还是在我国，都曾经引起经济理论界的广泛重视。这里，人们对“投资”一词也有个认识、改造并赋予新含义的过程。据说早期的苏联经济学家并不喜欢用这个带有资本主义色彩的名词。这并不只是因为人们对资本主义投资含义的厌恶的缘故，更主要的是传统的社会主义经济理论否认在社会主义的制度下存在“资本”这一范畴。但社会主义有固定资金积累和流动资金积累的经济活动，有与“资本”对应的“资金”这一经济范畴，于是投资的含义一般被理解为与资本投入有本质区别的资金投入。

在社会主义经济学辞典中，通常都把“投资”说成是“基本建设投资”的同义词或简称。而所谓“基本建设投资”的定义，尽管也还存在一些分歧意见，但这主要是社会主义经济、财政理论界对“基本建设”概念认识分歧所致，而并不是对“投资”本身含义的分歧。譬如，在苏联通常把基本建设投资定义为“用于建立新的、改建和完善现有的生产用和非生产用固定基金的货币支出”。在我国则定义为：“用于基本建设的资金，即新建、改建、扩建和恢复各种生产性和非生产性固定资产所用的资金。”（许涤新主编：《政治经济学辞典》）这样两种定义的经济内容是比较一致的。至于“货币支出”与“所用的资金”实际上是一回事。不过把“投资”仅仅规定为“基本建设投资”，不论从“投资”的本身含义，还是从现实经济内容的实际含义讲，都是不能自圆其说的。

首先，投资的字义就是投入资本品或资金。至于投资的种类、场所、对象等内容，是由投资前面的附加词所决定的，“投资”二字本身不能包含各种附加词的意思。诸如长期投资、中短期投资、国外投资、国内投资、预算内投资、预算外投资等，也包括基本建设投资（或固定资产投资）本身，只是由于“投资”前面的附加限制词才可以区分、并确定其具体含义的。倘若按照“投资”只是“基本建设投资”的同义语或简称来推理，那么，各种各样的投资概念就会陷入混乱而无法区分。由此可见，投资是个一般概念，而基本建设投资则是一个具体概念。两者是一般与具体的关系，不能人为地等同起来。

其次，在社会主义国民收入中，用于基本建设的固定资金积累，也包括用于企业流动资金积累，两种积累都是社会扩大再生产的基本条件。如果只把前者视为投资，而否认后者为投资，实际上是不完整的。因为只有前者的投资而没有后者的投资，社会扩大再生产的实现是不可能的。曾经有一种流行的看法，似乎流动资金不具备“长期”投资的性质，其实这是从流动资金的周转特点做出的结论，而不是从投资周转的角度看问题。从投资角度看，任何新建企业的流动资金一经投入生产，就与被占用的固定资产一样，长期地在企业再生产中循环周转，只要企业再生产不中止，流动资金也就不能退出再生产。显然，与基本建设投资一样，流动资金的投资也是客观存在的，只是其生产周转方式与前者不同而已。

至于“基本建设投资”只解释为“以货币表现的工作量”的说法，是把“投资”等同于“资金”，实际上即使作为“工作量”，也有“投入”或“完成”的意思。显然，这种把“投资”作为“资金”同义语的解释，仅仅限于投资统计工作范围内的一种解释和应用。而并不能否认“投资”作为独立经济范畴存在的客观现实，并不排除“投资”作为投资学基本范畴的科学分析。

“投资”一词在社会主义经济生活中的运用，尽管已形成一个习惯认识，并在社会主义经济学辞典中也有解释，但有关投资概念的含义，在理论界一直存在着不同的见解，并且在不断地探讨这一概念的科学含义。苏联波德希瓦连科和佩谢尔主编的《银行在提高基建投资效果中的作用》一书中曾有这样的叙述：“有些作者认为，仅仅把基本建设投资和固定资金联系起来，是不合理的，例如B.叶吉阿良提出，基本建设投资就是一次性费用，而它的结果可供长期和多次使用。根据这一定义建立的流动资金与积累、大修理费用等，均属于基本建设投资的范畴。”与此同时，本书作者也提出了这样的论点：“为了正确地理解社会主义社会投资的经济实质，必须考虑到，除了建立基金的费用外，还要投入一定数量的资金以形成流动资金。这种投资（建立流动资金）是具有自己特点的。投资在企业使用期间，始终由企业支配，并在生产量不变的情况下，其价值实际上是稳定的，或者根据生产规划的扩大与缩小，发生一定幅度的摆动。”依据这一分析，作者对投资下了这样一个定义：“投资，就是有计划进行固定资产扩大再生产和形成不能再压缩的最低数额流动资金所需要的一次性费用的总和。从这个定义可以看出，‘投资’这一概念比‘基本建设投资’的概念要广一些，基本建设投资则是投资一个组成部分。”在我国，虽然还未见到类似这种见解的公开论著，但是经济理论界持有类似观点的却大有人在。

经济学范畴的概念与其他领域的概念一样，其一经形成就有相对的稳定性，而概念的实际含义则随着事物本身的演进、变化而丰富或修正。这样，人们赋予概念的定义也应该作相应的充实和调整。譬如，社会主义经济范畴中的工资、价格、利润等概念，从一开始就被延用下来，但其含义已被赋予了新的内容。同样，即使是同一经济范畴的新概念，也应随着人们认识的深化或事物本身的发展变化，使定义更加完备和严密起来。由于在传统的计划经济体制下，理论界对投资概念的比较，主要着重于社会属性的不同，于是对“投资”的两种含义的比较和分析，通常归纳为以下五个方面的区别。

第一，投资的目的不同。资本主义投资受剩余价值规律的支配，以追求最大利润为目的。所以，资本家在哪里能赚到更多的超额利润就往哪里投资，怎样能获取更多的利润，就怎样投资，以致使投资处于盲目、冒险和无政府状态。与此相反，社会主义投资受社会主义基本经济规律的支配。投资的最终目的是社会的需要，即满足人们不断增长的物质和文化生活的需要。国家、企业、集体的投资都根据社会经济发展战略的统一部署，有计划按比例地进行。投资活动体现国家、企业、集体及全体劳动者的眼前利益和长远利益达到和谐的统一。社会主义投资的目的体现了社会主义的本质，是社会主义投资的内在动力。

第二，实现投资目的的手段不同。资本主义投资目的是利润而不是社会需要，但是，离开社会的需要，获取利润的目的是无法实现的。这里，社会需要只是作为实现投资目的的外部条件存在。在生产资料资本家占有条件下，投资目的和实现目的的手段，是互相矛盾的。资本主义实现投资目的的手段是以劳动者创造的剩余价值为基础的。而社会主义是通过发展生产力，提高劳动生产率来实现投资的最大效益，以满足社会和全体劳动者的需要，投资手段与目的是完全一致的，是建立在劳动者高度自觉的基础上的。社会主义投资手段与目的的内在统一，与资本主义投资手段与目的的矛盾对立，形成了鲜明的对照。

第三，投资的社会属性不同。资本主义投资的社会属性是由资本的属性所决定的。资本是带来剩余价值的价值，它体现着资本家剥削雇佣工人的生产关系。马克思说：“作为资本家，他只是人格化的资本。他的灵魂就是资本的灵魂。而资本只有一种生活本能，这就是增殖自身，获取剩余价值，用自己的不变部分即生产资料吮吸尽可能多的剩余劳动。资本是死劳动，它像吸血鬼一样，只有吮吸活劳动才有生命，吮吸的活劳动越多，它的生命就越旺盛。”（《资本论》第1卷第260页）所以，无论是直接投资或间接投资都体现了资本主义剥削和被剥削的生产关系。社会主义制度下的资金是与资本的社会属性有本质区别的社会主义经济范畴。社会主义社会为了不断地进行生产和再生产，在生产经济活动中，必须具有包括劳动手段和劳动对象在内的生产资料，这些生产资料的价值形态，就构成社会主义资金。资金是组织劳动与生产资料直接结合的条件，是工人阶级为社会创造财富的条件，它所体现的是社会主义劳动者之间互相合作的生产关系。尽管在我国经济理论界对资金的定义还有几种分歧观点，但无论是“物资的货币表现”论者，还是“运动的价值和价值增殖”论者，都明确地指出资金与资本的社会属性有本质区别，这就从本质上分清了两种投资含义的质的区别性。

第四，投资的主体和方式不同。以生产资料私有制和生产社会化基本矛盾为特征的资本主义社会，只有资本家拥有生产资料和货币资本，所以，投资的主体主要是私人资本家或垄断财团。其投资方式主要是通过各种金融机构，以股票、债券等间接投资方式进行的，资本的投入与运用处于分离状态。而生产资料公有制的社会主义社会里，投资的主体是国家、企业和集体。投资是在全社会范围内统筹规划、分工协作的前提下，在投资的决策、投资实施到投资回收的全过程中，虽然有严密的地区和部门分工，但都是国家的主人，都是投资的主体。所以，社会主义投资方式是以生产资料公有制为前提的，社会通过分工合作共同管理投资全过程，资金的投入与运用是一个统一的有机整体。

第五，投资的可行性标准不同。资本主义投资为预测投资利润率和避免投资风险，特别重视投资的可行性研究工作。但是，可行与不可行的标准，是从个别投资项目的微观经济效益出发的。只要某项投资对投资者有利可图，就是可行的，至于投资的国民经济宏观效益如何，并不是投资是否可行的标准。相反，社会主义投资既重视投资项目的微观效益，更重视国民经济的宏观效益。在两者发生矛盾时，项目的微观效益要服从国民经济的宏观效益。

三、投资的分类

投资作为一个客观存在的独立经济范畴，是一个复杂的经济系统。在对其进行深入研究和考察时，必须根据不同的标准和不同的分类方法，加以具体的分析和比较。

（一）实物投资和金融投资

按投资的性质不同，可分为实物投资和金融投资。

实物投资是指投资者将资金用于建造购置固定资产和流动资产，直接用于生产经营，并以此获得未来收益的投资行为。实物投资与金融投资的根本区别在于前者是社会积累的直接实现者，即通过实物投资最终完成和实现社会的积累，而后者只是一种间接的过程，投资者以最终获得金融资产为目的，至于这些资金怎样转化成实物形态则与金融投资者没有关系。

金融投资，也叫证券投资，是指投资者以获得未来收益为目的，预先垫支一定的资金并获得金融资产。投资者用自己的货币购买股票、公司债券或国债等有价证券，然后凭有价证券获取收益，由有价证券的发行者去进行实物投资。由于投资者主要在金融市场上购买有价证券，又是以金融的方式进行的，所以称为金融投资。个人在银行储蓄，其获得的存款凭证也是一种有价证券，从个人的角度看，也是一种金融投资。

（二）固定资产投资和流动资产投资

按投资资金周转方式的不同，分为固定资产投资和流动资产投资。

固定资产投资包括基本建设投资和更新改造投资两部分。基本建设投资是指用以扩大生产能力或工程效益为主要目的新建、扩建、改建工程及相关的投资。主要包括工厂、矿山、铁路、桥梁、港口、农业水利、商店、住宅、学校、医院等工程的制造和机器设备、车辆、船舶、飞机等的购置费用支出。基本建设投资的经济实质是进行固定资产的外延扩大再生产。更新改造投资是指以设备更新、企业技术改造为主要形式的固定资产投资。更新改造投资的经济实质是以进行内含扩大再生产为主的投资。

流动资产投资是相对固定资产投资而言的，是对企业生产经营中所需劳动对象、工资和其他费用方面的货币的预先支付。对于流动资金投入是否属于投资范畴，在我国理论界和实际工作部门中尚存在分歧。一种认识是流动资金是一种短期垫支行为，流动资金投入以后，经过生产和流通，产品销售出去，流动资金就收回了，所以，它并不符合投资是价值垫支的定义，不能作为投资。另一种意见认为，流动资金的投入是投资行为，其主要理由是，流动资金不是一种短期垫支，尽管流动资金周转要比固定资金周转快，但由流动资金在循环周转中的继起性和并存性的决定，企业生产所需的流动资金中有一个最低稳定额，这一部分流动资金只要生产经营性持续进行，实际上是无法收回的，它是属于长期资金的性质。

（三）预算内投资和预算外投资

按投资是否纳入国家财政预算，可划分为预算内投资和预算外投资。

预算内投资是指纳入国家预算安排的投资。其中，预算内基本建设投资包括中央财政直接安排的基本建设基金和地方财政中由国家统筹安排的基本建设投资，以及中央财政中的其他专项建设拨款完成的投资；预算内更新改造投资包括中央财政和地方财政预算内更新改造投资。

预算外投资是指各地区、各部门和企事业单位，运用自行支配的物力财力、各种专项资金和其他自有资金以及向国内外金融投资机构借款所安排的投资。

（四）总投资和净投资

按投资资金的使用构成不同，可分为总投资和净投资。

总投资亦称毛投资。总投资的组成，一是国民收入分配于追加固定资产和流动资产投资的价值；二是折旧资产。在社会再生产中，社会总产品价值由生产资料转移价值和新创造的国民收入两部分组成。国民收入加上折旧，即全部社会总产品价值扣除劳动对象的转移价值的部分，即为国民生产总值——GNP。在社会消费基金增长比例既定的条件下，总投资随国民生产总值的增加而增长。总投资占国民生产总值的比重常用来反映和分析不同时期总投资及其效益的变动情况。

总投资减去折旧投资即为净投资。在消费基金增长比例既定的条件，净投资随国民收入的增长而增长。净投资占国民收入的比重，用来反映和分析不同时期国民收入用于积累及其效益的变动情况。

（五）直接投资和间接投资

按是否具有参与投资企业的经营管理权利分，可分为直接投资和间接投资。

直接投资是指投资者直接将资本用于购买生产资料、劳动力或其他企业一定比例的股份，通过一定的经营组织形式进行生产、管理、销售活动以实现预期收益。直接投资可分为国内直接投资与国外直接投资。直接投资的方式主要有：(1) 投入资本，不参与经营，必要时可派出技术人员和顾问，给予指导。(2) 开办独资企业，即由一个国家的一个公司独立投资建立企业，独自经营、企业归投资者一家所有。(3) 设立合资企业，由合作各方共同投资，并指派拥有代表权的人员参与经营。(4) 买入现有企业股票，通过股权取得全部或大部分经营支配权。

直接投资的实质，是资金所有者和资金使用者的合一，是资产所有权和资产经营权的统一运动。它在资产的经营管理上充分体现了投资者的意志。并在投资实施的过程中，必然与基本建设、生产经营管理活动相联系。

间接投资，是指投资者以购买他国或本国股票、债券的方式所进行的投资。间接投资按规定收取红利或利息，但无权干预投资的具体运用，也不享有任何特权。间接投资的实质，是资金所有者和资金使用者的分离，是资产所有权和资产经营权的分离运动。它在资产的经营管理上不体现投资者的意志，投资者无须关心投资的实施过程，投资者和经营者之间没有也无须有种种的相互规定和制约。

与直接投资和间接投资关系密不可分的是金融投资。金融投资的内容极其复杂，其具体投资形式多种多样，但总体上可分为买进和卖出两种情况。买进以获取（股票的）股息、红利和（债券的）利息，卖出以获取差价收入或避免损失。作为股票和债券的证券，是一种虚拟资本，它只是现实的生产经营过程中实际运用的真实资本的证书，是所有权和收益权的法律凭证。因此，金融投资的实质就是金融资产投资，是把货币转化为货币资本，使货币进行增殖。金融投资是相对于实物资产投资而言，一般应属于间接投资的性质，但也要作具体分析。作为一般性的购买股票，不可能实际操纵投资的经营活动当然应该属于间接投资，取得了经营管理控制权之后，这种投资活动就不应属于间接投资，而属于直接投资的性质。例如，过去人们通常认为，只要占有一个企业全部股份的5%～15%的比例，就算是控制了所有权和经营管理控制权的直接投资，低于此则为间接投资。但是，随着股权的不断分散化，股票作为所有权象征的意义越来越弱，作为金融商品以获取收益的意义加强了。一些国家和有关国际组织在国际投资中对此作了相应的规定：美国规定为10%；英国规定为50%；一些发展中国家规定为51%；日本规定日方要在外国企业中出资比例达25%以上，才能算是对外直接投资，若低于25%则还附加一些相关的条件才算直接投资。联合国经济及社会理事会在衡量一个企业是否为直接投资的多国公司时，其标准为：对一个独立的企业总公司控制了多数或至少25%的有表决权的股份，对一个合伙企业所控制的有表决权的股份至少达10%。

（六）生产性投资和非生产性投资

按照投资的经济用途不同，可以分为生产性投资和非生产性投资。

生产性投资，是指投入到生产、建筑等物质生产领域中的投资。生产性投资形成的是各种类型的生产性企业资产。要生产就必须同时具备生产性固定资产和流动资产，因此，生产性投资又分为固定资产投资和流动资产投资。无论从单个投资活动看，还是从全社会的投资活动看，生产性固定资产投资与流动资产投资二者都必须保持恰当的比例，生产才能正常进行，投资的目的才能圆满实现。生产性投资通过循环和周转，不仅能收回投资，而且能实现投资的增殖和积累。

非生产性投资，是指投入到非物质生产领域中的投资。非生产性投资形成的是各种类型的非生产性资产。非生产性投资内部又分为两个部分：一部分如投到学校、办公楼、国防工程、社会福利设施等的投资，是纯消费性投资，这部分投资不能收回，其再投资依靠社会积累；另一部分如对影剧院、电视台、信息中心和咨询公司等的投资，这部分非生产性投资可转化成无形资产的经营，因而不仅可以收回投资，还可实现投资的增殖与积累。

生产性投资和非生产性投资，都是经济社会发展所必需的，要处理好生产性投资与非生产性投资的关系，在生产性投资中要处理好固定资产投资与流动资产投资的关系，在非生产性投资中，要处理好纯消费性投资与经营性投资的关系。

（七）外延性投资和内含性投资

按投资在扩大再生产中所起作用的方式不同，可以分为外延性投资和内含性投资。

外延性投资，是指用于扩大生产经营场所，增加生产要素数量的投资，它代表投入生产的资本不断增长。其投资形式如直接开厂设店中的新建、改建、扩建等建设形式。外延性投资的实质，是从投资要素量的增加上来扩大投资规模以促进社会扩大再生产的进行。

内含性投资，是指用于提高生产要素的质量，改善劳动经营组织的投资，它代表资本使用的效率不断提高。其投资形式如挖潜、革新、更新、技术改造等。内含性投资的实质，是从提高投资要素的使用效率、加强劳动过程的组织管理、提高劳动效率上来促进社会扩大再生产的进行。

这两种投资虽然在扩大再生产中所起的作用明显不同，但是其投资要素和资金来源却没有预先规定，二者的区分在于具体使用上的不同。世界各国在这两种投资方式的选择上，均遵循这样一条原则：凡是能通过内含性投资方式解决的问题，就不应通过外延性投资方式去解决。

（八）经营性投资和政策性投资

按投资经营目标的不同，可以分为经营性投资和政策性投资。

经营性投资又称盈利性投资，西方国家中也常称为商业投资，是指通过生产经营而获取盈利所进行的投资。生产领域、流通领域中的投资通常应属于经营性投资。经营性投资由于能带来盈利，所以其担负着促进生产发展和社会进步的重要职能。所谓经营性投资能带来盈利是从应当和可能上讲，并且是从总体性上讲的。在市场经济条件下，由于供求关系及竞争等机制的作用，要实现盈利是要承担风险的，并时时面临着亏损和破产的威胁。

政策性投资又称非盈利性投资，是指用于保证社会发展和群众生活需要而不能或允许不带来经济盈利的投资。政策性投资虽然不带来盈利，但却能带来社会效益。政策性投资分两种类型：一类是本身就不属于生产经营，因而不存在盈利可言的项目投资，这类投资支出由国家规定安排。另一类本身是生产经营性投资支出，存在着潜在的盈利性，但由于价格不合理及客观条件等因素必然发生亏损，这是国家允许的并有相应的政策规定。这后一类型会随着客观条件的变化及价格政策的变动，可以由非盈利性投资转变为盈利性投资，但作为整个国家来说，这种情况总是继续存在的。政策性投资也应精打细算，尽可能少花钱，多办事，办好事。

（九）积极投资和消极投资

按投资发挥功能和效益的作用不同，可以分为积极投资和消极投资。

积极投资和消极投资最初见之于西方经济学中。就其原本含义而言，积极投资，是指用于机器、设备等生产工具的投资。积极投资所形成的机器、设备是企业固定资产的核心部分，是企业或国家生产技术水平高低和生产能力大小的主要标志。它从物质技术基础上决定着企业的生命力。它的状况如何，在很大程度上决定着产品的数量、质量、劳动生产率、经济效益及竞争能力等。在投资总量既定并符合配套生产的条件下，积极投资所占比例越大，形成的生产能力就越大，投资效益应越好。

消极投资，其原本含义是指用于生产性房屋和构筑物等土林工程建设的投资。消极投资所形成的这些建筑物和构筑物，虽然不直接加入生产过程，但却是生产过程不可缺少的条件。消极投资的实质，在于它所形成的固定资产只起辅助和配合作用，居于次要地位。在投资总量既定并能正常生产的条件下，消极投资所占比例越大，形成的生产能力越小，投资效益就越差。

（十）国家投资和企业投资

按投资主体性质不同，可以划分为国家投资和企业投资。

国家投资，是指中央政府和地方政府所进行的投资。国家投资的资金来源是财政资金，所以也称为财政投资。它可以由国家直接拨款来安排，无偿使用，也可以委托管理投资的专业银行或投资公司实行贷款，有偿使用。国家投资的实质，是国家作为特殊的投资主体，引导社会生产、稳定社会生活、保持经济和社会的正常发展。国家投资的多寡，在不同国家和同一国家不同的经济发展时期，会发生不同的变化。

企业投资，是指国有企业、集体企业、私营企业、跨地区跨部门所有制横向联合的企业、企业集团、跨国公司及其国外的子公司、金融和产业组织的混合企业、金融组织及其海外分支机构等的投资总称。企业投资的范围涉及社会生产和生活的各个方面。企业作为独立的投资主体，其投资的动机和目的就是为了实现预期的经济收益。企业的投资效益好，对企业对国家都是有益的。但企业投资活动必须遵守国家法律法规的要求。在市场经济条件下，企业应作为独立的投资主体充分发挥作用，要建立良好的宏观调控机制和企业自我约束机制，以防止和减少企业不良投资行为的发生。

在按投资主体类别划分的投资中，还有一种居民个人投资。居民个人投资并不是指个体企业投资，居民个人投资，是指居民个人不经办任何企业，仅凭手中资金购买投资证券充作金融资产而获利。居民个人投资的实质，是广大劳动者将自己节约的消费支出转化为投资，在个人获利的同时增加了社会的积累。

（十一）国内投资和国际投资

按投资的国别不同，可以分为国内投资和国际投资。

国内投资，是指国家、企业单位、个人依靠自己的力量在本国境内所进行的投资。它包括各种形式、各种内容的投入。由于不同的国家，即无论大国和小国、富国和穷国、发达国家和发展中国家，都具有各自不同的国情特点，因此其投入形式是各不相同的。但国内投资总量，就实质而言，都代表了一个国家经济发展水平的高低、积累能力的大小和经济实力的强弱。

国际投资是资本的跨国流动。对于输出国来讲，亦称“对外投资”或“海外投资”。它是指一个国家向国外进行经营资本的输出。这种输出可以是私人资本也可以是国家资本，但不包括政府及其所属机构对外的赠予、赔偿，以及纯属借贷资本输出范围的各种贷款活动。对于资本输入国来讲，是引进外资，称为国外投资。它是指外国企业、个人、政府以及国际机构在本国（东道国）境内所进行的投资，包括外国资本以各种形式直接进入境内投资和本国筹资者到境外发行债券和股票筹集资本带回境内使用两大类型。一个国家利用国外投资，是参与国际分工、发展本国经济的重要措施。国外投资的实质，就是利用外资，利用国际经济资源，包括先进的技术设备，举借债务投资发展本国经济。利用国外投资，关键是根据国情国力，确定好国外投资的规模、内容和方式。不少发展中国家没有处理好国内投资和国外投资的关系，国外投资规模过大，投资内容和方式也不尽合理，既背上了沉重的债务负担，又陷入了依赖国外投资的坑而难以自拔，这种教训是应当记取的。国际投资可分为直接和间接投资两种基本形式。随着世界经济的发展，国际投资出现了一些新的特征：跨国公司迅速发展，直接投资在国际投资中占有越来越大的比重；投资方向不局限于经济落后地区，各发达国家的私人资本也要互相渗透，甚至还出现了发展中国家向发达国家投资的现象。国际投资的实质是为过剩资本找出路，利用国外某些有利条件获取高额利润。但同时，国际投资也会给发展中国家带来先进技术，并促进了管理水平的提高。

上述分类只是从投资的不同侧面，根据不同的标准和方法，划分了若干对应的具体投资概念。根据理论研究和实际管理工作的具体需要，还可以分出其他类型的具体投资概念，本书不可能一一列举。

四、投资的特点

投资是一个独立的经济范畴，具有一系列的经济特点，只有深刻认识这些特点，才能进一步研究投资运动的发展规律，把握投资的深刻内涵。但是，由于投资范畴的内涵极为丰富，外延极为宽广，而不同的著作，在作理论概括和归纳时，都有一定的侧重和取舍。所以，投资特点在不同著作中的论述各有特点。本书从广义投资的概念出发，下面从五个方面分析投资的主要特点。

（一）投资具有数量上的集合性

投资数量上的集合性，是指投资要素的积聚和集中必须达到一定的数量要求才能进行现实的投资。

投资之所以具有数量上的集合性，这是因为：（1）投资具有特定的目的要求，投入的要素没有集合到一定数量，就不能实现投资的目的。在金融市场上，众多的证券投资者小数额的购买债券、股票看起来好像没什么投资的集合性可言，但从完整的、连贯的、社会的角度看，恰恰是把闲置的、分散的资金集中起来用于真实资产投资的过程。（2）现代社会化大生产是以扩大再生产为基本特征的，在扩大的社会再生产经济条件下，建设领域、生产领域、流通领域投入的经济要素客观上要求相应的积聚和集中，以达到规模经济的要求，实现最佳的经济效益。（3）在激烈的市场竞争机制的作用下，投资数量上的集合性不仅有利于减少或抵御投资风险，而且是适应国际经济一体化、提高竞争力的必然趋势。

投资数量上的集合性，是社会经济发展的客观趋势，是市场竞争规模扩大的必然要求。投资数量的集合规模总体上呈上升态势，一是投资增量的投入规模受规模经济效益的制约，集合规模在上升；二是投资存量及资本结构，通过收购、兼并等形式，加速了资本的集中、积累、增值和资产规模的扩张，促进了一批巨型和跨国企业集团的产生和发展，推动了产业升级和资本在全社会范围的优化配置。在世界经济全球化大趋势下，投资在数量上的集合规模与方式，经常与国际金融、国际贸易、关税、经济技术合作、双边及多边关系等更广阔的内容交织在一起，表现为国际经济集团化的总体趋势。投资数量上的集合性是与国际经济发展的集团化趋势相辅相成的。

（二）投资具有地域空间上的流动性

投资具有地域空间上的流动性，是指投资在不同地区或不同国别之间的流转和移动。投资之所以具有地域空间上的流动性，其原因：（1）是由资本的增殖及获利性所决定的。资本在本国不同地区的流动，以及跨国界流动的基本动因，是由其趋利性的本质所决定的。所以投资者为了获取高额的利润和回报，对在本地、本国暂时相对富余和过剩的资本寻找出路，是资本流动和转移的基本动因。由于同类投资在不同地区、不同国家的利润率不尽相同，投资必然会向利润率高的地域转移；同时，由于资本收益率递减的作用，过剩资本如果不向外地转移，本地、本国原有的利润率也会保持不住，即使转移的地区和国家利润率很低，投资者在总体上仍是划算的，因为利润量甚至在利润率较低时也会随着投资量的增加而增加。这就说明，获取高额利润是投资在地区之间和国家之间流动的主观原因。（2）是由资本的流动性所决定的。资本的本能是增殖和获利，而增殖和获利的前提是资本的运动。资本运动不仅体现为资本形态的转化和运动，也表现为地域空间上的流动性。而投资所形成的各类资产，除了土地之外，不管是有形资产要素还是无形资产要素，都是可以流动的。土地在土地私有制国家则可以“观念的流通”（即买卖），在土地国有制的国家其使用权也可以“观念的流通”（即土地使用权的有偿转让），这就给投资在各地区之间和国家之间的流动提供了前提条件和客观基础。（3）是由不同地区和不同国家经济发展的不平衡性决定的。不同地区、不同国家经济发展的不平衡性是绝对的。这种不平衡给资本的增殖和获利所带来的机会是不相同的。投资者总是把资本投向投资回报率高的地区和国家。特别是经济发展相对落后的地区和国家也希望从先进地区和国家引进资金和高技术设备，以发展经济，改变落后面貌，这也为投资在地域空间上的流动提供了现实可能性。（4）是克服和跨越关税壁垒和贸易保护主义的需要所决定的。由于国内的直接商品贸易会受到地区之间层层设卡、相互封锁，而国际贸易常常受到关税壁垒、贸易保护主义限制，所以，投资在地域空间上的流动，是克服和跨越关税壁垒和贸易保护主义的有效途径，对促进商品经济的发展具有重要的作用。

投资在地域空间上的流动性，对实现资源的有效配置和组合、促进生产力的发展，具有积极的作用。每个国家都应根据不同科学技术和生产力发展的水平和条件，根据投资各经济要素的可流动程度，合理地进行建设布局，以充分发展国内不同地区的经济；要充分利用国际投资资源，以促进本国经济的发展；要积极研究国际投资的地域分布特点，以把握其变化趋势和发展规律，提高本国经济在世界经济发展中的竞争能力。

（三）投资具有产业上的转移性

投资产业上的转移性，是指投资在产业之间的转移和流动。投资在产业上的转移性与空间的流动性，其内在动因是一致的。

投资具有产业上的转移性，其原因还有：（1）产业结构调整的客观要求，是投资在产业间转移和流动的重要原因。产业结构是否合理，是经济健康快速发展的重要条件。由于经济发展的同期性，决定了经济结构调整的必然性，而现有产业结构是过去投资所形成的质量结构。当产业结构不合理时就要进行调整，这种调整是通过对投资既有存量的调整和新的增量的调整来实现的。无论是通过政府行政干预还是“看不见的手”的无形作用，都是投资产业上转移性的现实表现。（2）新兴产业的兴起和发展，是投资在产业间转移和流动的又一重要原因。随着科学技术进步和生产力水平的提高，生产的广度不断扩大，深度不断细化，一些新兴的产业和部门不断地产生和发展起来，这就必然要从原有的产业和部门分离和转移为一部分投资的存量和增量。（3）不同行业之间利润率高低的差异性，也会促进投资者进行投资的行业转移。

投资在产业之间进行合理、有效的转移，不仅能够优化投资的产业结构，而且能够带动整个国民经济的改善，促进社会生产力的巨大发展。不同国家和地区，应根据自己的特点和切实可行的经济社会发展目标，制定出切合实际的产业政策，研究和把握投资在不同产业间转移的时机、规模和重点，以尽量减少伴有重大损失的周期性或破产倒闭现象的发生。

（四）投资具有收益上的风险性

投资收益上的风险性，是指投资存在着收益落空甚至丧失本金的潜在可能。

投资之所以具有收益上的风险，从理论上讲，一是投资收益是一种预期收益，而非现实收益，预期收益的不确定性必然大于现实收益；二是预期收益，一般应大于现实收益，预期收益愈大，风险度也愈大，二者呈正相关关系。从投资的实践来看，投资的任何无误，最终都反映在投资收益的风险性方面。而投资的失误，投资者在事前是不可能完全防范的。其原因是：（1）投资的决策与投资的实施和经营不仅存在着较大的时间差，而且投资决策是投资者的主观判断，而投资实施与经营面对的是纷繁复杂、不断变化的现实世界。这种主观预测与客观实际之间的变化和出入是经常的、难以避免的。所以，最终导致收益上的风险性，就是投资活动自身的矛盾性的必然结果。（2）投资实施与经营是一个客观发展变化着的经济运动过程，即使相关联的其他条件没有发生变化，这个运动过程也会因为投资实施中的某些错误行为和经营管理中的调度不当而发生主观风险。实际上，与投资经济运动过程相关联并构成其制约条件和生存环境的整个社会经济这个庞大而复杂的运动过程，每日每时地在发生着变化，这种变化会给投资活动造成意想不到的客观风险。这种主、客观的风险可归结为三大方面，即政治风险、经济风险和自然风险。所谓政治风险，是指由政策变动、机构变动乃至政府变动和内乱、爆发战争等引起的风险；所谓经济风险，是指由利率变化、汇率变化、消费结构变化、经济大调整、通货膨胀、债务支付能力削弱、市场疲软等引起的风险；所谓自然风险，是指由水灾、火灾、地震等不可抗拒力引起的风险。（3）由于非经济收益投资的不当，不但直接导致社会效益、环境效益的下降，也会间接影响投资的经济效益，从而导致投资的潜在风险。

（五）投资具有周转上的复杂性和多样性

投资所涉及的领域宽广，运动形式多样，在周转上具有复杂性的特点。同时，投资的各组成部分在其相互联系又相互独立的运动过程中又呈现出运动形式的多样性。

投资之所以具有周转上的复杂性和多样性，这是因为：（1）投资是覆盖全社会的重要事业，社会生产和生活服务的多样性，决定了投资形式的多样性。（2）投资的含义极为广泛，各种形式的投资对象不同，目的不同，其运动形态也各不相同，所以，反映在投资的具体周转上，必然呈现出复杂性和多样性，譬如，产业投资的运动形式要包括生产过程和流通过程，才能完成一次循环；投在流通服务领域中的商业服务业投资，只要经过商品的买卖和具体服务的过程就能完成一次循环，而为生产建设和流通领域服务的借贷资本或资金，其运动则采取更为直接的由货币到（增殖了的）货币的形式；至于由金融投资而引发的金融产品交易，则是非常直观的买卖活动，其运动形态与实物资本运动既相联系又相脱离，表现为虚拟资本的特有运动形式。各种不同类型的投资运动形式，既相对独立，又互有联系，从而使投资在总体运动上则表现为复杂性和多样性。（3）不同类型、不同运动形式的投资，其具体特点的复杂性和多样性决定了投资微观管理和宏观管理的复杂性和多样性。

投资周转上的复杂性和多样性特点，要求投资管理活动，要善于根据不同类型投资运动的具体形式，把握其发展运动的特点，研究其规律，适应其要求，以确保实现投资的预期目的和要求。

五、投资学的研究对象

投资学的研究对象是投资经济学科的立足点，没有确定的研究对象，就谈不上学科的建设。而研究对象确定得不准，就难以正确地把握投资学科体系的内容构成，也难以正确处理好投资学与相关学科的关系。因此，科学地确立投资学的研究对象，是投资学科建设和发展的首要问题。

（一）投资学的研究对象

投资学是研究社会投资运动规律及其在运动中所发生的多种经济关系的一门经济科学。这就是说，在极其复杂而又变化无穷的全社会投资活动中，投资学不是研究投资活动的外部联系，而是研究投资活动中各种经济现象之间客观存在的内在的、本质的、必然的联系。只有这种联系才具有规律性，只有依据这种规律性对投资活动进行管理才能提高自觉性，减少盲目性。但是，这种研究不能只局限于发展规律本身的研究，还要研究这些规律产生和存在的条件，以及在投资经济活动中的作用、表现形式及其运用。生产关系的总和构成社会的经济基础，而经济基础和上层建筑之间存在着不可分割的内在联系。投资学要研究投资领域各种经济关系产生和发展的规律性，而这种经济关系的研究，一定要结合投资领域上层建筑的发展和演变的实际情况，认识和把握两者之间相互依从、相互对立的矛盾运动的具体形式和内容。

经济规律是经济发展过程中经济现象之间内在的必然联系。它是在一定经济条件的基础上产生并发生作用的，并且随着一定经济条件的变化而改变其作用的形式和范围。共有的经济条件产生共有的经济规律，特殊的经济条件产生特殊的经济规律。投资活动与人类社会的商品经济发展紧密相连，但它在不同的商品经济发展阶段、不同的地域和不同的国家所面临的社会经济条件是不同的。由此而决定了投资发展水平及其政策的取向，都有较大的差异性。

就当今社会而论，不仅存在着东西方之间社会意识形态的差异，而且还存在着南北方之间经济发展水平方面的巨大悬殊。在东西方之间、在南北两极之间，由于社会形态、经济制度、民族文化等方面的不同，就投资所涉及的债权债务关系而言，有债权国家和债务国家。债权国家主要是一些发达的资本主义国家和石油输出成员国。债务国家主要是经济发展落后的亚、非、拉国家。这些债权国和债务国之间，所处经济发展阶段不同，经济发展的目标也不同，其投资发展的规模、结构以及投资自由度和投资盈利性也是明显不同的。债权国家一般由于资本过剩，通常是投资输出国，而债务国家一般都是投资输入国。投资输出国是对外投资，而投资输入国则属于利用外资。这些国家在投资的产业政策、优惠措施上都是不同的，各自对投资所制定的政策及相应的目标和取向也存在巨大差异。由此所引起的国家间的利害关系也各不相同，有的是为了直接的经济利益，有的是为了占领原材料供应基地或产品销售市场，有的是为了转移本国已经过剩的成熟的技术和专利，有的是为了经济渗透和垄断，有的则直接是为了政治控制和军事目的。由于不同的投资目的和动机，最终所带来的利害关系是极为不同的。就一国之内的投资活动所涉及的经济关系而言，涉及投资企业和国家的关系、各地区之间的关系、各民族之间的关系、各类投资之间的关系，以及投资活动与财政、税收、金融政策之间的关系，投资品要素供求之间的关系等。就微观投资活动而言，它涉及投资的筹集、实施、使用和回收的各个阶段，这些阶段之间不仅要密切衔接。不可中断，而且每个环节上都要与众多的方面打交道，这就在客观上形成了一个与社会经济关系总体相联系的投资领域的经济关系体系。研究并揭示投资领域经济关系体系的发生和发展规律，是投资学研究对象所要解决的中心问题。

投资领域各种经济关系的产生、发展和变革，与社会生产力的发展状况密切相关。当一国的生产力水平处在较低阶段时，投资经济活动不可能大规模展开，所以投资的经济关系也就相对简单。当生产力水平有了较大的发展，投资经济活动也会有相应的发展，投资的生产关系就会相应变得复杂。当今社会已进入发达的市场经济时代，投资经济活动具有广泛密切的世界性联系，投资经济关系变得异常广泛、复杂和深刻。这就要求，投资学的研究对象，不能孤立地研究经济关系，而必须结合生产力的发展状况来研究投资的经济关系及其发展规律。经济关系的总和构成经济基础。经济基础和上层建筑的有机统一构成社会形态。上层建筑的发展以经济的发展为基础，但上层建筑形成之后又对经济基础发生反作用。世界各国都制定自己的投资政策、投资法规或章程，国际上也有各国共同遵守的国际投资法。这些属于上层建筑的投资法规和政策，对指导、监督和保护正常的投资活动会起到良好的作用。投资学在对投资领域各种复杂的经济关系研究的过程中，需要联系相应的上层建筑的有关问题。科学是有规律性的，但规律不是孤立的。在投资领域中起作用的客观经济规律也不可能是孤立的，而是一个相互联系、相互区别的科学规律体系。在这一规律体系中，既有在一切社会形态的商品经济活动总体中都发挥作用，从而也在一切社会形态的投资活动中发挥作用的生产关系和生产力发展水平相适应的规律、按比例分配社会劳动的规律；也有在几个社会形态的商品经济活动总体中发挥作用，从而也在这几个社会形态的投资活动中发挥作用的价值规律，还有只在一个社会形态的商品经济活动总体中发挥作用，从而也只在这一社会形态的投资活动中发挥作用的经济规律。生产关系适合生产力水平的规律在投资领域中主要表现管理制度不相适应或起阻碍作用时，就应对投资的管理制度进行改革或变更。按比例分配社会劳动的规律在投资领域主要表现为投资规模的确定应当适度和投资内部各组成部分的构成比例应当合理。如果不适度、不合理时就应进行调整。价值规律在投资领域中主要表现为投资品的获得、投入和使用，都要以商品的等价交换为原则，投资收益的实现要经过流通领域来完成，但是它在不同的社会形态的投资中所起作用的程度是不一样的。

投资经济活动是社会经济活动总体的重要组成部分。因此，对整个社会经济活动总体起作用的经济规律，对投资经济活动同样会起作用。投资作为一个客观存在的独立经济范畴，有自己的特殊性，它除了和整个社会经济活动的总体存在共同适用的经济规律外，还存在只在投资领域发挥作用的经济规律。这样，在投资领域中发挥作用的经济规律，就呈现出多样性、复杂性的状况。投资领域内客观存在着的特有经济规律，是投资领域内经济现象间自身固有的本质联系。例如，在投资运动过程中，投资决策、投资实施和投资回收三个阶段都是必要的，缺一不可的，哪个阶段在先，哪个阶段在后，在时序上是不容倒位的。再如，在投资运动中，由于投资的主体不同，投资方式和投资实施的运行机制就可以区分为多种形式，不同形式的投资运动各有其独特的规律性：风险投资不同于一般投资；直接投资不同于间接投资；直接投资中的固定资产投资与流动资产投资，间接投资中的股票投资与债券投资，都各有自身的特点和特殊规律性。

在社会再生产中，一方面，经济发展需要投资的推动；另一方面，只有经济增长，才能保证投资品供给。投资与国民经济的生产和增长之间有着内在的联系。首先，投资规模必须与国力相适应，投资规模是否适度，是经济能否健康稳定发展的重要经济变量。其次，投资不仅要有总量的再生产，而且要有明确的方向性，投资结构是经济结构的物质基础，这就要求在社会再生产中，哪里需要开拓和发展新兴产业，哪里存在结构性短缺、比例失调，哪里就需要进行重点投资。最后，投资规模和投资结构总是要落实到投资项目上的，一个投资项目是否可行，必须经过认真仔细的微观经济估量和宏观经济评价。确定投资规模，调整投资结构，选择投资项目，都要力求节省投资、优化效益。由此可以看出，投资领域中客观存在的适度投资规律、比例投资规律和优化投资规律等，都是整个社会经济，尤其是按比例发展规律、时间节约规律、价值规律和供求规律等在投资领域的具体表现和作用的结果。

投资领域中的每一条规律都各有其独特的作用，都必须遵循。但是，投资活动本身具有高度的综合性，投资领域是一个异常复杂的经济领域，因而，各种经济规律，就不可能孤立地、单独地发挥作用，而是互相联系、互相交错、互相促进、互相制约，在投资领域形成了一个投资经济规律体系。在现实的投资活动中，要按客观规律办事，实际上是按投资领域中所形成的综合合力的规律要求办事。如果只强调某一条或某几条规律办事，而忽视按经济规律体系所形成的综合合力要求开展投资活动，是难以实现投资的预期收益的，是违背客观规律的。

（二）投资学的研究方法

学习和研究投资学，要有一套正确的方法，方法不正确，不仅难以收到良好的成效，甚至会得到一些错误的结论。其研究方法很多，归纳起来主要有以下几种：

1. 用唯物辩证的方法进行研究

要用辩证唯物论的观点研究投资问题。从前面的研究中已经知道，投资活动的内容极其复杂，投资经济涉及的问题极其广泛，而且在生产力的发展阶段和社会发展的不同形态，其活动的条件各不相同。如果人们不用历史唯物主义的观点来看问题，就不可能既看到它在特定条件下所表现出的发展阶段性，又看到它在长期发展过程中所表现出的整体连续性。同时，投资活动永远处于运动之中，这就既要看到它的现在，又要看到它的将来，既要看到它的正向运动，又要看到它的反向运动。如果不是辩证地看待，就难以按客观经济规律体系的要求来把握。

2. 用供需平衡的方法进行研究

投资的需求与供给的平衡，是投资宏观研究的重要内容。投资活动，小到一个投资项目，大到一个地区或全国的投资总体，要想现实地开展起来并顺利地进行下去，都涉及其投资经济要素的需求和供应是否能得以平衡的问题。供、需二者表现为矛盾的两个方面，共处于一个既对立又统一的矛盾体中。我们的任务，就是要研究、分析并促成二者的合理平衡。因此，财政平衡、信贷平衡、外汇平衡、物资平衡，以及各自平衡基础上的总体综合平衡，仍然是研究并开展投资活动的基础，对现实投资活动中大量的非平衡问题，应当给予认真的研究。

3. 用分析比较的方法进行研究

比较研究法在投资经济活动中具有广泛的适用性，不同社会形态投资活动的比较、不同社会制度国家投资活动的比较、同一国家不同发展阶段投资活动的比较、同一国家同一发展阶段上不同地区投资活动的比较，同一投资活动的不同投资方案的比较等，是进行投资经济理论研究要运用到的。不如此，就不能很好地判明它们的区别，当然，也不能很好地把握其内在的联系，从而影响从定性到定量的正确研究。

4. 用联系实际的方法进行研究

投资经济诸多正确理论观点的形成，是来源于社会实践的理论总结。社会投资实践活动的发展，又会产生新的理论或发展已有的理论。而有了理论就得使之服务于投资实践工作，否则，没有任何意义。联系实际的范围极其广泛，既有与投资活动相联系的国际政治与经济的实际，也有国内情况的实际，还有单项投资活动所处具体情况的实际等。只有分别情况，具体对待，才能进行正确的研究。

（本文是1999年出版的《投资经济导论》的第一章，在此后为研究生授课时多有修改和补充。）

投资银行导论

一、投资银行的发展

（一）投资银行的定义

投资银行（Investment Banking）的英文含义至少有四种解释：其一，作为金融机构，是指作为金融市场中介机构的金融企业，即投资银行；其二，作为金融行业，是指投资银行的整个行业，即投资银行业；其三，作为金融业务，是指投资银行所经营的业务，即投资银行业务；其四，作为金融学科，是指投资银行的理论和实务的学科，即投资银行学。

美国的查里斯·R. 吉斯特认为：投资银行仍然是一个极其神秘的金融中介机构。尽管谈论的人很多，但却很少有人能说清楚这种机构的业务范围、功能以及它在经济活动中的角色。

我国在相关著作及实际工作中对投资银行一词的理解和运用方面所存在的混乱，很大程度上源于没有清楚地辨别这四个层次的差异。由于这个英文词组的四层含义都有相应的中文单词，所以应该对上述四层含义做出明确区分，即分别用投资银行、投资银行业、投资银行业务和投资银行学来表示这四种含义，而不能简单地用投资银行一个词来表示。

美国投资银行学家罗伯特·库恩（Robert Kuhn）在其《投资银行学》著作中，对投资银行下过四个定义（见表1）。

表 1　　罗伯特·库恩对投资银行的四个定义

1	广义投资银行	经营所有的金融市场业务。 指任何经营华尔街金融业务的银行，业务包括证券、国际海上保险以及不动产投资等几乎全部金融活动。
2	较广义投资银行	经营所有的资本市场业务。 指经营全部资本市场业务的金融机构，业务包括证券承销与经纪、企业融资、兼并收购、咨询服务、资产管理、创业资本等，与第一个定义相比，不包括不动产经纪、保险和抵押业务。
3	较狭义投资银行	经营证券承销、交易和兼并收购业务。 指经营部分资本市场业务的金融机构，业务包括证券承销与经纪、企业融资、兼并收购等，与第二个定义相比，不包括创业资本基金管理和风险管理工具等创新业务。
4	狭义投资银行	经营证券承销和交易业务。 仅限于从事一级市场证券承销和资本筹措、二级市场证券交易和经纪业务的金融机构。

罗伯特·库恩根据投资银行经营业务范围由宽到窄的四种定义方式及其相关理论，在国际上有广泛的影响。他自己认为第二个定义更符合投资银行的实际情况。目前被普遍接受的也是第二个定义，即投资银行业务包括所有资本市场的业务。由此，投资银行也就可以被定义为：投资银行是指主营业务为资本市场业务的金融机构。

根据上述投资银行定义可做如下推理：其一，并不是所有经营资本市场业务（或投资银行业务）的企业都是投资银行，只有那些主营业务为资本市场业务的企业才是投资银行。其二，并不是经营全部资本市场业务的企业才是投资银行，只要主营业务是资本市场业务，无论是一项或是几项的企业都是投资银行。

当然，这个定义是动态的，因为随着资本市场业务的不断发展，投资银行定义的内涵和外延都在不断发展。正如著名的投资银行家罗伯特·库恩所言："投资银行业务是一个有机的过程——经常在变化、发展、进化，任何书籍都无法精确而详尽。"因此，不应该对上述投资银行的定义进行机械的理解。就目前而言，资本市场业务（或投资银行业务）主要包括证券承销、证券交易、兼并收购、资金管理、项目融资、风险投资、信贷资产证券化等。

（二）国外投资银行的发展情况

1. 美国投资银行的历史发展与现状

各国投资银行的产生和发展同各国经济的发展密切相关。美国投资银行的发展史可以说是美国几百年经济发展历程的一个真实写照。美国投资银行的历史可以追溯到19世纪初期，目前公认的美国最早的投资银行是1826年由撒尼尔·普莱姆创立的普莱姆·伍德·金投资银行。与欧洲投资银行业相比，美国投资银行的历史短、起步晚，但其发展却相当迅速，在世界居领先地位。美国投资银行的发展历史大致可以分为以下几个阶段：

（1）投资银行的早期发展。美国早期的投资银行业务是从汇票承兑、贸易融资、政府债券、铁路债券的发行和销售发展起来的，由此产生了一些具有影响的投资银行，如摩根·斯坦利、美林、高盛、雷曼兄弟等。到1929年危机前，投资银行的控制范围已经扩大到整个经济领域，如1912年摩根财团控制了美国钢铁公司、美国电报电话公司、纽约中央铁路公司、几家全国最大的保险公司等，控制着240亿美元的资产。到20世纪20年代持续的经济繁荣使华尔街成了狂热投机的集中地，从而成为经济危机的始作俑者。

（2）金融管制下的投资银行。从美国开始的金融危机涉及全球主要资本主义国家，为了防止危机的再度爆发，美国从1929年大危机之后开始对金融业进行了严格管制。

1914年爆发的第一次世界大战，给美国带来了暴利。战后美国经济空前发展，资本市场蒸蒸日上，美国的基金业务开始盛兴，投资银行、商业银行和投资公司等金融机构积极拓展基金业务，纷纷成为基金的发起人。但美国的联邦法银行制度和州法银行制度中并没有涉及公司的相关法律。

1929年10月，美国股市暴跌，经济进入大萧条时期。到1932年股市市值仅剩下危机前的10%。为了防止危机的再度出现，多项重要法律相继出台。1933年制定了证券法和银行法（即《格拉斯－斯蒂格尔法》）；1934年制定了证券交易法；1940年制定了投资公司法和投资顾问法。这些法律将证券业务置于联邦政府的严格监管之下，使原来法规一片空白的证券领域突然之间成为立法最为严厉的领域。

在这一系列立法中，对投资银行业务影响最大的是《格拉斯－斯蒂格尔法》。这一法律将商业银行业务与投资银行业务严格分离，其中包括：《联邦银行法》管辖下的银行与其证券子公司完全分离；商业银行除国债和地方债外，不得从事证券发行承销业务；禁止私人银行兼营存款业务和证券业务，商业银行和投资银行的业务严格分离开来。

（3）放宽限制下的投资银行。1975 年，美国证券和交易委员会（SEC）放弃了对股票交易手续费的限制，实行手续费的完全自由化，此项改革成为美国证券市场自由化的象征，对后来美国证券市场的发展产生了重要影响。交易手续费实行自由化以前，股票交易手续费收入占美国投资银行总收入的一半以上；而到了十年后的 1985 年，手续费收入则不及总收入的 20%。佣金收入的减少促使美国投资银行不得不寻求新的利润来源而调整发展战略，由此使证券公司经营模式分化为三大类型：第一类，注重固定收入的资产管理业务，围绕投资理财、投资咨询展开业务，美林就属于这一类；第二类，以二级市场自营业务和兼并收购中介业务为主，偏向高风险与高收益业务，雷曼兄弟属于这一类；第三类，专业于经纪业务，利用信息手段降低交易成本，以提供廉价交易服务为主，查尔斯·韦伯属于这一类“折价经纪商”的典型代表。折价经纪商通过电话、传真、电脑等通信工具为顾客提供廉价的交易服务，其主要特点是交易方法简便、交易成本低。进入 20 世纪 90 年代后，围绕价格的竞争愈演愈烈，产生了新的“网上经纪商”。

（4）从分业经营到混业经营。投资银行与商业银行的分业与混业一直是美国在政策与立法中争论的主要问题之一。20 世纪 80 年代以来，随着世界经济一体化的发展，分业型的金融体制无法适应国际市场竞争的需要，投资银行和商业银行分业管理限制了美国投资银行的发展。因此，要求混业经营的呼声越来越高。美国逐渐放宽了投资银行的业务限制。经过十几年的努力，最终于 1999 年 11 月通过了《金融服务现代法案》，为混业经营创造法律前提。这项法案为美国发展集多项金融业务于一身的“金融超级市场”，向全能银行的模式发展奠定了基础。

到 2000 年，美国投资银行排行榜前十名的总市值达 3601.8 亿美元，参见表 2。

表 2　　美国投资银行前十名排行榜

排序	公司名称	总市值（亿美元）
1	摩根·斯坦利·添惠（Morgan Stanley Witter）	1231
2	高盛（The Goldman Sachs Group）	645
3	美林证券（Merrill Lynch & Co.，Inc）	571
4	嘉信（Charles Schwab Corp.）	526
5	雷曼兄弟（Lehman Brorhers Holdings）	194
6	帝杰（Donaldson，Lufkin & Jen）	130
7	潘韦伯（PaineWebber Group，Inc.）	104
8	沃特豪斯（TD Waterhouse Group，Inc.）	77.6
9	贝尔·斯第恩斯（Bear Stearns Co's）	77.1
10	爱德华（A. G. Edwards，Inc.）	46.1

2. 英国商人银行的历史发展与现状

英国是投资银行历史最悠久的国家之一，在英国，投资银行叫商人银行。从职能上来看，这种商人银行又与美国的投资银行不完全相同，英国的投资银行不仅从事证券业务，还从事普通商业银行的存贷款业务。

16 世纪中期，英国处在对外贸易和海殖民扩张时期，英国的各种贸易公司开始通过创建股份公司和发行股票的方式筹集大量资金，以分担海外贸易中的高风险。英国的商人银行也从为国际贸易提供承兑便利的业务中发展起来。此后，随着大量的股票、债券的发行和证券交易的日益活跃，英国的商人银行逐步壮大起来，一些实力雄厚的大银行，如巴林银行在证券市场和整个国民经济中都发挥着举足轻重的作用。然而“一战”以后，随着英国国际经济金融中心地位的不断下降，英国的商人银行也发展缓慢。直到 20 世纪 70 年代，商人银行开始了新的发展时期。

70 年代以后，英国经济发生的一系列重大变化，主要举措是民营化、企业并购浪潮和证券市场变革。

首先，20 世纪 70 年代末到 80 年代初，英国政府掀起了“民营化”的浪潮。70 年代的两次石油危机使英国陷入萧条，国家财政部为了充分利用市场机制来促进竞争和提高效率，开始进行国有企业的民营化改革。民营化采用公开上市、私募、出售国有资产、重组或分割、注入新的私人资本等形式进行。在民营化过程中，私人银行可以提供广泛的服务，包括帮助制定国有企业出售方案、为股票上市提供咨询服务或代理发行等。在英国铁路公司、国家货运公司、电信公司等诸多行业的民营化过程中，许多商人银行，如巴林、华宝、施罗德等都曾有过出色表现。民营化使商人银行与企业建立了密切的关系，为以后进一步扩展投资银行业务打下了基础。

其次，80 年代的兼并收购风潮推动商人银行业务进一步发展。许多商人银行利用自有资本或代为管理的共同基金积极参与企业的收购和合并。1987 年，英国公司并购美国公司资产总值达 317 亿美元，基本上是依靠英国商人银行的协助与筹划才得以完成的。1994 年底对全球跨境并购业务的统计表明：当时全球前十大跨境并购业务中有 6 桩都有英国商人银行的参与。英国商人银行在从并购风潮中获得丰厚利润的同时，在全球投资银行业中也占据了举足轻重的地位。

最后，1986 年英国证券市场的重大改革为商人银行的发展创造了新的契机。英国伦敦证券交易所在第一次世界大战之前是世界上最大的证券交易所。“二战”以后，随着英国经济实力的下降，伦敦证券交易所先后落到纽约证券交易所和东京证券交易所之后。由于来自世界证券市场的竞争压力，使英国感到自身以中小投资银行为主的证券交易所难以与美、日以大投资银行为支柱的证券交易所和欧洲大陆以大商业银行为主体的证券交易所相对抗，从而迫使英国进行金融业的重大改革，并于 1986 年 10 月通过了《金融服务法案》，冲破了英国商人银行和商业银行严格的业务界限，允许英国的商业银行直接进入投资银行领域。此举标志着英国商人银行和商业银行混业经营的开始。一方面，为商业银行开辟了新的投资途径；另一方面，在实力雄厚的商业银行取得了同等的竞争地位后，商人银行面临着巨大的生存威胁。于是中小商人银行进行了大规模的合并。合并重组后的商人银行规模增大，业务重心也从“全能战略”转向“主攻优势战略”，主要发挥各自的专长，致力于专业化的服务，如公司财务咨询和投资管理业务。

在经历了民营化、企业并购浪潮以及证券市场的变革以后，英国的商人银行逐步发展壮大起来，形成了与商业银行共同经营投资银行业务的格局。

3. 日本证券公司的历史发展与现状

日本的证券公司早在明治维新时期就出现了雏形。然而，由于历史的原因，间接融资在日本的金融体系中始终占据主导的地位，大财阀雄厚的资金实力也为经济的发展提供了充足的物质基础。因此，日本证券市场的发展非常缓慢。直到“二战”后，日本的证券市场才逐渐活跃起来，证券公司也随之发展起来。

“二战”以后，由于财阀的解散，间接融资在日本金融体系中的中心地位逐渐动摇，再加上战争期间国民经济遭受重创，仅仅通过银行融资根本不能满足经济发展的需要。1947 年，日本政府颁布了《证券交易法》，标志着投资银行和商业银行分业经营模式的确立和现代投资银行业的诞生。20 世纪 60 年代，随着日本经济的腾飞，日本的证券公司也飞速发展起来，并在为国民经济发展筹集资金方面发挥了巨大的作用。与此同时，日本政府开始逐步开放资本市场，日本的证券公司也跨出国门，在国际市场中占据重要地位。

由于历史的原因，日本的投资银行业始终缺乏充分的市场机制，垄断相当严重。20 世纪 60 年代以后，行业集中加剧，形成了以野村、大和、日兴、山一证券公司四大券商为主，新日本、三洋证券公司次之，同时有其他小券商并存的格局。四大券商在很大程度上操纵和控制着日本证券市场。它们包揽了一级市场上 80% 的承销业务，二级市场上的大宗买卖也多由它们代理，外国公司在日本发行债券或股票上市的 80% 也由四大证券公司承担，再加上它们间接控制的一些中小证券公司，四大公司的垄断地位难以动摇。

日本证券公司的证券零售代理和交易业务占全部业务的比重较大，这一点有别于美国超一流的投资银行，后者不像日本那样在全国各地开设众多的证券营业部，因此其盈利中只有极少部分来自这些业务。日本证券公司一直实行固定费率制，即按照代理买卖交易量的一定比率收取手续费，缺乏灵活性。而美国等西方国家的投资银行早就在代理业务收费上引入了竞争机制，实行协议佣金制，手续费收入在其总收入中的份额呈递减趋势，一般不超过 30%。日本的固定费率制度给日本的证券公司带来了可观的收入，因而手续费在证券公司的收入中一直占很大的比重。固定费率制减少了价格竞争的可能性，稳定了日本证券公司与其客户的长期关系。大企业和机构投资者多通过四大证券公司来从事证券交易，从而为它们带来了可观的手续费收入。基于互惠互利的原则，证券公司秉承“追随客户”的原则，倾其所能为大客户服务，从而使得证券公司不惜违反证券法规为其提供内幕消息，甚至动用自有资金来弥补企业经营上的损失。近年来，日本暴露的数起涉及四大证券公司的金融丑闻，与日本证券公司和大企业财团的这种微妙关系不无关系。

（三）中国证券公司的发展情况

中国证券公司的发展在规模上可以说是跳跃式的，从20世纪80年代后期开始的短短十几年时间里，经历了一个从创建起步、资产扩张、兼并重组的高速发展过程。

1. 中国证券公司的产生

中国证券公司是社会主义市场经济发展的必然产物。在创建初期主要有四种不同的组建类型：

（1）由国家专业银行或保险公司等金融机构发起设立的股份公司或全资子公司。这类证券公司多属于全国性的大证券公司，如国泰证券、华夏证券、南方证券和海通证券等。

（2）由地方金融机构入股或出资组建的股份公司或全资子公司，如申银证券、北京证券和河北证券等。

（3）由地方财政部门组建的证券经营机构，如上海财政证券和湘财证券等。

（4）全国性的信托投资公司和地方金融机构所属的信托投资公司组建的证券公司，如中信证券、广发证券和鞍山证券等。

中国证券公司从80年代后期到90年代的发展过程中，形成了全国性证券公司与地方性证券公司并存的格局。全国性大证券公司在资金规模、业务领域、技术装备和人才资源等方面拥有先天优势，位于市场的制高点，而地方性证券公司与之相比明显处于劣势。

但是，随着《中华人民共和国证券法》的出台和证券市场外部环境的变化，证券市场上的竞争格局正在悄悄地发生演变。一批资产优良、管理先进、注重企业战略管理的地方证券公司，由于经营机制灵活，历史包袱又轻，它们扬长避短，脱颖而出，其发展速度令人刮目相看。如湘财证券原本是一个并不太有影响的地方性证券公司，但近年来，湘财证券锐意开拓，积极进取，其经营业绩和资产规模迅速发展，1999年获准成为首批综合类证券公司。

国内证券公司生存环境方面所发生的深刻变化已经使得“全国性证券公司”和“地方性证券公司”的内涵发生了质的变化。证券公司之间的竞争正从资金实力、员工人数、营业网点等存量资源拥有量的“硬竞争”，向运用这些资源能力的“软竞争”更深层次的方向转化。这其中，证券公司的制度建设是增强其竞争力极为重要的方面。

2. 中国证券公司的发展过程

从1987年中国第一家证券公司“深圳经济特区证券公司”成立开始，至1998年底，已有90家证券公司和237家兼营证券业务的信托投资公司先后诞生。在这十多年中，中国证券公司呈现出持续高速的发展格局。这十多年的发展历史，大致可分为三个阶段：

1987～1989年为起步阶段：这一阶段证券公司数目增加较快，但各公司的资产规模较小，业务单一。到1989年底，全国有证券公司30余家，总资产仅50多亿元。

1990～1995年为第一次增资扩股阶段：这一阶段证券公司的数目大量增加，资产也同时迅速扩张。一大批证券公司（如广发证券、原君安证券、深国投等）通过大规模的增资扩股，注册资本分别达到原来的2.5倍至50倍，出现了中国证券公司发展史上增资扩股的高潮。截至1995年，全国证券公司达97家，总资产达832亿元。

1996～2000年为第二次增资扩股阶段：在这一阶段，证券公司间的竞争加剧，通过兼并重组和系统内的整合，证券公司的数量有所下降，但资产规模大大提高。在1999～2000年，出现了中国证券公司发展历史上增资扩股的第二次高潮。截止到1998年底，我国共有证券公司90家，总资产约为1600亿元，平均每家17.8亿元。2000年排在前十名的证券公司注册资本总额已达259.2亿元（见表3）。

表3　　中国证券公司前十名排行榜

序号	公司名称	注册资本金（亿元）
1	银河证券	45
2	国泰证券	37.3
3	海通证券	33.6
4	南方证券	31.5
5	国通证券	22
6	中信证券	20.8

续表

序号	公司名称	注册资本金（亿元）
7	国信证券	20
8	山东证券	18
9	广发证券	16
10	大鹏证券	15

3. 中国证券的市场化、规范化和国际化进程

2000年以后，中国证监会出台了一系列市场取向的改革措施，证券市场正在经历着一场逐步放松管制的历史性变革。与此同时，证券公司赖以生存的市场环境也正在发生重大变化，这种变化将给中国证券公司的发展带来深远而持久的影响。总的来说，我国证券市场正在沿着市场化、规范化和国际化的轨道向前发展。

（1）市场化。所谓市场化，就是要消除阻碍市场机制发挥作用的一切制度和措施，确立市场机制在资源配置中的基础性地位，进一步提高资源配置效率。市场化是中国证券市场不可逆转的发展方向，它具体包括以下三个方面内容：

第一，定价机制的市场化。所谓定价机制的市场化，是指由市场主体（发行人、投资者和中介机构）自主确定证券发行价格，充分发挥市场的定价功能。

在证券市场中，价格是引导资金流向的重要信号。定价机制市场化改革的关键是，监管机构退出本应该由市场主体发挥作用的定价环节。1997年7月，中国证监会颁布《关于进一步完善股票发行方式的通知》，引入了新股向法人配售的国际通行做法，并且规定“发行公司和主承销商可制定一个发行价格区间”，这是我国证券市场定价机制市场化的首次尝试。

随着市场化改革的进一步深入，除了股票、债券等金融产品发行定价机制的市场化外，任何应该由市场决定的价格，如证券中介机构服务费收入（股票承销费用、股票交易佣金等）也都将走向市场化。

第二，进入、退出机制的市场化。所谓进入、退出机制的市场化，是指市场主体（发行人、投资者和中介机构）在符合一定最低标准的条件下，可以自由选择进入或退出市场。

竞争是市场最基本的特征，是提高市场效率和实现资源合理配置的基本前提。目前，股票发行制度已经由过去的审批制度转变为核准制，今后股票发行和

上市将不再受指标、规模、行业和所有制的限制，能否发行和发行规模的大小完全取决于筹资者自身的需要和投资者的认可程度。同时，一些连续亏损、资不抵债的上市公司也将被逐出市场。退出机制的建立，不仅为市场开辟了风险释放的渠道，更重要的是它为市场引入了自由竞争和优胜劣汰的机制。

第三，主体行为的市场化。所谓主体行为的市场化，是指市场主体，特别是发行人和中介机构以股东利益最大化为目标，完全按照市场机制进行动作。

要保障市场健康有序地运转，不仅需要完善、合理的游戏规则，而且需要严格遵守规则且理性的市场主体，因此，主体行为的市场化是市场化改革的重要前提。证券市场存在着严重的主体行为扭曲现象，例如，一些上市公司串通中介机构通过过度包装、虚造利润等手段，在市场上大肆圈钱，严重损害中小股东利益的行为等。而这些问题的产生，归根结底都是由于上市公司和中介机构的法人治理结构不健全而造成的。如果不解决上市公司和中介机构中普遍存在的法人治理结构不健全的问题，市场化改革进程必然会受到阻碍。所以，主体行为的市场化将成为证券市场的重要内容。

（2）规范化。市场化是我国证券市场今后发展的一个主要趋势，与此相对应的另一个趋势则是规范化。市场化要求有完善和合理的规则体系以及严格的执法来保证，要求对不适合市场发展的各种制度和做法予以规范，否则市场化的结果就可能会造成混乱，从而不利于证券市场的稳定和发展。规范化的实质是按照证券市场本身的发展规律，逐步对证券市场发展过程中的一些不规范的做法予以调整和改进。在证券市场向市场化发展的同时必然伴随着规范化，同时证券市场的规范化也会更利于促进市场化和国际化进程。

第一，监管职能调整。中国证券市场是一个政府推动型的市场，在设立之初，监管机构的作用比较大，这一方面可以确保证券市场的稳定发展，但是另一方面也造成了监管机构的过度干预，影响了证券市场的健康发展。因此，在证券市场的法律地位已经明确且市场规模逐步壮大的情况下，为了确保市场沿着市场化的方向发展，就必须调整监管机构的监管职能。

证券市场监管的发展趋势是监管机构逐步减少对市场主体自主行为的干预，由审批、分配额度为主的管理方式，向核准、强制性信息披露和加强查处、打击违法违规案件的市场式监管模式过渡。在这一过程中，加强对证券公司的监管也将是一个很重要的内容。

第二，建立统一的、多层次的市场体系。建立统一的、多层次的市场体系是中国证券市场今后发展的又一个重要趋势。由于中国证券市场的创建和发展存在先天不足，证券市场存在着若干有待解决的问题，如国家股、法人股不能上市流通，A、B 股市场仍处于分割状态等。这些历史遗留问题是证券市场同股不同权、同股不同利等不规范现象产生的根源，从而妨碍了中国证券市场的进一步发展，也限制了证券市场在配置资源方面作用的发挥。因此，监管机构应寻求符合客观实际的方法，逐步解决这些历史遗留问题，为证券市场的进一步发展解除羁绊。

第三，规范市场秩序，加大执法力度。中国证券市场的发展历史还不长，在证券市场的参与者身上存在着自律与守法意识薄弱的问题，如信息披露不规范，甚至出现虚假陈述和训导性陈述等现象，在证券交易中存在着操纵证券价格、过度投机以及侵害中小投资者利益的问题等，这些都不利于证券市场的规范化发展。随着市场化进程的加快和监管机构的职能调整，规范市场秩序、加大执法力度，加强对中小投资者权益的保护，将成为监管机构的一项重要任务。

（3）国际化。证券市场的国际化是中国证券市场发展的一个重要趋势。它主要包括三个方面内容：属于服务贸易市场准入问题的证券行业的开放；属于资本项目的证券市场对外国投资者的开放，以及允许国内投资者到国外投资；在开放的基础上，实现管理体制和监管规则与国际全面接轨。

（四）投资银行的发展趋势

20 世纪 80 年代以来，英、美、日等国的投资银行从分业逐渐走向混业经营，相继开发了许多传统上属于商业银行的业务。由于智能资产越来越受人重视，以及网络化经营手段的广泛运用，对投资银行的发展产生重要影响。总的来说，投资银行正向着全能化、国际化、网络化和智能化的方向发展。

1. 全能化趋势

全能化趋势是指投资银行通过整合商业银行、保险公司、信托公司等各类金融机构，开展多元化的业务，日益向大型和超大型金融集团发展的趋势。全能化趋势是混业经营的必然结果。

欧洲大陆一直沿袭综合混业经营的传统，银行可以全面经营存贷款、证券、保险、租赁、担保等各项业务，形成无所不能的“金融超市”。其中的投资银行分支依托银行集团的优势，在证券的发行承销、兼并收购、资产管理以及金融衍生品的开发和交易等方面在国际金融市场上占有重要地位。这种模式的优点是可以使资源得到充分有效的利用，实现金融业的规模效益。英、美、日在20世纪80年代以前基本上是分业经营，投资银行与商业银行的业务是截然分开的。这种方式有助于降低风险，保持金融体系的稳定，但同时也限制了银行的发展壮大，影响和削弱了金融机构的竞争能力。

20世纪80年代以来，西方金融业出现的自由化浪潮，打破了银行业与证券业的经营界限。近年来，这种自由化趋势正在进一步加强。1998年4月，日本颁布的“金融体系改革一揽子法”废除了银行不能直接经营证券、保险业务的禁令，扩大了银行的经营范围。1999年11月，美国国会通过了《金融服务现代化法案》，在法律上宣告长达60余年的金融分业经营时代的结束。

全能化趋势体现了金融市场内部互相沟通的内在要求，有利于包括投资银行在内的金融机构更好地发挥作用，提高整个金融市场配置资源的效率。

2. 国际化趋势

投资银行的国际化趋势主要表现在机构国际化和业务国际化两方面。

第一，机构国际化。在20世纪60年代以前，仅有极少数投资银行拥有海外分支机构。那时，投资银行的国际业务基本上依靠其在国外的代理行开展，双方之间并不存在着隶属关系，只是通过协商谈判确立了一种佣金分享、相互合作的关系。由于国际经济形势的变化使得国际投资银行的业务越来越多，也由于对信息收集和市场调研的要求进一步提高，代理制已经不再能适应形势，于是许多投资银行都开始在世界所有的国家或区域金融中心设立分支机构。

第二，业务国际化。投资银行业务的国际化，一方面是原有国内业务的国际化（如国际投资与咨询服务、国际资产组合和风险控制、国际承销、跨国并购等），另一方面还出现了一些新的国际业务，如国际存托凭证、全球债券等。

美林国际业务利润的地域分布数据（见表4）能很好地说明这个问题。

表 4　　美林国际业务的地域分布表

年份 / 地区	1997 年		1998 年		1999 年	
	金额（百万美元）	比例（%）	金额（百万美元）	比例（%）	金额（百万美元）	比例（%）
欧洲、中东和非洲	1949	45.81	2844	56.38	4222	55.68
日本	433	10.18	592	11.74	1064	14.00
亚太地区	478	11.24	333	6.60	813	10.72
加拿大	708	16.64	642	12.73	619	8.16
拉美地区	523	12.29	412	8.17	614	8.10
澳大利亚	163	3.83	221	4.38	253	3.33
总计	4254	100	5044	100	7583	100

总之，在世界经济一体化的形势下，全球市场已联成一个不可分割的整体。与此相适应，投资银行也已彻底跨越了地域和市场的限制，经营着越来越广泛的国际业务，成为全球化投资银行。

3. 网络化趋势

网络经济时代的来临为投资银行的发展带来了全方位的深刻变革。这一改变也将对投资银行业的未来产生深远的影响。从目前的情况来看，投资银行网络化趋势最主要是表现在业务经营方式方面。

第一，网上发行。互联网正在成为一个发展迅速的新兴融资渠道，这种渠道与在交易所上市的首次公开发行（IPO）相对应，称为 DPO。互联网可以大大提高投资银行证券承销业务的效率，同时节约发行成本。发行价格制定、路演、制作招股说明书、发售股票等各个承销的环节，借助网络操作，提高了效率。

第二，网上交易。投资银行通过互联网把投资者的订单输入到证券交易所的电脑撮合主机进行匹配成交。目前网上交易正在美国迅速发展，其他国家的投资银行也已开始提供网上交易的服务。

第三，网上理财。互联网使投资银行的经营方式和管理模式发生了重大变革，以网络为核心的业务创新使投资银行的理财业务跨越时空，客户走到哪里，理财服务就延伸到哪里，几乎可以做到全球 24 小时全天候全方位服务。

各大投资银行为了适应网络技术、信息技术的变革，还推出了一些创新业务来更好地为投资者服务。美林在线（Merrill Lynch Online）四年间，为 50 万户家庭提供服务，资产总额达到2000亿美元。它在1999年6月推出“一揽子”服务计划（Unlimited Advantage），包括通过互联网、电话或专门人员进行专业的咨询服务、理财服务和便利的交易等，公司按照客户资产的规模大小来收取费用。此项服务受到投资者热烈欢迎，在推出的前6个月内，客户资产增加的速度是过去的20倍。

互联网使投资银行业重新洗牌成为可能。一些中小投资银行利用网上发行、交易方式，业务规模迅速扩张，对大型投资银行构成越来越大的危险。网上交易由于成本低、效率高而受到投资者的青睐，导致网上交易的比重不断增加，同时也要求投资银行提供新的适合在线交易的咨询业务，改变传统的作业方式，以便给投资银行的发展注入新的动力和活力。

4. 智能化趋势

投资银行业是典型的智能行业。作为资本市场上一种高级中介机构，投资银行在资产运营中扮演着非常重要的角色，这就要求投资银行的从业人员具有较高的知识水平和业务能力。

投资银行的智能化趋势主要表现在两个方面：第一，投融资主体尽管涉及各行各业，自身情况千差万别，但其资产运营的目标均需要通过对象单一、过程单一的资本市场来解决。整个资本市场的运作过程实际上也就是多学科知识的综合运用过程。一个资本运作项目的知识密集程度和关联程度都是其他行业所无法比拟的。也正是由于投资银行业的高智能资产特性造就了这一行业的高额利润水平和善于吸收最新科技成果所形成的业务多变性。此外，高智能壁垒也提高了行业门槛，相对缓解了因高额利润而吸引的盲目介入者可能带来的过度竞争风险。第二，投资银行的智能化趋势还体现在对复合型人才、前沿性人才较高的依赖程度上。无论国内、国外，投资银行都汇聚了一批社会上的知识精英，这些知识精英的存在保证了投资银行业的先进性和活跃性。因此，投资银行的智能化趋势既是这一行业高速发展的原动力，又是行业抵御较高市场风险的保护伞。从投资银行业中的人才争夺战中，我们能够真切地体会到投资银行对于人才和知识的饥渴以及认识的重要程度。

二、投资银行与商业银行

（一）历史渊源和业务特征

商业银行与投资银行是现代金融市场中两类不同性质的重要金融机构。

商业银行业务主要包括三个方面：一是资产业务，二是负债业务，三是派生的中间业务。资产业务以贷款、投资贴现、租赁业务为主，包括资金资产业务和其他资产业务，这是商业银行的资金运用。负债业务以吸引存款和借入资金为主，这是商业银行的资金来源。中间业务主要以收取手续费或加强与社会各界联系从而提高自己声誉为目的的一些金融中介服务。安全性、赢利性和流动性是商业银行的经营目标。但从本源上看，商业银行与投资银行在早期并没有明确的分工界限，也不存在分业管理的制度安排。

商业银行和投资银行的发展经历了一个分业到混业管理的过程。

1694 年成立的英格兰银行和 1782 年成立的北美银行是典型商业银行产生的标志。以发行证券和票据承销为主要业务的英国商人银行直到 19 世纪前后才相对独立出现。美国投资银行的创始人内萨尼尔·普莱姆在 18 世纪 90 年代以股票经济为主业，到了 1826 年正式成立专营证券包销的普莱姆·伍德·金公司。19 世纪末 20 世纪初，世界证券市场迅猛发展，在经济利益驱动下投资银行大力拓展业务，取得了丰厚的利润。商业银行利用自身雄厚的资金实力活跃于证券市场，与投资银行展开了激烈竞争，这时的商业银行与投资银行几乎没有业务界限。商业银行大量参与证券投资后，将短期资金运用于长期证券投资，当周期性经济波动带来周期性货币需求变化时，商业银行因无法收回资金以满足支付需要而产生了信用危机，最终导致经济衰退。1929 年至 1933 年的世界性经济大危机之后，以美国为主的商业银行与投资银行被迫分道扬镳。此后，商业银行以存放款为主要业务，投资银行以证券承销与证券经纪为主要业务，二者相互分离，真正意义上的商业银行和投资银行从此出现。

1933 年以后，投资银行开始以其独特的业务特征与商业银行形成鲜明对比：在证券市场中，投资银行通过包销证券获取差价和从中取得佣金；或者以低价买进新发行证券，又以高价卖出证券，获取差价收入；而商业银行主要从事存贷款业务。因此，投资银行实际上就是证券推销商。第二次世界大战以后，特别是进入20世纪70年代以来，随着国际金融的自由化和金融业务的不断创新，投资银行不再是纯粹的证券推销商，证券一级市场和二级市场业务收入在其业务总收入中的比例已经大大降低。投资银行广泛参与了与企业融资活动有关的各种金融业务，如企业兼并收购、资产管理、理财顾问、项目融资以及为客户提供综合性风险管理服务的金融工程等。

进入20世纪90年代以后，全球掀起了金融混业经营的浪潮。欧洲统一了货币和金融市场；东南亚金融危机促使日本进行新的金融改革，日本的金融管制进一步放开；1999年11月4日，美国参众两院分别以90:8和362:57的压倒多数通过了《金融服务现代法案》的最后文本，彻底打破了1933年《商业银行法》和《证券法》形成的分业经营格局，从法律上为21世纪的金融混业经营奠定了基础。事实上，自20世纪90年代以来，投资银行除了不做典型的存贷款业务和保险业务以外，几乎什么都做，成了货真价实的“金融百货公司”。

从证券推销商到为企业提供多元化金融服务的确是一个巨大历史飞跃，与此相适应，投资银行在国民经济和金融市场中的作用越来越大。美国著名历史学家和金融专家罗伯特·索贝尔曾经说过：“投资银行是华尔街的心脏，确实也是华尔街之所以存在的重要原因。”18世纪90年代内萨尼尔·普莱姆创立的普莱姆·伍德·金公司，成功地为美国铁路建设筹集了大量资金；19世纪中叶投资银行家杰伊·库克通过广泛销售债券，为美国南北战争中北军胜利奠定了坚实的经济基础；19世纪末20世纪初，J. P. 摩根多次领头在欧洲销售巨额美元债券，帮助政府度过经济危机和金融难关。无数历史事实表明，投资银行作为资金供给者与资金需求者的中介，为投资者寻找投资机会，指明投资方向，降低投资风险，增强投资信心，保护投资热情，促进资产增值；为筹资者开辟筹资渠道，扩大资金来源，降低筹资成本，保证证券信用和金融稳定；为国家政府引导投资方向，减少资源闲置和浪费，促进产业结构合理化和经济高速发展。在现代社会中，如果没有投资银行帮助筹资者筹集资金，帮助投资者开辟新的投资途径，没有投资银行为企业提供各种新的金融服务，很难令人相信一个国家的国民经济能够快速、持续和稳定发展。

投资银行之所以称为“银行”，除了本身是金融体系的重要组成部分外，还在于商业银行业务融合交叉的历史原因。美国1929年经济大危机之后证券推销商不再办理存贷款业务，但人们仍然习惯称其为“银行”。“投资银行”实际上只是金融领域中的理论抽象，现实生活中的投资银行并不称作“投资银行”，而是叫作“证券公司”或“金融公司”。世界著名投资银行有美林公司（Merrill Lynch）、高盛公司（Goldman Sachs）摩根士丹利（Morgan Stanley）、所罗门兄弟公司（Solomon Brother）、宝华（S. G. Warburg）、罗斯柴尔德（Rothschild）和施罗德（Schroders）等。大部分投资银行只经营其中一项或几项业务，只有少数投资银行从事其全部业务。

（二）两种不同性质的金融机构

投资银行与商业银行的共同点在于它们都是资金供给者和资金需求者的中介。一方面使资金供给者能够充分利用多余资金以获取收益，另一方面又帮助资金需求者获得所需资金以求发展。投资银行作为中介机构，帮助企业从资本市场筹集发展资金，尤其是期限较长和数额较大资金。由于投资银行与企业有着千丝万缕的联系，往往通过在证券发行公司中担任财务顾问，参与企业经营管理，或者通过并购等手段达到控制其持股公司的目的。

在发挥金融中介作用过程中，投资银行的运作方式与商业银行有很大的不同（见表5）。投资银行作为资金需求双方的中介，可以向投资者推荐发行股票或债券筹资，也可以为投资者寻找适合的投资机会。一般情况下，投资银行并不介入投资者和筹资者之间的权利和义务问题（见图1）。

表5　　　　投资银行与商业银行的区别

项目	投资银行	商业银行
1. 机构性质	金融中介结构	金融中介结构
2. 本源业务	证券承销与交易	存贷款业务
3. 融资功能	直接融资	间接融资
4. 活动领域	主要活动于资本市场	主要活动于货币市场
5. 业务特征	无法用资产负债表反映	表内与表外业务
6. 利润来源	佣金	存贷款利差

续表

项目	投资银行	商业银行
7. 风险特征	一般情况下，投资人面临的风险较大，投资银行风险较小	一般情况下，存款人面临的风险较小，商业银行风险较大
8. 经营方针	在风险控制前提下，稳健与开拓并重	追求安全性、赢利性和流动性的统一，坚持稳健原则
9. 监管部门	主要是证券监管当局	主要是中央银行

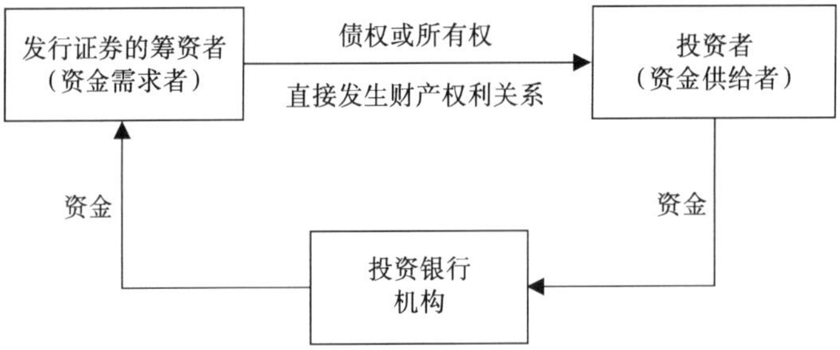

图1　投资银行直接金融中介作用

商业银行则同时具有资金需求者和资金供给者的双重身份，对于存款人来说它是资金的需求方，对于贷款人而言银行是资金供给方。资金存款人与贷款人之间并不直接发生权利与义务（见图2）。

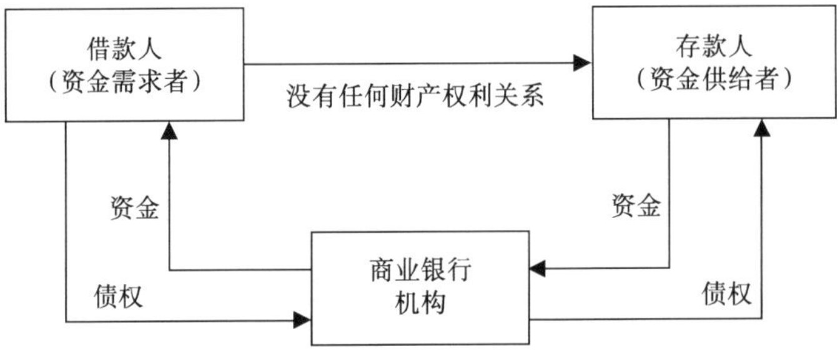

图2　商业银行间接金融中介作用

三、投资银行的业务范围

投资银行经过几百年的发展，已从单一证券承销发展为资本市场中最有效和最具影响力的金融中介机构。投资银行是一个智力密集型产业，也是一个资本密集型产业，在现代金融市场中具有显赫地位。随着各国直接融资市场的发展，投资银行业务已涉及证券发行、证券交易、企业并购、基金管理、理财顾问、创业投资、项目融资、金融工程等众多方面。概括起来，投资银行业务范围主要包括以下八个方面：

（一）证券发行

证券一级市场发行业务是投资银行最主要的业务。投资银行承销（underwriting of securities）的证券范围非常广泛，不仅承销本国中央政府和地方政府发行的债券，而且承销各种企业发行的股票和债券，以及外国政府和企业证券。投资银行的一级市场证券发行业务主要包括三方面内容：一是提供信息和咨询，投资银行对证券发行者和投资者提供咨询服务，特别是向投资者提供信息发布和推介服务。二是公开销售，公开销售证券的方式一般可分为代销、余额包销、全额包销三种。三是私募发行（private placement）。在证券销售中，投资银行往往针对一些机构客户，如投资基金、养老基金和保险公司等定向销售证券，使发行过程得以顺利进行。

（二）证券交易

投资银行在二级市场的证券交易业务中主要充当证券经纪商（broker）和自营商（dealer）角色。在发达的证券市场中，投资银行一般都有一定专业分工，只有少数几家证券公司兼营证券批发和零售，而大多数证券经营机构则根据其财务结构、业务水平、确定专业化的业务品种，证券批发业务和零售业务相对分开，同时投资银行还在货币市场中参与买卖银行承兑汇票、国库券、政府债券和大额定期存单等业务。

（三）企业并购

“二战”以来，企业兼并收购日益成为投资银行的核心业务之一。企业兼并（merger）是指两家或更多的独立的企业合并组成一家企业。企业兼并的方法包括用现金或有价证券购买其他企业资产、股票或股份以及股权置换等。兼并形式有：一是横向兼并，双方企业为同一市场，市场产品相同；二是纵向兼并，被兼并企业成为兼并企业原材料供应者或产品消费者；三是扩大市场式兼并，被兼并企业为不同市场，但生产相同的产品；四是互补性兼并，虽然双方业务无关、行业不同，但存在某种互补性。企业收购（acquisition）是指一家企业在证券市场上用现金、股票或债券购买另一家企业的股票或资产，以获得对该企业的控制权，该企业法人地位并不消失。企业收购可分为资产收购和股权收购两种形式，其中股权收购又包括参股式收购、控股式收购和全面收购等形式。在企业并购过程中，投资银行发挥了重要金融中介作用。投资银行介入企业并购活动的主要途径有五种：一是帮助企业设计并购方案，二是设计反并购和防卫措施，三是确定合理的价格，四是安排融资，五是风险套利。

（四）基金管理

投资基金是一种金融信托制度。它是将众多投资人的资金集中起来，交由专业的资金经理来管理，基金经理依据组合投资原理将信托资产分散投资于各类金融工具，同时基金托管人通过基金资产账户保管对基金经理行为进行监督，投资人按照出资比例分享收益并承担有限责任。目前，全球基金资产已超过 7 万亿美元，投资基金已成为风靡全球的新型大众投资方式。投资银行通过发起设立投资基金和从事基金管理业务，为中小投资者和各类机构投资者提供专业的理财服务，也为自身创造了大量收入来源。在发达的证券市场上，以投资基金为主的机构投资人已占据主导地位，很多大型投资银行都成立了专门的投资管理部门和资产管理公司，广泛参与了投资基金业务。由于全球基金业的迅猛崛起，大大拓宽了投资银行的业务领域，投资银行不仅直接作为基金管理人，而且还作为基金证券的承销人以及基金投资经纪人，在投资基金业务中充当了多重角色。

（五）理财顾问

理财顾问包括两个方面内容：为筹资者提供顾问称“财务顾问”，为投资者提供顾问称“投资顾问”或“投资咨询”。财务顾问的对象可以是企业，也可以是政府。投资银行为了巩固长期客户关系，广泛开展各项财务顾问业务，为企业出谋划策、筹集资金，其业务内涵也在不断充实和丰富。投资咨询主要是为客户提供各类投资信息和分析，此项业务范围不断延伸，已派生出“代客理财”和

“合伙投资”等新的形式。随着投资银行业务的发展，一些小型投资银行专业中介机构以及个人广泛开展了各种理财顾问业务。理财顾问往往同投资银行的其他业务相伴而行，并渗透于各项业务当中。

（六）创业投资

创业投资（venture capital）是指为建立专门从事某种新思想或新技术的小型公司而持有的一定份额的股权资本。投资银行通过创业投资活动，不仅向新企业注入启动资金，而且提供建立新企业、制定企业经营战略和组织管理所需的顾问方案和各种技能。创业投资的具体形式是建立专门投资于高新技术行业和新型行业的创业投资基金。从20世纪五六十年代开始，西方主要发达国家的高新技术产业都不同程度地得益于创业资本的推动。一般而言，创业资本投资风险较大，但其收益也很大，一旦抓住了机遇，资本便可以得到高速成长。

（七）项目融资

传统项目融资通过国际商业银行、银团、多边组织提供无追索权和有限追索权贷款。现在的项目融资有多种形式，如产品支付、融资租赁、BOT融资、项目债券融资等。具有有限追索形式是项目融资区别于传统融资的重要标志。采用项目融资可以使项目投资者，即借款人将融资安排成一种非负债型的融资，并有效分散融资风险。投资银行在项目融资过程中充当财务顾问角色，为各方当事人提供各种中介顾问服务。项目融资本来是商业银行的业务领域，随着资本市场的发展，投资银行在这项业务中的作用变得越来越重要。

（八）金融工程

金融工程（financial engineering）一词最早出现于20世纪50年代有关文献当中，投资银行从事金融工程业务开始于70年代金融自由化，而金融工程学作为一门独立学科则是90年代的事情。美国金融学家J. 芬纳蒂在其1988年发表的《公司理财中的金融工程综观》一文中将金融工程概念界定为：“金融工程包括新型金融工具与金融手段设计、开发与实施，以及对金融问题进行创造性解决。”1992年国际工程师学会常务理事马歇尔在其《金融工程》一书中指出：

J. 芬纳蒂定义中“新型”和“创造性”两个词具有三层含义：一是金融领域中思想跃进，其创造性最高；二是对已有观念做出新的理解和应用；三是对已有金融产品和手段进行重新组合。

金融工程的范围包括三个方面：一是新型金融工具设计与开发，如互换、期权、票据发行便利、远期利率协议、指数期货、备兑权证、证券存托凭证、零息债券、可转换债券、合成股票等；二是为降低交易成本的新型金融手段的开发，包括金融机构内部运作机制优化，金融市场套利机会发掘和利用，以及交易系统创新等；三是创造性地解决某些金融问题提供系统完备的解决方法，包括各类风险管理技术开发与应用，现金管理策略创新，公司融资结构创造，企业收购兼并方案设计，以及实施资产证券化等。

表 6　　投资银行业务一览表

证券发行业务	·为企业和政府部门融资 ·证券承销（公募、私募，批发、零售）
证券交易业务	·充当经纪商 ·充当自营商
企业并购业务	·企业兼并、收购 ·企业分拆、托管、股权置换
基金管理业务	·基金设立 ·证券组合管理
理财顾问业务	·财务顾问（政府、企业） ·投资咨询（个人、机构）
创业投资业务	·创业方案设计 ·创业投资
项目融资业务	·BOT 融资、产品支付 ·项目债券融资
金融工程业务	·衍生工具交易 ·资产证券化

（本文是 2000 年之后为财政科学研究所研究生部讲授《投资银行讲座》而编撰的演讲稿的第一讲。）

我国居民投资的发展与选择

据国家统计局《1996年国民经济和社会发展统计公报》公布的数字表明，我国城乡居民储蓄存款余额已达到38521亿元，比上年增加8805亿元，增长速度为29.9%。这一存款余额占年末金融机构各项存款总余额68596亿元的56%，占国内生产总值67795亿元的57%，相当于1978年居民储蓄存款余额的183倍；按人均余额3147元计算，则是1978年人均存款余额90元的35倍之多。我国居民存款无论是绝对额还是增长速度，都已在国民经济和社会发展中占有了举足轻重的地位，这是毋庸置疑的。如果我们把家庭比作社会的细胞，那么家庭的生机和活力对社会的健康稳定发展具有决定性作用。同样，如果我们把家庭看作社会经济的一个基本单位，那么家庭及居民个人收入的增长和经济实力的增强，不仅提高了家庭及居民个人的消费水准和家庭人口的素质，而且也必然使居民投资成为家庭及居民个人理财的一项重要内容。

一、居民投资地位的确立与发展

社会经济归根结底是由人发动、控制和调节的一种人和自然之间的物质变换过程。经济学研究的内容虽然纷繁复杂，但经济主体的研究，始终是一个主导性课题。而谈及经济主体，大的划分就是三类：一是国家（或政府），二是企业（或公司），三是家庭及居民个人。国家、企业、个人，作为不同性质的经济主体，其理财的动机、手段和效果是截然不同的。国家理财的动机是为了整个国家的整体利益，着眼于国家经济发展的整体效率和社会公平；企业理财首先关注的是企业的经济利益，任何一个企业（或公司）都是以争取最大的经济利益为经营目标；家庭及居民个人理财，则是从家庭及个人的利益出发，凭借自身的经济实力和知识技能，追求家庭及个人生存、发展质量的一种经济活动。从现象上看，国家和企业理财是属于公共理财学的范围，而家庭及个人理财只是一种居民个人的行为，似乎与国家和企业理财之间没有直接联系。其实家庭及个人理财不仅与公共理财活动有着密切的关系，而且与社会消费、储蓄、投资等经济活动有着密不可分的关系。家庭及居民个人的消费、储蓄和投资活动，本身就是社会整体消费、储蓄和投资的有机组成部分。家庭及居民个人的全部收入除了用于物质和精神的消费外，剩余部分通常要形成储蓄，这种储蓄要转化为投资，则需要通过金融机构的投资或贷款，才能转化为社会的投资，所以居民储蓄对居民个人来说只能说是一种间接的投资，至于家庭及居民个人能否成为直接的投资主体，或者说居民投资在社会整体投资中的地位如何评价，居民投资渠道如何拓展，则既是一个重要的理论问题，又是一个现实的经济问题。从理论上讲，居民投资是居民（或家庭）为追求预期收益投入资金或人力，以形成资产的一种经济动。它是家庭及居民个人理财学的重要内容之一。加强居民投资理论问题的研究，对发展投资理论，完善投资学科体系，拓宽发展市场经济研究视野，都具有重要的理论意义。从现实经济状况看，我国居民储蓄存款和居民拥有的国债不仅占国内生产总值及全部金融机构存款的 60% 以上，而且也大大超过了国有企业净资产的总和。与此形成鲜明对照的是，国家财政连年出现赤字，1996 年的财政赤字达 610 亿元；国家财政用于社会投资的比重在下降，而用于国有企业的亏损补贴在上升，1996 年的国有企业亏损补贴达 352 亿元之多。这说明国家、企业作为理财主体正面临困难，其进一步增加投资的前景不容乐观；与此相反，城乡居民收支在稳定增长，年均可支配收入和生活费收入分别达到 4839 元和 4377 元，比上年增长 13% 和 12. 4%，扣除物价因素，实际增长为 3. 8% 和 3. 3%，家庭户均储蓄存款和国债额达 12883. 4 元，这说明我国家庭及居民个人理财状况，从总体上是充满生机和活力的，而且居民投资以其不断发展壮大的趋势，引起了经济学界的广泛关注和重视。居民投资作为一种客观存在的经济活动，已经在国民经济和社会发展的整体中，占据了举足轻重的地位。从社会投资的整体上看，巨额的居民储蓄实际上是全社会投资的一个重要来源，在固定资产投资中，国家预算内资金的比重连年下降，到 1996 年只占 3. 3%，而国内贷款的比重已升到 21. 8%。在国内贷款来源中 60% 以上是居民储蓄存款，银行及各类金融机构主要是金融中介，并不是真正的投资主体。在国有企业经营状况陷入困难时，商业银行不良金融资产比重会上升，长此发展下去，银行及整个金融业必然面临巨大风险。面对这一形势，如何正确认识和评价居民投资的地位和作用，无论从现实的紧迫性考虑，还是从改革与发展的长远大局考虑，都是我国经济界值得探讨的一个重要课题。

1978 年之前，我国人均储蓄存款最高时，每年也只有一两百元，在整个银行存款总额中的比重微乎其微，当时研究居民投资确实没有什么现实性。80 年代以后，我国居民储蓄存款上升的趋势加快，但是在“间接融资为主”的指导方针下，直接融资发展缓慢，渠道不畅，可供居民选择的金融产品太少，一般家庭及居民个人的货币收入别无选择地只能以储蓄形式集聚起来，这在客观上增强了国有银行及金融机构的资金实力，极大地支持了我国经济建设的高速发展。投资作为经济发展的第一推动力，其所以能发挥作用，居民储蓄存款的支撑作用是十分重要的。但是，由于我国银行体制的商业化改革相对滞后，而且银行与国有企业的命运是连在一起的，这就使得银行贷款资金实际上被国有企业大量占用而不能产生应有的效益。对于广大的居民个人来说，实际上难以履行自己作为投资主体的应有职责，既不能直接行使投资权，也没有资产的占有权，当然也难以取得预期的高收益。在国有商业银行出现亏损或经营状况难以预测时，居民储蓄存款在很大程度上不是靠银行信用而是靠国家信用支撑着。这样，在客观上就使得国家、企业及居民个人非常有限的资金投入，难以产生较高的投资回报率。我国投资领域长期存在的规模失控、结构失衡、效益低下的痼疾，也就难以从根本上改变。

居民投资地位能否真正确立，与国有企业能否成为稳健、理智、有自控能力的市场投资主体一样，是我国市场经济发展和完善的重要内容。为了逐步实现这一改革目标，必须有计划地拓展居民投资渠道，增加可供居民选择的金融产品，稳健地实现居民储蓄向投资的转化。

二、居民投资的选择

由于家庭及居民个人的经济状况、文化素养、生活偏好等因素的差异性较大，所以居民投资的选择情况比较复杂，不可能有统一的程序和模式，也很难做出比较具体的分析和判断。如果从家庭的功能及居民个人生存发展的现实出发，居民投资当首选智力投资而非财富的增加。智力投资是居民个人对自身及其子女进行智力开发，以增长文化知识及科技水平的一种投资活动。现代经济竞争是人才的竞争，人才的竞争是科技水平的竞争。人作为生产力要素中的首要的、最活跃的因素，已经被人们广泛认同。我国提出“科教兴国”的战略，就是要提高全民族的科技文化素质，以实现强国富民之目标。人才作为企业首要的资本，是企业有形资本和无形资本紧密联系的纽带，是实现资本转换和增殖的主要动力。对于家庭及居民个人来说，最好的财富未必是什么动产和不动产，而是较高的文化和智力水准。从 20 世纪 70 年代以来，美国人的收入差距因受教育程度的不同已大为扩大了。现在四分之一的上层家庭收入占全国总收入的 50% 以上。多数受过大学教育的上层家庭发财致富，而上完中学休学的人组成的家庭则属于社会最低层。上层家庭的子女 76% 以上的取得学士学位，而下层家庭子女能读完大学的不到 4% 。发达国家的富人和穷人由于受教育程度的不同而收入越来越悬殊的事实，从一个侧面反映了现代市场经济是高文化经济的客观事实。一国之强盛，一企业之兴旺，关键是要提高国民及员工的文化素质，这就需要国家与企业加大智力投资的比重。但家庭及居民个人的智力投资也很重要，因为家庭是培养和造就人力资本的社会基础单位。无论从国家民族的长远发展考虑，还是从家庭及居民个人的生存发展考虑，选择智力投资当是明智之举。

从城乡居民直接进行投资建设的前景看，将继续处于上升的趋势，1996 年的城乡居民固定资产建设投资占全社会固定资产投资的 14% 。对于多数城乡居民来说，购建房屋主要是一种消费而非经营。居民投资可供选择的渠道，除了储蓄外，主要有购买国债、企业债及金融债券，以及股票、投资基金等。而当前值得研究的是居民储蓄转化为投资方式的选择问题。从我国投融资体制改革的现实及发展前景考虑，通过发展资本市场，把居民在银行的储蓄存款逐步地分流一部分进入资本市场，拓宽直接投资的渠道，是较为现实的选择。居民除了可以将资本投入自己经营的企业或者参与集资外，大量的还是通过购买有价证券的方式，进入资本市场。通过发展资本市场的渠道，来引导居民直接投资，对加快新旧体制转换，具有积极的推动作用。首先，开拓居民直接投资，发展资本市场，有利于企业进行直接融资，从而降低企业的资产负债率，有利于推进国有企业的改革。其次，开拓居民直接投资，发展资本市场，可以把相当大一部分国有商业银行用于固定资产投资的信贷资金从现有信贷资产中分离出来，这样就可以摆脱政府对银行资金分配进行行政干预，从而有利于降低银行的不良资产比例，有利于国有商业银行的职能转变。最后，开拓居民直接投资，发展资本市场，是按照市场经济的原则，对资源进行基础性配置，有利于推进投融资体制改革，避免行政手段配置资本所造成的种种弊端。我国正处在实现第二步战略目标的关键时期，大规模建设需要的巨额资金从哪里来？在当代世界上靠大量举借外债而实现经济起飞的先例是找不到的，主要依靠内部积累才是唯一可行的出路。在国家分配格局发生巨大变化、国家财政面临困难的形势下，在有计划地增加储蓄的同时，必须将储蓄存款适时、有效地转化为投资，这是国家集聚建设资金，解决投资来源不足的一条好途径。但要实现这一目标，国有商业银行必须是真正的商业银行，必须有效地抑制信贷资金财政化的倾向，确实提高商业银行的资产质量。其次是国家运用发行有价债券的形式，筹集资金，直接进行投资建设；也可以通过发展股份公司直接以股票的形式集中投资资金。由于不同国家在不同发展时期的经济社会情况各不相同，因此在选择储蓄与投资的转化机制方面，存在着不同的价值取向。但不论采取何种转换机制，有些基本条件又是一致的或接近的。其一，储蓄应尽可能充分地转化为投资，否则就会由于储蓄剩余而导致有效需求不足，有效需求不足则会造成社会资源的浪费。其二，在储蓄转化为投资后，投资的效益好坏则是一个关键问题。如果投资方向正确、结构合理，有助于实现国民经济结构的优化，投资的整体效益必然是好的或比较好的。这样，储蓄转化为有效投资，投资推动了国民经济的良性循环，最终又会形成更多的储蓄，这样的储蓄与投资的转化机制就是成功的，高效率的。在中华人民共和国成立初期，我国实行集中统一的经济体制，财政作为经济运行的核心，将国民收入的剩余部分，全部集中起来用于经济建设，其效果也是非常明显的。但是这种通过压低消费的方式提高积累，只能在一个特定时期是可行的，长久下去就会挫伤劳动者的生产积极性。改革开放以来，随着经济体制改革的深化和国民收入分配格局的变化，城乡居民储蓄存款大幅度上升，从而大大增加了银行的资金来源。这种由银行将无数闲置的货币资金聚集为巨额的银行信贷资金，然后投入生产、流通领域的转化方式，可以通过资金的分配供应，实现资源的优化配置。由于这种转化机制受安全、利率等因素影响，在实现国家产业优化方面有一定的局限性。同时，贷款可以产生出派生存款，增加货币供应量，如果宏观调控失当，有可能产生信用膨胀。我国目前的储蓄向投资转化机制是以金融为中介的间接方式为主。与此形成明显对照的是，以股票、债券等有价证券形式直接转化机制还很薄弱。随着我国社会主义商品经济的迅速发展和银行信用制度的成熟与完善进一步推进金融市场发展的条件已逐步具备。运用股票、债券和基金等形式的直接转化机制，较之中华人民共和国成立初期高度集中体制下的高积累转化机制和现在的以金融为中介为主的间接转化机制，具有其自身的特点和优势。它可以将社会零星、闲散的资金迅速集中起来直接转化为投资，从而使投资资金集中化，投资主体社会化，投资风险分散化。这样，既有利于社会资本存量的增加，加快经济建设的步伐，又有利于提高居民的市场经济意识，确立居民作为投资主体的地位。1997 年我国国债发行的品种及方式有了很好的改进，一是发行期长，发行网点多，便于居民随时购买；二是国债品种较多，便于居民选择；三是变现方便，利率合理，较银行存款更为合算，这就给居民投资国债创造了一些非常有利的条件。但是我国的股票市场还处在初始阶段，尽管在新一轮股票升温的背景下，不少居民对持有股票感兴趣，但是众多上市公司的业绩平平，市价愈是抬升，其泡沫的成分愈是加剧，其风险性也愈高。这还有待于逐步规范和完善。对于多数居民来说，逐步进入投资基金市场可能更为实际些。我国的投资基金最早萌发于 80 年代的农村改革时期，以农村合作基金的形式发展起来的。由于规模小、数量多、利率高、风险大，内部管理混乱，又缺乏监管，所以投资者的利益很难得到保障。90 年代以后，在证券市场试点的基础上，组建了一批投资基金和管理公司，初步形成了中国的基金行业。但是由于数量太少，规模也不大，还缺乏整体的规划和监管，所以既不能取代各种不规范的社会集资，又不能适应发展资本市场的需求，目前仍难以成为吸纳居民投资的有效渠道。与其他投资方式比较，投资基金以其“分散投资、专家管理”等独特优势，对大众化的居民投资有较强的吸引力，具有较好的发展前景。在我国国有商业银行尚处在转轨阶段、投资银行又不发达的情况下，发展各类投资基金，对发展我国资本市场，推动国有企业改革，拓宽居民投资渠道，是十分必要的。

（本文发表于《投资研究》1997 年第 6 期，第 20 ~ 23 页。）

论投资不足与投资膨胀

我国是一个人口大国，但又是一个经济穷国，中华人民共和国成立以来的40多年间，进行了大规模的经济建设，取得了举世瞩目的伟大成就。这些经济建设成就的取得，无不与大规模的投资联系在一起。每当经济建设处于高涨时期，总是伴随着一个以投资为先导的扩张阶段；而每当经济建设进入调整时期，同样也会出现以投资为先导的紧缩阶段。改革开放以前的30年间是这样，改革开放以来的10多年间也大体是这样。对于一个发展中国家来说，由于资本积累水准低，投资不足是一个普遍存在的主要矛盾。但是，长期困扰我国经济建设快速健康发展的一个老问题是投资膨胀。这里固然有体制方面的原因，但长期以来，我们对投资自身发展规律认识的盲目性也是一个重要原因。那么，我国投资建设的主要矛盾到底是投资不足呢，还是投资膨胀呢？两者之间又有什么内在联系呢？本文仅就这一问题，作些简单探讨。

一、投资不足是发展中国家面临的共同难题，也是我国投资建设长期存在的一个主要矛盾

从投资与经济之间的关系看，投资是扩大社会生产能力、增强国民经济实力的主要手段，它是促进国民经济发展的“第一推动力”。没有投资的推动，一个国家，一个地区，一个企业，很难从根本上提高经济的发展水平。从这个意义上讲，人们完全有理由把投资看作“发号施令”的因素，是自变量，它在很大程度上决定着生产和国民收入的发展速度。在社会再生产中，由于投资的增加不仅会增加固定资产再生产中生产性消费资料的需求，而且会增加转化为活劳动的个人生活消费需求。由于固定资产投资的增长，不仅同时引发出两种社会有效需求，而且也会创造扩大需求所必须具有的生产能力，即在增加资本存量结构的同

时，也增加国民收入和消费需求，进而可避免因投资扩大生产力而带来生产能力过剩，从而使投资—生产—消费—再投资的连续增长与国民经济的发展形成良性循环的因果关系。正是由于投资与经济增长之间的这种内在联系，无论是发达国家还是发展中国家，都存在着一个共同问题，就是投资不足，而不是投资过剩。或许有人会问，发达国家既然是投资不足，那为什么出现资本过剩和资本输出的问题？资本的属性是增殖，它总是流向利润丰厚的国家和地区。发展中国家有廉价的劳动力和原材料资源，具有吸引资本的天然条件，而并非发达国家不需要扩大投资。其实发达国家也不仅仅是资本输出，也存在着资本输入的问题。实际上，进入90年代以来，国际资本市场的流向发生了明显的变化。据国际清算银行统计，1989年全世界新增融资额为4400亿美元，年末余额达到35300亿美元。90年代以后，由于西方主要工业国经济衰退，资本输出能力减弱，而各国对资本的需求则不断上升，除发展中国家急需大量建设资金外，一些发达国家也对国际资本表现出较大需求，据估计，仅美国用于弥补巨额赤字所需筹措的资金就占世界资金总需求的30%左右。据日本经济企划厅测算，90年代世界资金缺口每年约为1000亿美元。在国际资本市场的资本出现短缺的形势下，90年代国际资本流向有进一步朝多元化方向发展的趋势，资本流向由发达国家流向发展中国家以及倒流现象也明显增多。1990年亚洲发展中国家吸收国际直接投资达到320亿美元，比80年代翻了一番，尽管如此，主要资本输出国出于安全方面的考虑，仍然把投资的重点放在发达国家。这就说明，发达国家与发展中国家一样，也需要投资来推动整个经济的发展。所不同的是发展中国家自身积累的水平低于发达国家，而发展中国家所面临的经济建设任务则更为繁重，这就使发展中国家投资总量不足的矛盾更为突出起来。我国是一个发展中国家，面临着实现四化、赶超世界先进水平的建设任务，投资总量不足始终是制约我国经济加速发展的主导因素，正因为我国的投资不足，所以才大力提倡和鼓励吸引外资；如果我们的投资是过剩的、是膨胀的，那就用不着吸引外资了。

二、投资膨胀是表象，而投资不足才是本质

我认为投资不足是我国投资建设长期存在的主要矛盾，但是否与我国多年来反复出现的投资规模膨胀的实际情况相矛盾呢？其实是不矛盾的。因为从理论上讲，投资总量不足是我国经济加速发展的制约因素，这是问题的一个方面。而现实生活中反复出现投资规模膨胀和失控的问题，实际上是摊子铺多了，在建规模扩大了，于是使得国家有限的投资被分散化了，建设规模超越了国家财力、物力、人力的承受能力，于是投资项目的资金更加短缺，更加不足，以致国民经济的运行严重失控。这种膨胀不是投资过剩而恰恰是投资不足的病态反映。所以说两者并不矛盾，膨胀是表象，不足才是本质。其原因主要有两个方面：首先，投资是为获取高额收益而投入资本或生产要素的经济活动。投资效率的高低是决定投资活动能否良性循环的前提条件。而我国经济发展中的周期性投资总量膨胀，恰恰是由于投资效率的低下所造成的。其次，我国投资规模的膨胀，实际上是一种“虚胀”。就像过去发生过的抢购现象是发生在市场商品供不应求的匮乏时期，而不是发生在市场商品供过于求的充裕时期一样，投资膨胀的现象恰恰是投资不足的本质的反映。从表面上看，常表现为争上项目、拉长战线、盲目扩大在建规模，而在建规模的膨胀，反过来又使本来有限的投资到处“撒胡椒面”。这就导致了投资更趋短缺。所以说这是“虚胀”，是投资不足导致的“饥饿症”。而且，这种膨胀又常常与投资结构的严重失衡联系在一起。每当投资规模膨胀时，不是挤消费就是挤简单再生产，总之，不是此上就是彼下，结构性矛盾加剧的结果，必然使国民经济发展失衡，使社会再生产运行陷入混乱，从而使经济建设出现周期性剧烈波动，欲速而不达。

譬如，重工业投资膨胀时，常常是农业、轻工业投资严重不足；当加工工业投资膨胀时，能源、原材料、交通等基础性产业投资都十分短缺；当沿海的股票、房地产投资升温，炒风日盛时，内地的资金则愈显紧张。在正常情况下，真正的有效投资应能促进国民收入和就业人数的增长，要能产生较高的投资乘数效应，而投资乘数的高低，主要取决于积累率、投资效率的高低，以及投资结构的是否合理。由此可见，不仅仅是投资的总量是否增长，制约着国民经济的增长，

更主要的是投资效率的高低、投资结构的是否合理，在相当程度上制约着国民经济的增长。一般条件下，投资总量总是有限的，而在投资总量既定的条件下，投资的结构、效率是能动的、可变的，在结构合理、效率提高的情况下，有限的投资也可以推动国民经济的高速健康发展。因此，我们不能只讲投入不顾产出，只注重扩大投资规模而不顾投资结构和效益。凡是能取得较好投资效益和投资结构趋向合理的投资，总量是不会膨胀的。而且，结构合理、效益好的投资，从来就是促进国民收入增长与扩大就业的基本手段。

三、投资膨胀必然加剧投资不足，要避免投资不足就一定要防止投资膨胀

投资膨胀会导致经济建设规模超越国力的许可而出现短暂的虚假繁荣，随后的投资紧缩又会使国民经济出现一片萧条和不景气。这种大起大落的结果，对我国经济的持续健康发展，带来了许多不应有的损失。这方面的历史教训是值得我们永远记取的。由于投资这种双重效应，使它对经济具有双向调节作用。一般说，当投资增加时，所引起的国民收入增加数要大于投资增加数，当投资减少时，引起的国民收入减少要大于投资减少数。投资的双重效应，充分说明在市场经济条件下，投资总量呈逐年增长的趋势才能推动经济的发展，否则，就会导致经济滑坡。我国1989年至1991年的以压缩固定资产投资总规模为主要内容的“治理整顿”，虽然有效地制止了通货膨胀和投资膨胀，但同时也带来了经济的停滞、发展的减速、消费的萎缩及市场的疲软，最终还得以增加固定资产投资来启动市场。这说明投资的双重效应及双向调节作用是有其自身规律的，人们只能认识它，并适当地运用它，而不能改变其固有的属性。从去年二季度以后，中央采取的一系列宏观调控措施，特别是对投资的调控，就记取了前一次的教训，不是“一刀切”，而是有压有保。在对开发区热、房地产热、股票热等引发的乱集资、乱拆借、乱办公司实体等进行“约法三章”的同时，对国民经济的“瓶颈”部门，进行重点支持。凡是交通、能源、原材料等国家重点项目，中央银行以“发点球”的方式，直接由各专业银行总行戴帽下达，确保资金的及时到位。这次对投资调控的方式，至少有两点与1989年不同，一是压新开工项目，保重点

项目，突出结构调整优先的原则，二是“轻点刹车”，注意调控的力度，确保经济发展的速度不出现大的落差。

综上所述，在发展社会主义市场经济的过程中，在当今开放的世界经济竞争的格局下，在生产要素能充分自由流动的环境里，对每个发展中国家来说，投资不足是普遍的、先天的、发展中的主要矛盾。而投资膨胀则是个别的、后天的管理中出现的暂时现象。我们的任务是，在把握投资运动规律的前提下，正确处理投资体制改革与国民经济总体改革之间的关系，寻找和探索一条通往社会主义市场经济目标模式的正确道路。

（本文发表于《投资导刊》1994 年第 2 期，第 8 ~ 10 页。）

关于深化投资体制改革的几个问题

各位代表：

这次能够到海南来参加海南投资学会的成立大会，并和各位专家、学者一起对投资理论问题进行探讨，我感到很高兴。刚才听了景宗贺研究员和陶增骥研究员的讲话，对我启发很大，讲得都很好。由于时间不多，我就简单地谈谈。

一、关于我国投资体制改革的基本估价问题

投资体制改革以来，我国投资领域发生的重要变化，就是投资主体由高度集权体制下的国家单一投资主体向市场经济体制下的多元的投资主体演变。由于投资主体的多元化，以及投资渠道的多元化导致了经营性投资主体经济实力的对比格局发生了历史性变化。在全社会固定资产投资中，非国有经济实体的固定资产投资总量和构成比重都有较大提高。在国民生产总值中，非国有经济的比重越来越大。投资主体的多元化不仅导致了投资渠道的多源化，而且也必然引起筹资方式的多样化。这种变化的最主要特征是，以股票债券作为投资资金筹集的手段，正在我国引起广泛关注。

中国投资体制改革的重大进展，集中体现在这种体制，适应了社会主义扩大再生产发展客观的需要，发挥了投资作为社会扩大再生产手段的积极作用。应该说，整个80年代经济的高速度增长，90年代上新台阶，以及我国综合国力的迅速增强，都是与投资体制改革的重大进展联系在一起的。但是，毋庸置疑的是，投资体制改革的各种措施实施和各种制度的完善、各种行为的规范，无不与投资主体密切相关。这是因为投资是一种社会经济活动，这种活动的性质、手段、内容，都是投资主体意志的外在表现。有什么样的投资主体，就会有什么样的投资行为；有什么样的投资行为，就会产生什么样的投资活动方式。所以，我觉得应

该把投资主体如何适应发展社会主义市场经济的客观需要作为理论研究的主要课题。

目前，我国以公有制为主体，多种经济成分并存的格局已经形成。体现在投资主体上，则表现为各类投资主体的投资比例和经济实力对比格局的变化。我国投资主体模式的演化已经完成了由行政性一元化向行政性多元化的转变；现在正进一步向经营性多元化转变。投资来源，由单一的国家财政供给向国家投资基金制、银行及金融机构贷款、企业集资、吸收外资等多种渠道演变。筹资方式由财政的拨款转变为贷款，再进一步向股票债券方向演变，这说明，我国投资体制已经由计划经济模式下的投资分配制向市场经济模式下的投资经营模式转变。这种转变，虽然经历了一个较长的渐进过程，但总的方向是朝着社会主义市场经济目标前进的。

二、关于在投资领域建立微观与宏观配套的两种机制的问题

党的十四届三中全会《关于社会主义经济体制改革的若干问题决定》中，就深化投资体制改革问题，有一段三百多字的专门论述，归纳起来主要讲了六个方面的问题：（1）根据效益、市场需求和投资活动性质，将建设项目分为竞争性投资、基础性投资和公益性投资项目，并且重新确定融资方式，其中，竞争性项目以企业作为基本投资主体，公益性项目主要由政府承担，基础性项目在加强中央政策性融资的同时，也加重企业和地方的责任。（2）关于建立投资风险约束机制和责任制的问题。（3）关于扩大法人主体决定权限的问题。（4）投资总量和结构的调控实行中央确定统一客观目标和政策，实行中央和省市两级负责的原则。（5）改革投资计划的管理方法，对投资总量不再单一依靠计划指标控制，而是从资金的来源入手，主要运用经济手段进行间接调控。（6）实行政策融资和商业融资分离的问题。这些内容是十四届三中全会关于投资体制改革的一个基本精神。我认为，中央的决定，文字不算长，但它基本上将深化投资体制改革的方向、步骤及总体构想描绘出来了。从现在开始到整个“九五”期间，中国投资体制改革的总体方案已经明确，现在需要进一步研究的是具体实施的问题。为了贯彻中央关于深化投资体制改革的有关决定，我们要认真总结历史的经验教

训，特别是15年投资体制改革的教训，分析现实投资领域的诸多矛盾和问题，制定具体实施步骤，最终形成适应社会主义市场经济发展的新型的投资体制。但投资体制能否深化的关键，是能否在投资领域形成两种有效的制约机制：

第一，投资体制改革以来出现的投资主体多元化，只完成了由高度集中的行政性一元化向行政性多元化转变，并未能实现向经营性多元化的转变。各类投资主体，特别是地方政府、国有企业为了发展地方经济和增强本地区、本单位实力而扩张投资的动力机制是很强烈的，但是任何利益扩张的内在机制都必须与外在的风险制约机制相统一。否则，这类投资主体就不可能有规范的投资行为，也不可能保持有序的投资运行机制。实际上，投资体制改革的关键之一就是如何建立和完善投资主体自身的利益—风险制约机制。利益是投资者产生投资行为的内在动力；风险是投资者自我约束的外在压力。没有投资者的利益，就不会有投资的激励机制和欲望，投资活动就失去了动力；没有外部风险，投资行为就失去了制约，投资者就会为所欲为，投资活动就会陷入混乱。所以利益与风险是一对矛盾，是一个事物的两个方面，二者既对立又统一，缺一不可。这种利益—风险制约机制是规范微观投资活动的最有效途径。如果我国的国有企业投资主体既有获取自身利益的投资动机，又有承担由于投资失误所造成的风险损失，那么这样的投资主体就具备了在市场经济条件下参与竞争的资格。而且，现在的情况是各级政府、企业都拥有较大的投资权，都有扩大投资的内在冲动力，所缺乏的就是风险约束机制，可以负盈而不能真正负亏。所以投资规模过大、效益下降的情形就难于避免。

第二，面对尚未建立利益—风险约束机制的投资主体，国家对投资的宏观调控始终面临着两难选择。当经济发展进入高速阶段时，投资规模扩张，投资项目迅速增加，结构性矛盾逐渐突出了起来，宏观经济状况恶化。这时，国家不得不进行强有力的宏观调控，而在进行宏观调控时，虽然可以采取经济的、法律的、行政的手段。但是，在现有条件下只有行政手段是最快速有效的。于是在每次重大的宏观调控中，不得不以行政手段为主。可是随着行政手段的见效，宏观紧缩的负效应就立刻显露出来，这就是市场疲软、库存积压、“三角债”矛盾尖锐等萎缩现象出现，导致了经济的滑坡。多年的教训是，国家的宏观调控手段，不用就乱，一用就死。所以，在当前深化投资体制改革的过程中，如何建立起一套反应灵敏、运用自如的宏观调控机制，并且逐步由行政手段转变为经济手段为主；由直接调控转变为间接调控为主，这是深化投资体制改的第二个关键问题。

三、关于培育和造就适应市经济发展的投资主体问题

前面谈到，要深化投资体制改革，首先要真正建立投资主体的利益—风险制约机制；其次要建立一套灵敏有效的宏观调控机制，这两种机制，包括微观和宏观两个方面，彼此互相联系、互相依从，是实现我国投资体制改革目标、建立投资经济活动良性循环的必由之路，而要建立和完善这样的机制，虽然需要投资领域内部及外部一系列条件的逐步配套。但是，最关键的还是在投资体制改革的进程中，如何造就适应市场经济发展的投资主体问题。市场竞争如同体育比赛一样，竞赛水平的高低，主要取决于竞技水平的高低，我国经济体制改革的目标，是建立社会主义市场经济体制，在激烈的市场竞争中，没有一批充满竞争活力的企业，没有一批高水平的企业家，中国经济要赶上发达国家就永远成为一句空话，同样，我国投资体制改革不能造就既追求效益又能承担风险、真正自主、自强的投资主体，那么，我国投资体制改革的成功也是不可能的。这是因为，投资本身是由投资主体发动、控制和调节的一种经济活动，投资主体的投资动机、决策水平、资本实力、自我调控能力等，都直接影响投资的成功率和投资的规范性，同时，投资主体的规范性活动本身就是一种自控能力的表现，它为投资的宏观调控奠定了基础。所以，投资理论研究必须首先把投资主体作为研究对象；投资体制改革必须把造就培育适应市场经济发展的投资主体摆到重要的位置上来。我国现在的投资主体，从所有制结构上看，主要是国有企业投资主体、乡镇集体企业投资主体和城乡个人投资主体。这些投资主体都是法人或自然人。从适应发展社会主义市场经济需要看，这些投资主体都需要增加风险和利益机制，都需要在规范自身行为的同时提高参与市场竞争的能力。但是，由于我国是以公有制为主体的市场经济，国有企业投资主体在整个经济中处于主导地位，假如国有企业还是政府的附属物，不能成为自负盈亏的独立经济法人，那么，建立市场经济的基本条件就不会成熟。所以，我国经济体制改革的核心部分是国有企业的改革，投资体制改革的关键是把国有企业投资主体变成为真正具有利益—风险机制的独

立法人。国有企业所有权的归属问题，是确立投资主体的关键问题。国有企业的所有权是归全民所有。那么各级政府作为人民政权的代表，实际上拥有了对国有企业的所有权。但是，在现代企业制度建立以后，产权制度是企业制度的一个核心问题。产权是一种纯经济性质的财产权利，不允许掺杂有政治因素和社会特权。法人产权制度是在继承自然人产权制度的优点，剔除自然产权制度弊端的基础上建立起来的，其形成过程经历了一个两权分离、统一、再分离的复杂过程。其特点是首先通过现代信用制度将财产原始所有权和经营权初次分离；接着，在公司法人产权形态上，实现所有权和经营权的重新统一；最后，又在董事会与经理部门之间实行所有权与经营权的再次分离。法人产权制度的革命意义在于它使法人公司变成一个独立的、完善的、明确的产权单位。在这种情况下，如果由政府直接承担产权所有者，就不可能是公平竞争。如果企业产权直接归企业所有，就会使少数人侵占了全民的财产权利，显然也是行不通的。产权制度作为现代企业制度的重要组成部分，虽然也可以因时空等条件不同而有所差异，但它必须与生产力发展的水平相适应，与投资企业的组织制度相适应。在国有企业的股份制改革试点中，作为国有企业的产权所有者，究竟应由谁来行使，这是一个既具体而又复杂的问题，亟待进一步探讨。但是，不管企业制度改革还需要多久，有两点应该是明确的：第一，企业的投资、生产、经营是融为一体，是一个整体，不能割裂。企业既然拥有自主的生产经营权，当然也拥有投资的自主权。从这个意义上讲，国有企业成为真正的经济主体、市场主体的投资主体，是统一的，不可分割的。所以，国有企业股份制度的改革也就是造就和培育适应市场经济发展的国有企业投资主体的改革。第二，培育和造就适应市场经济发展的国有企业的投资主体的关键，是要建立新的政企关系，实现政府职能的转变。政府与企业的关系：一是政府要保证企业具有参与公平市场竞争和自我发展的环境；二是企业要向政府交纳税收和承担必要的义务。如果我国经济体制改革实现了企业制度的成功转轨，实际上也就完成了政府职能的转化。因为，政府与企业的关系割不断，理不顺，是一个问题的两个方面。政府在市场经济活动中，只能承担裁判员的角色，企业也就应该是名副其实的运动员。再加上国家的立法机构，不断制定和完善市场竞争法规，既规范了竞争者的行为，也制约了裁判员的调控行为。这样，社会主义市场经济体制就能够在维护社会公正、实现共同富裕的前提下，实现有效的资源配置和提高社会劳动生产率。

利用这点时间谈了些个人观点和大家一起探讨，不妥之处请各位代表指正。就说那么多，谢谢大家！

（本文为 1993 年 12 月 18 日在海南省投资学会成立大会暨投资理论研讨会上的学术报告，会后将录音整理成稿，编入《海南投资管理》专辑，第 33 ~ 35 页。）

投资体制改革的最终目标是建立社会主义市场经济机制

一、我国的投资体制改革已经取得了重大进展

从1978年党的十一届三中全会以来的15年间，我国的经济体制改革已经取得了伟大的成就。作为经济体制整体的一个有机组成部分，我国的投资体制改革也取得了重大的进展，这是举世公认的事实。投资领域发生的重要变化是投资主体由高度集权体制下的国家单一投资主体向市场经济体制下的多元化投资主体演变。在改革开放之前，由于国家是唯一的投资主体，所以投资的来源也主要是单一的国家财政拨款。但是到1992年底，国家财政预算内投资在全部投资总额中所占比重只有7.4%，而自筹及其他资金占到65.5%，国内银行贷款占到20.9%，利用外资占到6.2%。与这种投资来源渠道变化相适应，投资的所有制结构出现了国有企业投资主体、城镇集体企业投资主体和城乡个人投资主体三分天下的局面。国家统计部门的资料表明，1992年的国有单位投资为5105.9亿元，所占比重为67.3%；城镇集体所有制单位投资为1232.9亿元，占16.26%；城乡个人投资为1242.7亿元，占16.39%。国有单位投资主体的投资比例由80年代初期的80%左右下降到90年代初期的65%左右，10多年间下降了15个百分点；集体所有制投资主体的投资比例由5%左右提高到16%左右，上升了11个百分点；城乡个人投资主体的投资比例由10%左右提高到16%以上，上升了6个百分点。由于投资主体的多元化，以及投资渠道的多源化，导致了经营性投资主体经济实力的对比格局发生了历史性变化。在全社会固定资产中，非国有经济实体的固定资产在总量和构成比重上都有了较大的提高。在国民生产总值中，非

国有经济的比重越来越大。投资主体的多元化不仅导致了投资渠道的多源化，而且也必然引起投资方式的多样化。这种变化的最主要特征是以股票、债券作为投资资金筹集的有效手段，在我国得到了引人注目的发展。有关权威机构的统计资料表明，继上海、深圳两个证券交易所的成立，我国现在已有3000多个证券营业网点，加上证券交易代办点总数已达7000多个，基本形成了遍及全国城乡的证券交易网络。目前，上海证券交易所已有171家会员，深圳证券交易所拥有151家会员，今年以来，两地的成交额达到1700多亿元，整个证券流通市场呈现出一种空前活跃的局面。从1981年到1992年我国各类有价证券已累计发行3817亿元，其中，国库券1084亿元，财政债券397亿元，特种国债和保值公债200亿元，国家投资债券407亿元，企业债券960亿元，金融债券610亿元，股票159亿元。在1992年，各类证券发行额达到1280亿元，相当于当年全社会投资总额的16.3%。在证券发行市场上，政府债券占三分之一左右，加上由财政担保的国家投资债券，大约可占到40%以上，这说明政府债券在债券发行市场上仍处于主体地位。

中国经济体制改革是从农村向城市发展的。在城市经济体制改革中，又是以财政率先下放财权，减税让利为开端的。与此同时，以国家投资的拨款改贷款、建筑业的百元产值工资含量包干，以及投资项目招标投标制等改革措施出台为序幕，开始了投资领域体制改革的新时期。投资体制改革的重大进展，集中体现在这种体制适应了社会主义扩大再生产发展的客观需要，发挥了投资作为实现社会扩大再生产主要手段的积极作用。可以毫不夸张地说，整个80年代经济的高速增长，90年代的上新台阶，以及我国综合国力的迅速增强，都是与投资体制改革的重大进展联系在一起的。但是，毋庸置疑的是投资体制改革的各种措施的实现，各种制度的完善，各种行为的规范，无不与投资主体密切相关。这是因为投资是一种社会经济活动。这种活动的性质、手段、内容，都是投资主体意志的外在表现。有什么样的投资主体，就会有什么样的投资行为；有什么样的投资行为，就会产生什么样的投资活动方式。所以，我们应当把投资主体的多元化当作“三化”中的一个主导方面，把投资主体如何适应发展社会主义市场经济的客观需要作为投资理论研究的重要课题。目前，在我国以公有制为主体、多种经济成分并存的格局已经形成。体现在投资主体上，则表现为各类投资主体的投资比例和经济实力的对比格局的演化。我国投资主体的演化，已经完成了由行政性一元化向行政性多元化的转变，现在正进一步向经营性的多元化转变；投资来源由单一的国家财政供给制向国家投资基金制、银行及金融机构贷款、企业集资、吸收外资等多种渠道演变；筹资方式由财政拨款转变为银行贷款，再进一步向股票、债券化方向演变。这说明，投资体制已由计划经济模式下的投资分配制向市场经济模式下的投资经营制转变。这种转变虽然经历了一个较长的、渐进的过程，但其总的方向是朝着社会主义市场经济目标前进的。

二、进一步深化投资体制改革所面临的难题

改革开放的十多年间，我国经济有了长足的发展，但发展是不平衡的、有起伏的。其中，大的发展高潮有两次：一次是80年代中期的大发展，另一次是90年代初期的大发展。前一次大发展从1985年至1988年持续了四年，使我国国民生产总值实现了翻番的第一步战略目标，其中，1985年的全社会固定资产投资比上年增长了41.79%，社会总产值比上年增长25.9%；后一次的大发展实际是1992~1993年两年，主要是抓机遇、上台阶，为实现第二步战略目标奠定了基础，其中，1993年上半年的全社会固定资产投资完成3542亿元，比上年同期增长61%，扣除投资品价格上涨因素，实际工作量增长34%左右，其中，国有单位投资2190亿元，增长70.7%。而同期的社会总产值只比上年同期增长13.9%。紧随这两次大发展之后的是两次大的整顿和调整。前次是1988年9月，中央提出“治理经济环境、整顿经济秩序、全面深化改革”的方针，用了不到一年的时间，把过高的发展速度降了下来，把过大的投资规模压了下来，把过热的经济冷了下来。1989年的固定资产投资比上年下降了8.23%，社会总产值增长由上年的29.4%下降到了16.09%，于是又出现了1990年底到1991年的所谓“投资启动”问题。第二次是今年下半年开始的调整，总的方针是“加强宏观调控、调整经济结构”，宏观调控的主要举措有两条：一是整顿金融秩序，二是控制投资规模。到目前为止，随着各项调控措施的到位，经济高速增长的势头有所缓减；金融秩序整顿随着“约法三章”的贯彻执行，乱集资、乱办经济实体、乱拆借资的“乱”现象已经得到了遏制；控制投资规模，主要是控制在建规模，控制重复建设，同时加强基础产业和国家重点建设项目的投资，缓减国民经济发

展的“瓶颈”制约，在这方面也已收到了明显成效。据国家经济信息中心预测，下半年的宏观经济环境会有较大变化，但各项经济指标仍然很高，整个经济发展不会受到太大的影响。预计全年固定资产投资可达10221亿元，增长34.8%，实物工作量估计为零增长或负增长，工业总产值增长25.9%。据最新统计资料表明，建设银行经办的重点建设项目投资到位率，截至9月底已达83%，情况好于往年。在经济适度降温的同时，国家将采取一系列深化改革的措施，解决制约经济持续、高速发展的一些深层次问题。估计这次波动的负效应要比前一次轻微得多。这里，如果我们对两次大的波动加以具体分析就可以发现，虽然发生波动的经济背景、表现形式不尽一致，但经济波动与投资之间都存在着内在的联系，却是个不容忽视的现实。每次高速发展都是以投资的高投入为先导的，即所谓的投资扩张型经济。而每次调整和整顿时又都以压缩投资规模、控制投资投入为降温措施，改革开放以来是这样，改革开放之前也大体是这样。总之，投资之功过是兼而有之。

投资领域的起伏波动是一条剧烈振荡的曲线。而伴随这一过程的突出矛盾，则主要表现在三个方面：一是投资规模失控，二是投资结构失衡，三是投资效益不高。这是投资体制改革始终面临的老大难问题。多年来，我国的投资运行轨迹总是沿着“盲目上项目（高速发展时期）—停缓建项目（紧缩调整时期）—再盲目上项目（新的高速发展时期）……”这样一条强烈波动的曲线在向前发展。从表面上看，这种高低起伏的波动好像与西方国家周期性经济发展很相似，而具体加以分析则不然。西方国家在经济危机阶段，必然随着经济发展速度下降而出现企业大量破产，以及生产要素重新组合等存量结构调整的变化；当经济进入复苏阶段后，是在新的结构基础上开始新一轮的经济扩张。而我国的经济周期性波动过程中，几乎没有存量结构的调整，经济的扩张与收缩主要是增量部分的扩张与收缩，所以投资的大上与大下的剧烈震动就难以避免。每当经济发展进入高速扩张阶段后，立即使结构性矛盾突出起来，使整个宏观经济环境异常紧张，难以持久。在我国的现有经济条件下，增量扩张的驱动力很强，各级政府、经济管理部门、国有企业等投资主体都竞相争投资上项目，所以盲目上项目、铺摊子是难以制止的。每当经济发展进入紧缩调整阶段后，由于存量调整引起的社会震动大，加之一大批亏损企业仍通过国家的庇护而生存了下来，所以增量紧缩的结果就表现为大批在建项目的停缓建和行政性的“一刀切”。建设项目的大上大下不仅造成了巨大的经济损失和浪费，而且加剧了结构性矛盾，导致了投资效益的下降。1988 年 9 月中央提出“治理整顿”方针后，原计划要用三年左右的时间完成“治理整顿”的任务，但由于实行了“双紧”政策来控制投资规模和消费需求，实际上只用了不到一年的时间，就出现了生产滑坡、市场萎缩和效益下降的局面，1989 年的经济运行进入了低谷。此后，到 1990 年底又不得不连续投放贷款来启动市场，从 1989 年底到 1990 年底的一年时间里，国家先后注入 3685 亿元的银行贷款，先是增加工业企业流动资金；随后又通过发挥商业企业的蓄水池作用，以收购产成品的手段来启动市场；在此期间还降低企业贷款利率和居民储蓄存款利率。这些措施的先后到位，使 1990 年的经济运行开始走出低谷，但仍然未能有效地扭转生产滑坡、需求不足的局面。于是在一片投资启动市场的呼声中，国家从 1990 年以后又以增加固定资产投资的方式启动市场、刺激经济发展。进入 1991 年后，经济运行恢复了增长的态势，当年的全社会固定资产投资总额达到 5508. 8 亿元，比高速发展的 1988 年增长 22% 以上；1992 年又在 1991 年的基础上增长了 37% 以上，经济运行呈现了加速增长的形势；1993 年上半年又在 1992 年高速增长的基础上增长了 61% 以上，国民经济发展呈现超高速的态势。这说明，投资启动的效果是十分明显的，但投资扩张带动经济高速发展的同时，并未使国民经济的宏观效益有根本性改观，反而由于结构性矛盾再度突出而不得不进行新一轮的紧缩调整。

综上所述，我们总结历史的经验教训，分析现实投资领域里的诸多矛盾，不难看出，进一步深化投资体制改革所面临的难题主要来自两个方面：

其一，投资体制改革以后出现的投资主体多元化，只完成了由高度集中的行政性一元化向行政性多元化的转变，并未能实现向经营性多元化的转变。各类投资主体，特别是地方政府、国有企业为了发展地方经济和增加本地区、本单位的利益，扩张投资的动力机制是很强烈的，但任何利益扩张的内在机制都必须与相应的风险机制相统一。否则，这类投资主体就不可能有规范的投资行为，也就不可能保持有序的投资运行机制。实际上投资体制改革的主要难题，就是如何建立和完善投资主体自身的利益—风险制约机制。利益，是投资者产生投资行为的内在动力；风险，是投资者自我约束的外在压力。如果我国的国有企业投资主体既有为获取自身经济利益的投资动机，又有承担由于投资失误造成的风险和损失，那么，这样的投资主体就具备了在市场经济条件下参与竞争的资格。而现在的情况是，各级政府和企业都拥有较大的投资权，具有扩张投资的内在冲动力，所缺乏的就是风险约束机制，可以负盈而不能真正负亏，所以，投资规模过大、投资效益较差的情形就难以避免。

其二，面对尚未建立利益—风险制约机制的投资主体，国家对投资的宏观调控始终面临两难的选择。当经济发展进入超高速阶段，投资规模膨胀，在建项目盲目增加，结构性矛盾严重恶化，此时，国家不得不进行强有力的宏观调控；而在进行宏观调控时，虽然可以同时运用经济的、法律的和行政的手段，但在现有条件下，只有行政手段最快速有效，于是在每次重大的宏观调控中又不得不以行政手段为主。随着行政性手段的见效，宏观紧缩的负效应又立刻会显露出来，这就是市场疲软、库存积压、“三角债”矛盾尖锐等萎缩性现象的出现，导致了经济的大滑坡。多年的教训是，国家的宏观调控手段不用就乱，一用就死。所以，在当前深化投资体制改革的过程中，如何建立起一套反应灵敏、运用自如的宏观调控机制，并且逐步由行政性手段为主转变为以经济手段为主，由直接调控为主转变为以间接调控为主，这是我国投资体制改革所面临的第二个难题。

三、我国投资体制改革的最终目标，是建立社会主义市场经济机制

1992 年 10 月 12 日召开的党的十四大的报告中明确指出：“实践的发展和认识的深化，要求我们明确提出，我国经济体制改革的目标是建立社会主义市场经济，以利于进一步解放和发展生产力。”经过十多年改革实践的检验和反复的理论探索，我国经济体制改革的最终目标模式，在党的历史性文件中作了明确的回答。投资体制作为经济体制改革的一个有机组成部分，其最终目标当然也是建立社会主义市场经济机制，这是无须赘述的。但是，在投资体制改革如何与经济体制改革相衔接，投资体制如何实现向目标模式的过渡等问题上，理论界和管理部门都还需要做进一步探索。为了研究这一问题，很有必要对投资与经济的相互关系作些分析和探讨。投资与经济的关系是一个老问题，但仍是一个很有现实意义的课题，这里仅从以下三个方面加以分析和探讨。

第一，从经济学的角度看，投资是国民经济发展的“第一推动力”。没有投

资的推动，一个国家、一个地区或一家企业，很难从根本上提高经济的景气程度。从这个意义上讲，人们完全有理由把投资看作“发号施令”的因素，是自变量，它在很大程度上决定着生产和国民收入的发展速度。在社会再生产中，由于投资的增加不仅会增加固定资产再生产中生产性消费资料的需求，而且会增加转化为活劳动的个人生活消费需求。所以固定资产投资的增长，不仅同时引发出两种社会有效需求，而且也会创造扩大需求所必须具有的生产能力，即在增加资本存量结构的同时，也增加国民收入和消费需求，进而可避免因投资扩大生产力而带来生产能力过剩，从而使投资—生产—消费—再投资的连续增长与国民经济的发展形成良性循环的因果关系。正是由于投资与经济增长之间的这种内在联系，无论是发达国家还是发展中国家，都存在着一个共同问题，就是投资不足，而不是投资过剩。或许有人会问，发达国家既然是投资不足，那为什么出现资本过剩和资本输出的问题？其实，资本的属性是增殖，它总是流向利润丰厚的国家和地区。发展中国家有廉价的劳动力和原材料资源，具有吸引资本的天然条件，而并非发达国家不需要扩大投资。其实发达国家也不仅仅是资本输出，也存在着资本输入的问题。譬如，日本的资本就大量输入美国，进行房地产投资，以致有日本购买了美国的说法。这就说明，发达国家与发展中国家一样，也需要投资来推动整个国民经济的发展。我国是一个发展中国家，面临着繁重的经济建设任务，投资不足始终是制约我国经济加速发展的主导因素。正因为我国的投资不足，所以才大力提倡和鼓励吸引外资；如果我们的投资是过剩的、是膨胀的，那就用不着吸引外资了。

第二，投资是促进国民收入增长、增加就业的重要手段。从理论上讲，投资总量不足是我国经济加速发展的制约因素，但现实生活中又反复出现投资规模膨胀和失控的问题，两者是否互相矛盾呢？其实并不矛盾。原因主要有两个方面：其一，投资是为获取高额收益而投入资本或生产要素的经济活动。投资效率的高低是决定投资活动能否良性循环的前提条件。而我国经济发展中的周期性投资总量膨胀，恰恰是由于投资效率低下所造成的。其二，我国投资规模的膨胀，实际上是一种“虚胀”，就像长期饥饿的人浮肿一样，肚子里是缺乏营养的。从表面上看，常表现为争项目、拉长战线、盲目扩大在建规模；而在建规模的膨胀，反过来又使本来有限的投资到处“撒胡椒面”，这就导致了投资更趋短缺。所以说这是“虚胀”，是投资不足导致的“饥饿症”。而且，这种膨胀又常常与投资结构的严重失衡联系在一起。每当投资规模膨胀时，不是挤消费就是挤简单再生产，总之是此上彼下，加剧了结构性矛盾。譬如，重工业投资膨胀时，常常是农业、轻工业投资严重不足；当加工工业投资膨胀时，能源、原材料、交通等基础性产业投资却十分短缺。所以，真正的有效投资应能促进国民收入和就业人数的增长，要能产生较高的投资乘数效应，而投资乘数的高低，主要取决于积累率和投资效率的高低，以及投资结构的是否合理。由此可见，不仅是投资的总量是否增长，制约着国民经济的增长，更主要的是投资效率的高低、投资结构的是否合理，也在制约着国民经济的增长。因此，我们不能只讲投入而不顾产出，只注重扩大投资规模而不顾投资结构和效益。凡是能取得较好投资效益和投资结构趋向合理的投资，总量是不会膨胀的。相反，结构合理、效益好的投资，从来就是促进国民收入增长与就业增长的基本手段。

第三，投资的双重效应，具有双向调节作用。一般说，当投资增加时，所引起的国民收入增加数要大于投资增加数；当投资减少时，引起的国民收入减少数也大于投资减少数。投资的“双刃”效应，充分说明在市场经济条件下，投资总量呈逐年增长的趋势才能推动经济的发展，否则，就会导致经济滑坡。我国1989年至1991年的以压缩固定资产投资总规模为主要内容的“治理整顿”，虽然有效地制止了通货膨胀和投资膨胀，但同时也带来了经济的停滞、发展的减速、消费的萎缩及市场的疲软，最终还得以增加固定资产投资来启动市场。这说明投资的双重效应及双向调节作用是有其自身规律的，人们只能认识它，并适当地运用它，而不能改变其固有的属性。从今年二季度以后，中央采取的一系列宏观调控措施，特别是对投资的调控，就记取了前一次的教训，不是“一刀切”，而是有压有保。在对开发区热、房地产热、股票热等引发的乱集资、乱拆借、乱办公司实体等进行“约法三章”的同时，对国民经济的“瓶颈”部门，进行重点支持。凡是交通、能源、原材料等国家重点项目，中央银行以“发点球”的方式，直接由各专业银行总行戴帽下达，确保资金的及时到位。这次对投资调控的方式，至少有两点与1989年不同：一是压新开工项目，保重点项目，突出结构调整优先的原则；二是“轻点刹车”，注意调控的力度，确保经济发展的速度不出现大的落差。

综上所述，在发展社会主义市场经济的过程中，在当今开放的世界经济竞争的格局下，在生产要素能充分自由流动的环境里，对每一个发展中国家来说，投资不足是普遍的、先天的、发展中的主要矛盾。而投资膨胀则是个别的、后天的、管理中出现的暂时现象。我们的任务是，在把握投资运动规律的前提下，正确处理投资体制改革与国民经济总体改革之间的关系，寻找和探索一条通往社会主义市场经济目标模式的正确道路。

值得一提的是，在投资理论界曾经有过一种比较流行的观点，就是主张在投资领域里，计划的比重大些，市场的比重小些，应该更多地重视计划的作用，不要强调市场的作用，或者叫"计划经济为主、市场调节为辅"。这一观点的提出，主要基于两个方面的原因：一是强调投资领域的特殊性和重要性；二是强调市场经济的盲目性和自发性。这种观点虽然注意到了两个现实存在的问题，但在理论上却有两个明显的缺陷：一是社会主义市场经济作为投资体制改革的目标模式，它是一种体制的选择，是一种经济运行机制。这种体制不但不排斥计划，反而强调计划的科学性和客观性。二是计划与市场并不是谁多谁少的问题，而是两个不同的范畴。计划，是人们为实现一定的经济目标而制订的行动规划或实施方案，是人的一种主观意志；而市场，是指商品交换的场所、地点，或者是一切交换关系的总和，它是一种客观存在的东西。因此，计划只能以市场为基础，二者的关系是主观与客观的关系。当然计划与市场这两个概念在不同的条件下，可以有不同的含义，这是一个概念的层次性问题。譬如，计划经济与市场经济，就是指两种不同的经济制度或体制模式；计划调节与市场调节，是指两种不同的调节手段或方式。这两对概念，都是与计划与市场有一定联系的，但它们的概念层次是不同的，含义也是有区别的。投资领域实现向社会主义市场经济的转换，是投资管理体制及运行机制的变革，它是把市场作为投资要素配置、组合、运行的主导力量和基本方式。因为只有建立社会主义市场经济的投资管理体制和运行机制，才能实现投资要素的有效组合和配置，才能实现投资的高效率，才能推动国民经济的持续稳定发展。

四、投资体制改革的关键是造就新兴的投资主体

我国投资体制改革的目标已经明确，实现这一目标的关键就是要建立和完善两种机制。首先，要真正建立投资主体的利益—风险制约机制；其次，要建立一

套灵敏有效的宏观调控机制。这两种机制包括微观和宏观两个方面，彼此互相联系、互相依从，是实现我国投资体制改革目标、建立投资经济活动良性循环的必由之路。而要建立和完善这两种机制，虽然需要投资领域内部及外部一系列条件的同步配套，但最关键的还是要在这一改革的进程中，逐步造就适应市场经济条件的投资主体。

市场竞争如同体育比赛一样，竞赛水平的高低主要取决于运动员的竞技水平高低。中国足球总是不能冲出亚洲，走向世界，其最主要的就是我们还没有培养出一批具有世界水平的足球运动员。我国经济体制改革的目标是建立社会主义市场经济。在剧烈的市场竞争中，没有一批充满活力和竞争能力的企业，没有一批高水平的企业家，中国经济赶上发达国家水平就永远是一句空话。同样，我国的投资体制改革，不能造就既追求效益又能承担风险的真正自主、自立、自强的投资主体，我国投资体制改革的成功也是不可能的。这是因为投资本身是由投资主体发动、控制和调节的一种经济活动。投资主体的投资动机、决策水平、资本实力、自我调控能力等，都直接影响投资的成功率和投资的规范性。同时，投资主体的规范性活动，本身就是一种自控能力的表现，它为投资的宏观调控奠定了基础。所以，投资理论研究必须首先把投资主体作为研究对象，投资体制改革必须把造就新兴投资主体摆在重要的位置上来。

我国现在的投资主体从所有制结构上看，主要是国有企业投资主体、城镇集体企业投资主体和城乡个人投资主体。这些投资主体都是法人或自然人。从适应发展社会主义市场经济的需要看，这些投资主体都需要增强利益—风险制约机制，都需要在规范自身行为的同时，提高参与市场竞争的能力，但由于我国是以公有制为主体的市场经济，国有企业投资主体仍在整个经济中处于主导地位，加之国有企业还没有真正从政府的附属物地位变为自负盈亏的独立经济法人，所以，我国经济体制改革的核心部分是国有企业的改革，投资体制改革的关键是把国有企业投资主体改造为真正具有利益—风险制约机制的独立法人。我国现在的国有企业经营状况是“三三”制，即三分之一盈利、三分之一亏损、三分之一潜亏。“潜亏”就是明盈暗亏，实际上也还是亏，这样就是三分之二左右的企业处于困境，这样的企业连自身的简单再生产都难以维持，就根本无法扩大再生产规模，也就难以成为真正的投资主体。处于盈利地位的国有企业拥有自有资金，也能得到银行的支持，但它并没有真正成为自主经营、自负盈亏的经济主体，所以要成为真正的投资主体，也还需要进一步转换机制。

目前，国有大中型企业中，有90%在搞承包制，10%的进行股份制试点。现在第二轮的承包制较前一轮有了不少改进，其基本特点是：（1）由过去的利润承包发展到资产承包，把国有资产的安全和增值作为承包的目标。（2）承包基数以同业资金利润率为重要标准。把消费基金及其利润率作为制订基数的主要内容。（3）在税后可分配利润的分配程序中，首先保证生产发展基金，使企业的技术进步和扩大再生产有了切实保证。（4）以全员抵押承包代替个人承包，一定程度上克服了负盈不负亏的弊病。实行股份制试点企业的投资入股方式有三种类型：（1）企业内部职工持股的股份制；（2）企业法人之间相互参股持股的股份制；（3）公开向社会发行股票的股份制。现在全国共有股份制企业3700多家，其中内部职工持股的股份制企业占86%，法人之间相互参股持股的股份制企业占12%，公开向社会发行股票的企业仅占2%。承包制是一种行政性分权、放权，在改革初期起了一定的作用，而随着市场经济的发展，承包制的缺陷越来越突出。根本原因是，这些企业并不能成为自主经营的市场主体。今年以来，一些地区对中小型国有企业推了“国有民营”的改革。具体做法与承包制有些区别，但还是“所有权与经营权分离”的模式。实行股份制试点企业主要通过以下几种途径改革：（1）借企业增量资产搞股份制的机会，把企业存量资产也股份化，将企业改为股份制企业。（2）通过企业兼并将企业改组为股份制企业。（3）以横向联合的方式将企业改组为股份制企业。（4）把不需要新增投资的企业资产折成股份，拿出一定比例向社会公开出售，从而将企业改组为股份制企业。从目前看，股份制作为一种现代企业制度是与市场经济相适应的。但在具体实施中，要先把重点放在原有企业的公司化制度改造上，而不是产权股份化和股票上市。1993年国家体改委在经济体制改革要点中明确指出，今后股份制试点的重点将放在组建责任公司上；有组织有领导地推进法人持股的股份公司的组建工作；企业内部职工持股要从严掌握。这是因为，股份制的核心是改革企业制度，首先要明确公司的法人性质；其次是界定产权关系；最后是成立法人治理机构，即组成股东、董事会和经理人员相互制衡的法人治理机构。为了达到这一目标，我国股份制改革应分阶段进行，首先要把国有企业改造成股份公司，实行法人制度；其次，在法人制度的基础上，股份公司向社会公开募股；最后，才是股权转让，即股票交易。目前我们几乎没有实现制度改革，就几次出现“炒股”热潮，结果“投资”变成了名副其实的“投机”，倒是助长了投机盛行，搞起了“泡沫经济”。因此，对股份制改革还需要在规范化的基础上，逐步推进，防止出现偏向。国有企业是中国经济的主导力量，只有国有企业成为合格的市场竞争主体，才能对市场信号做出正确反应，形成市场经济的微观基础。这样的主体具备了利益—风险的制约机制，能够成为合格的投资主体，也就能够使投资运行机制按照市场经济的法则运行。近代资本主义经济制度的巨大变化，就是股份制度的产生和发展。这种制度的基本特征就是资本的社会化和风险的社会化。资本的社会化，就是股份制把分散的私人资本通过股份的形式聚集起来，形成扩大再生产所必需的资本投入，这就使投资规模的扩大有了资本实力。风险的社会化，是因为投资者众多，而且只承担有限的责任，企业即使破产，风险也由所有的股东承担，这就使投资者的风险减少，同样有利于资本的形成和集中。如同市场经济制度一样，股份制度已成为当代世界经济发展的一种有效的企业组织形式。我国经济体制改革的目标是建立市场经济，作为市场经济主体的股份制企业，理所当然应成为我国企业制度的改革方向。但是，我们是在公有制基础上发展股份制度，而西方是在私有制基础上产生股份制度，两者的基础是不同的，实现的途径也是有区别的。这是国有企业实现股份制的难点，也是投资主体改造的关键之所在。改革开放的十多年间，我们在企业承包制的改革中，始终按照所有权与经营权的分离的原则，来实现企业的自主经营、自负盈亏。实践已经证明，只有经营权，没有所有权，就如同一条腿走路的人一样，走得不快，还容易摔跤，永远也无法与两条腿的企业进行竞争。国有企业进行股份制改革，造就适应市场经济发展的投资主体，都有一个不能回避的问题，那就是国有企业的产权制度改革。

国有企业的所有权归全民所有。各级政府作为人民政权的代表，实际上拥有支配企业的权利。但是在现代企业制度出现后，产权是一种纯经济性质的财产权利，不允许掺杂有任何政治因素或社会特权。现代法人产权制度，是在继承自然人产权制度的优点，扬弃其弊端的基础上建立起来的。它首先通过现代信用制度，使财产原始所有权和经营权初次分离；然后在公司法人产权形态上实现所有权和经营权的重新统一；最后在董事会与经理部门之间实行所有权与经营权的再度分离，这样就使法人公司变成一个独立、完善和明确的产权单位。在我国建立现代企业制度的关键，是尽快划清产权界限，明确所有者和经营者之间的责任、权力和利益，并使之相互对称，以解决责、权、利三者脱节的弊端。如果国有制企业的产权制度清晰、职责明确，再辅之以相配套的政策、制度及措施，国有企业的改革就会出现突破性进展，就能够成为社会主义市场经济的真正主体。由政府直接充当产权所有者，就像足球场上的裁判员兼运动员一样，不可能是公平的竞争。如果国有制企业产权直接归企业所有，就会使少数人侵占了全民的财产权利，显然也是行不通的。产权制度作为现代企业制度的重要组成部分，虽然也可以因时空等条件不同而有所差异，但它必须与生产力发展的水平相适应，与企业组织制度相适应。在国有企业的股份制改革试点中，作为国有企业的产权，究竟应由谁来行使，这是一个既具体又复杂的问题，需要进一步探讨。但是，不论企业股份制改革还需要多久才能进一步发展，有两点应该是明确的。其一，企业的投资、生产、经营是联为一体的，是不能人为地割裂的，企业既然拥有自主的生产、经营权，当然也应拥有自主的投资权利。从这个意义上讲，国有企业成为真正的经营主体、市场主体和投资主体，也是统一的，不可分割的。所以，国有企业股份制度的改造，就是造就新兴国有企业投资主体的改革。其二，造就新兴的国有企业投资主体的关键，是要建立新的政企关系，实现政府职能的转换。政府与企业的关系，一是政府要保证企业具有参与公平市场竞争和自我发展的环境；二是企业要向政府交纳税收和承担必要的义务。如果我国经济体制改革，实现了企业制度的成功转轨，实际上也完成了政府职能的转换。因为政府与企业之间的关系割不断、理不顺，是一个问题的两个方面。政府在市场经济活动中，只能充当裁判员的角色；企业也就应该是名副其实的运动员；再加上国家立法机构不断制订和完善市场竞争法规，既规范竞争对手的行为，也制约裁判员的调控行为。这样，社会主义市场经济体制就能够在维护社会公正、实现共同富裕的前提下，实现有效的资源配置和提高社会劳动生产率。

（本文发表于《投资研究》1993 年第 12 期，第 1 ~ 8 页；1994 年获中国投资学会优秀论文奖。）

投资源泉

一、投资源泉

每个国家都要将巨额的资金用于投资。投资资金的来源渠道各不相同。资本主义国家的投资主要来自资本家的投资或私营银行的贷款，以及国家财政预算和国家银行投资。社会主义国家的投资主要来自国家和地方财政预算、国家银行贷款，以及各部门、各地区、各企业的自有资金等。但是，不论投资来源的名目怎样繁杂，筹措的形式如何多样，投资的源泉主要是国民收入中的积累部分，即投资源泉是积累。任何社会要扩大生产规模，发展经济，都必须追加劳动力和生产资料。要使劳动者维持和发展其劳动能力，除了追加消费资料外，还要有必要的非生产性建设设施。为了防止意外事故的发生，还要有必要的后备。这种把剩余产品的一部分追加到原有生产规模中去，以满足扩大再生产和进行非生产性建设而追加的生产资料，以及扩大社会后备所追加的生产资料和生活资料的过程，就是积累。剩余产品是积累的唯一源泉，而积累则是扩大再生产的源泉。由于扩大再生产的主要手段是投资，所以积累也就成了投资的主要源泉。

国民收入经过分配和再分配而形成的各部门、各企业、各单位以及居民个人的收入，称为国民收入分配额。从使用的角度看，国民收入最终用于积累和消费，所以，积累与消费之和称为国民收入使用额。积累是社会最重要的进步职能，是社会扩大再生产的重要源泉。有了积累，才能扩大再生产，而扩大再生产又能生产出更多的产品来满足社会的需要。但是积累如何实现这一职能呢？积累如何与再生产发生直接联系呢？这就离不开投资这一基本的手段。投资是从再生产的角度提出的一个经济范畴。它是指以一定的物质资料投入再生产，为以后的扩大再生产创造条件。积累与投资的关系是：积累是投资的主要源泉，投资是积累的具体运用；积累是源，投资是流。日益扩大的社会主义积累是社会主义投资的源泉，而大规模的有效投资又为国民收入的提高，创造了物质技术条件，从而又壮大了积累这一源泉。总之，有源才能有流，有流才能使源变为现实。积累与投资既是生产的条件，又是使用的内容，二者从供需两个方面，对社会产品的实现起着对立统一的作用。

积累作为投资的主要源泉，在国民收入一定的前提下，由于积累的国民收入愈多，用于消费的国民收入就愈少，而用于投资的数量则必然增大；如果积累的国民收入愈少，用于消费的国民收入就愈多，而用于投资的数量则必然减少。这种比例的变化，不仅对积累的数量进而对投资规模的大小产生直接的制约作用，而且对社会总需求的构成和社会总产品的实现产生重大的影响。积累作为投资的主要源泉，对于扩大生产规模，建立新型产业部门、协调物质生产与非物质生产的比例关系、推动经济增长、发展科学文化事业等方面，都具有重要的作用。在积累数量一定的条件下，积累在物质生产部门和非物质生产部门的分配比例，又直接影响着生产性投资与非生产性投资的有机构成。投资有机构成的变化，不仅对投资结构、投资效益至关重要，同时也直接影响和决定社会产品供给总量及其构成。积累作为投资的主要源泉，体现了社会产品供需之间的对立统一关系。一方面，积累越多，投资规模也越大，有利于扩大生产，增加供给，有利于国民经济的长远发展。另一方面，积累越多，投资规模越大，消费则越少，必然制约居民的近期消费水平，影响劳动者的积极性。由此可见对积累与消费的比例必须做出最佳选择，否则不仅直接影响投资的规模、结构和效益，而且也影响社会产品的供求平衡和国民经济的稳定、协调发展。

一个社会要实现扩大再生产，其途径主要有两条：一条是通过发展科学、改进技术、提高现有生产资料的使用效率等方法，实现一定规模的扩大再生产；另一条是通过积累来扩大再生产的规模和提高效率。恩格斯指出："劳动产品超过维持劳动的费用而形成的剩余，以及社会生产基金和后备基金从这种剩余中的形成和积累，过去和现在都是一切社会的、政治的和智力的继续发展的基础。"（《马克思恩格斯选集》第3卷第233页）这说明积累作为投资的主要源泉，在实现社会扩大再生产和推动社会进步方面的重要职能作用是任何其他方式所不能取代的。任何科学技术方面的改进，都要伴随着必要的资金投入才能实现，即都与投资活动密切相关。因此，积累作为投资的主要源泉在扩大再生产中处于举足轻重的地位，是人类社会的普遍需要。所不同的是，在不同社会制度下，积累具有不同的性质和规律。资本主义积累是剩余价值的资本化。资本积累的来源是工人创造的剩余价值。资本积累的目的是榨取更多的剩余价值。资本主义积累的性质，决定了资本主义投资的目的就是最大限度地追逐高额利润，投资的源泉就是剩余价值。社会主义积累的性质与资本主义积累有本质上的区别。社会主义积累的来源是劳动者为社会劳动所创造的剩余产品，即社会纯收入。社会主义积累的目的是加速发展经济，满足劳动人民不断增长的物质文化生活的需要。社会主义积累作为投资的主要源泉，二者的根本目的是统一的。社会主义投资注重社会效益与经济效益的统一、长远效益与近期效益的统一、宏观效益与微观效益的统一，这就为加速社会主义经济的健康发展，增加国民收入的数量，提高积累的规模，提供了保证。

（《投资知识百科全书（上）》第 11 分卷《投资源泉》，中国金融出版社 1992 年第一版，下同，第 300 ~301 页。）

二、我国投资来源的历史沿革

投资来源是指投资主体进行投资活动的资金来源。不同的投资主体其投资来源是不相同的。我国投资的主体，在改革开放之前的 30 年间，主要是国家或国营的全民所有制企业，投资来源主要是国家财政拨款供应。改革开放以来的 10 余年间，国营的全民所有制企业虽然有了相对独立的投资自主权，但其资金来源还是与国家有着不可分离的内在联系。其他非国营的投资主体，在改革开放以来有了长足的发展，其投资来源具有与国家及国营的全民所有制企业投资来源不同的特点。从总体上看，国家及国营全民所有制企业投资主体，在我国始终占据主导的地位。所以，下面所说的投资来源的历史沿革就是专指国家及国营全民所有制企业投资来源的变化。

中华人民共和国成立初期，为了尽快恢复经济，建立了国家集中统一的经济管理体制。国家用于经济建设的投资每年平均约 26 亿元左右，其中 80% ~90%

都是由国家财政直接拨款安排，用以保证重点建设。从1953年第一个五年计划开始，我国进入大规模的经济建设时期。这一时期的投资规模开始增大，但投资来源仍比较单一。整个第一个五年计划时期的基本建设投资总额为588.47亿元，其中，国家财政预算内投资为531.18亿元，所占比重为90.26%，自筹和其他投资为57.29亿元，所占比重为9.74%。除了基本建设投资以外，企业的技术组织措施费、新产品试制费、劳动安全保护费和零星固定资产购置费（简称“四项费用”）也都是由国家财政拨款。

从1958年开始到1962年的第二个五年计划期间，我国的经济建设起伏较大。前三年的基本建设投资规模呈上升趋势，由于大部分建设项目都下放地方和部门管理，国家预算内基建拨款中，地方所占比重由19.8%上升到56.8%；预算外基建拨款中，地方所占比重从45.8%提高到56.8%。后两年由于进入调整时期，投资规模出现了较大的回落。这一期间的基本建设投资总额为1206.09亿元，国家财政预算内投资944.38亿元，自筹和其他投资261.71亿元，两者的比重分别为78.3%和21.7%。从投资来源的构成来看，仍然是以国家财政拨款为主。与第一个五年计划所不同的是，自筹和其他投资的比重上升幅度较大。这主要是由于投资管理权下放，实行以地区综合平衡为基础的、专业部门和地区相结合的计划管理体制所造成的。从指导思想上讲，是为了调动各方面的积极性，但由于忽视综合平衡，急于求成，盲目扩大建设规模，实际结果是欲速则不达。

1963年至1965年是国民经济调整时期，基本建设投资总额421.89亿元。其中，国家投资371.74亿元，比重88.11%；自筹和其他投资50.15亿元，比重为11.89%。这三年的投资规模不大，但呈现出逐步上升的趋势，而且国家财政预算内投资与自筹及其他投资的比重与第一个五年计划的平均水平接近。这主要是由于强调了“国家计划必须全国一盘棋”，压缩了投资规模，加强了国家集中统一管理的结果。

从1966年到1970年的第三个五年计划，国家基本建设投资总额为976.03亿元，占投资总额的比重为82.38%；自筹和其他投资208.7亿元，所占比重为17.62%。这五年正处在“文化大革命”时期，投资领域也处在混乱状态，在否定“条条专政”的口号下又片面强调“块块为主”的管理体制，要各个地区自给自足，自成体系。1966年之前折旧基金全部上交中央财政，从1967年起中央企业的基本折旧基金，采取部分由财政集中分配、部分留给企业。地方基本折旧基金留给企业和主管部门。这一时期的投资管理体制及规章制度虽然受到了严重破坏，但投资来源的构成并未发生多大变化。

1971 年到 1975 年是国民经济发展的第四个五年计划，正处在“十年动乱”的后期阶段。五年的基本建设投资总额为 1763.95 亿元，其中，国家财政预算内投资 1454.71 亿元，所占比重为 82.48%；自筹及其他投资为 309.24 亿元，占 17.52%。这一时期由于企业大批下放，从 1971 年开始，除二机部、水电部的基本折旧基金上缴财政 60% 外，其余全部下放给地方用于设备更新、技术改造和综合利用。到 1975 年这部分资金总额已达 100 亿元，这就使更新改造投资成为独立于基本建设投资以外的又一条固定资产投资渠道，从而扩大了地方投资的比重。据统计，由地方安排的投资，1969 年只占国家预算内投资的 14%，到 1974 年和 1975 年提高到 27% 左右。

1976 年是第五个五年计划的第一年，也是“十年动乱”结束的一年。1978 年党的十一届三中全会召开后，开始了社会主义经济建设的新时期，到 1980 年第五个五年计划结束时，基本建设投资总额达到 2342.17 亿元。其中，国家预算内投资 1696.4 亿元，比重为 72.43%；银行贷款 46.56 亿元，占 1.99%；利用外资 111.27 亿元，占 4.75%；自筹及其他投资 487.96 亿元，占 20.83%。1980 年更新改造投资总额为 137.38 亿元。其中，国家预算内 24.18 亿元，占 7.6%；银行贷款 33.66 亿元，占 24.5%；自筹及其他 79.54 亿元，占 57.9%。这一时期的投资来源构成较第一至四个五年计划，有了显著的变化：第一，国家财政预算内投资比重明显降低；第二，基本建设投资和更新改造投资中，自筹及其他投资的比重明显上升；第三，在投资来源的构成中，出现了银行贷款和利用外资资金，改变了中华人民共和国成立以来我国投资来源构成单一化的局面。这些变化标志着改革开放方针给投资领域带来了新的变化。

从 1981 年到 1990 年的 10 年间，是国民经济发展的第六、第七个五年计划，也是全面贯彻改革开放方针并取得辉煌成果的 10 年。我国投资来源的规模有了大幅度增长，投资来源的构成出现了多源化的局面。这 10 年间的基本建设投资总额为 10710.64 亿元。其中，国家财政预算内投资为 3404.83 亿元，占 31.78%；银行贷款投资 1840.82 亿元，占 17.19%；利用外资 1201.67 亿元，占

11.22%；自筹及其他投资4263.28亿元，占39.81%。更新改造投资总额5471.49亿元，其中，国家财政预算内投资281.27亿元，占5.14%；银行贷款投资1893.75亿元，占34.61%；利用外资投资127.25亿元，占2.32%；自筹及其他投资3169.22亿元，占57.93%。在这一时期，我国投资来源的构成发生了一系列重大变化。其一，更新改造投资与基本建设投资分别成为固定资产简单再生产和扩大再生产的两种资金来源，并分别成为固定资产投资的两个组成部分。其二，国家财政预算内投资在固定资产投资来源的构成中，由“一五”时期的平均90.26%，下降到1990年的21.3%，而且在10年间一直呈递减趋势。与此相反，银行基建贷款投资、自筹及其他基建投资比重分别由1980年的7.4%和29.3%上升到1990年的22.2%和43.3%，两者比重在10年间分别增长3倍和1.48倍，成为固定资产投资来源中的两个最主要组成部分。其三，利用外资的比重由1977年的3.4%上升到1990年的13%，呈现稳步上升趋势。其四，截至1990年底，基本建设投资总额的比例构成顺序依次是：自筹及其他投资43.29%，国内银行贷款投资22.22%，国家财政预算内投资21.34%，利用外资13.15%。更新改造投资总额的比例构成顺序依次是：自筹及其他投资61.3%，国内银行贷款投资32.5%，利用外资投资4.1%，国家财政预算内投资2.1%。

这种投资来源构成的新格局，是投资领域实行改革开放方针的必然结果。首先，投资来源的多源化格局，是投资主体多元化的必然结果，而投资主体多元化是发展社会主义有计划商品经济的客观需要。其次，投资来源构成中，出现了国家财政预算内投资、国内银行贷款投资、利用外资和自筹及其他投资等多渠道资金并存局面，而以自筹及其他投资所占比重为最大。投资来源构成比例的变化，不仅反映了国民收入分配格局与改革之前有了巨大的变化，而且也标志着投资方式的多样化和“宏观管住、微观搞活”的新投资体制的确立。

（《投资知识百科全书（上）》，第303~305页。）

三、国民收入分配与再分配

国民收入是指一个国家的物质生产部门在一定时期内（通常按年计算）新创造的价值。国民收入分配的实质是解决新创造的社会产品归谁支配，为谁使用的问题。它反映了社会生产成果使用权力的转移和归宿。因此，国民收入分配的形式取决于生产资料所有制的性质。在不同生产资料所有制性质的社会里，国民收入分配所遵循的原则是各不相同的。

在社会产品总价值中，有物化劳动（C）和新创造价值（V+M）。物化劳动（C）是属于补偿、转移性质的，不属于国民收入的组成部分。但是，由于物化劳动中，劳动手段长期使用，其价值是以折旧的形式逐步提取的，这里也有一个折旧标准的确定和提取后归谁使用的问题。由于国民收入分配是指对新创造价值（V+M）的分配，所以折旧的提取及分配不应属于国民收入的分配范围。

国民收入的分配包括初次分配和再分配。初次分配是指在生产领域内进行的直接分配。这种直接分配又可分为两部分：一部分为劳动者的原始收入（V），具体包括各种劳动报酬，如工资、奖金、津贴以及各种实物分配，其形式是多种多样的；另一部分为生产单位纯收入或社会纯收入（M），这种纯收入在不同生产部门、不同所有制中体现着不同的经济内容。这部分纯收入（M），一般为利润和税金，其内容较为复杂，大致包括：①生产单位上交的利润和税金，在实行“利改税”后，具体包括工商税、农业税、盐税和所得税等。②生产单位的留成和未分配的纯收入，如作为奖励、福利及扩大再生产之用的各种按比例提取的留成等。③生产单位作为营业外开支的费用，指企业与生产销售无直接关系的开支费用，如劳动保险费、编外人员生活费、职工子弟学校经费等。这些费用作为企业销售利润的扣除和留用，也属于M的组成部分。④生产单位作为生产费用的再分配支出，如差旅费、医疗费、利息和养路费等。这些已经列入成本开支的项目既不属于物质支出C，也不是劳动报酬V，不能列入C+V，应该归入M，是国民收入的再分配支出。生产单位纯收入M包括的的内容，从构成情况分析，包括了上交的利润和税金，但不能把上交的利润、税金看作初次分配，这属于初次分配之后的再分配，不能混淆初次分配与再分配的界限。否则，就会导致再分配收支不相平衡的不正常结论。在国民收入的初次分配中，生产单位纯收入 M 的内容及其相互之间的经济关系，可简单如图 1 所示。

- 生产单位纯收入（M）
  - 税金
  - 利润
    - 应上交利润（上交财政）
      - 已上交利润
      - 未上交利润
    - 提留纯收入（企业支配）
      - 企业留成
      - 营业外支出净额
      - 从成本中列支的再分配项目

图 1

国民收入在物质生产部门进行初次分配之后，还要进行再分配。这种再分配是在直接参与物质生产的社会成员或部门同不直接参与物质生产的社会成员或部门之间的分配。这是因为：其一，要满足国家管理机构及文化教育卫生等非物质生产部门的业务经费和人员工资；其二，国家需要在全国范围内统筹调剂，以解决地区间经济收入和积累水平的悬殊；其三，设立社会保险金、举办社会福利事业，应付突然事故等，也都需要一定的开支。所以，这种再分配在任何社会制度下，都是必不可少的。资本主义社会国民收入再分配的渠道主要是国家财政分配和收取服务费。

（1）财政分配。资本主义国家财政收入的主要来源是税收。国家通过向社会各部门、各阶层征税的办法，把他们已经获得收入的一部分，纳入财政收入，然后再以财政支出的方式再分配给国家机器的有关方面开支。

（2）收取服务费。非物质生产的服务部门通过向直接参与物质生产的社会成员或社会集团收取广告费、医疗费、文化娱乐费、生活服务费等形式，把资本家、土地所有者及生产工人在初次分配中所得到的部分收入，再分配给有关服务部门。服务费收入的用途一是补偿服务部门所消耗的物质资料，二是用以支付服务人员工资，三是分配形成服务部门的利润。

资本主义国家国民收入的最终结果，是把大部分国民收入聚集在资产阶级手中。在社会主义制度下，国民收入再分配，首先，要向非物质生产部门提供经费，支付工作人员工资；其次，要集中资金保证重点建设，以保证全国范围内生产力的合理配置；最后，国家要建立社会保证基金和后备基金，以满足社会救济、社会福利和劳动保险等方面的支出，应付突然发生的意外事故，弥补自然灾害造成的损失。

社会主义国民收入再分配的途径主要有：①财政分配。社会主义财政是国家实行国民收入再分配的主渠道。国家通过财政预算把各单位上交的利润和税金集中起来，形成国家预算收入，再以拨款的形式，分配给各个部门、各地区，从而保证了国家管理机器和经济、文化、建设事业正常进行。②信贷分配。银行信贷活动通过吸收国家机关、企事业单位以及居民个人的储蓄存款的形式，将社会暂时闲散的资金集中起来，然后再有偿地贷放出去，从而实现国民收入的再分配。同时，银行通过存贷款利息收支的差额，将贷款单位、个人的部分收入集中起来，开展业务活动。信贷分配与财政分配有分工，又有密切联系，是国民收入再分配的两个相辅相成的系统。③价格分配。在商品交易中，提高或降低产品价格，就会影响买卖双方以及国家财政的实际收入。因此，运用价格杠杆既可以调整国民收入在部门之间的结构比例，又可以调整居民的实际收入水平。④非物质生产部门的收支。国家机关、文化、教育等部门既接受财政拨款，又通过各种服务取得服务报酬并进行各种支付活动，这些都是国民收入再分配的内容。总之，国民收入再分配仅仅是生产成果使用权力的转移，并不影响国民收入总量的增减。

国民收入的初次分配和再分配的内容，决定于产值的计算范围，同时也与国家的财政经济政策有密切关系。其范围是可以变化的，不是固定不变的。比如，服务行业如果作为第三产业，其收入计入国民生产总值，那么初次分配的范围就扩大了，再分配的范围就缩小了。从发展趋势看，把服务部门扩大为生产部门，即第三产业，调整我国的国民经济核算体系是可能的，也是必需的。

（《投资知识百科全书（上）》，第 309 ~ 310 页。）

四、消费与储蓄

消费是为满足人们生产和生活的需要而消耗人力、物力的行为。一般可分为生产消费和个人消费两个方面。生产消费，是指生产活动中的原料、燃料和工具等生产资料和活劳动的消耗。这种消费本身属于直接生产过程的组成部分。个人消费，是指人们对各种物质资料和精神产品的需要和满足。个人消费是恢复和发展劳动力所必不可缺的条件，也是保证生产过程不断进行的前提。这里所要研究的消费，就是个人消费。马克思的社会再生产理论，将再生产的总过程划分为生产、分配、交换、消费四个环节。消费是社会生产总过程的四个环节之一。这四个环节是相互联系、相互制约的有机整体。生产是起点，消费是终点。生产为消费创造对象，从而决定消费水平、消费结构和消费方式。由此可见，生产对消费具有决定作用。但是，消费也反作用于生产。其一，消费再生产出劳动力，创造生产的能动因素；其二，消费使生产出来的产品得到最后实现；其三，消费可以创造出新的需要，成为生产发展的动力。消费也要受分配的制约，分配决定着产品归生产者个人的比例，从而影响生产者个人消费生活资料的数量。产品只有通过分配，才能被人们消费。而消费又使分配最终得以实现。消费还要受交换的制约，产品经过分配后还要通过交换，才能被个人消费。消费离不开交换，交换要在消费中得到最后实现。从国民收入分配的角度看，国民收入最终形成积累基金和消费基金两部分。在国民收入总量一定的条件下，积累多一些，消费就少一些；反之，消费多一些，积累就会少一些。二者的关系是此多彼少，互为消长。消费基金的主要部分是个人消费，它通过劳动者的个人收入来实现，是用于满足劳动者眼前个人生活需要的。积累基金的主要部分是由国家或集体统一支配用于扩大再生产和发展科学、文教、卫生事业，以满足劳动者的集体利益和长远利益。由此可见，二者既有统一的一面，又有矛盾的一面。正确的做法是，既要维护劳动者的集体利益和长远利益，又要保证劳动者的个人利益和目前利益，要把二者恰当地结合起来。总之，消费与社会再生产的运行，与国民收入的分配活动，都有着密切的内在联系。

储蓄的广义概念是指一定时期的国民收入减去消费后的剩余部分。储蓄的狭义概念是指居民在银行或非银行金融机构的存款。我们这里所要研究的储蓄含义是指后者。储蓄来源于居民个人的货币收入。在国民收入的初次分配中，居民个人以工资、奖金等形式取得的货币收入由于未能即期消费掉而以储蓄的形式转化为货币积累。储蓄意味着个人财富的积累和增加，对金融机构来说则是信贷资金的主要来源。储蓄是存款人保持所有权，而将货币使用权暂时让渡给银行，从而拥有按期收回本金和利息权益的经济活动，即所谓所有权与使用权相分离的价值运动。这种价值运动的形式，将居民暂时闲置的货币吸纳入金融机构，将静止的货币状态又重新转化为新的资金流。这样，通过储蓄将劳动者在初次分配中的原始收入的一部分，以及在再分配中形成个人收入的一部分，转化为银行信贷资金，从而使消费基金转化为生产建设资金，发挥积累的作用。

消费与储蓄的关系主要表现在如下两个方面：

（1）在居民个人收入数量一定的前提下，消费多，则储蓄减少；反之，则储蓄增加。居民个人收入中用于消费支出的比重大小及其结构状况的变化，是受多种因素制约的。不同的收入水平不仅决定着居民个人支出的比重，而且也制约着消费结构，进而影响储蓄的水平。恩格尔定律指出，随着收入的增加，人们在全部支出中用于购买食物支出所占的比例会越来越小，即恩格尔系数＝食物支出额/消费支出总额。

按照联合国提出的标准，人均国民收入 1000 美元时，恩格尔系数为 40% ~ 50%。我国 1957 年的恩格尔系数为 64.6%，1983 年为 59.3%，到 20 世纪末将可达到 50% 左右。实际上，随着居民收入水平的不断提高，不仅食物支出的比重呈下降趋势，而且在穿、住方面，以及其他生活必需品支出的比重，在上升到一定程度后，也会呈递减趋势。与此相反，在用的方面，特别是高档耐用消费品的支出比重，呈递增的趋势。总之，在居民收入一定的前提下，消费增加，储蓄减少，二者此消彼长，这是很明显的。在消费结构发生上述变化的情况下，由于居民为了购买高档耐用消费品，必然要将收入的一部分以储蓄的形式暂时积存起来，以便达到一定数额后，再等待机会购买，从而使消费也会呈现一定的下降倾向。这样，储蓄也会出现相应的增加趋势。

（2）在居民个人收入不断增长的情况下，消费支出与储蓄额可以同时增长，但二者的增长比重不一定相等。在收入和生活水平提高过程中的早期，一般处于较低的发展阶段，这时的消费增长一般快于储蓄增长，而在收入和生活水平提高到一定阶段后，则可能出现相反的情况，即储蓄的增长快于消费的增长。发展中国家的经济发展一般都处于较低阶段，储蓄水平都比较低，而且都面临着资金短缺的严重问题，而且有限的储蓄要转化为有效投资，还要有一种有效的转化机制。从总的趋势看，发展中国家伴随着经济起飞，居民个人收入呈上升趋势，在居民个人消费水平改善的同时，储蓄额也在增长之中。

储蓄作为经济建设积累资金的一个重要来源渠道，具有积累资金和调节货币流通的两种功能。储蓄功能的充分发挥，对任何一个国家的经济发展都是十分重要的，对发展中国家来说尤为重要。这是因为发展中国家的早期建设资金的积累必须通过储蓄这条渠道来聚集。而增加储蓄减少消费又是以产业结构重型化，向基础产业倾斜为前提的。日本在第二次世界大战后由储蓄大国变为经济大国的成功先例，经常被人们津津乐道就是这个道理。我国在改革开放以来，人们对储蓄的巨大作用，越来越重视。但是这并不意味着在任何情况下都是储蓄越多越好，消费越少越好。消费与储蓄两者之间合理比例的确定，要以国民经济的整体背景为出发点进行具体分析。这是因为：其一，储蓄实质上是企业和国家对居民的负债，在企业经济效益还很低的条件下，这种资金成本较高的负债过多，并不利于国民经济的稳定发展。其二，储蓄只能将货币的现金形态转化为货币的存款形态，并不能改变社会的货币供应量。因此，其调节货币流通的作用是有限的。其三，储蓄从居民的消费收入中积累建设资金，可以促进生产，但消费可以增加需求，活跃市场销售，同样有利于生产的发展，特别是在消费品市场疲软的形势下，不适当地扩大储蓄抑制消费在客观上不利于促进生产。

（《投资知识百科全书（上）》，第310~311页。）

五、积累与投资

积累是指把剩余产品的一部分用于社会扩大再生产、进行非生产性投资和建立物资储备。一个社会要扩大生产规模、发展经济建设，满足人民生活的需要，推动科学、文化、技术水平的提高，就必须把剩余产品的一部分追加到原有的生产规模中去，即进行必要的积累。社会的剩余产品是积累的唯一源泉，而积累则是社会扩大再生产的源泉。因此，剩余产品越多，积累的规模就越大，社会扩大再生产的水平就越高，社会生产力的发展速度就越快。

投资是为获取预期收益而投入资金（资本）或资源的经济活动。预期收益主要是指经济收益，也包括社会效益。投入的资金（资本）可以是货币资金

(资本)，也可以是实物资金，或其他资源。由于各种资源都可以折算成一定的货币价值量，所以，投资也可表述为垫支货币资金（资本）。投资作为发展社会生产力的重要条件和手段，在商品经济社会都是客观存在的经济范畴。投资对经济和社会发展具有极其重要的作用。在宏观上它直接影响国民经济增长的速度、效益和稳定；在微观上它贯穿于企业发展的全过程，直接影响着企业的生存和发展。

积累与投资的关系主要表现在两个方面：

首先，积累作为扩大再生产的源泉，即投资的主要源泉，直接决定着投资的规模。积累的规模与投资的规模呈正比例增长的关系。我国在第一个五年计划期间积累率平均为24%，全民所有制投资占国家财力的比重平均为42%；第二个五年计划期间的积累率上升到29%，全民所有制投资占国家财力的比重相应上升到49%；“三年调整”时期的积累率下降到22%，全民所有制投资占国家财力的比重相应下降到35%；第三个五年计划时期分别为26%和40%；第四个五年计划时期分别为33%和47%；第五个五年计划时期分别为33%和46%；第六个五年计划时期分别为34%和50%左右。如果将以上各个时期的积累率与全民所有制投资占国家财力的比重用一曲线图表示，则如图2所示。

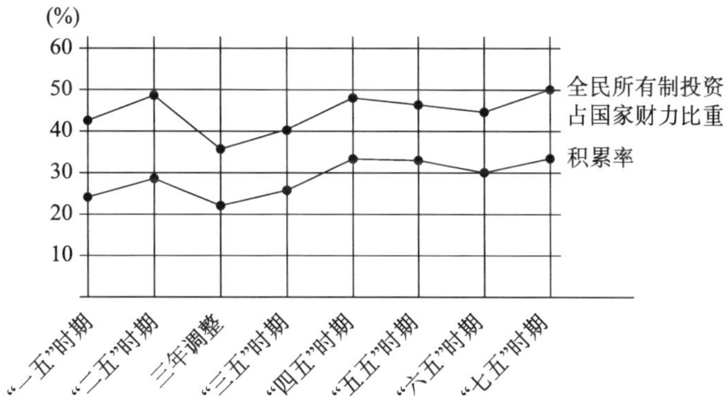

图2

图2这个曲线图用积累率与全民所有制投资占国家财力的比重加以比较，说明了积累与投资在数量上的依从关系。需要指出的是，全民所有制投资仅是投资总量的一个组成部分，而且这里的投资也仅仅是固定资产投资部分，未包括流动资产投资，这在第五个五年计划之前，还基本可以反映投资的情况，而从第六个

五年计划之后，非全民所有制投资增长较快，国家财力分配情况变化较大，因此这一比重不能反映投资总量的基本情况，但作为研究积累与投资的依从关系使用，还是可以的。投资规模随着积累规模的升降而升降的依从关系没有变化。积累是投资的主要源泉，这是问题的一个方面，而且是主导方面，但投资作为经济的第一推动力，对国民经济发展起着举足轻重的作用，由此又影响着国民收入的分配水平和积累的规模。如果投资效果系数（国民收入增量/投资额）高，积累效果系数（国民收入增量/积累额）也会相应增高。这是积累与投资关系的另一个方面，即投资的规模和最终效益高低，反过来也影响或制约着积累的规模。

其次，从积累的构成看，可分为生产性积累和非生产性积累及必要的社会储备三部分。生产性积累主要形成生产性投资，非生产性积累主要形成非生产性投资。社会后备一经动用，也会转化为生产性或非生产性投资。由此可见，积累的构成在一定程度上也制约着投资的构成，二者在构成上也存在着内在的联系。积累的构成合理，投资的构成也应是合理的，最终积累效果系数和投资效果系数就会增高；反之，则低。反过来，投资的构成合理、效益高，社会再生产就会呈良性循环，国民收入的水平必然提高，积累效果系数也就会升高。这说明，二者不仅在总量上有内在的依从关系，而且在结构和效益方面也存在着一致性。

在积累与投资的关系方面，肯定前者是源，后者是流，主要是就国民收入的分配及再生产的起点而言的。如果从动态考察，从社会再生产的循环看，后者对前者同样有重要影响，这一点是不能忽视的。

积累是扩大再生产的源泉。有了积累才能扩大再生产，而扩大再生产又可以生产出更多的产品用于满足人民不断增长的需要。投资是实现扩大再生产的主要手段。由于投资的涉及面广、影响时间长，所以确定投资的适度规模，对国民经济的稳定协调发展关系极大。积累与投资对国民经济的发展和扩大再生产的速度具有十分重要的促进作用，但这并不是说积累率越高越好，投资规模越大越好，而应该使积累和投资的规模与国民收入的分配比例和再生产的需要相适应，并且在统筹兼顾、综合平衡的基础上，确定适当积累率和适度的投资规模。

（《投资知识百科全书（上）》，第311～312页。）

六、储蓄与投资

储蓄与投资对国民经济发展、国民收入分配以及人民生活水平的提高，都有着十分重要的意义。储蓄是投资的必要前提，投资是推动经济增长的重要手段，储蓄能否转化为有效投资不仅直接关系着投资本身，而且也关系到经济发展的速度和效益。研究储蓄向投资转化问题，首先要明确储蓄的含义。在我国，储蓄概念的含义通常以狭义解释为主，即主要是指城乡居民把货币收入中的暂不使用或结余部分存入银行的储蓄存款。而西方经济学中的储蓄，一般包括三项内容：一是个人净储蓄；二是公司总储蓄或企业存款；三是政府净盈余。这三项储蓄的总和，构成了西方国家货币资金积累总额。如果将国民收入用 Y 表示，总消费支出用 C 表示，总储蓄额用 S 表示，总投资额用 I 表示，则可形成下面四个公式：

$$Y = C + S \tag{1}$$

$$Y = C + I \tag{2}$$

$$C + S = C + I \tag{3}$$

$$S = I \tag{4}$$

公式（1）代表了总供给，公式（2）代表了总需求，公式（3）代表社会总供给与总需求的均衡，公式（4）代表了均衡的条件，即投资与储蓄相平衡。从公式可以看出，西方经济学中的储蓄实际上代表了扩大再生产中物质资本供给的价值总额。与此相对应，投资则代表了扩大再生产中物质资本需求的价值总额。我国的城乡居民储蓄只大体相当于上述三项内容中的个人净储蓄部分。由于储蓄的构成及来源的含义不同，我们在研究储蓄与投资关系，以及储蓄如何向投资转化时，要作具体分析，不能将西方经济学中的这些公式简单套用到我国的实际中来。

我国正处在经济发展的关键时期，大规模建设需要的巨额资金从哪里来？在当代世界上靠大量举借外债而实现经济起飞的先例是找不到的，只有依靠自力更生，依靠内部积累才是唯一可行的出路。国家筹集建设资金的途径主要有三条：一是靠国家税收的方式把劳动者为社会创造的产品集中起来，形成投资建设资金的一个来源渠道。二是靠国家金融机构把人民群众节余下来的消费基金转化为积累基金用于投资建设。在国民收入分配格局发生变化、国家财政面临困难的形势下，有计划地扩大储蓄，并将储蓄存款适时、有效地转化为投资，是国家集聚建设资金、解决投资来源不足的一条好途径。三是国家通过发行有价证券筹集资金，也可以通过发展股份公司直接以股票的形式集中投资资金。由于不同国家在不同发展时期的经济社会情况各不相同，因此在选择储蓄与投资的转化机制方面，存在着不同的价值取向。但不论采取何种转换机制，有些基本条件都是一致的或接近的：其一，储蓄应尽可能充分地转化为投资，否则就会由于储蓄剩余而导致有效需求不足，有效需求不足则可能会造成社会资源的浪费。其二，在储蓄转化为投资后，投资的效益好坏则是一个关键问题。如果投资方向正确、结构合理，有助于实现国民经济结构的优化，投资的整体效益必然是好的或比较好的。这样，储蓄转化为有效投资，投资推动了国民经济的良性循环，最终又会形成更多的储蓄。这样的储蓄与投资的转化机制就是成功的、高效率的。在中华人民共和国成立初期，我们实行高度集中统一的经济体制，财政实行“统收统支”，将国民收入的剩余部分，全部集中起来用于经济建设，其效果也是非常明显的。但是这种通过压低消费的方式提高积累，在一个特定时期内是可行的，长久下去就会挫伤劳动者的生产积极性。改革开放以来，随着经济体制改革的深化和国民收入分配格局的变化，城乡居民储蓄存款大幅度上升，从而大大增加了银行的资金来源。

到1990年底，我国银行储蓄存款占银行存款的比重已上升到50%左右。这种由银行将无数闲置的货币资金聚集为巨额的银行信贷资金，然后投入生产、流通领域的转化方式，可以通过资金的分配供应，实现资源的优化配置。由于这种转化机制受安全、利率等因素影响，在实现国家产业优化方面有一定的局限性。同时，贷款可以产生出派生存款，增加货币供应量，如果宏观调控失当，有可能产生信用膨胀。我国目前的储蓄向投资转化机制是以金融为中介的间接方式为主。与此形成鲜明对照的是，以股票、债券等有价证券为形式的直接转化机制还很薄弱。随着我国社会主义有计划商品经济的迅速发展和银行信用制度的成熟与完善，推进社会主义金融市场发展的条件将逐步具备。运用股票、债券等形式的直接转化制，较之在中华人民共和国成立初期高度集中体制下的高积累转化机制和现在的以金融为中介的间接转化机制，具有自身的特点。它可以将零星的、闲散的资金迅速集中起来直接转化为投资，从而使投资资金集中化、投资主体社会化、投资风险分散化。当然，有关的配套措施必须跟上，防止可能出现的消极因素。

从我国经济体制改革的实际情况出发，现在及今后一定时期内，仍应以金融中介间接转化机制为主，以股票、债券等直接转化机制为辅，并协调好两种机制之间的关系，实现储蓄向投资的充分有效转化，为国民经济的稳定持续协调发展服务。

（《投资知识百科全书（上）》，第312~313页。）

七、积累基金

积累基金是指国民收入经过分配、再分配最终形成并准备用于社会扩大再生产的生产资料和消费资料的价值，属于国民收入分配范畴。由于它只是通过国民收入的分配和再分配形成的一定价值额，积累的要素还没有确定为具体的实物形态，更没有投入生产过程，因而称为积累基金。

积累基金在数量上，是指国民收入扣除当年消费以后的剩余额，体现为一年新增的国民财产。每年初的国民财产加上本年度的积累基金，再扣除当年的磨损额，即等于年末的国民财产。

从总体上看，积累基金有三个使用方向：（1）生产性积累。用于物质生产部门扩大再生产的固定资产积累和流动资产积累。（2）非生产性积累。用于非物质生产部门，包括行政、国防、文教、卫生、生活及城乡公共服务部门的固定资产积累和流动资产积累。（3）社会后备基金。用于增加国家后备物资的积累。这三个部分之间在客观上需要保持一定的比例关系，必须统筹兼顾、适当安排生产性积累与非生产性积累的比例，合理确定社会后备基金的数量界限。

一般讲，积累是扩大再生产的基本源泉。保证扩大再生产基金在积累基金中占有较高的比重，是加速社会经济发展的一个重要因素。非生产性基本建设是改善人民生活、实现社会主义生产目的的必要条件，保持必要规模的非生产性基本建设也是非常需要的。同样，社会后备基金虽然不直接用于扩大物质生产过程，但是为了预防自然灾害等意外事故对社会经济生活正常运行造成重大影响，保持必要的社会后备基金也是不可缺少的。

社会主义积累基金，代表着社会主义各项经济建设资金的总和。它的构成及比例关系是由最终使用中各个方面的比例关系决定的。如何合理安排积累基金的内部比例，对正确处理好各个方面的关系、更好地发挥积累基金的效益，是十分重要的。

首先，要安排好生产性积累与非生产性积累的比例。由于生产性积累可以直接提高生产能力，而非生产性积累则不能直接提高生产能力，所以人们往往重视前者而轻视后者，于是在投资的分配上常常向前者倾斜。这种比例的倾斜在非生产性积累的原有比重较大、从而非生产性建设相对超前，或者在非生产性积累的原有比重适当，从而生产性建设与非生产性建设同步进行的情况下，在短时期内是必要的，或者是许可的。但是，如果在较长时期内一味地、片面地将积累基金的比例向生产性积累倾斜，从而使投资分配比例长期失调，则必然造成对人民生活的欠账，从而造成生产和生活的不方便，反过来又影响生产的持续发展。当然，积累基金中的非生产性积累比重过大，投资分配向非生产性建设的倾斜，也是不可取的。这样会使经济建设缺乏后劲，影响以后的生产建设发展速度，最终也会制约非生产性建设的发展和人民生活水平的提高。生产性积累与非生产性积累之间，在客观上存在着一个合理的比例关系，这是不以人的意志为转移的。违反了这一客观界限，就会犯主观随意性的错误。但是，这二者之间比例关系是一个区间，是可以根据客观外界因素的变化而适当调整的，不是僵死不变的。如果把某一时期的适当比例关系，看作不可逾越的、永远正确的，则是僵化的、形而上学的思维方法，最终必然是脱离实际的，也是不可取的。

其次，要合理安排固定资金积累与流动资金积累的比例。固定资金与流动资金是企业生产所必备的条件。为了保证企业生产的顺利进行，二者必须保持一个适当的比例关系。由于固定资产投资的增长，直接导致企业生产能力的增长，所以，加速流动资金的周转，压缩流动资金的占用，用于适当增加固定资产投资，增强生产能力，这对加速经济的发展是必要的。但是，要使现有生产能力发挥作用，又必须有足够的原材料、燃料及协作件满足供应，如果没有相应的流动资金予以配套，企业生产的发展同样是不可能的。可见，固定资金积累与流动资金积累的比例，是生产性积累内部比例关系中的一个重要问题，应当予以足够的重视。

积累基金的用途分类如图3所示。

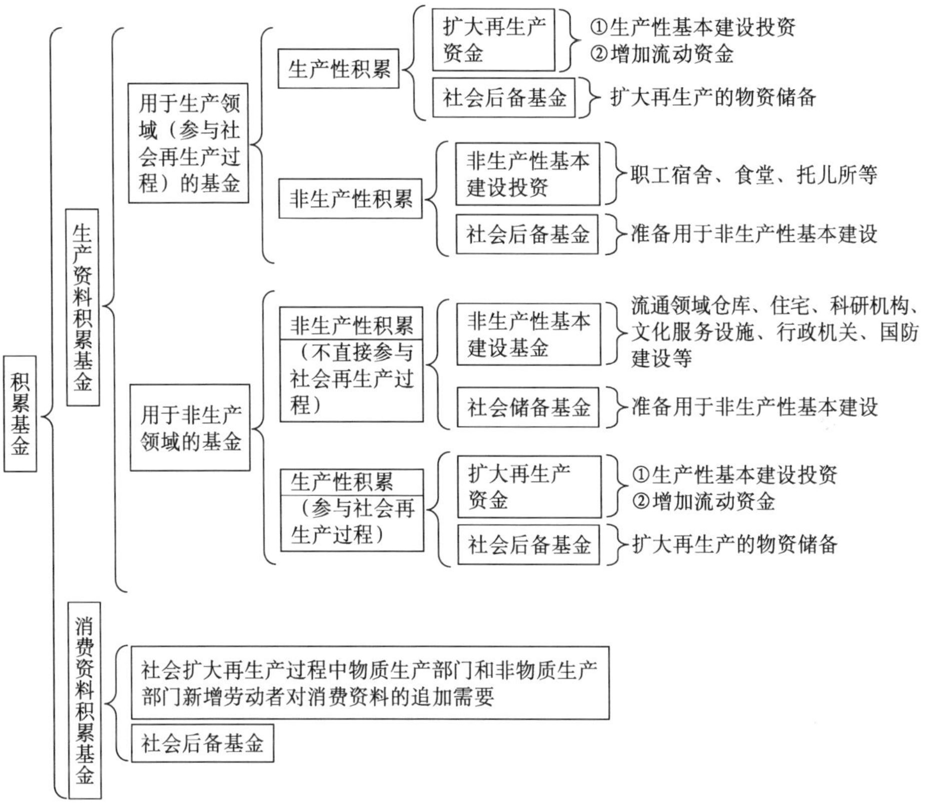

图3

（《投资知识百科全书（上）》，第313~314页。）

八、消费基金

社会主义的国民收入，经过分配和再分配，按其最终用途，可分为积累基金和消费基金两部分。其中，用于满足社会成员个人的物质文化生活需要和社会共同需要的那部分资金，称为消费基金。消费基金按其使用形式的不同，可分为社会消费基金和个人消费基金。社会消费基金分为用于国家行政管理和国防费用等支出的国家管理基金；用于科学、文化、教育、保健事业等支出的文教卫生基金；用于社会福利救济等支出的社会保证金。个人消费基金，用于支付劳动者的劳动报酬，以满足劳动者个人及其所赡养的家庭成员的生活需要。这部分基金在消费基金的构成中所占比重较大。

消费基金是社会公共消费和个人消费的生活资料价值的总和。消费基金的物质内容是生活消费资料，即最终产品，也应包括具有使用价值的劳务。居民个人和集体消费的内容是多种多样的，但从大的方面分类，可包括吃、穿、用、住、行等。随着生产的发展和人们收入水平的提高，人们对各类消费品需要的构成是变化的，对各种消费品的消费要求是发展的。这样，在消费品的生产和供应方面，不仅在总量上要与居民的实际需要相均衡，而且在类别及品种上也要适销和对路。

在国民经济发展的一定时期内，消费基金的总量及增长速度，首先决定于国民收入的增长速度，其次决定于国民收入中积累基金与消费基金的比例构成。国民收入的增长速度快，国民收入的总量自然就大，在积累基金与消费基金构成比例不变的情况下，消费基金的总量必然增加；在国民收入增长速度不变，国民收入总量既定的前提下，积累基金的总量与消费基金的总量是此消彼长的关系，要增加消费基金的总量，只能降低积累在国民收入中的比重。正确地确定消费基金与积累基金之间的比例关系，不仅对消费基金总量的确定是至关重要的，而且对国民经济计划的制定、对社会再生产的持续稳定发展也是非常关键的。一般讲，消费与积累的恰当比例，消费基金的适度规模，应该是一个可以上下浮动的区间。在国民收入既定的前提下，国民收入用于消费的部分，应该保证在计划期内人口增长的条件下，按人口平均计算的消费水平不低于上一个时期。这是消费基金最低限的确定依据。国民收入扣除了消费基金的最低限，就是积累基金的最高限。在人口增长的前提下，要保证人口平均消费水平不低于前期，生产增长的速度至少不应低于人口增长的速度，这就要保证足够的积累基金。为了保证生产增长的速度不低于人口增长速度所需的积累，就是积累基金的最低限。国民收入减去积累基金的最低限，就是消费基金可能达到的最高限。在国民收入速度既定的条件下，消费基金只能在其最高限和最低限的区间内变动，而不能超越这一区间随意安排。这就要求国家在制定国民经济发展计划时，要根据经济社会发展的现实情况，选择一个合理的数量界限，安排好生产和生活的关系，使生产和消费能够相互促进。社会主义生产的目的是满足人民的需要。需要虽然有生产和生活两个方面，但归根结底是为了生活的需要，也就是为了消费的需要。生产决定消费，消费反作用于生产。消费之所以重要，其一，消费可以创造新的需求，是新的生产发展的动力，从这个意义上讲，没有消费就没有生生产，或者是没有生产目的；其二，消费是实现劳动力再生产的基本条件，是社会生产活动的一个内在要素；其三，在社会再生产的活动中，只有产品被消费掉，再生产的循环过程才算真正完成。所以，从社会再生产的全过程来考察，消费这个环节是生产的起点，也是生产的终点；是生产的目的，也是生产过程实现的标志。但是，消费要得以实现，首先依赖于生产，只有生产才能为消费提供现实物质基础。因此，大力发展社会生产力，不断提高劳动生产率，才是增加积累和提高人民生活水平的基础。只有在劳动生产率较快提高的前提下，才有可能在不影响积累，甚至增加积累的同时，提高社会和个人的实际消费水平。

任何社会的存在和发展不仅要有生产，而且也要有消费。所以，消费基金是一切社会制度下都存在的经济范畴。在资本主义制度下，消费基金分成相互对立的两部分：资产阶级的消费基金和劳动者的消费基金。资产阶级作为生产资料的所有者，以剥削和掠夺剩余价值为目的，以寄生性的消费为特征，而劳动者只能依靠出卖劳动力维持生活，只能根据劳动力价值的大小分配消费品。劳动者的消费是资本生产和再生产的一个要素。劳动者个人消费的作用，一是保证劳动者再生产的需要；二是保证劳动者不断重新出现在劳动市场上，为资本提供可供剥削的劳动力。社会主义制度的建立，消灭了资本主义制度下资本家奢侈品消费与工人阶级必要生活资料消费的对抗性。满足广大劳动者日益增长的物质文化需要是社会主义生产的目的。因此，在发展生产的基础上，有计划地增长消费基金，是社会主义消费基金区别于资本主义消费基金的基本特征。

（《投资知识百科全书（上）》，第 314 ~ 315 页。）

九、补偿基金

社会产品的价值由 C、V、M 三部分组成。其中，C 部分是生产过程中消费的生产资料资金转移到产品中去的价值。它是生产商品时耗费掉的生产资料以新形式再现的价值。C部分是过去劳动所创造的，新的劳动只是在生产劳动过程中保存了这部分价值。所以，它不能作为社会收入用于个人或社会消费，而以资金回流的形式，继续作为生产资金投入再生产过程。补偿基金就是指社会产品价值中，用以补偿生产过程中耗费掉的生产资料的C那部分价值。

补偿基金既有实物形态，也有价值形态。其实物形态相当于社会生产的全部生产资料减去积累部分的生产资料，其价值形态相当于社会产品的全部成本（C+Y）减去生产部门工资（V）。由于社会产品价值中代表补偿基金的那部分价值，是劳动者预付的，它与生产商品时消费掉的那部分生产资料价值是等价的，所以，原先以生产资料形式存在的，现在则以新生产的商品价值的组成部分存在。在新生产的商品转化为货币以后，这个以货币形式存在的、代表生产该商品时所消耗的生产资料的价值，就必然要转化为生产资料，发挥它原来在生产过程中的职能。为了维持社会的简单再生产，补偿基金在实物形式上，必须得到相应种类的新物品的补偿，即使数量和形式有所不同，但其效用应该是相当的。马克思曾经指出："在其他条件不变的情况下，社会在例如一年里所消费的生产资料，即劳动资料、原料和辅助材料，只有在实物形式上为数量相等的新物品所替换，社会才能在原有的规模上再生产或保持自己的财富，这些新物品要从年产品总量中分离出来，重新并入生产过程。"（《马克思恩格斯全集》第23卷，第621页）社会资金运动及其形态的变化，既是互相联系、互相衔接，又是相互分离、相互独立的。同样一种生产资料，既可用于简单再生产，也可用作扩大再生产的追加。在实际经济活动中，把补偿基金所代表的生产资料用于扩大再生产的追加生产资料，从而影响简单再生产正常运行的情况是时有发生的。尤其是在投资规模膨胀的形势下，基本建设挤正常生产、扩大再生产挤简单再生产的情况成为普遍的现象。这就要求科学地安排投资规模，严格控制计划外投资，加强计划的严肃性和科学性；严格控制信贷资金的流向，保证基本建设资金的专款专用。从多年的实践经验看，要处理好简单再生产和扩大再生产的关系，不但在投资资金的安排上不能留缺口，而且在物资的分配供应方面一定要留有余地。否则，补偿基金的用途就难以实现，社会再生产的运行就会发生紊乱。

社会主义生产资料资金分为固定资产资金和流动资产资金。与此相对应，补偿基金也分为两部分：一部分补偿固定资产消耗的费用，如工业、农业、建筑业、运输业等部门在生产过程中劳动手段磨损的费用；另一部分是补偿流动资金消耗的费用，如工业、建筑业、运输业等部门生产中的原料、燃料、低值易耗品和农业生产中的种子、饲料、肥料及小型农具的更换费用等。企业通过提取折旧费和扣除用于补偿垫支的流动资金的形式，形成企业的补偿基金。补偿基金在社会总产品中所占比重的大小，与企业技术装备水平的高低成正比例关系，即技术装备水平越高，补偿基金所占比重越大。补偿基金在进行实物补偿时，两者存在着明显差异。流动资产资金在每一个生产过程中都全部被消耗掉，其价值在一次生产过程中全部转移到新产品中去了，每一次生产过程结束后，都要用一种新的物品来替换。所以，流动资产资金补偿的特点是：每个生产过程，都要进行价值补偿和实物补偿，这部分补偿基金不断地从每一次生产过程中分离出来，又通过流通过程，再被投入生产过程之中，它没有被沉积下来，总是比较稳定地由企业支配和运用。而固定资产资金则不同，它的使用价值总是在反复多次的生产过程之中消耗，才能终结其寿命；它的使用价值在未被消耗完之前，总是反复地执行着生产职能，直至生产资料的物质形态失去生产能力之后，才需要进行物质更新；它的价值是根据每一次生产过程中使用时的耗损程度决定，一般原则是损耗多少就转移多少价值到新产品中，即生产资料的价值转移无须马上进行补偿基金的补偿，只有在进行物质替换时，才需要实现价值补偿。固定资产资金实物替换和价值补偿的上述特点，使得实际积蓄起来的、用于固定资产磨损需要的货币资金，与实际进行固定资金实物替换所需要的货币资金，可能有两种情况：第一种情况是积蓄起来的货币资金大于一定生产周期内已达到寿命终结期固定资产进行实物替换所需要的资金量。这样，固定资产价值中这个转化为货币的部分，可用于扩大企业生产能力，或改良机器设备以提高效率。这样实现的扩大再生产，并不是由积累引起的，而是从原有固定资产本身分离出来一部分，以货币形式再转化为追加的或效率更大的同一种固定资产引起的。这在科学技术飞速发展的当代，固定资产周转期日益缩短，折旧率相对提高的趋势下，这种情况的出现是社会生产力加速发展的表现。第二种情况是积蓄起来的货币资金小于某一生产周期内已达到寿命终结期固定资产进行实物替换所需要的资金量。这种情况的出现，大体有以下几种原因：一是固定资产的折旧率偏低，而固定资产的实际终结期并未延长；二是新购置的机器设备价格上涨，而折旧率并未调高；三是由于无形损耗或自然力的意外破坏等原因，使原有固定资产实际寿命缩短。但不论由于哪种原因导致了这一情况的出现，其结果都不利于补偿基金作用的发挥。这就要求国家在制定补偿政策时，要充分考虑可能出现的各种因素，避免出现后一种情况。从提高国民经济技术装备水平、加速生产力发展的前提出发，固定资产折旧年限的确定，要充分考虑由于科学技术进步导致的无形损耗因素。在社会主义条件下，全民所有制企业的补偿基金，同国家财政有直接关系。补偿基金的开支要合理，否则，开支过多，必然挤占国家财政从企业集中的纯收入，影响国家财政的承受能力；如果补偿基金积蓄过少，则会影响企业的技术进步和再生产的顺利进行。

（《投资知识百科全书（上）》，第315~316页。）

十、剩余价值

剩余价值是资本主义社会特有的经济范畴。它是指劳动者在生产过程中创造的超过劳动力价值的那部分价值。雇佣劳动是资本家剥削工人的一种方式，资本家雇佣工人，只发给相当于劳动力价值的工资，即工人必要劳动所创造的那部分价值。而工人剩余劳动所创造的剩余价值则全部被资本家无偿占有。由此可见，剩余价值所反映的是资本家对雇佣工人的剥削关系。

在社会主义社会，劳动者的劳动，客观上仍要分为必要劳动和剩余劳动。劳动者直接为满足个人生活需要和为劳动力的再生产而进行的劳动是必要劳动；为社会的需要而进行的劳动是剩余劳动。与此相对应，社会产品也分为必要产品和剩余产品。剩余产品的价值表现，称为剩余产品价值。剩余产品价值是社会主义的经济范畴。它不包含剥削关系，不存在阶级对抗性质，所体现的是社会主义制度下的新型生产关系。马克思在《哥达纲领批判》等著作中，精辟地论述了在共产主义社会里，社会总产品必须作种种“扣除”，以满足社会共同需要，发展文化教育事业、应付自然灾害、支付行政管理费用、扩大社会再生产，等等。这说明，在消灭资本雇佣制度，建立社会主义经济政治制度以后，客观上还存在着剩余产品价值这一经济范畴。但是，它与剩余价值存在着本质区别，两者所代表的是两种截然不同的生产方式和社会制度。需要指出的是，对社会主义社会中的剩余产品价值（M），究竟取一个什么样的名称更为恰当呢？使之既能准确地反映社会主义生产关系的客观现实，又能与资本主义剩余价值这一范畴相区别。对于这个问题，我国理论界存在着不同的认识和提法。本文将社会主义制度下的M，称之为“剩余产品价值”，就是基于上述考虑而确定的剩余价值是一个历史范畴，存在于人类社会发展的资本主义阶段。与过去的剥削形式不同，这种剥削制度是十分隐蔽的。奴隶主剥削奴隶的剩余劳动、封建地主剥削农奴的剩余劳动，都是赤裸裸的，必要劳动与剩余劳动的划分是十分明显的，而资本家剥削工人的剩余价值，却被工资与劳动力的等价交换所掩盖着，同时，资本主义的剥削是无止境的。奴隶主、封建地主的剥削是以使用价值为对象的，而资本主义的剥削则是为了价值，资本家对剩余价值的追求欲望是永无止境的。正由于如此，所以资本主义的剥削程度超过以前的各种剥削制度。资本主义社会中，剩余价值转化为利润，然后在各个剥削集团之间进行分配，分割为产业利润、商业利润、借贷利息、资本主义地租等。雇佣劳动者不仅要受企业资本家的剥削，还要受剥削阶级各个集团的共同剥削。

社会主义制度下的产品价值，在补偿了生产资料消耗的价值（C）以后，新创造的产品价值（V+M），首先通过劳动报酬形式分配给劳动者作为个人收入，由劳动者支配V部分，由社会公共支配M部分。社会主义生产中的V，又可分为：V_1——以工资、奖金、津贴等劳动报酬形式，归劳动者个人消费的生活资料价值；V_2——依照其他原则分配给个人消费的生活资料价值。

一般属于集体福利或社会保证性质，社会主义生产中的M，可具体分为：M_0——以M中支出，但并非按照按劳分配原则分配给生产部门劳动者的生活资料价值；M_1——用于非生产消费的价值；M_2——用于扩大再生产的价值；M_3——用于储备的价值。这样，$W=C+V+M$的公式，可具体化为：$W=C+V+(M_0+M_1+M_2+M_3)$。这种划分方法，反映了社会主义生产中剩余产品价值M所包括的具体内容，使M这一范畴客观地反映了社会主义生产关系的本质。社会主义剩余产品价值（M）的实物形态，包括具有使用价值的生产资料和消费资料以及一部分货币资金，而M的价值形态是理论的抽象。在国营生产企业中，剩余产品价值的大部分以工业利润、工业税收形态上缴地方财政或国家财政，形成国家预算资金和信贷资金；工业企业所创造的一部分剩余产品价值，以购销差价扣除商品流通费用后形成商业利润和税收，上缴地方财政或国家财政；工业企业、商业、交通运输业等向银行支付的利息，使银行以利息净增额减去银行费用，形成银行净收益，其中一部分上缴财政。在集体所有制的农工企业中，剩余产品价值表现为公积金、公益金及工农业税的形态。社会主义再生产中M的形态变化，形成了以剩余产品为源泉并和“剩余产品价值”相对应的系列范畴体系，属于剩余产品价值的范畴体系是：企业利润、企业税收、各种所得税、乡村集体所有制的公积金、公益金、财政资金、信贷资金，等等。

（《投资知识百科全书（上)》，第316~317页。)

十一、工资基金

工资基金是指社会主义国家或企业在一定时期内支付给全体职工劳动报酬的基金总额。行政、事业单位支付职工工资的基金，是由国家财政拨付的。企业单位的工资基金，国家只下达工资支出的控制指标，并允许在规定的工资科目内开支一定限额。工资基金是个人消费基金的主要组成部分，其具体包括：按工资标准支付的各种形式的工资，以及根据国家规定发放的工资性津贴、补贴和奖金等。工资基金是一个可变量，它随着生产的发展，国民经济各部门劳动力的增加以及国民收入的增长而增长。工资基金的控制与管理是计划经济管理的一项重要内容，其数量必须与社会总产品中能用于劳动者个人的生活资料的总量和构成相适应，以保证社会劳动力在国民经济各部门的合理配置和有计划安排，从而使社会再生产能够正常运行。

工资是一个带有某些旧痕迹的经济范畴。在资本主义社会，劳动力是商品，具有价值和使用价值。工资表面上是劳动的报酬，其实质是劳动力价值或价格的转化形态。劳动力的价值是由维持或再生产劳动力所必需的生活资料的价值决定的。工资在数量上相当于这部分生活资料的价值。但是，劳动力的使用与劳动力的价值无关，因而由劳动力的使用所产生的价值，总是大于劳动力本身的价值。资本家支付给工人的工资只是工人创造价值的一部分，另一部分则作为剩余价值被资本家占有。所以，资本主义社会的工资，体现了资本家和雇佣劳动之间的剥削和被剥削的关系。社会主义社会消灭了雇佣劳动制度，劳动者成为社会的主人，因而工资的性质发生了根本的变化。工资不再是劳动力价值或价格的转化形式，而只是实现按劳分配制度的一种手段。社会主义工资的基本特点，决定了社会工资水平的提高，必须遵循以下一些原则：

第一，由于社会主义的生产目的就是为了满足广大劳动者日益增长的物质、文化生活的需要，所以社会主义工资必须伴随着生产的发展和国民收入的增长而逐步提高。

第二，社会主义工资水平的提高，一定要与社会劳动生产率水平的提高相适应。工资水平过多地低于劳动生产率的提高水平，就会制约消费，影响劳动者的生产积极性；反之，则会降低积累水平，影响经济的正常发展。

第三，社会主义工资水平的提高，要与消费品的实际供应水平相适应。如果前者的提高超过了后者，就会导致消费品价格上涨，从而使实际工资水平并不能相应提高；反之，则会引起消费品市场疲软，也不利于社会再生产的顺畅进行。

第四，社会主义工资水平的提高，要与国家的就业状况相适应。我国人口多，就业压力大，工资水平的提高不可能过快。但在整个社会就业问题基本缓解后，则应适当加快提高工资水平的速度。

我国工资基金的宏观管理主要包括两个方面：一是社会工资水平的确定，二是社会工资总量的确定。在这二者之中，社会工资水平的确定是基础。这是因为，宏观劳动工资管理中，在运用总供给与总需求均衡的方法决定就业量时，是以一定的社会平均工资水平为前提条件的。社会平均工资水平发生变化时，均衡点就会移动，就业量就会改变。反过来，如果以一定的就业量为条件，就可以总需求与总供给均衡为出发点来决定社会工资水平，只要确定社会工资水平，就可以用均衡社会工资水平乘以均衡就业量，得出社会工资基金总量。这种以保持总供给与总需求互相均衡为出发点确定社会工资水平的方法，是有其合理的科学根据的。但是，要确定较长时期的社会工资水平和工资基金总量，还要以动态均衡为基本出发点加以确定。在动态均衡中，每一均衡的就业增长速度必然与均衡社会工资水平提高速度相对应。如果工资水平提高速度被确定在均衡工资水平提高速度之上或之下，就会引起总供给增长不足或需求增长不足。只有在均衡状态下的工资水平提高速度，才会与劳动生产率提高速度和就业增长目标之间的关系相适应。

我国工资基金是由计划、劳动和银行部门具体管理的。计划部门负责工资基金的宏观管理和平衡，劳动部门负责日常的专业管理，银行则主要实施具体监督。具体的操作过程是，经主管部门审查和劳动部门核定的上年末职工人数、月度工资总额，以及经过批准的增减人员与工资额，由单位直接登记在工资手册中。每次支付时将工资手册交银行审核无误后，在支付限额内提取工资，不准超支。这种由国家银行根据工资基金计划对企事业单位的工资支付所进行的分析、检查和管理等工作，称为工资基金监督。由银行实行的这种监督，对正确执行国家的工资政策，恰当处理积累与消费的关系；提高劳动生产率，促进市场供求平衡，调节货币流通，控制职工人数的增长等，都具有十分重要的意义。

（《投资知识百科全书（上）》，第 317 ~318 页。）

十二、成本与利润

成本是商品经济的范畴。它与商品的价值运动密切联系，是商品价值的重要组成部分。成本在不同社会制度下体现着不同的生产关系，由此可区分为资本主义成本和社会主义成本。马克思指出：“按照资本主义方式生产的每一商品 W 的价值，用公式来表示是 W = C + V + M。如果我们从这个产品价值中减去剩余价值 M，那么，在商品中剩下来的，只是一个在生产要素上耗费的资本价值 C + V 的等价物或补偿价值。”（《马克思恩格斯全集》第25 卷，第30 页）马克思这里把产品成本明确为由物化劳动和活劳动中必要劳动的价值所组成，从理论上阐明了这一概念的科学含义。在资本主义商品生产中，劳动者所创造的剩余价值，是资本家的资本增殖部分，转化为利润，不包括在成本之内。社会主义成本是指社会主义企业在生产经营过程中耗费的生产资料价值和支付劳动者的劳动报酬以及管理费用支出的总和。它是社会主义生产经营产品所消耗的经济价值的货币表现。社会主义成本与资本主义成本的区别在于：（1）社会主义成本是建立在生产资料公有制的基础上，反映全社会的生产产品的经济价值；而资本主义成本是建立在生产资料私有制的基础上，成本只反映各资本家的成本。（2）社会主义成本是企业劳动者除了满足整个社会需要的产品所需耗费的物化劳动和活劳动价值外，为社会劳动创造的那部分价值归社会所有，它所体现的是社会主义的生产关系；而资本主义成本是资本家购入生产资料（不变资本）和劳动力（可变资本），以可变资本创造剩余价值，并将剩余价值全部攫为已有，成本掩盖了资本家剥削工人的实质。（3）社会主义成本经过统计、汇总，反映了整个社会主义成本的水平，可以在国民经济范围内进行分析和比较，有利于促进科学技术的应用和推广，有利于提高全社会的经济效益；而资本主义成本只反映单个资本家的成本，资本家为了在竞争中取胜，彼此之间是保密的，这在宏观上窒息了科学技术的交流和应用，生产处于盲目状态之中，导致了社会生产的损失和浪费。成本是个总的概念，为了满足成本核算和管理的要求，我国在实际工作中，将成本划分为若干不同的成本。如，按生产活动的顺序，可分为车间成本、工厂成本及全部成本；按生产过程中与产量增减变化的关系，可分为固定成本、变动成本；按成本的概念及应用情况，可分为理论成本、实际应用成本；按成本与计划的关系，可分为计划成本、预计成本；按企业与部门的关系，可分为个别成本、部门平均成本；按成本的核算范围，可分为全部成本、部分成本；按成本核算程序，可分为直接成本、间接成本；按成本定额管理，可分为定额成本、非定额成本；按成本可比性，可分为可比产品成本、不可比产品成本；按成本的经济考察范围，可分为宏观经济成本、微观经济成本，等等。

利润通常是指企业生产经营收支、附营业务收支及其他收支的差额，扣除销售税金后的企业纯收入或实现利润。利润属于商品经济的范畴。在不同的社会制度下，利润体现着不同的生产关系。资本主义利润是剩余价值的转化形式。它是雇佣工人所创造而被资本家无偿占有的剩余劳动的产物。商品价值减去成本的余额，即等于利润。由于资本家销售商品后得到的利润正好与商品价值减去全部预付资本的余额相等，这就形成一种假象：似乎利润是全部预付资本的产物而不是可变资本的增殖。社会主义利润是劳动者为社会所创造的剩余产品的价值表现。利润等于企业产品销售收入扣除成本和税金后的余额。由于利润要受销售产品的数量、品种、质量、成本等因素的影响，所以它是一项综合性的财务指标。企业利润水平的高低是考核企业经济效益好坏的一项重要指标。社会主义利润越多，说明劳动者为社会做出的贡献越大，从而可以增强国家经济建设的资金实力，有利于促进国民经济的发展，更好地满足人民物质、文化生活的需要。成本与利润都是商品经济范畴，二者之间存在着密切的联系。在资本主义商品经济中，劳动者创造的剩余价值部分，为资本家的资本增殖，不包括在成本之内。社会主义商品经济中，劳动者为社会需要创造价值部分，为社会所有，也不包括在成本之内。由此可见，在商品价值一定的前提下，成本高，则利润少；成本低，则利润多。尽管成本、利润在不同社会制度下代表着不同的生产关系，反映着本质不同的含义，但是，如果剔除生产关系的因素，借用马克思关于商品价值的构成公式 $W=C+V+M$ 来比较的话，成本（$C+V$）与 M 的转化形式利润之间都存在着此高彼低的数量变化关系。因此，尽力降低成本，提高利润水平，是成本与利润管理，以及所有企业经营者的主要目标和共同任务。在实际经济工作中，成本是制定产品价格的最低经济界限，是补偿产品生产耗费的标准，也是衡量企业经营管理水平、促进企业改善经营管理的重要手段。而成本管理效果好坏的最终表现是经济效益的高低，即利润的多少。利润要受销售产品的数量、品种、质量、成本等因素的影响，尤其要受成本水平高低的制约。它不仅可以综合反映整个企业的生产经营活动的全面情况，而且可以在不同部门之间进行比较和分析。社会主义利润是国家积累的主要来源，体现了社会主义国家内部的分配关系。集体企业的利润一部分以税收方式上缴国家财政。国有企业的利润，按照国家的有关规定在国家和企业之间进行分配，大部分上缴国家，小部分留归企业支配。

（《投资知识百科全书（上）》，第 318～319 页。）

十三、固定资产折旧

固定资产折旧简称折旧。它是指固定资产在使用过程中由于损耗而逐渐减少的那部分价值。固定资产是指在社会再生产过程中，能够较长时期内为生产服务、为人民生活服务的物质资料。判断一种物品是不是固定资产，不但要看它在生产过程中是否发挥了劳动手段的作用，或为了保证再生产过程的正常进行而作为储备的劳动手段；同时，要根据实际管理工作的需要所做出的一些规定来区分。譬如，我国现行规定是：（1）使用年限在一年以上；（2）单位价值在 800

元、500元或200元以上。不同时具备这两个条件的劳动资料按低值易耗品管理。由此可见，并不是所有的劳动资料都是固定资产，而只有符合规定的使用年限和价值标准的才称为固定资产。从这个意义上讲，固定资产是一个管理概念。它是可以根据管理的实际需要而进行调整和变化的。固定资产折旧就是根据固定资产的经济技术特征及其在生产过中的周转规律所采取的一种补偿方式。

固定资产折旧，根据固定资产的有形损耗和无形损耗，逐年提取一定数量的折旧基金。20世纪60年代以前，我国把折旧基金分为基本折旧基金和大修理折旧基金两种。基本折旧基金摊入产品成本，称为折旧费。这部分费用是固定资产转移到产品中的那部分价值，从销售的产品收入中提取出来，形成固定资产实物更新的货币准备金。大修理折旧基金是用来保证固定资产在实物形态上进行局部更新需要的。这部分费用是每月从产品成本中提取的，形成大修理折旧基金。60年代以后，我国把用于大修理的补偿基金从折旧基金中分离出来，不称为大修理折旧基金而称作大修理基金。与此相应，原来所说的基本折旧基金，便简称为折旧基金。目前的折旧基金，是专指原来的基本折旧基金的。

折旧基金的基本职能是保证固定资产简单再生产过程的顺畅运行。因此，它的经济性质属于补偿基金。

固定资产折旧的计算和提取的主要依据有三：其一，计算提取固定资产折旧的价值依据，即需要提取的折旧额；其二，固定资产折旧年限，即折旧额需要在多少年内提取完毕；其三，提取固定资产折旧的方法，即折旧额如何在折旧年限内分摊。上述三个方面是研究固定资产折旧理论，确定固定资产折旧提取原则及计算、提取方法的关键因素。

（一）计提固定资产折旧以固定资产原值为基础

固定资产原值是固定资产购置时的原始价值。按照我国的现行规定，固定资产原值减去固定资产预计回收的残值，即为计划提取的折旧额。这样确定折旧额的方法简单方便，符合传统会计的记账原则。在固定资产重置价值与原值相对一致的条件下，能够实现原有固定资产的正常补偿。但是，在重置价值高于原值的情况下，所提取的折旧额就不能满足固定资产的补偿和更新。在社会物价普遍上涨、固定资产技术性能日渐提高的形势下，仅仅按固定资产原值计提折旧而不考虑重置价值在现实中大大高于原值的情况，必然造成固定资产的补偿更新不足，客观上制约社会再生产的正常运转。从理论上讲，如果按照重置价值计提折旧额，最符合固定资产更新的要求。由于固定资产的贬值，并不形成实际损失，而且可以通过固定资产的重新估价加以冲销；固定资产重置价值升高，可以按实摊入产品成本，这样也有利于正确核算成本、利润、价格和国民收入等经济指标。在实际管理工作中，按照固定资产重置价值计提折旧额，较之按原值计提折旧额要复杂得多。但是不论采取什么样的方法，固定资产折旧的确定不能不考虑重置价值这一重要因素。

（二）计提固定资产折旧的年限要以经济使用年限为主要依据

固定资产使用年限是确定固定资产折旧率的主要因素。使用年限与折旧率之间是互为倒数的关系。固定资产使用年限包括物理使用年限、技术使用年限和经济使用年限。物理使用年限是由其自然属性决定的。各类固定资产的材质、结构和用途不同，从而决定了固定资产在物理上的使用寿命长短不同。技术使用年限决定于社会科学技术发展水平。技术水平越高，技术使用寿命就越短。经济使用年限，是由其继续使用在经济上的合理性决定的。即使固定资产的物理使用性能并没有丧失，但是继续使用在经济上不合算时，也应报废，而用新的经济上更合算的固定资产所取代。技术使用年限，在一般情况下应与经济使用年限的合理性相一致。但也有技术水平高的固定资产，在一定条件下的经济合理性反而差的情况。固定资产折旧年限的最终确定应该以经济使用年限为主要依据。如果以物理使用年限或技术使用年限为主要依据的话，就可能出现两种不经济的现象：其一，固定资产虽然使用年限长，但性能差，能源、原材料浪费严重，“老古董”带来了低效益，这是不可取代的。其二，固定资产技术水平高，购置价值高，而技术使用年限反倒短，即高技术的固定资产，带来了高成本、低效益，同样是不可用的。当然，以经济使用年限为主，也要在物理使用年限、技术使用年限许可的基础上决定，三者有主次之分，而并不是仅取其一。

（三）计提固定资产折旧要确定计提的方法

计提固定资产折旧的折旧额、折旧年限确定之后，就需要确定如何将计提折旧的总额，在规定的折旧年限内合理进行分摊，这就是一个折旧方法问题。在折旧年限和固定资产的残值比重一定的条件下，有一种折旧方法就有一种折旧率。我国国有企业一直采用平均年限法（即直线法）和工作量法计提折旧，即以固定资产原值减去残值，再除以折旧年限（或总工作量）求出每年（或每单位工作量）应提的折旧额。年折旧额占原值的百分比，即为年折旧率。折旧率按每项固定资产计算的，即为单项折旧率；按各类固定资产计算的，即为分类折旧率；按全部固定资产计算的即为综合折旧率。不同的行业、不同的固定资产，按其实际损耗和耐用年限等情况，实行高低不等的折旧率。折旧率的高低，直接影响企业成本费用的多少和折旧基金的形成。

（《投资知识百科全书（上）》，第 324 ~ 325 页。）

十四、固定资产原值

固定资产原值，即固定资产原始价值。它是指企业在建造、购置或用其他方式取得固定资产时所支出的货币总额。由于形成或取得固定资产的资金来源不同，所以，固定资产原值的计算方法也不相同。根据国家的规定，凡是用基本建设拨款或借款购建的固定资产，要根据建设单位交付使用财产清册中所确定的价值记账；凡是用专用拨款和专用基金等自行购建的固定资产，按实际发生的全部成本记账；凡是无偿调入的固定资产，按调出单位的账面原价减去原来的安装成本，加上调入单位发生的安装成本后的价值记账；凡是有偿调入的固定资产，按现行调拨价格加上所支付的包装费、运杂费和安装成本以后的价值记账；在原有固定资产的基础上，进行改建、扩建的，按原有固定资产的价值，减去改建、扩建过程中的变价收入，加上由于改建、扩建而增加的支出记账；固定资产大修理工程不增加固定资产的价值，但在大修理时进行技术改造的，属于用更新改造资金等专用基金，以及专用拨款和专用借款开支的部分，应当增加固定资产的价值。

固定资产原值是企业对固定资产进行管理和核算的基础和依据。它可以反映企业固定资产的投资规模、生产能力和利用效率等情况。如果固定资产的原值与实际形成的价值不符，就会使固定资产的管理和核算丧失了真实性和科学性，就无法反映固定资产价值转移及折旧核算的实际过程。在实际工作中，固定资产计价不准确的现象是较为普遍地存在的。主要表现是：（1）有些企业的管理制度不严格、不健全，从而使固定资产的账实不符。譬如：有些已经交付生产使用的房屋、设备，并未能及时计价入账，从而形成了账外财产。这就使得固定资产折旧的核算工作无法保证其真实性。（2）有些企业在基本建设工程和技术组织措施工程移交生产时，对固定资产原值的核算不真实，从而使固定资产计价不能正确反映购置、建造、安装过程中的实际支出费用。这样也使固定资产折旧的核算不可能正确。

固定资产原值的计算不正确，主要是由于企业固定资产管理工作中的缺陷和漏洞造成的。所以，要克服这种状况，确保固定资产原值的准确性，就必须大力加强企业的管理工作。每一个企业都要严格执行国家有关固定资产管理的统一规定，结合固定资产的不同资金来源及形成方式，如实核算固定资产的实际耗费，认真搞好固定资产增减变化的核算，杜绝错计漏列等现象的发生。所有新增加的固定资产都应核实工程成本，按原始价格入账，既要包括设备、材料的购置费用，又要包括建筑、安装费用的支出。凡是是企业自行制造的设备，一律按照国家规定的统一价格结算入账；如果没有统一价格的，则要比照同类设备的规定价格及时结算入账。只有把经常性的固定资产计价核算工作做好做细，保证固定资产账面数字与实物数一致，账面价值如实反映实际价值，才能正确地进行固定资产折旧的核算，搞好固定资产的管理工作。

固定资产是社会主义制度下的经济范畴，它与资本主义制度下的固定资本有着本质区别。两者分别体现了两种不同的生产关系，因而在管理方式上存在着明显的差异。但是，两者在实物形态上是一致的，作为生产过程中的物质条件和特殊的周转方式又是完全相同的。在社会主义有计划商品经济的条件下，国有企业的固定资产既是其进行生产经营的劳动手段，又是属于社会主义全民所有的公有财产。这就要求企业在固定资产原值的计算、管理方面必须服从国家主管部门的统一规定，如实反映国家对企业固定资产的原始投资，提供正确考核固定资产利用情况的有关指标。

为了保证固定资金的完整，企业对已经入账的固定资产原值，除发生下列情况外，不能任意变动：其一，根据国家规定对固定资产重新估价；其二，增加补充设备或改良装置；其三，将固定资产的一部分拆除；其四，根据实际价值调整原来的暂估价值；其五，发现原来入账固定资产原值有错误。在出现由于上述五种情况而需要调整固定资产原值时，必须在经上级主管部门批准后，按照规定程序办理，企业不得自行其是，随意调整。

（《投资知识百科全书（上）》，第 325～326 页。）

十五、固定资产净值

固定资产净值，也称固定资产折余价值。它是指固定资产原值减去累计固定资产折旧后的净余额，即固定资产尚未损耗的现存账面价值。从不同计价方法的互相关系上看，通过固定资产净值和原值进行比较，可以了解固定资产的损耗程度，从而有利于企业及时安排和进行固定资产的更新改造工作；通过固定资产净值与重置价值进行比较，可以了解在当前的价格水平下，固定资产的新旧程度，从而有助于判断原有固定资产的技术先进性和经济合理性。固定资产净值，反映了企业当前在固定资产上实际占用的资金量，用它与企业的生产、财务成果进行对比，可以考核企业投资效益的高低。固定资产净值与固定资产原值、折旧额之间在数量上的关系是，固定资产净值等于固定资产原值减去折旧额。通过这三者之间的换算，可以了解固定资产运动周转的情况。由此可见，固定资产净值是固定资产核算、管理，以及计提固定资产折旧的一个重要经济指标。

（《投资知识百科全书（上）》第 11 分卷《投资源泉》，第 326 页。）

论投资启动市场问题

从1988年9月中央提出“治理经济环境、整顿经济秩序、全面深化改革”后，经过一年多的治理整顿，使过高的经济发展速度降了下来，过大的投资规模压了下来，过热的经济形势冷了下来，其成效是非常明显的。但是，随之而出现的生产滑坡、市场萎缩、效益下降的问题却一直未能有根本的好转。

为了扭转这一形势，1989年第四季度增加银行贷款1256亿元，1990年1～3季度又发放贷1429亿元，不足一年的时间先后发放贷款竟达2685亿元之多。由于农业的丰收，1990年年底，是农产品收购的旺季，估计还要贷款1000亿元左右，贷款总额将达到3685亿元左右。

如此规模的贷款投放，先是以增加工业企业流动资金的方式启动市场的；随后又提出发挥商业企业蓄水池的作用，以收购产成品的手段来启动市场。这期间还采取了降低企业贷款利率和居民储蓄存款利率的措施，意在刺激最终需求。但是两轮大的投入先是工业企业产成品的库存积压增加，随后是商业流通环节的库存增加，虽然调整了利率，但企业贷款欲望未增，居民储蓄热情也未减，最终需求不足的闸门还是没有被打开。1990年国民生产增值仅仅增加3%左右。这样低的产出效益与1989年之前的水平相差甚远。

从1990年开始，理论界关于投资启动市场的呼声越来越高，并引起了实际工作部门重视。国家先后增加基本建设投资150亿元，技术改造贷款50亿元，基本建设贷款50亿元，力求达到4500亿元的投资规模，以保证按可比口径计算的年度投资规模不低于1989年。而实际上并不算多的资金投入仍然难以到位。原因是，仅仅依靠国家投入，一是受财政极度困难的制约，不可能有大的投入；二是即使能够投入也要防止引发新一轮的通货膨胀。由此可见，投资启动市场问题目前仍是一个热点。本文仅就这一问题，作一点粗浅的探讨，以就教于广大读者。

一、投资启动市场是当前摆脱经济困境的正确选择

从1989年第四季度开始的大量贷款投放之所以没有从根本上解决市场疲软问题，是因为没有消除最终需求不足这一关键问题，以致使社会再生产的运行出现了严重的梗阻。在当前，消除最终需求不足、摆脱国民经济困境的正确选择就是要用增加投资来启动市场。其理由是：

（一）投资需求不足是最终需求不足的主导方面

1989年固定资产投资总额比1988年实际减少20%以上，由此牵动了国民经济的剧烈收缩。由于社会需求的骤然抑制，生产资料市场的萎缩尤为突出。1989年，钢材、木材、水泥、机械产品的商品销售额比上年下降幅度为7.6%～25.8%，而库存则比上年增加8%～200%。到1990年第三季度末，全国钢材、木材、水泥消费量比1989年又下降了7.2%、10%和5%，而钢材、水泥、煤炭的库存量又分别增长9.3%、9.8%和27.8%。在价格方面，钢材、木材、水泥、煤炭等15种社会消费量大的重要生产资料，9月份与年初比，有13种有较大幅度下降。1990年上半年社会商品零售总额较上年下降1.9%，而由物资部门经销的生产资料下降5.3%。以上数据说明，尽管市场疲软，最终需求不足是当前经济生活中的主要矛盾，但投资需求不足导致的生产资料市场疲软、投资品库存增加是矛盾的主导方面。解决这一矛盾的最好选择，就是以增加投资需求来消化和吸收投资品的库存积压，以此来疏通流通环节的梗阻，带动社会再生产的顺畅运行。

（二）大量储蓄存款亟须转化为投资

由于国民经济分配格局的变化，居民储蓄存款数额的增长十分迅速。到1990年第三季度末，城镇居民的储蓄存款额达4891亿元之多，占银行各项存款的44%以上。尽管国家两次调低存款利率，但1990年1～9月份的城乡储蓄存款仍增加1500亿元之多。在现实经济生活中，储蓄供给和投资需求总是并存的。如此巨额的储蓄存款如果不能有效地转化为投资，就会减缓社会资本的形成，导致社会资源的闲置、浪费。因此，将储蓄转化为投资不但会增加资本总量和提高投

资效率，而且由于投资具有乘数效应，反过来又会引起收入的扩张和增加储蓄来源。只要将储蓄存款的相当部分长期化、债券化，就可以将储蓄转化为投资。这种转化，从近期看不仅可以解决投资的来源不足问题，而且还可以避免强大的社会购买力对市场造成的可能冲击；从长远看投资的增加必然成为社会经济发展的推动力量。如果说国家财力不足是制约投资启动市场的一个障碍因素的话，大量储蓄资金如何转化为投资的问题，为这一矛盾的解决提供了可能。

（三）投资既是社会再生产的组成部分，又是一种生产性消费活动

投资是为社会再生产提供物质技术基础的主要途径，其本身就是社会再生产的有机组成部分。因此，它既可以产出，又要消费大量的投资品。在当前市场疲软，尤其是在生产资料市场疲软居主导地位的情况下，只有以增加投资来启动市场，才有可能使投资品成为现实的产品，才有可能使社会再生产各环节正常运转起来。投资品的消费，必然减少库存积压，直接带动生产投资品企业和相关企业的生产，这样就会使企业的流动资金由死变活，解开债务链，消除三角债。由于投资额中有40%左右可转化为消费需求，从而也相应地消除了消费品市场的疲软问题。当前，在生产资料市场疲软，投资品库存积压的条件下，投资启动是有物质基础的；在居民储蓄有了相当规模，而又在进一步增长的形势下，投资启动市场也是有资金来源的。由此可见，以增加投资的方式来启动市场是完全必要的，也是可能的。

二、投资启动市场要防止新的投资膨胀

社会经济活动是异常复杂的。投资启动市场这一措施的出台，既有其现实的可能性，也必然有操作上的艰苦性。尤其是在投资运行机制还不规范、投资调控机制还不健全、价格体系还未理顺的条件下，人们对投资启动市场能否到位问题的担心绝不是没有根据的。但反过来看，任何经济措施都是在特定条件下确定的，并有其特定的针对性。我们不能设想等所有条件都具备了再来增加投资启动市场。为了确保投资启动市场到位，避免可能出现新的投资膨胀，需注意以下几个问题：

（一）投资启动市场要以调整投资结构为目标

两年多时间的治理整顿工作，在总量控制方面取得了成效，但在经济结构调整方面的收效并不明显。这主要是存量调整受诸多因素制约，而增量调整则投入不足。国民经济“瓶颈”部门的产品价格偏低所造成的亏损或微利的状况，更增加了结构调整的难度。但是投资结构如果不向交通、能源、原材料等基础设施及产业部门倾斜，国民经济的轻型化结构就难以改变，国民经济的整体效益就会受到严重制约，由此也影响国民经济的发展后劲。因此，投资启动市场一定要以改善投资结构为首要目标。当然，结构的调整也不能再片面地追求外延化，单纯注重数量的调整，还要同时注重以技术进步来带动内涵的扩大和质量的优化。譬如像能源、原材料这样的“瓶颈”部门，一定要提高利用率和产出率。否则，只搞粗放经营，只追求铺新摊子、上新项目，即使增加投入也不会收到预期效果。

（二）投资启动市场要以提高投资效益为前提

投资效益是投资活动的出发点和归宿。提高投资效益是投资各环节活动的核心。我国投资效益不高，始终是困扰我国经济发展的关键问题。投资效益不高主要表现在两个方面：一是由于投资结构不合理而降低了投资的宏观效益；二是经营管理不善而降低了微观效益。如果投资启动市场既改善了投资结构，又加强了经营管理，投资效益就会有明显的提高。在我国投资总量受国力制约不可能有大的增加的条件下，提高投资效益就显得更为紧迫更为重要。只有投资效益好，经济才能摆脱困境，才能出现经济的良性循环局面。在明确投资启动市场要以改善投资结构为目标时，同时再要求提高投资效益，这两者之间似乎存在着二者不可兼得的矛盾。因为在当前价格体系未理顺的情况下，投资启动所要投入的部门和产业基本还是无利可图的。大量的投入并不能收到好的效益。但是，一方面要着眼于国民经济的整体效益，这是第一位的；另一方面在具体项目的确定时一定要反复比较，精打细算，坚持“少花钱、多办事、办好事”的原则，杜绝重点项目，重点浪费和吃大户等现象的发生。如果投资整体效益是好的，具体项目又是经济合理的，提高投资效益这一基本前提就有了保证。

(三) 投资启动市场把握好力度是关键

投资启动市场是否能把握好力度也是一个关键问题。投资的紧缩和启动过去常常是要么大上，要么大下，结果给国民经济造成严重的损失。这就是没有把握好力度的表现。究其原因，主要是投资扩张机制并未从根本上触动所造成的。如果这次投资启动不把握好力度，新的投资热随时都可能再度出现。要把握好投资启动的力度，一是要坚持紧缩的方针，不能超越国力的实际可能；二是要区分轻重缓急，控制住在建规模，防止拉长战线；三是年度投资规模要适度；四是投资启动的操作体系要掌握灵敏的信息反馈系统，及时调整投资的结构和力度。

总之，投资启动市场只要始终以调整投资结构为目标，以提高投资效益为前提，又能根据经济形势随时把握好力度，就可以防止新的投资膨胀。

三、投资启动市场要有必要的配套措施

投资启动市场是牵动国民经济全局的一项重要举动。如同投资规模的过量紧缩给国民经济带来的冲击一样，投资松动也必然要影响国民经济的各个方面，尤其是计划、财政、金融、物资、价格等综合部门的关系更为直接。因此，各有关部门协调一致地采取措施，是十分必要的。否则，启而不动，动而不协调，同样不能达到预期的目的。为了使投资启动市场能收到预期的效果，国家还应制定一些相应的配套措施加以保证。

(一) 要有明确的产业政策导向

投资的方向是否正确，结构是否合理，其关键是要有一个明确的产业政策导向。在投资启动市场的情况下，产业政策的导向要更加明确，更加具体，更加易于遵循才行。在产业政策向能源、原材料、交通等薄弱部门倾斜的总前提下，还应有一些更加具体的导向信号和市场参数加以及时的引导。我国的产业政策从无到有、从粗到细，还在不断健全和完善之中。首先，产业政策既要有利于近期内摆脱经济困境，也应着眼于国民经济发展的长远目标，并将二者有机地融合在一起。其次，产业政策要通过合理的实现机制来发挥其政策效应。最后，产业政策要有相关

的配套措施与之形成合力。如果说产业政策在正常情况下是投资活动的航标的话，那么在当前则是一种警钟和信号弹，投资启动市场过程中必须严格予以遵循。

（二）要有强有力的财政政策支持

在我国，财政投资一直是投资的主导方面。近年来，财政投资的比重退居次要地位，但其作用仍然是其他任何部门所不可取代的。在财政连年赤字、入不敷出的情况下，当前的投资启动市场自然也不能要求财政有大的投入。但即便这样，财政对投资启动市场的作用仍然是不可忽视的。其一，要实现储蓄向投资的转化，必须有财政的支持。储蓄一般是短期存款，要使其长期化、债券化，就不得不采取财政信用的方式，以发放建设债券的形式将其吸纳过来。即使银行发放长期金融债券，或者继续搞短存长贷，其数量也是非常有限的。建设银行没有财政的支持，要长期搞短存长贷也是不可能的。其二，财政可以通过税率或税收减免的手段来支持国民经济“瓶颈”部门和产业的发展。这样，既可以在一定程度上改变经济效益不正常的情况，也可以起到利益的调整和驱动作用。

（三）要有灵活的信贷利率政策调节

信贷利率是一个灵活的经济杠杆。为了使投资启动市场奏效，银行应根据产业政策的要求，对现有产业部门和企业实行差别利率。凡是按产业政策发放的长期贷款实行低利率或零利率，增加期限差别利率，从而使信贷利率能根据产业政策的导向进行适当倾斜。这种灵活的利率调节政策也是一种利益驱动手段，有利于经济结构的调整和国民经济宏观效益的提高。

（四）要有必要的价格调整手段

现行价格结构不合理的主要表现之一，就是能源、原材料、交通等基础产业部门价格过低而又被管死，轻纺加工等产业部门的价格相对过高而又未能管住。于是在国民经济分配格局变动后，受利益动机的驱动，投资急剧向轻纺加工等产业部门倾斜，以致出现了经济结构的失衡。虽然能源、原材料、交通等部门的产品价格及农产品价格也有过调整，但很快被其后的连锁反应拉平甚至超过，以致这种不合理的价格结构是“剪不断、理还乱”。在近期内大的价格改革方案还不能出台的条件下，对能源、原材料、交通等部门的产品价格作局部调整的可能性还是存在的。可以首先将这些部门的产品价格调整到微利或不亏损的水平。这样，就不至于出现启动资金投进去收不回来的局面，为调整产业结构提供了有利条件。现行价格结构不合理所带来的弊端是多方面的。首先，价格结构的不合理，增加了经济结构调整的难度。其次，价格结构的不合理，使企业经济效益不能真正体现企业经营管理的水平，致使职工的实际收入出现了不应有的苦乐不均现象。最后，价格结构的不合理，人为地造成能源、原材料等宝贵资源的不合理开发和浪费。长此下去，必然加速国家资源的枯竭。因此，以必要的价格调整措施与投资启动市场相配合，既有利于当前，也受益于将来，是非常必要的。

（五）要有深化投资体制改革的相应步骤

从 1990 年上半年开始，国家采取了一系列调整宏观紧缩力度的措施，这些措施已经收到了一定的成效。当前国民经济运行的情况表明，制约生产、流通正常发展的一些矛盾已经有所缓解，经济回升逐日加快，1 ~ 3 季度国民生产总值为 11977 亿元，比上年同期增长 2.7%，经济形势有了一定的好转。随着投资启动措施的逐步到位和配套实施，党的十三届五中全会决定中提出的各项治理整顿目标是完全可以逐步实现的。投资领域的治理整顿是国民经济治理整顿的一个不可分割的组成部分。投资领域治理整顿任务的逐步完成，是进一步深化投资体制改革的基础和条件。同时，投资体制改革的深化，又是巩固治理整顿成果、解决投资领域深层次问题的客观需要。要使投资启动市场真正能奏效，还要有深化投资体制改革的相应步骤与之衔接。否则，投资一紧缩经济就冷了下来，投资一松动经济又热了起来。如此反复折腾，国民经济的正常运行必然会受到不应有的损失。投资体制改革的关键，一是要建立投资主体自我约束的运行机制；二是要完善国家的宏观调控机制。有了投资主体自我约束的运行机制，就可以消除投资的盲目扩张机制，规范投资主体的投资行为。有了完善的国家宏观调控机制，就可以使投资运行机制有了正确的引导和必要的制约手段，从而使国家的资源配置实现优化，投资结构、投资效益有了体制的保证。这对实现社会再生产诸环节顺畅运行，确保国民经济的持续稳定、协调发展是十分有益的。

（本文发表于《北京投资管理》1991 年第 1 期，第 7 ~ 9、16 页。）

关于当前投资领域几个问题的思考

一、投资规模与经济稳定增长

投资规模与经济增长的关系是一个老问题，对这一问题富有成效的研究可追溯到魁奈的《经济表》、马克思的社会再生产理论和哈罗德—多玛的经济增长模型。中华人民共和国成立四十年来，我国有关专家、学者也一直在探索社会主义经济中投资规模与经济增长的关系问题。

值得指出的是，或许是鉴于前三十年投资规模过大给国民经济造成的损失，或许是科尔奈关于社会主义经济机制中存在着“投资饥渴症”的理论得到承认，或许是两者兼而有之。近十年来，在我国，无论是经济理论界，还是实际工作部门，主要呼声是以控制、压缩固定资产投资规模来保证国民经济的稳定增长。

在“全国第二次中青年投资问题讨论会”上做主题演讲

全国第二次中青年投资问题讨论会

全国第二次中青年投资问题讨论会

然而，就在固定资产投资额比上年下降 11%，按可比口径实际下降达到 20% 以上的 1989 年，我国出现了市场疲软、经济滑坡现象，并随之出现了经济效益下降等问题。这一现象一直延续至今。这说明仅仅压缩投资规模，非但不能出现经济稳定增长的局面，而且投资过度紧缩还是导致市场疲软、经济滑坡的一个主要原因。于是增加投资启动市场、启动经济的呼声又高了起来。

需要说明的是，我们在研究投资规模与经济增长的数量关系时，首先必须有一个前提条件，即投资结构是否是合理的。因为一定的投资规模总是由特定的比例关系组成的，即表现为一定的投资结构。在投资规模适度、投资结构合理的条件下，国民经济才有可能出现稳定增长的局面。否则，经济必然难以稳定发展。其次是，投资规模的大小归根结底是受一定时期的经济实力所制约的。脱离国家实际的经济能力，人为地将投资规模搞得过大，实际上是不可能持久的。而且规模膨胀常常伴随着结构失衡，于是长线产业的投资过长、短线产业的投资过短的矛盾现象同时并存。这就是我国多年来反复出现的所谓规模膨胀的真实情况。

为了说明投资规模与经济稳定增长之间的内在关系，这里假定投资结构是合理的。

在当前，我们是以压缩固定资产投资规模来保证经济稳定增长，还是以增加固定资产投资来克服市场疲软和经济滑坡，促进经济稳定增长，这是一个亟待探讨的现实问题。四十年的经验教训告诉我们，要解决这一问题，需要科学的理论指导。我们认为，必须从社会再生产运动中来把握投资规模与经济增长之间的关系。

第一，投资是社会再生产的有机组成部分。马克思在分析单个社会资本与社会总资本的再生产和流通时，指出两者的区别在于，在单个资本的场合，假定它的外部条件是有保证的，在社会总资本的场合，它的运动条件则存在于它的运动内部。同样，如果我们把投资活动孤立于社会再生产运行之外，或者仅仅考察某一投资主体、某一企业集团的投资活动，那么可以撇开外部条件。但是，当考察的对象是处于社会再生产中的全社会的投资总规模时，则其实现条件在于社会再生产内部。由此可以得出两点结论：一是投资规模作为社会再生产规模的有机组成部分，服从于社会再生产运行，由社会再生产规模规定和制约着投资规模；二是投资规模又影响和制约社会再生产规模。

第二，投资是社会再生产中的一种生产性消费活动。马克思揭示的生产与消费的基本关系是：生产决定消费，生产生产着消费的对象、消费的方式和消费的动力，没有生产，就没有消费；消费又反作用于生产，消费不仅使生产出的产品得以实现，成为现实的产品，而且创造出新的生产需要，没有消费，也就没有生产。依据这一基本原理，社会再生产水平和增长速度决定投资消费的规模及其增长速度；反过来，只有进行投资消费，社会生产中的投资品才能成为现实的产品，才能产生新的对投资品的需求，从而保证投资品生产行业及相关行业乃至社会再生产的顺畅运行。

第三，投资是为社会再生产提供物资技术基础的特殊的生产消费活动。在现代经济中，投资是促进经济增长的一个主要因素，由投资所形成的固定资产的数量和质量，在一定程度上决定了经济发展的水平及增长速度。因此，要有计划地加速经济发展速度或要达到某一经济发展目标（包括实现经济稳定增长）时，投资便往往成为主要的手段。

为了保证国民经济稳定增长，必须保持适度的投资规模。而要保持适度的投资规模，仅有定性分析是远远不够的，还必须把定性分析和定量分析结合起来。投资规模与经济增长关系的定量化，是一项难度极大的工作，我们的研究只是朝着客观反映两者内在的数量联系的方向迈进。根据上面的定性分析，可以初步提出定量分析的三个步骤：

第一步，确定投资可能值。投资可能值是指由社会再生产规模对投资规模的内在规定性决定的可以达到的投资规模区间。可以先计算国民经济以正常的速度增长时投资增长区间的上限、下限和正常值。然后再分析国民经济以不正常速度增长时，投资增长区间的上限、下限和正常值。

第二步，确定投资必要值，投资必要值是指由投资对社会再生产的推进作用和投资在社会再生产中的特殊地位所决定的，为实现经济稳定增长或一定经济目标应该达到的投资增长区间的上限、下限和正常值。

第三步，寻找投资最佳值，在可能值区间和必要值区间的共同区间内，寻找实现经济稳定增长或一定经济目标的最佳投资规模。例如，在经济高速增长时，提供的投资可能值较大，但为了保持经济稳定增长，需降低经济增长的速度，这时宜在投资必要值区间内寻找与投资可能值区间内下限相交的值。反之，亦然。

需要指出的是：（1）无论是确定投资可能值，还是确定投资必要值，都有一系列的参数和相关指标需要确定，这时不仅要有定量分析，还需要有定性分析；（2）经济增长是多种因素综合作用的结果，有些因素是难以驾驭的，因此经济稳定增长只是一个目标，追求这一目标的实质在于减少经济增长中的波动次数，降低波动的幅度。

目前我国正面临市场疲软、经济滑坡状况，除了产业结构不合理的因素以外，可以简单地作这样的分析：由于投资经济活动，既消费生产资料，又消费相应的生活资料，而投资减少20%，其结果是直接生产投资品企业和与生产投资品企业相关的企业以及生产生活资料的企业的生产也相应地下降，如此大的下降幅度，肯定已低于投资可能值和投资必要值的下限。用投资启动经济，可以减少有关产品库存积压，拉动企业的生产，进而企业的流动资金转了起来，可减少企业的资金占用，解开债务链，消除三角债。

必须指出的是，投资启动必须着眼于改善结构，提高效益。否则，新一轮的规模失控仍有可能出现。去年三季度末的统计资料表明，宏观控制有所松动后，又出现了一些不符合国家产业政策要求的新项目上马的苗头。去年1~8月份百万元以上基建新开工项目，有三分之二不符合国家规定的审批权限；楼堂馆所有73个，总投资7.62亿元。到9月底，农业原材料工业投资继续减少，比重分别为2.7%和18.3%，均比前年同期下降。这说明，投资启动经济一定要以改善结构、提高效益为出发点，决不能重蹈过去的覆辙。

“八五”时期，我们面临调整与发展两大任务，随着治理整顿目标的实现，发展将逐渐成为我国经济的主旋律。为了顺应这种经济发展趋势，“八五”时期必须适当增加投资总量，切实调整结构，为90年代的经济起飞创造条件，具体设想是：

（1）要增加对农业的投资。近年来我国农业产量一直徘徊不前，其中一个主要的原因是农业的投资不足，现在的农业投资比重不足8%，这与我国8亿人民搞饭吃的现状是极不适应的。如果不增加农业投资，不建立现代化的大农业，那么整个国民经济的发展，必然被农业拖后腿，不利于社会的稳定，“八五”期间农业投资比重应该逐步提高到8%~10%。

（2）继续增加基础产业部门的投资。交通、能源、原材料等基础产业部门在国民经济的发展中一般应相对超前，由此带动经济的全面起飞。近两年，我国对这些部门的投资有所倾斜，取得了一定进展。到1989年三季度，国家安排的

200个重点建设项目完成投资268亿元，完成年度计划的67.2%，明显高于一般基建项目投资完成年计划54%的水平。全民所有制投资中，能源工业投资完成411亿元，比前年同期增长22.1%，占全部投资比重26.7%，上升到30.3%，是进入80年代以来比重最高的，运输邮电投资完成197亿元，增长16.3%，所占比重由135%上升到14.6%。为了使基础产业这一“瓶颈”部门的发展逐步与国民经济发展相适应，并为20世纪末的经济起飞奠定坚实的基础，“八五”期间仍要增加基础产业部门的投资。

（3）要增加高科技产业的投资。高技术产业的兴起与发展，是推动生产力发展的重要动力之一。高技术产业不仅可以开拓新的生产领域，而且可以推进现有企业的技术进步和产品的更新换代，国家不仅对高技术产业实行特殊的优惠政策和专项投资，而且要鼓励企业向高技术领域投资。

（4）要继续压缩一般加工工业投资。在治理整顿期间加工工业的投资压缩比较明显。去年三季度末，一般加工工业投资所占比重由16.8%下降为15.4%，下降1.4个百分点。但从总的情况看，加工工业的生产能力过剩现在仍然比较突出。“八五”期间要继续减少盲目投资和重复建设，压缩和合并规模经济效益差的企业，注重加工工业内容结构的调整和优化，用最新技术改造和装备加工工业，淘汰一些技术相对陈旧的老企业。国家用于加工工业的投资比重仍要有所下降。

（5）要继续压缩非生产性投资。生产性投资与非生产性投资同样存在着合理的比例关系。过大的非生产性投资必然要挤占生产性投资，而生产性投资规模过小又将影响和制约社会物质生产的发展和公共消费水平的提高。当前非生产性投资规模偏大，而非生产性投资内部结构亦不尽合理。“八五”期间要继续采取措施压缩楼堂馆所等方面的投资，同时注重安排科学、文化、教育、卫生等方面的公共消费性的投资，以利提高民族素质。

二、重点建设与经济发展后劲

自从1982年党的十二大报告中提出集中必要资金，保证重点建设的战略方针以来，重点建设一直是人们关注的一个热点问题。这些年来，无论是理论界还是实际工作部门，在是否保证重点建设问题上似乎已取得共识，认为重点建设既是消除眼前国民经济中“瓶颈”的有力手段，又是增强经济发展后劲，实现经济起飞的关键和保证。因此，进一步提高重点建设投资占全部投资的比重的呼声也不断增加，分歧主要在于如何加强重点建设，由谁承当重点建设的投资主体，用什么方式筹集重点建设资金以及怎样进行管理等方面。

那么，我国重点建设投资以及由重点建设投资支撑的产业的现状究竟怎样呢?

客观地说，由于党和政府的重视，我国的重点建设已经得到加强。从投资额来看，以能源工业和运输交通业投资为例，1985 年以来这两个产业投资在基本建设投资中所占比重不断上升，“七五”前 4 年已达到 39.5%，比历史上最高的“四五”时期还高 4 个百分点，比“一五”时期高出 12 个百分点。

由于进行了大量的投资，使我国基础工业的产出有了长足的增加。目前，许多产品在世界各国中都已居于榜首。煤炭、水泥产量已居世界第 1 位，钢产量、发电量居世界第 4 位，原油产量占世界第 5 位，硫酸、烧碱分别占第 8 位和第 5 位。

如果说我国的运输、邮电、通信及其他基础设施落后尚能成立的话，那么，我国的能源工业、原材料工业并不算落后。其所以会形成“瓶颈”，一个重要的原因是资源利用的效率太低。以能源工业为例，已有的供给水平有足以使我国国民生产总值翻番的潜力。下面我们进行两种比较：

一是与美国、日本发达国家比较。

美国是个耗能大国，小汽车、家用电器、空调等非生产性耗能占相当比重。1986 年，美国的能源消费量为 227810 万吨标准煤，同年国内生产总值为 41855 亿美元，折合成 1986 年人民币为 155700 亿元，消费每万吨标准煤产出的国内生产总值为 0.6835 亿元。我国 1986 年能源消费量为 81665 万吨标准煤，同年国内生产总值为 9457 亿元，消费每万吨标准煤产出的国内生产总值为 0.1158 亿元。我国单位能耗产出的国内生产总值仅为美国的六分之一。1989 年，按可比口径计算的我国每万吨标准煤消费产出的国内生产总值为 0.13 亿元，单位能耗产出率没有明显提高。

日本是一个能源严重短缺的岛国，这种不利条件促使日本重视能源利用效率。1986 年，日本的能源消费量为 44017 万吨标准煤，同年国内生产总值为 3301160 亿日元，折合成人民币为 77168 亿元，每万吨标准煤消费产出的国内生产总值为

1.7535 亿元。我国单位能耗产出的国内生产总值仅为日本的十五分之一。

需要说明的是，在国内生产总值中，尽管有种种不可比因素，但有些因素的作用是互相抵消的。如美国、日本的国内生产总值中，耗能低的第三产业占的比重较高（1987 年分别为 45.5% 和 37.2%），我国第三产业的比重较低（1987 年为 25%）。但耗能相对较少的农业产值，在美国、日本的国内生产总值中，只占 2% 和 8% 左右，而我国却占近 30%。总的来说，我国能源利用效率与美国、日本等发达国家相比，差距是相当大的。

二是与同我国处于同一经济发展水平线上的印度比较。

1986 年，印度的能源消费量为 21019 万吨标准煤，同年国内生产总值为 25475 亿卢比，折合成 1986 年人民币为 7223 亿元。每万吨标准煤消费产出的国内生产总值为 0.3436 亿元，为我国同年单位能源消费产出的国内生产总值的 2.97 倍。

上述比较在指出我国能源工业巨大潜力的同时，也引出两个值得深思的问题：

一是如果能源的高消耗不改变，仅仅依靠重点建设增加能源供给能否支撑住我国经济持续、稳定增长。以 1986 年数据为例，假如能源消耗系数不变，我国国民生产总值若翻一番，所耗能源总量将是日本 1986 年耗能量的 3.7 倍，美国的 0.72 倍。若国民生产总值达到日本水平，能源消费量将增长 7 倍，为美国 1986 年能源消费量的 2.8 倍，这样的能源消耗水平与我国能源的实际储备和开发能力相比较，其差距是无法弥补的。

另一个更有意义的问题是，即使依靠高消耗支撑起了我国经济的成倍增长，但到 21 世纪，我国经济在世界经济中将处于一种什么样的地位呢？生产技术水平的高低以及科学技术在生产领域中运用的深度和广度已经成为衡量一个国家经济发达程度的标志。技术进步和高新技术在生产领域广泛运用的直接结果，使得经济增长对基础工业的依赖程度日趋降低，1973 年至 1981 年间，美国单位国内生产总值的能耗下降 14%，加拿大下降 9.3%，日本下降 19.1%，法国下降 11%，联邦德国下降 14.1%，英国下降 15%。1986 年，美国、联邦德国、法国、加拿大的能源消费绝对量已少于 1980 年的消费量，日本、意大利 1986 年国内生产总值比 1985 分别增长 2.6% 和 2.9%，而能源消费量却分别下降 4.6% 和 6.5%。

在当代世界经济的发展中，低消耗是经济高水平发展的一个共同特点，高消耗则反映了一国经济发展水平的低下。正像一些石油输出国家，虽然人均国民收入居于世界榜首，但仍不能列入发达国家行列的道理一样，如果在 90 年代我国资源利用效率还不能有显著提高，那么在 21 世纪初，我国经济将仍然是不发达经济，仍将处在世界经济的低层。

我们是从现实走向未来，当我们对以加强重点建设来维持经济持续稳定增长提出上述疑问时，并不否定当前加强重点建设的重要性，这种重要性不仅仅是经济的，还体现在社会安定等方面。因此，能否把“八五”时期作为转轨时期，在“八五”投资计划安排中，实行“两条腿”走路的方针。在继续加强重点建设投资的同时，有计划、有步骤地增加旨在提高资源利用效率的高新技术、老企业技术改造和企业横向联合、兼并的投资，并逐步将重心转移到后者。通过资源利用效率的提高（资源节约）来消除“瓶颈”，以逐步替代通过增加投资来加强基础产业从而消除“颈”的思路和做法。

三、多元投资主体与投资宏观调控

进入 20 世纪 80 年代以来，随着以“放权、让利、搞活”为主线的经济体制改革和投资体制改革的展开，投资领域发生了很大变化。原来那种计划高度集中、国家单一投资的模式被逐渐打破，一个以投资主体多元化和资金来源多渠道为特征的投资新格局开始形成。在 1989 年全社会固定资产投资中，国家预算内投资比重仅为 8.3%；而地方、部门、企业自筹投资，集体和个人投资，银行贷款和利用外资比重高达 91.7%，其中尤以自筹投资与集体和个人投资所占比重最大，为 67.8%。

应该肯定，投资领域中政府（包括中央政府和地方政府）、企业、银行、个人等多元投资主体并存的格局，反映了发展社会主义有计划商品经济的客观要求，对于调动各方面的积极性，搞活投资领域，分散投资风险，加快社会主义经济建设事业的发展，无疑都有着积极的意义。但是，伴随着单一投资模式向多元投资主体和多种资金渠道的转化，我国投资领域中长期存在的规模失控、结构失调和效益低下的老大难问题也变得愈加突出。据统计，从 1980 年到 1989 年，全社会固定资产投资按可比价格计算，平均每年以 18.3% 的速度递增，远远超过同期国民收入 8.9% 的增长速度。1989 年在建总规模高达 13575 亿元，为年度投资规模的 3.3 倍，膨胀态势十分严重。而在总量膨胀的情况下，投资结构又明显地呈外延化、轻型化和非生产性倾向，技术改造投资偏低，非生产性投资过大，农业投资以及能源、交通、原材料等基础产业和基础设施的投资相对不足。

现实向我们提出了这样一个问题：是否投资主体由单元转变为多元，就必然意味着投资规模失控、投资结构失衡和投资效益低下呢？回答显然是否定的。因为投资规模、投资结构和投资效益，尽管都是投资主体活动的结果，但是，投资主体的行为，客观上都要依据一定的轨迹进行。能否保证其有序合理，这取决于宏观调控是否配套和能力强弱。而从控制论的角度看，调控客体由单元变为多元，尽管会增加调控的难度，但并不等于不能调控。如果宏观调控不力，投资主体行为紊乱无序，即使是单元投资主体，投资规模也会膨胀，投资结构也会失衡，投资效益也会低下。如果加强宏观调控，投资主体的行为是有序合理的，则不论其是单元还是多元，规模膨胀、结构失衡、效益低下的问题都可能得到有效的克服。

现在的问题是，既然投资主体多元化与投资规模膨胀、结构失衡和效益低下之间并不存在必然的因果联系，那么，这些年来，国家一直在强调加强投资的宏观调控，为什么就不能保证投资活动的有序进行？为什么就不能扭转投资总量膨胀、结构失衡和效益低下的状况呢？

我们认为，产生这一问题的主要原因有以下三个方面：

首先，作为调控客体的各投资主体的行为极不规范，可控性较差。各级政府投资主体，本身既是调控者，又是被调控者，政经不分，职责不明。其行为在投资领域乃至整个社会经济中处于一种超经济的地位，缺乏有效的制衡机制约束。而企业投资主体，虽然在改革中解除了“利益抑制”，增加了利益追求，但是，它并没有真正转变成自主经营、自负盈亏、自求发展的商品生产者和经营者，也不完全具备真正投资主体的条件。其一，企业作为投资主体必备的投资自主权并没有得以实现。大中型项目的建设要由中央计划和主管部门决策，中小型项目的决策实际也掌握在地方各级政府手中，企业实际上并不掌握投资决策权。其二，中央和地方的行政分权，事实上也造成了企业为地方政府和部门的分别所有，固化了企业和政府的“血缘关系”。政府投资主体的行为支配着企业投资主体的行为，企业投资主体的扩张和冲动，实际上也会得到政府的保护和支持。

其次，从调控的主体来看，调控责任者和调控操作者彼此分离，管理机构过于分散，往往政出多门，信号混乱。而财政“分灶吃饭”和投资决策的行政分权，又进一步加剧了中央政府与地方政府之间的利益摩擦和行为冲突，出于地区局部利益的考虑，各级地方政府在推行和执行中央政府或上级政府制定的经济政策时，往往囿于本地区的局部利益，而使其逐渐“失真”和“变形”，从而导致调控主体功能“自阻”和“内耗”，造成国家宏观调控政策及调控效应的递减和弱化。

最后，再从调控的手段来看，没有建立起能够协调各方面经济利益关系、有利于各方面投资积极性发挥的投资管理机制，更没有充分运用价值规律和经济杠杆来对投资进行引导和调节。现在的投资计划还是沿用以年度计划为主的指令性计划；管理方法也仍然是以行政手段为主，控制规模为主，审批项目为主。新出台的一系列措施，都强烈地追求着行政式的直接控制，忽视经济手段的运用。

目前，对于如何才能有效地加强投资宏观调控这一问题，人们有不少议论和看法。其中呼声较大的一种意见，是建议提高财政收入占国民收入的比重和中央财政占财政总收入的比重，借以增加中央政府直接控制的资金，增强中央政府调控投资的能力。毫无疑问，中央政府投资历来就是国家对投资领域经济活动实施调控的重要基础和有力手段。在当前社会资金比较分散，市场参数比较紊乱，而企业和地方政府投资行为又不合理的情况下，为了更好地把握投资方向和调整投资结构，由中央政府适当集中一部分投资，这是必要的。但是，要使投资的宏观调控适应于多元投资主体和多源资金渠道的发展，能够真正富有成效，从根本上解决投资领域中规模失控、结构失衡和效益低下的问题，关键还是着眼于投资领域经济关系的规范和投资主体利益关系的协调，按照有计划商品经济的原则，重新构造投资的微观运行机制和宏观调控机制。就“八五”来说，至少应该有步骤地着手进行如下工作：

第一，改造和完善投资主体，强化其预算约束。投资决策权的下放，应该在行政性分权的基础上，逐步向企业移位，使投资主体真正具备投资决策权。对于政府投资主体来说，其自我约束机制建立的核心，是要政企分离，加强法治，减少人治，尽快制定《政府投资法》和建立完善投资监督体系，明确投资诸环节的经济责任、行政责任和法律责任，对投资实行科学化、民主化和规范化管理。而企业投资主体自我约束机制的建立，关键是要将其推向市场，使其真正成为一个面对市场、自主经营、自负盈亏、自求发展的商品生产者。这样，企业的投资行为才能得到有效的激励和制约，产生一种自觉的、内在的、与自身的生存和发展、与企业和职工的物质利益紧密相连的自我约束机制。

第二，明确政府投资职能，理顺中央和地方的经济利益关系。政府作为投资调控者，其投资的职能，应该从整个社会生产力的合理配置、社会资源的有效利用和社会再生产的顺畅发展着眼，引导和调节全社会投资的合理转换，使其真正成为国家进行投资宏观调控的有力手段和重要工具。为了保证分级调控体系的有效性，必须改革财政“分灶吃饭”体制和中央政府与地方政府事实上“分别所有”的产权制度。以一切企业和经济组织为对象，实行中央和地方的分税制，变利益分割为利益同享，以理顺和协调中央和地方之间的经济利益关系，避免因其利益摩擦和对立而导致调控主体功能“内耗”，造成宏观政策效应逐级递减。

第三，逐步改变投资管理方式，搞好以产业政策为中心的各项经济政策的配合协调。对投资的宏观调控，应由直接控制向间接控制转换。调控手段应以经济手段为主，行政手段和法律手段为辅，特别是要强化以产业政策为中心的宏观经济政策的调节和导向作用。一方面，要根据国民经济长远发展的需要制定出科学的产业政策，选择正确的产业发展序列、产业组织原则和产业调节手段，保持产业政策的时效性和连续性，并使之进一步具体化，加强可操作性；另一方面，各项相关的经济政策如财税政策、信贷政策、价格政策和进出口政策等，都要服务于产业政策，形成强大的调控合力，促使全社会的投资活动按照国民经济持续、稳定、协调发展的要求进行，保证国家宏观调控目标的实现。

四、投资来源多渠道与发展长期资金市场

随着国民收入分配格局的变化，投资资金来源多渠道的局面已经形成，大量可以用于投资建设的资金已分散到千百万个企业和个人手中。这就向我们提出一个不可回避的问题，如何把分散财力最大限度地集中起来，增加社会积累，增强资金实力，扩大投资规模。我们认为，发展社会主义长期资金市场，是解决这一矛盾的正确选择。长期资金市场的特殊功能，就是以股票、债券等信用工具为媒介，通过一年期以上有价证券的发行、认购和转让等一系列经营活动，运用价值规律和利率所体现的利益驱动，在投资领域中注入竞争和强化资金有偿使用的机制，疏导资金横向融通，聚集资金，并使短期资金长期化。

这几年，我国长期资金市场的开拓已经有了一定的进展。据统计，自 1981 年国家开始发行国库券以来，截至 1988 年底，包括国库券、重点建设债券、国家建设债券、财政债券、基建债券在内的国债总数已经达到 688.6 亿元，金融债券的发行虽然在 1985 年末才起步，但到 1988 年底也达到了 160 亿元，各地股票和企业债券的发行也具有相当规模，据有关部门的测算，到 1988 年底，其数额至少在 182 亿元以上。1989 年，尽管我国经济开始实行了紧缩政策，但当年债券的发行仍然达到 400 多亿元，去年的发行又是 600 多亿元。截至去年上半年，我国各种债券股票的存量总额已经达到 1574 多亿元。可以说，进一步发展我国长期资金市场已经具备了一定基础，各种股票、债券的发行，对于促进资金的流动、融通和集中，化闲散资金、消费资金为建设资金，化短期资金为长期资金，解决国家重点建设资金不足，调整投资结构等，都起到了很大的作用。但是，同一级市场的发展相比，二级市场的开发却严重滞后。尽管从 1986 年起，一些大中城市相继开设了证券交易机构，但证券交易的种类单一、范围狭窄、手段落后，而且价格规定极不合理，往往以损害投资者的利益作为交易的前提，距离规范和成熟的二级市场相差很远。这种一级市场和二级市场发展极不协调的状况，使得资金市场中筹资者要求资金长期性、稳定性和投资者要求证券流通性、变现性的矛盾愈加尖锐，从而给我国萌生不久的资金市场带来了两个突出的问题：

一是债券期限日趋短期化。还款期越短销售越快，还款期越长销售越难。国库券还款期仅五年，就不得不采取摊派分配的方式进行。据对部分地区的调查，1985 年前，地方和企业发行的债券，还款期多为 5 ~ 8 年，而现在，新债券中还款期超过了 8 年的已经很少，两年期限的也为数不多，绝大多数为一年期限。由于债券期限短，造成企业的长期信用资金不得不靠增加债券的发行次数来维持，既加大了债券的发行成本，又很难进行资金的统筹安排。

二是黑市交易猖獗。由于流通市场没有充分开放，允许交易的证券价格又定得极不合理，结果大部分交易活动只能转入“地下”进行，一些投机者乘势渔利，直接危害着资金市场的健康发展。

应当看到，在长期资金市场的运营中，一级市场和二级市场是相辅相成、互为依托的。一般来讲，发行市场是流通市场的基础，没有发行市场就没有流通市场。但是，流通市场又是发行市场进一步发展的条件。人们购买各种债券、股票，其动机不外乎有两个：一是获利动机，二是操纵动机。从我国的情况来看，则主要是获利动机的驱动。由于在投资期内，人们对证券的预期收益会产生不同的评价，加之一些投资者往往也会出现短期资金的需求，因此，就要求作为资金市场主要信用工具的各种有价证券，必须具有流动性和变现性，以便投资者根据需求和对证券预期收益判断的变化，适时改变其资产结构。如果只有发行市场而没有流通市场，证券便成了一种冻结的资产证书。不论人们的预期如何，只能是“钱到地头死”，“活钱变死钱”。这样，广大投资者势必失去购买证券的热情，最终必然阻碍发行市场的发展，导致发行市场的萎缩和退化。事实上，由于二级市场滞后和梗塞，我国长期资金市场中的一级市场已经出现了滑坡的迹象。从1988年开始，除国库券外，各种债券包括向来紧俏的银行金融债券，每年的实际发行额就再也没有达到过计划发行额。因此，充分开放和发展二级市场，已成为当务急。

有的同志担心，二级市场开放后，各种证券流通转让，将会增加流通中的货币量，诱发通货膨胀。其实，这种担心是没有必要的。因为处于流通领域的证券，实际上只是一种虚拟资金，并不是充当支付手段的货币。当人们在发行市场上用货币购买股票、债券之后，与之对应的资金价值便转移到了筹资者方面，被用来购买各种生产要素，运用到再生产过程。它们的流通转让，并不意味着筹资人提前还本付息，也不意味着筹资人既定投资方向和用途的改变。一张证券由A转卖给B，又由B卖给C，不过是债权债务的变动，带来的只是社会购买力结构和投资者（债权人）资产构成的变化，并不影响社会的货币供应总量。因此，这与通货膨胀没有直接的联系。相反，证券大量进入流通，将相当数量的货币资金吸纳到证券市场上来，事实上是为国民经济宏观控制和调节货币流通创造了条件。当市场的货币流量过多时，中央银行可以出售债券以回笼货币，减少市场上的货币流量；当市场的货币流量不足时，中央银行则可以购买债券以投放货币，增加市场上的货币流量。这样，通过买与卖、投和放，起到调节市场货币流通总量乃至调节社会需求总量的作用。当然，如果二级市场的开放缺乏必要的管理措施。证券出现了货币化，充当了实际的支付手段，这就会在社会上派生出新的购买力，使货币价值与商品价值的等值运动失去平衡。但是，这是一种非正常情况，是不能和正常规范的证券流通相提并论的。只要管理措施健全，是完全可以杜绝的。

还有的同志担心，二级市场的开放将会刺激证券投机行为，给经济生活带来混乱，使社会主义资金市场偏离运行方向。对这个问题要作具体分析。投机是由于利益驱动而产生的，是商品经济中的普遍现象。只要有市场存在，就必然有投机行为发生。恩格斯曾引证过吉尔巴特的一句话：一切便利营业的事情，都会便利投机。证券本身没有价值，它们的市场行情不是由它们有权代表的现实资本的价值变动决定的，而是带有很大的预期性，“会随着它们有权索取的收益的大小和可靠程度而发生变化”。（《马克思恩格斯全集》第25卷，第530页）由于这个特点，交易中不可避免地会产生投机。但是，也应当看到，在我国有计划商品经济条件下，资金市场上并不存在掀起大的投资浪潮的可能性，这不仅是因为我国社会秩序和经济政策的稳定性使得证券价格不可能大起大落，而且还在于我国居民的个人收入和资产有限，不能够，也不可能形成操纵市场的力量。因此，一方面要承认投机的客观存在，不能因此而延缓开发二级市场的步伐；另一方面，也要确实防止和取缔通过权力或其他关系事先获取行情，从而牟取非法暴利、买空卖空、幕后交易、操纵市场等不法行为的发生。这就要求：

第一，要制定《证券交易法》，尽快建立健全各项法规，以维护资金市场的正常秩序，使资金市场的交易活动有章可循，从而保证国家对资金市场的有效管理和控制。

第二，在资金市场的交易活动中，要充分发挥市场调节机制的作用，放宽利率管制，让各种证券真正随行就市。通过供求关系和利益驱动，把价格调节得既使证券出售者不感到吃亏，又使证券购买者有利可图。这样，才有利于搞活市场，从根本上阻止黑市活动。

第三，要把银行贴现和再出售作为二级市场证券交易活动的重要形式，发挥国家银行在证券流通中的支配作用，通过制定合理的贴现率和销售价，开展贴现和再出售业务，以此引导和调节交易活动，限制资金市场中的投机倒把行为。

（本文是1990年10月在成都举行的“全国第二次中青年投资问题讨论会”上的大会主题演讲稿；1990年11月29日前后分四期连载于《中国开发报》；1990年12月21日刊发于《经济日报》；投资研究所将此文确定为重点课题，施良、谭兴民和顾伟国参加课题的研究和撰写，发表于《投资研究》1991年第1期，第15～23页。）

投资领域治理整顿的形势、问题及对策

从1988年9月党的十三届三中全会制定“治理经济环境、整顿经济秩序、全面深化改革”的方针，到1989年11月党的十三届五中全会做出《关于进一步治理整顿和深化改革的决定》时间相隔一年零两个月。一年多来投资领域治理整顿的形势如何，还存在什么问题，应该采取什么对策，本文对此谈一点粗浅认识。

一、投资领域治理整顿的形势

1989年投资领域贯彻治理整顿方针，清理投资项目，压缩投资规模，调整投资结构，取得了明显的成效。投资规模的大幅度压缩对经济降温，缓解社会总供求矛盾，发挥了积极的作用。但是多年积累下来的投资规模过大、投资结构不协调、投资效益不高的情况，并未从根本上得到扭转。随着投资总量的压缩，又出现了重点建设领域的投资不足、现有企业更新改造投资减少过多等新问题，进一步治理整顿的任务仍很艰巨。

（一）投资规模得到有效控制

1989年全社会固定资产投资共完成4000亿元，比上年减少500亿元，下降11%（若考虑价格上涨因素，完成实际工作量下降20%以上），扭转了1985年至1988年平均每年增长25.2%的势头。1989年压缩投资总规模的特点是：集体所有制压缩投资的幅度高于全民所有制单位和城乡个人，国内贷款压缩的幅度高于各级自筹投资，地区间压缩投资的幅度有高有低，压缩投资的幅度逐季加大。

在1989年投资总额比1988年下降的情况下，今年1～2月，全民所有制固定资产投资3亿元，在去年下降的基础上又下降6.9%。其中：（1）基本建设投资56.5亿元，比去年同期增长0.6%。在基建总投资中，中央项目完成投资

31.3亿元，比去年同期增长0.4%，地方项目完成投资25.3亿元，增长0.7%。在基建投资总额中，国家预算内投资11.7亿元，占20.7%；国内贷款12.2亿元，占21.5%；利用外资7.2亿元，占12.7%；自筹资金19.2亿元，占33.9%；煤代油投资2.4亿元，占4.2%；其他投资3.9亿元，占7%。(2) 全民所有制企事业单位完成更新改造投资17.8亿元，比去年同期减少5.2亿元，下降22.5%。在更改投资中，中央项目完成投资3.1亿元，下降25.9%；地方项目完成投资14.7亿元，下降21.7%。在更改投资额中自筹和其他投资1.6亿元，占全部投资的65.1%；国内贷款5.2亿元，占29%；利用外资0.7亿元，占4%；国家投资0.3亿元，占1.6%。当前的投资总规模虽然是下降的趋势，但是在投资额下降的同时，新开工项目有所增加。这种投资分散化的苗头是值得注意的，因为这既不利于投资结构的调整，又是造成投资规模膨胀的潜在因素。

（二）投资结构有所改善

1989年在压缩投资总量的同时，投资逐渐向基础产业、生产性、内涵扩大再生产方面倾斜。这说明“压缩规模、调整结构”的治理整顿方针已初见成效。主要表现是：

其一，基础工业和基础设施的投资比重上升。1989年全民所有制单位投资中，用于煤炭、石油、电力三个能源工业部门的投资626亿元，在投资总额压缩的情况下仍比上年增长4.3%，所占比重由上年的22.2%上升到24.9%，是近几年来的最高比例。

运输、邮电部门投资339亿元，比上年增长2.8%，投资比重由上年的12.2%上升到13.5%，改变了近几年逐年下滑的趋势。

其二，非生产性建设投资得到控制。1989年全民所有制单位完成投资中，用于生产性建设投资1892亿元，投资比重由上年的74%上升到75.4%；非生产性建设投资618亿元，投资比重由26%下降为24.6%，是1981年以来最低的比例。这说明基本建设中非生产性建设投资控制较好，比上年减少51亿元，投资比重下降到31.6%。

其三，企事业单位更新改造“外化”的势头有所节制。1989年全民所有制单位更新改造投资中，从建设用途看，用于节能、增加品种、提高产品质量的投资187亿元，投资比重由上年的22.3%上升到24%；用于增加产品产量的投资292亿元，投资比重由40.2%下降为37.4%。从建设性质看，用于改建的投资345亿元，投资比重由41%上升到44.2%；用于新、扩建的投资382亿元，投资比重由53%下降到49%。

投资结构在1989年改善的基础上，今年1~2月份的情况有了进一步的改善。基本建设投资在今年1~2月份完成的56.5亿元中，按用途划分生产性建设投资为45亿元，占全部投资的比重由去年的76.9%上升到79.7%，非生产性建设投资为11.5亿元，比重由23.1%下降到20.3%。

按国民经济行业划分，工业、运输邮电通讯业投资比重上升，农林牧渔水利业有所下降。工业完成投资38.8亿元，投资比重由去年同期的66.9%上升68.6%。其中，能源工业投资20.9亿元，投资比重由29.3%上升到36.9%；原材料工业投资11.2亿元，投资比重由24.6%下降到19.8%。运输邮电通讯业完成投资5.3亿元，投资比重由去年同期的8.9%上升到9.4%。文教卫生广播福利业完成投资3.7亿元，投资比重由去年同期的3.8%上升到6.6%。农林牧渔水利业完成投资1.5亿元，投资比重由去年同期的2.8%下降到2.6%。

今年1~2月份全民所有制企事业单位完成的17.8亿元更新改造投资中，按用途划分，生产性建设投资比重上升，非生产性建设投资比重下降，这种结构性变化与基本建设投资结构的变化趋势完全一致。生产性建设投资完成15.2亿元，占全部更改投资的85.4%，比去年同期上升0.6个百分点；非生产性建设投资完成2.6亿元，占14.6%，下降0.6个百分点。

按国民经济行业划分，工业投资比重上升，这与基本建设投资结构的变化一致，但邮电通信业投资比重下降，这与基本建设投资结构比重的变化相反。工业完成投资13.7亿元，比重由去年同期的76.2%上升为76.7%；运输邮电通信业完成投资1.4亿元，比重由8.9%下降到7.7%；商业饮食供销仓储业完成投资0.9亿元，比重由5.2%上升为5.3%；农林牧渔水利业完成投资0.2亿元，比重由0.8%上升为1.1%。工业行业内的原材料工业、机械电子工业投资比重上升。能源工业完成投资1.2亿元，比重与去年同期持平；原材料工业完成投资6.5亿元，比重由32.6%上升为36.6%；轻纺工业完成投资3.9亿元，比重由23.9%下降到21.9%；机电工业完成投资1.3亿元，比重由6.3%上升为7.5%。

（三）投资领域取得了新的建设成就

1989 年，全国有 57 个基建大中型项目、25 个技改限额以上项目和 128 个大中型单项工程，以及 6 万多个小型和限额以下基建和更新项目建成投产。主要产品的新增生产能力有：原煤开采 2495 万吨，发电机组装机容量 901.5 万千瓦，原油开采 1705 万吨，平板玻璃 380 万重量箱，铁路复线 318 公里，铁路电气化里程 229 公里，沿海港口吞吐能力 4885 万吨等。在治理整顿期间，能取得如此突出的建设成就，不仅大大增强了社会生产能力，而且有利于产业结构和产品结构的调整。但是在投资领域取得成就的同时，一些反映宏观效果的指标都不太好。全民所有制单位项目建成投产率和房屋面积竣工率分别由上年的 52.9%、48.8% 下降到 49.2% 和 46.5%，固定资产交付使用率也仅为 72.4%。

1990 年 1～2 月份基本建设施工项目 10570 个，比去年同期减少 866 个，其中本年开工项目 328 个，减少 87 个。1～2 月份，施工房屋建筑面积 4298 万平方米，比去年同期减少 848 万平方米；竣工房屋面积 59 万平方米，减少 75 万平方米，其中住宅 21 万平方米，减少 26 万平方米。

1990 年 1～2 月份，更改安排的建筑安装工程投资 9.9 亿元，全部更改投资的 55.3%，比去年同期下降 1.9 个百分点，设备、工器具购置投资 6.8 亿元，占 37.9%，上升 3.9 个百分点，其中用于更新改造的设备投资 0.9 亿元，比重略有下降。总的情况是建安工程投资比重下降，设备、工器具购置比重上升，变化趋势是好的。

综上所述，一年多的治理整顿工作在控制总规模的同时，投资结构的调整也收到了一定的效果，发展趋势是好的。但从上面的大量对比数字也可以看出，结构调整的变化幅度都比较微弱，都不像总量回落的幅度那么大。这说明结构的调整要比总量的控制更难更慢，不可能在短期内有大的变化。而且总规模的压缩主要是通过行政手段达到的，投资主体的扩张行为并未从根本上得到节制，一旦行政手段放松，总规模反弹的可能性仍然存在。国家宏观调控的机制并未形成配套的体系。这就需要我们正确地认识和估计当前投资领域治理整顿的形势，既要看到成绩也要看到问题，既要看到现实的趋势也要看到深层次的难度，既要坚定治理整顿的信心，也要准备跨越新的障碍。

二、投资领域治理整顿所面临的问题

为了促进国民经济持续、稳定、协调的发展，投资领域的治理整顿所面临的任务是十分艰巨的。当前所面临的主要问题，又可具体归纳为以下三点：

（一）治理整顿中停缓建项目不多，总规模再次膨胀的危险性仍然存在

1989年经过清理，决定停缓建的各类建设项目1.8万个，其中在建项目只有一半，而且大部分是较小的项目。今年一二月份新开工5万元以上的基建和更改项目计481个，比去年同期增加60个。全民所有制单位在建项目总规模4179亿元，比去年同期扩大998亿元，这说明总规模的再次膨胀是完全可能的。其根源主要有两点：

其一，内在于我国经济体制中的投资饥饿、数量驱动及其由此而带来的膨胀效应，并未从根本上消除，行政手段一旦松劲，旧病仍有可能复发。全民所有制单位的投资风险制约机制并未形成，而自我扩张机制依然存在。

其二，占全社会投资60%左右的自筹投资，在规模上缺乏有效的控制，在使用方向上缺乏政策、计划的指导，于是自筹投资实际上成为当前投资膨胀的主要根源。国家计划部门只管计划内，财政部门只管预算内，全社会的投资管理很不健全。自筹投资的管理实际上是一个薄弱环节。这是当前治理整顿的重点问题。特别是近年来发展异常迅速的乡镇企业投资，处于毫无管理的状态，加剧了投资结构和产业结构的失调，也加重了能源、运输、原材料供应紧张的矛盾。这个问题不解决，投资总规模的膨胀很可能再次由自筹投资促成。

（二）在压缩投资总量的同时，国家重点项目投资不足，从而制约了经济结构的有效调整

十年改革，财政不断减税让利，国家财政连年赤字，预算内的投资比重不断下降，1987年预算内投资占社会总投资的比重下降到13.1%，1988年下降到9.1%，1989年下降到8.3%，今年国家预算赤字88.92亿元，用于重点建设项目的财政资金不可能有大的增加。国家计委为了解决重点建设项目资金不足的问

题，准备开征投资方向税，但至今未能出台，前景并不太好。这些年重点建设资金相当部分是靠银行借贷和向社会举债来维持的，但效果并不如意。去年通过金融部门发行的93亿元“建设债券”和“重点企业债券”中，有53亿元是安排用于国家重点建设项目。据不完全统计，大部分落空，影响了一些项目的施工进度和按期投产。同时，列入国家计划的限额以上更新改造项目，只完成计划进度的81%，大大低于一般项目完成133%的水平。而且目前重点项目的许多产品价格偏低，项目建成投产后仅有微利甚至无利，并无偿债能力。现在已经实行的重点建设基金制也无法解决重点建设资金不足的问题。国家重点建设项目不能按计划建成投产，必然使现有加工工业由于缺乏电力、煤炭、运输、原材料而不能正常发挥生产能力，严重影响了宏观经济效益的提高和投资结构的调整。这就使经济结构的改善受到重制约。

一般来讲，经济结构的调整有两种方式：一是存量调整，二是增量调整。存量调整主要是关、停、并、转，这种方式损失大，难度高。增量调整需要多投入，加强短线，重点建设项目是用增量来调整结构的重要途径。但一是受财力制约，二是不可能在短期内见效。这就是我们面临的第二个难题。

（三）更新改造投资压缩幅度过大，影响了现有企业的设备更新和技术进步

1989年更新改造投资压缩幅度比基本建设高出18.2个百分点，如果扣除物价上涨因素，实物工程量压缩30%以上，还低于1987年的水平；占全民所有制单位固定资产投资的比重由上年的35.5%下降到31.1%，是近几年来的最低比例。今年1~2月，更新改造投资总量比基建投资总量多下降23.1%，扣除物价因素，下降幅度仍在30%以上。这个问题相当突出，不可等闲视之。我国全民所有制企业固定资产净值是原值的比重呈下降趋势，许多老企业急需设备更新和技术改造。但是由于近一两年更新改造投资减少过多，尤其是贷款投资减少了37.9%，从而使不少更改项目特别是限上项目不能完成计划。我国有相当一部分企业的现状是：“五十年代的设备、六十年代的管理、七十年代的产品、八十年代的市场。”而这些老企业如不进行更改投资，不但不能进行扩大再生产，就连简单再生产也难以为继。所谓走“内涵”扩大再生产的路子也只是一句空话。所以，更改投资的大幅度下降趋势必须尽快扭转。上海一些企业提出让“企业假死”的建议，也反映了这一矛盾。

投资领域治理整顿所面临的问题，以上概括为三个方面，这只能是主要的，粗线条的，也可以从不同的角度去归纳和概括，国家统计局投资司的同志从工作的角度将去年投资域治理整顿的问题概括为四点：

（1）“清”得不够彻底。一是停缓建的尚未开工项目多，在建总规模仍然偏大。二是计划“笼子”以外的建设项目仍然很多，没有全部按照有关文件规定的“先停后清”“补办手续”办事，存在着扩大生产规模的潜在因素。

（2）“压”得不够全面。一是个体投资没得到应有压缩，这部分投资已占全社会的三分之一左右；二是各级政府、企业自筹投资压缩得不够，只比上年同期减少5.6%，大大低于全部投资压缩的幅度。

（3）“保”得不够落实。国家按合理工期组织建设的204个重点项目，是经振兴的骨干。去年计划安排投资中，由于国家投资不足，有53亿元通过金融机构发行债券弥补。然而到目前为止，大部分没有落实。重点项目资金不足，直接影响了一些项目的施工速度和按期建成投产。

（4）“管”得不够严格。一是超越审批权限批准建设项目的现象依然存在。二是预算外投资特别是各级自筹投资尚未引导到国家调整投资结构的需求上来。三是贯彻以内涵为主扩大再生产方针的措施不够得力。

以上这种分析归纳也是很清楚的，但基本内容与上面三个方面是大体一致的。

三、投资领域治理整顿的对策

前面谈了对当前形势和问题的粗浅认识，从这个基础出发，我认为投资领域治理整顿的对策要围绕国民经济治理整顿的总目标和投资领域治理整顿的具体目标去思考和探索，否则就失去对策的方向性和针对性。因为一定的对策总是为实现特定的目标服务的，离开了投资领域治理整顿的特定目标，就无对策可言。

1989年11月党的十三届五中全会做出《关于进一步治理整顿和深化或革的决定》，提出要用三年或者更长一些时间完成治理整顿任务，提出了六条治理整顿的目标。根据中央这个决定的精神，当前投资领域的治理整顿目标可以具体归纳为三个方面：一是经过治理整顿，要使投资规模与国力相适应；二是重点建设领域（农业、能源、交通、原材料和教育）的投资占总投的比要达到65%～70%；三是投资效益要有较明显的提高。

第一，多年来，我国投资规模过大，超过了国力的可能，使总需求大大超过了总供给，因而造成国民经济失调，失调后再进行调整。而每次调整以后，又不顾国力的可能，仍然扩大投资规模，形成了大起大落，反复折腾的局面。这对我国经济持续稳定发展是极为不利的。其原因就在于没有把我国经济的发展由速度型改变为效益型。因而不可能使国民经济持续、稳定、协调发展。这一次的治理整顿，不仅在治理整顿期间要把过大的投资规模压下来，而且经过治理整顿以后，投资规模也必须适应国力的可能，不能再折腾。要实现这一目标，一是要建立良好的投资运行机制，二是要建立有效的调控机制，二者相辅相成，缺一不可，而且要配套、协调。

第二，当前重点建设领域的投资仍然滞后。近年来农业、基础产业，始终是国民经济的薄弱环节，而加工工业和非生产性建设却发展很快，于是能源短缺，原材料不足和运输紧张始终是制约济发展的薄弱环节。从一年来治理整顿的情况看，那些产业结构不合理的地方，那些短期行为严重的地方，生产速度降得多；相反那些产业结构比较合理的地方，发展速度则相对比较平稳。因此，治理整顿首先要下大力量在产业结构上进行大的调整，把国家财力主要集中在重点产业上。重点建设领域的投资，这几年大体占基建投资的60%左右，经过治理整顿后，应该逐步达到65%～70%之间。我国地域广大，各地的情况差异很大，投资比例虽不能强求一律，但都必须把投资的重点转移到这方面来。否则产业结构的调整，就不会有明显的效果。

第三，投资效益下降是治理整顿所要解决的关键问题。投资领域的治理整顿，一是压缩规模，二是调整结构，但压缩规模、调整结构的最终目的是有助于提高投资效益，尤其应以提高国民经济的宏观效益为主要目标。

为了实现投资领域治理整顿的上述三个目标，并最终为国民经济持续、稳定、协调发展服务，我认为从现在开始，必须通过治理整顿和深化改革，逐步建立起两种机制：

第一，要建立投资主体的自我约束机制，即健全的投资运行机制。十年改革之前，我们国家的投资主体主要是国家，全民所有制企业产、供、销都由国家计划控制，投资权更由国家决定。现在全民所有制企业成为相对独立的投资主体，集体企业有了很大的发展，出现了投资主体多元化的格局，如何规划各投资主体的行为，使其真正成为风险、利益共沾的名副其实的投资主体，是建立有效的投资运行机制的关键之所在。投资是一次性集中投入，以获取预期收益的经济活动。投资主体应具备长远投资动机和能力。如果只有利益预期，而无风险制约，就不可能是一种完整的健康的投资行为，就不可能消除投资饥饿症，也就不存在自我约束的机制。而没有自我约束机制的投资主体，就不可能有规范的投资行为和活动。

第二，要建立完善的国家宏观调控机制，即投资调控机制。要建立国家对投资的宏观调控机制，必须具备三个条件：

其一，要建立科学的产业政策导向。要解决投资结构失衡和投资效益不高的问题，必须根据国民经济长远发展的需要，制定科学的产业收策，选择正确的产业发展序列、产业组织原则和产业调节手段，加强结构政策在宏观经济决策中的地位。但并不是说有了科学的产业政策就能解决一切问题，因为任何科学的产业政策，如果没有一定的体制保证，同样不能达到预期目的。国内外经济发展的实践证明，最有利于产业结构合理化的经济体制，既不是单纯的行政集权式的体制，也不是单纯的自由放任的市场体制，而应该是国家的计划控制与市场调节适度结合的体制。在这种体制下，一方面国家具有较强的宏观调控能力，通过直接投资，信贷、税收、汇率等经济杠杆的综合作用来保证基础产业的发展，引导产业结构发展的方向，促进国民济的持久稳定发展；另一方面企业应具有一定的生产方向选择权，并按照国家产业政策的要求，在供求、竞争、价格等机制的作用下，自动、合理地实现生产要素的转移，使产业结构的调整具有较强的灵活性。这是一种高效率的政府与有效的市场调节相结合的产业调控体制。我国目前既缺乏有效的国家调节，也缺乏有效的市场调节，从而使经济结构的演化处在一种无序状态，投资决策也缺乏有效的导向。

要建立科学的产业政策，使其成为投资活动的航标和气象预报台，必须具备三个条件：一是产业政策必须是明确的，积极的，把国民经济发展的目标和战略融合在产业政策之中。二是产业政策必须通过合理的实现机制发挥其政策效应。

三是产业政策必须与其他政策配套。

其二，国家作为宏观调控主体，必须具有配套的调控手段。调控手段应以经济手段为主，行政、法律手段为辅。一年多治理整顿虽已初步见效，但主要凭借行政手段奏效的。相形之下当前治理整顿的经济手段十分软弱。治理整顿单靠行政手段是难以持久的。比如，用政府补贴的办法限制物价上涨，一个城市要花好几亿元财政补贴才能使物价下降一至几个百分点，才能收到暂时稳定物价的效果。这不仅使财政赤字加大，加剧财政困难，而且会使价格进一步扭曲，不利于调整结构，也有悖于治理整顿的初衷。当然行政手段、法律手段也是必不可少的，但经济问题，归根到底要用经济手段解决，这是其他两个手段所无法取代的。治理整顿的真正薄弱环节是调控主体——国家的经济力量薄弱。治理整顿的最终实现，有赖于国家经济实力的增强。

1988 年国家财政预算内投资只有 9.1%，银行贷款 20.6%，两项相加，只有 29.7%，不足整个投资的三分之一。而且银行信贷的 20.6% 是分散使用，未形成国家调控的合力，有相当比重是所谓“短、平、快”项目投资，所谓“群龙治水”，实际上是盲目投资，盲目竞争。为本来膨胀的投资规模推波助澜，使本来已轻型化的投资结构进一步失衡。要加强经济手段，一是财政、银行的投资要形成调控合力，二是要提高国家财政尤其是中央财政的比重。有了强有力的经济手段，辅之以行政、法律手段，国家宏观调控主体就大有作为，运用自如。

其三，要建立集中、高效、统一的投资管理部门。投资是一个独立的经济范畴。如同商品买卖、货币借贷这两种经济关系一样，投资也是一种独特的经济关系。它既不是一种简单的交易或借贷关系，但又与这两种关系密切相关。投资是以预期收益为目的的垫支或投入行为。投资是国民经济的一个独立经济领域，它与其他经济领域有密切联系，但谁也无法替代它。然而，我国的投资管理机构却是分散的、多头的、低效的。计划管、财政管、银行管、投资公司管、各经济部门也管。谁都管，谁都管不了；谁都负责，谁都不负责；投资机会具备时，公章旅行却未完，结果机会失去。我国从 50 年代开始，大的投资失误有三次（1958 年、1978 年、1988 年），小的局部失误说不清，但谁能负管理失职的责任呢？谁都不该负，为什么呢？因为我们没有一个集中、高效、统一的投资管理部。要建立有效的国家宏观调控机制，建立一个集中、高效、统一的投资管理部门是十分必要的。

总之，有了科学的产业政策导向，有了以经济手段为主的调控手段体系，再有一个集中、高效、统一的管理机构，这个投资宏观调控机制就一定是一个完善的调控机制。

（本文系作者1990年4月4日在西安投资学会成立大会上的发言摘要，发表于《投资研究》1990年第6期，第1~7页。）

投资辨析

(一)

“投资”一词在我国经济生活中应用越来越广泛，诸如基本建设投资、固定资产投资、长期投资、追加投资、私人投资、智力投资，等等。虽然人们对“投资”含义的理解有许多相近之处，但细究其确切含义，则似乎还没有一个统一的能为各方面所接受的解释。且不说在一般报刊文章和著作中运用这一概念时具体含义各有差别，就连一些经济学辞书也是要么根本未收入这一词条，要么收入，或者解释较为简略，或者释义不尽相同。例如，《辞海》对“投资”释义为：“①在资本主义制度下，为获取利润而投放资本于国内或国外企业的行为。主要是通过购买企业所发行的股票和公司债来实现……②在社会主义制度下，一般是指基本建设投资。”在许涤新主编的《政治经济学辞典》中并没有将“投资”一词单独收入，而在“基本建设投资”一词中解释为“用于基本建设的资金”。还有些辞书中把“基本建设投资”解释为“以货币表现的基本建设工作量”。概括我国经济辞书有关“投资”一词的解释，基本可以归纳为以下几点：

其一，“投资”有资本主义和社会主义两种不同的含义；其二，社会主义制度下的“投资”一词，是“基本建设投资”的同义语或简称；其三，“基本建设投资”，就是用于基本建设的资金，或是以货币表示的基本建设工作量。

这些解释虽然都在一定程度上反映了“投资”的某些含义，也有一定的道理。但是，仔细推敲起来，各种解释既不一致，也不甚确切。如果作为经济理论和实际工作的规范性解释依据，则有值得探讨的必要。经济理论研究要用抽象法，要讲概念、讲范畴，必须讲究概念的精确性和逻辑的周密性。理论概念不清，不仅给理论研究本身带来困难，而且会导致实践活动的混乱。所以，辨别和分析这一概念的科学含义，对投资理论研究来说，是一件颇为重要的事情。

（二）

“投资”是近代资本主义经济制度的产物。自从18世纪的产业革命以来，在整个资本主义发展进程中，资本作为资本家的灵魂，活跃异常。资本家为了追逐利润而进行各种交易、投机及经营活动，有的被称作“投资”，有的不被称作“投资”。所以，在资本主义经济范畴内，“投资”一词的解释也不一致。在资本主义投资学的研究中，投资的含义大体可分为狭义和广义两种。狭义的投资概念只限于证券投资，包括个人及公司团体以其资本从事证券买卖而坐享收益。具体的投资对象如政府公债、公司股票、公司债券及其他有价证券等。企业资本家直接进行的企业投资和政府的投资活动，都不在投资学的研究范围之内，自然也不包括在“投资”的含义之内。显然，狭义的“投资”含义专指货币资本间接性投资。

资本主义投资学中，有关投资的广义含义是指以获利为目的之资本使用，其形式为收益或增殖，或两者兼而有之。凡是购进各种证券、运用资本增添机器设备、建筑物、原料等，而产生新生产物，均为投资。广义的投资含义把直接性投资和间接性投资都包括在其范围之内。在资本主义发展初期，投资者一般直接占有生产财富，通常是直接投资；而资本主义发展到垄断阶段，出现了所谓“占有资本同资本在生产中的运用相分离，货币资本同工业资本或生产资本相分离，全靠货币资本的收入为生的食利者同企业家和其他一切直接参与运用资本的人相分离”。（列宁：《帝国主义是资本主义的最高阶段》第53页）这种分离的结果，就出现了两种资本家，即为了取得利息的货币资本家和运用这种货币资本并取得企业利润的职能资本家。而投资的第一步是金融现象，终极才是实物资本的利用。这样，资本主义投资学中狭义的投资含义，一般是指前者而非后者。货币资本的持有者，当他把货币资本投入银行或证券公司后，货币转化为债券所有权，投资者得到的是利息；直接运用资本的企业资本家得到的是利润。所以，资本主义的投资定义，通常就是指狭义含义。

资本主义投资学教科书中对“投资”的含义虽有狭义和广义之分，但在资本主义制度下，投资这一概念的实际通常陷于混乱。“投资”和“投机”之间的界限实际上划分不清楚，或者说在字义上勉强可以区分，在实践中则无法辨别，即所谓“投资只是投机的成功，而投机不过为经验中已证明其为失败的投资而已”。譬如，在美国实业界久负盛名的洛克菲勒、卡立金和福特三大财团，在他们的垄断经营活动成功之前，一般人都批评他们为冒险的投机者。以后洛克菲勒在石油工业，卡立金在炼钢工业，福特在汽车工业方面，都相继成为垄断财团时，又被誉为谨慎的投资家，于是此三人的传记言行风行资本主义世界，并备受推崇。“投资”与“投机”如此混淆，难怪连美国著名的投资学教授克罗汀斯基也说：“投资与投机是颇难区别的，两者分别予以正确的定义，亦颇不容易。”（《投资学原理》第4页）美国著名的莫德投资者服务公司总理亦曾说：“投资与投机两个名词，在英国语文中，解释含糊，不易了解。普通人士固不易解释清楚，即华尔街方面，亦不能说明白。反之，一般人认为某人为投机者，可是他的买卖行为毫无投机意义，并且确为一诚实的投资者。”（《投资学原理》第4页）“投资”与“投机”含义的混乱，不易区分，从根本上讲并不是英文单词的含糊，也不是投资学教授的肤浅，而是因为资本家唯利是图，拼命追逐剩余价值的行为本身，就是一种冒险的投机活动，这恰恰为资本主义利润的生产和资本增殖规律所决定，是资本主义基本经济规律的必然反映。恩格斯说：“在资产阶级看来，世界上没有一样东西不是为了金钱而存在的，连他们本身也不例外，因为他们活着就是为了赚钱，除了快快发财，他们不知道还有别的幸福，除了金钱的损失，也不知道还有别的痛苦。”（《马克思恩格斯全集》第2卷，第564页）资本家在赚钱、发财欲望的驱使下，其一切投资活动都难免带有冒险投机以至赌博的性质。所以，要想把资本家的投资与投机行为加以区别，实在是枉然。不过，这并不妨碍我们确定投资的资本主义含义。

苏联的科兹洛夫和彼尔乌森主编的《简明经济学词典》中，给资本主义投资下了这样一个定义：“为获得利润而在国内或国外长期投资。在帝国主义时代，主要以购进股份公司的有价证券和公债债券方式投资。垄断资本主义时代所特有的产业垄断组织的投资，由银行收购股票以及资产阶级国家的投资（由银行收购国家有价证券），是以银行投资形式进行的。帝国主义国家用来奴役其他国家的国外投资达到了巨大的规模。”这个定义虽然未能正面指出投资的一般含义（既有长期，似也应有中短期投资，“长期”“中短期”只是时间界限不同，而非“投资”本身的含义差别），但是投资的基本性质是明确的：①投资的目的是获得利润；②只限于长期投资；③资本投资的场所有国内和国外；④投资的方式主要是购进股份公司的有价证券和公债债券；⑤垄断组织和资产阶级国家的投资都通过银行收购股票和国家有价证券。从以上定义的基本内容我们只能得出这样的结论：投资就是资本的投放和应用，投资行为完全为资本的本性所支配和驱使，所以，投资是资本主义的经济范畴，它受资本主义基本经济规律的制约。

科兹洛夫和彼尔乌森对投资的资本主义定义，基本是可取的。但是，他们仅仅是把“投资”作为一个资本主义的经济范畴来解释的，忽视了社会主义制度下投资的新含义。在这点上，《辞海》把“投资”的释义分解为资本主义和社会主义两种含义，应该说是可取的。所不足的是，《辞海》中投资的社会主义含义仅仅是指“基本建设投资”，这是值得进一步探讨的问题。

（三）

“投资”作为社会主义经济学的常用名词，对人们似乎并不陌生，而且有关投资、投资效果问题的理论研究，无论在苏联、东欧国家还是在我国，都曾经或正在引起经济理论界的广泛重视。这里，人们对“投资”一词也有一个认识、改造并赋予新含义的过程。据说早期的苏联经济学家并不喜欢用这个带有资本主义色彩的名词。这并不只是因为人们对资本主义投资含义的厌恶的缘故，更主要的是社会主义的制度下客观上并不存在“资本”这一范畴，自然也就无从“投入”了。但社会主义有固定资金积累和流动资金积累的经济活动，有与“资本”截然对立的“资金”这一经济范畴，于是“投资”的社会主义含义就可以理解为与资本投入有本质区别的资金投入。这样一来就赋予投资以崭新的社会主义内容，而与资本主义含义相区别。

以资金的社会属性为基本特征的社会主义投资概念虽然是客观存在，但是人们对有关投资的社会主义含义的认识并不完全一致。在社会主义经济学辞典中，通常都把“投资”说成是“基本建设投资”的同义语或简称。而所谓“基本建设投资”的定义，尽管也还存在一些分歧意见，但这主要是社会主义经济、财政理论界对“基本建设”概念认识分歧所致，而并不是对“投资”本身含义的分歧。譬如，在苏联通常把基本建设投资定义为“用于建立新的、改建和完善现有的生产用和非生产用固定基金的货币支出”。在我国则定义为：“用于基本建设的资金，即新建、改建、扩建和恢复各种生产性和非生产性固定资产所用的资金。”（许涤新主编：《政治经济学辞典》）这样两种定义的经济内容是比较一致的。至于“货币支出”与“所用的资金”实际上也是一回事。其实，把“投资”仅仅规定为“基本建设投资”，不论从“投资”的本身含义，还是从现实经济内容的实际含义讲，都是不能自圆其说的。

首先，投资的字义就是投入资金。至于投资的种类、场所、对象等内容，是由投资前面的附加词所决定的，“投资”二字本身不能包含各种附加词的意思。诸如长期投资、中短期投资、国外投资、国内投资、预算内投资、预算外投资等，也包括基本建设投资（或固定资产投资）本身，只是由于“投资”前面的附加限制词才可以区分并确定其具体含义的。倘若按照“投资”只是“基本建设投资”的同义语或简称来推理，那么，各种各样的投资概念就会陷入混乱而无法区分。由此可见，投资是个一般概念，而基本建设投资则是一个具体概念。两者是一般与具体的关系，不能人为地等同起来。

其次，在社会主义国民收入中，用于基本建设的固定资金积累，也包括用于企业流动资金积累，这两种积累都是社会扩大再生产的基本条件。如果只把前者视为投资，而否认后者为投资，实际上是不完整的。因为只有前者的投资而没有后者的投资，社会扩大再生产的实现是不可能的。按现在流行的看法，似乎流动资金不具备“长期”投资的性质，其实这是从流动资金的周转特点做出的结论，而不是从投资周转的角度看问题。从投资角度看，任何新建企业的流动资金一经投入生产，就与被占用的固定资产一样，长期地在企业再生产中循环周转，只要企业再生产不中止，流动资金也就不能退出再生产。显然，与基本建设投资一样，流动资金的投资也是客观存在的，只是其周转方式与前者有某些不同特点而已。

至于“基本建设投资”只解释为“以货币表现的工作量”的说法，实际上是把“投资”等同于“资金”，舍去了“投入”的意思。这样，就分割了“投资”的完整意义。显然，这种把“投资”作为“资金”同义语的解释，事实上是忽视了“投资”作为独立经济范畴存在的现实，所以是不可取的。

“投资”一词在社会主义经济生活中的运用，尽管已形成一个习惯认识，并在社会主义经济学辞典中也有解释，但有关投资概念的含义，在理论界一直存在着不同的见解，并且在不断地探讨这一概念的科学含义。

苏联波德希瓦连科和 M. A. 佩谢尔主编的《银行在提高基建投资效果中的作用》一书中曾有这样的叙述：“有些作者认为，仅仅把基本建设投资和固定资金联系起来，是不合理的。例如，B. 叶吉阿良提出，基本建设投资就是一次性费用，而它的结果可供长期和多次使用。根据这一定义建立的流动资金与积累，大修理费用等，均属于基本建设投资的范畴。”与此同时，本书作者也提出了这样的论点：“为了正确地理解社会主义社会投资的经济实质，必须考虑到，除了建立基金的费用外，还要投入一定数量的资金以形成流动资金。这种投资（建立流动资金）是具有自己特点的。投资在企业使用期间，始终由企业支配，并在生产量不变的情况下，其价值实际上是稳定的，或者根据生产规划的扩大与缩小，发生一定幅度的摆动。”依据这一分析，作者对投资下了这样一个定义：“投资，就是有计划进行固定资产扩大再生产和形成不能再压缩的最低数额流动资金所需要的一次性费用的总和。从这个定义可以看出，‘投资’这一概念比‘基本建设投资’的概念要广一些，基本建设投资则是投资的一个组成部分。”（见《银行在提高基建投资效果中的作用》第 24 页）在我国，虽然还未见到类似这种见解的公开论著，但是经济理论界持有类似观点的却大有人在。

经济学范畴的概念与其他领域的概念一样，其一经形成就有相对的稳定性，而概念的实际含义则随着事物本身的演进、变化而丰富或修正。这样，人们赋予概念的定义也应该作相应的充实和调整。譬如，社会主义经济范畴中的工资、价格、利润等概念，就已经失去了原来的资本主义含义。同样，即使是一个社会主义经济范畴的新概念，也应随着人们认识的深化或事物本身的发展变化，使定义更加完备和严密起来。我们对“投资”一词的社会主义含义，也应本着这样一种科学的态度进行不断的探讨和研究，从而使它更加精确、更加周密。

（四）

根据前面对“投资”的两种含义的初步比较和分析，可以对两种含义的本质区别简要地作以下归纳：

第一，投资的目的不同。资本主义投资受剩余价值规律的支配，以追求最大利润为目的。所以，资本家在哪里能赚到更多的超额利润就往哪里投资，怎样能获取更多的利润，资本家就怎样投资，以致使投资处于盲目、冒险和无政府状态。与此相反，社会主义投资受社会主义基本经济规律的支配。投资的最终目的是社会的需要，即满足人们不断增长的物质和文化生活的需要。国家、企业、集体的投资都根据社会经济发展战略的统一部署，有计划按比例地进行。投资活动体现国家、企业、集体及全体劳动者的眼前利益和长远利益达到和谐的统一。社会主义投资的目的体现了社会主义的本质，是社会主义投资的内在动力。

第二，实现投资目的的手段不同。资本主义投资目的是利润而不是社会需要，但是，离开社会的需要，获取利润的目的是无法实现的。这里，社会需要只是作为实现投资目的的外部条件存在。在生产资料资本家占有条件下，投资目的和实现目的的手段，是互相矛盾的。资本主义实现投资目的的手段是以对劳动者残酷剥削为基础的。而社会主义是通过发展生产力，提高劳动生产率来实现投资的最大效益，以满足社会和全体劳动者的需要。投资手段与目的是完全一致的，是建立在劳动者高度自觉的基础上的。社会主义投资手段与目的的内在统一，与资本主义投资手段与目的的矛盾对立，形成了鲜明的对照。

第三，投资的社会属性不同。资本主义投资的社会属性是由资本的属性所决定的。资本是带来剩余价值的价值，它体现着资本家剥削雇佣工人的生产关系。马克思说："资本有个唯一的生命冲动，那就是价值的增殖，创造剩余价值，用它的不变部分（生产资料）来吸收最大量剩余劳动的冲动。资本是死的劳动，像吸血鬼一样，必须吸收活的劳动，方才活得起来，并且吸收的愈是多，产生的活力就愈大。"（《资本论》第 1 卷第 260、299 页）所以，无论是直接投资或间接投资都体现了资本主义剥削和被剥削的生产关系。社会主义制度下的资金是与资本有本质区别的社会主义经济范畴。社会主义社会为了不断地进行生产和再生产，在生产经济活动中，必须具有包括劳动手段和劳动对象在内的生产资料，这些生产资料的价值形态，就构成社会主义资金。资金是组织劳动与生产资料直接结合的条件，是工人阶级为社会创造物质财富的条件，它所体现的是社会主义劳动者之间互相合作的生产关系。尽管在我国经济理论界对资金的定义还有几种分歧观点，但无论是"物资的货币表现"论者，还是"运动的价值和价值增殖"论者，都明确地指出资金与资本的社会属性有本质区别，这就从本质上分清了两种投资含义的质的区别性。

第四，投资的主体和方式不同。以生产资料私有制和生产社会化基本矛盾为特征的资本主义社会，只有资本家拥有生产资料和货币资本，所以，投资的主体主要是私人资本家或垄断财团。其投资方式主要是通过各种金融机构，以股票、债券等间接投资方式进行的，资本的投入与运用处于分离状态。而生产资料公有制的社会主义社会里，投资的主体是国家、企业和集体。投资是在全社会范围内统筹规划、分工协作的前提下，从投资的决策、投资实施到投资回收的全过程中，虽然有严密的地区和部门分工，但都是国家的主人，都是投资的主体。所以，社会主义投资方式是以生产资料公有制为前提的，社会通过分工合作共同管理投资全过程，资金的投入与运用是一个统一的有机整体。

第五，投资的可行性标准不同。资本主义投资为预测投资利润率和避免投资风险，特别重视投资的可行性研究工作。但是，可行与不可行的标准，是从个别投资项目的微观经济效益出发的。只要某项投资对投资者有利可图，就是可行的。至于投资的国民经济宏观效益如何，并不是投资是否可行的标准。相反，社会主义投资既重视投资项目的微观效益，更重视国民经济的宏观效益。在两者发生矛盾时，项目的微观效益要服从国民经济的宏观效益。

（五）

投资含义的研究和分析，看起来好像是一个纯粹理论问题，其实，也是社会主义经济生活中时常遇到的实际问题。在我国 30 多年经济建设中，投资实践的进退得失，为我们进行投资理论研究奠定了坚实的基础，也为探讨投资的科学定义提供了丰富的感性认识材料。投资的科学定义只能植根于社会主义投资实践的土壤里。本文只是提出一个尚未弄得明白的问题，相信投资的科学定义必将随着投资理论研究工作的深入发展而更精确、更周密起来。

［本文发表于《投资研究资料》第 6 期，1984 年 3 月 30 日，1989 年在全国投资理论研究成果评选中获得优秀奖（中国投资学会）。］

关于生产力内在动力的探讨

一、问题的提出

生产力的发展是一种社会形态过渡到另一种社会形态的根本原因。这是马克思、恩格斯创立的唯物史观的一个重要组成部分。我们知道，生产力的发展具有不断性和连续性的特点，是推动社会生产发展的最活跃最革命的因素。那么，生产力的发展又是由什么因素决定的呢？生产关系对生产力的反作用是否是生产力运动的唯一动因呢？

历史上常有这样的情况，就是尽管某些生产关系已经陷入衰朽状态，成为生产力发展障碍，而社会生产并不因此停滞，生产力还会呈现不同程度的发展。例如，我国的封建社会经历了两千多年的漫长历程，封建的生产关系很早就限制了生产力的发展，愈到后来，这种限制作用愈严重。但我国封建社会的生产力并没有因此而冻结起来。相反，生产力抗拒了封建生产关系的束缚，像野火一样在封建社会内部延烧着，最终导致了封建生产关系的灭亡。再如，资本主义由自由竞争发展到垄断阶段，帝国主义的垄断性、寄生性和腐朽性的出现，说明资本主义的生产关系已经变成了资本主义生产力进一步发展的严重障碍，然而近几十年来资本主义的生产力仍有相当程度的发展。还有，在十年动乱时期，我国的生产力在遭受严重破坏的情况下，生产力水平仍有一定程度的提高。如果只用生产关系和生产力的适应性与障碍性来解释这种种的历史现象，能够说明生产力发展的全部动因吗？这就使我们不能不从生产力的内在动力上去寻找问题的答案。

二、简单的推证

研究社会现象，应当有一种历史的眼光，这样才能看得更深，找出规律性的东西。内在规律的展现要有一个历史过程，只有运用历史唯物主义和辩证唯物主义的方法，才能抓住事物运动中隐藏在其内部经常起作用的东西。在人类社会发展的漫长历史进程中，生产力是作为一种积极的革命力量推动生产关系的运动和更新，同时生产力本身也经历了神话般的演变和发展。如果不能否认生产力的这既漫长而又神奇的发展变化，就不能否认有一种动力在起推动作用。而如果否认生产力的内在动力，就等于承认生产力的发展只有外在的推动力。这样，就等于否定了马克思主义关于生产力决定生产关系的唯物主义原理。同时，如果生产力作为一个基本经济范畴的概念无法否认的话，就无法否认生产力内部的矛盾性是生产力发展的根本原因的辩证唯物主义推论。

毛泽东同志在矛盾论中指出："事物发展的根本原因，不是在事物的外部而是在事物的内部，在于事物内部的矛盾性。任何事物内部都有这种矛盾性，因此引起了事物的运动和发展。事物内部的这种矛盾性是事物发展的根本原因……"①生产力发展的历史和现实，不仅完全证明了生产力内在动力是客观存在的，而且始终是生产力发展的根本动力。其实只要对社会生产力的有机构成进行简单的历史考察，就可以发现生产力有机构成整体中的诸要素既相互制约又相互促进，始终处于一种交替运动的发展过程中。而生产力诸因素之间的交替转化所产生的越来越大的能量，不仅从内部推动生产力的加速度发展，而且也制约和推动生产关系的发展变化。

三、初步的分析

生产力这个概念，从其字义或直接含义中，都可以把它理解为"力"概念的具体化。而谈到"力"，我们很自然地会联想到"力"与"物"的不可分性。如果我们可以把生产力构成要素看作"物质"的话，那么这些物质所产生的"力"或"能"，就是生产的能力。我们在探讨生产力内在动力的时候，运用马克思主义哲学的自然观作为指针是非常必要的。马克思所谓"劳动过程的简单要素"是构成生产力的物质基础，这些"劳动过程的简单要素"在运动中所释放出的能量，就是所谓生产力，而某一特定的社会生产力，总是处在具体的时间和空间。所以，研究生产力内在动力，既不能离开生产力的构成要素，又不能脱离

① 《毛泽东选集》第1卷，第289~290页。

具体的时间和空间。只有把生产力诸要素的有机构成当作一个完整的系统，从动态中考察生产力的发展变化的动因，才能揭示其内在运动的规律性。

政治经济学基本原理告诉我们，人、劳动资料和劳动对象，是构成生产力的三要素，其中劳动资料和劳动对象在生产过程中虽然有不同的功能和作用，但是与人力、科学力相对应，则统属物的范畴，或称生产资料。为了便于分析二者与人力的辩证关系，我们在这里把它们统称为“物力”。

科学是人类生产实践知识的结晶。科学变成直接的生产力，这是一个历史的现象。在科学的初创时期，它还没有系统地发展起来。只有资本主义生产方式才第一次使自然科学为直接的生产过程服务。按照马克思的说法，只是在近代大机器工业中，才把“自然科学并入生产过程”[①]。由于这个“并入”就使得生产过程带有“科学的性质”，成为“科学的应用”，而科学反过来变成“生产过程的因素”。科学作为生产力的构成要素、变成生产力的主要标志是：首先，科学广泛渗透在生产力的各要素之中，实现了科学技术的物质化；其次，物质生产过程对科学的广泛应用，实现了生产的科学化；再次，科学作为一种精神生产力，它与人力、物力之间的交互变换过程中，产生出一种越来越大的能量。为了便于分析生产力的内在动力，我们暂且把它叫作“科学力”。

社会生产是一个由人发动、控制和调节的人和自然之间的物质变换过程。这个过程首先是由人类的生存、发展引起的。但过程一经开始，人力与物力的结合与运动则首先呈现了一种相互依存、相互促进、相互交替和转化的关系。恩格斯说：“劳动是从制造工具开始的。”[②]而劳动工具一经出现，就与制造和使用工具的劳动者，成为构成生产力的两大要素，形成了生产力内部人力与物力的对立统一体。正是这种人力与物力的相互分离、对立和矛盾运动，首先构成了生产力发展运动的内在动力。劳动者制造和使用生产工具，生产工具的出现和改进，引起劳动者生产能力的改进和提高。由此循环和交替转化的结果，是劳动者和生产工具性能的共同提高，从而促进了社会生产力水平的发展和运动。在生产力发展的漫长历史进程中，人力与物力之间的矛盾运动始终是推动生产力发展的内在动力。但是，这只是生产力内在各要素相互作用的一个方面。而且，这种人力与物

① 《资本论》第1卷，第424页。

② 《马克思恩格斯文选》第2卷，第85页。

力之间矛盾运动从来就不是单一的。生产力的发展和运动始终是在构成生产力各要素彼此相互作用的条件下完成其运动形式的。特别是在人类生产经验、知识的积累和发展中，在伴随着人力因素中，脑力劳动的能力不断提高的进程中，作为人类实践经验结晶的科学技术——这种精神生产力（或称知识生产力）的因素，在生产力的发展中发挥着越来越重要的作用。这种精神生产力，即科学力，不仅实际上变成了生产力的重要因素，而且从科学力与人力、物力之间的相互分离、对立、运动为特征的相互变换关系，正是分析和了解生产力内在动力的关键之所在。

科学力一经发生和发展，就与人力、物力之间交互转化，推动着生产力的迅猛发展。首先，以生产需要为表现形式的经济动因，以及生产对科学不断提出新的要求，是科学发展的基本动因；其次，生产的发展不断给科学提供新的实验手段；再次，生产不断给科学开辟新的研究领域，提出新的研究对象。这三个方面，是科学依赖生产，生产推动科学发展的重要表现。恩格斯在考察自然科学发展史，特别是在考察近代科学发展史的基础上，也作过这样的论述。他说："如果说，在中世纪的黑夜之后，科学以意想不到的力量一下子重新兴起，并且以神奇的速度发展起来，那么，我们要再次把这个奇迹归功于生产。" "以前人们夸说的只是生产归功于科学的那些事；但科学应归功于生产的事却多得无限。"① 生产对科学的推动力和科学对生产的反推动力是相辅相成的。现代科学技术的巨大发展的实践证明：科学作为精神生产力，一旦被劳动者所掌握就会使劳动力形成巨大的潜在能力；同时，科学物化在生产力各要素之中，特别是生产资料的科学化，使生产力各要素发生了深刻的变化，形成了一种强大的既得的生产能力。从而大大加速了生产力的迅猛发展。如果说第一次技术革命是扩展了人的体力，第二次技术革命靠大量使用能源来提高劳动生产率，那么，第三次技术革命的发展，将更多地依赖于无限的智力资源。而以开发智力资源为特征的信息革命的发展潜力是无穷无尽的，它将成百倍地提高劳动生产率。由此将深刻地影响人类社会、经济、文化发展的各个方面。如果对人类社会的发展史作一粗略比较，就可以发现，人类社会进化的各个社会形态由低级到高级的发展、演变过程的周期越来越短，而生产力则以一种空前的加速度迅猛向前发展。如果奴隶社会以前的社

① 《马克思恩格斯全集》第20卷，第524页。

会（石器、铜器时代）演变时间是以万年为单位计算的话，封建社会时间最长的我国也不过两千年的历史，如果资本主义社会迄今已经历了两三百年的时间的话，社会主义也只不过几十年而已。与人类社会经济形态的演变形成鲜明对照的是生产力发展水平的主要标志——劳动工具和动力的研制与应用的周期也愈来愈短。从最简单的石器到最复杂的自动化机器，从最原始的畜力到原子能动力，其演进和更替的周期愈来愈短，而生产力的发展则显示了惊人的加速度运动趋势。在人类社会经济形态的进化周期缩短的后面，恰恰是生产力加速度运动的能量在起决定性的推动作用。而生产力加速度运动的原因则不是由外部力量起决定作用的，而是生产力内在动力在起决定性的作用。如果我们再进一步分析人力、物力、科学力交互作用和能量变换过程中所呈现的运动规律的话，就非常明显地看出科学力在其中所产生的关键性作用了。即，生产力发展的加速度恰好是由科学力发展的加速度所决定的。恩格斯早在 19 世纪就用数学的方式表达了科学发展的加速度定律。他说："科学的发展则同前一代人遗留下的知识量成比例，因此在最普通的情况下，科学也是按几何级数发展的。而对科学来说，又有什么是做不到的呢?"① "科学的发展……得到了一种力量，这种力量可以说是与其出发点起的（时间的）距离的平方成正比的。"②现代的统计材料，充分证实了恩格斯的公式。据统计，全世界科研人员和科学研究论文的数目，大约每十年翻一番。科学转化为直接的生产力的过程也在加速。技术发明从研制开始到产品制成经历时间越来越短。据有关国外资料计算，近十年来出现的发明和创造，比以往两千年的总和还多。各种新的科学技术创造的研究周期大大缩短。例如，为了推广纸张的发明，历时 1000 年；蒸汽机——80 年；电话——50 年；飞机——20 年；晶体管技术——3 年；而激光一只有两个月。

综上所述，人力与物力的矛盾运动，及人力、物力与科学力的矛盾运动是生产力发展的内在动力。而科学力的加速度运动是推动生产力加速度发展的关键因素。在探讨生产力运动的内在动力时，要特别注重科学力与生产力各要素之间的交互变换关系，这是探讨和研究生产力内在动力及其运动规律的关键之所在。

---

① 《马克思恩格斯全集》第 1 卷，第 621 页。

② 《自然辩证法》，第 8 页。

四、主要的启示

（1）既然生产力有其运动的内在动力，那么，研究和认识生产力各要素的矛盾运动及其规律性，对于振兴我国经济，加速“四化”建设，具有十分重要的现实意义。在我国建立社会主义制度以后，尽快地发展经济，提高生产力水平，成为我国社会主义建设的中心任务。但是，在相当一段时期内，由于否认生产力运动的客观规律性，片面强调生产关系对生产力的反作用力，企图通过人为地对生产关系的不断“拔高”来带动生产力的发展。其结果则是所有制的不断“升级”“冒进”，以及“穷过渡”之类的不良后果。如果我们首先承认生产力的发展是由其内部的矛盾运动起主要作用，同时承认生产关系对生产力的反作用力必须通过生产力的内因发生作用的话，就可以从理论上克服和纠正那些“唯意志论”“精神万能论”的泛滥，从而遵循生产力运动的客观规律来指导我国的社会主义经济建设。

（2）由于科学技术加速转化为直接生产力，从而使现代生产力的发展显示了空前的加速发展趋势。如果我们要以世界平均的速度发展，同发达国家的绝对差距也会越来越大。认识这种逼人的形势，研究生产力加速运动的规律性，就应该吸收国外的先进知识，总结我国的经验，勇敢正视、揭露和改革我们在经济组织管理工作中的那些与四化建设不相适应的陈规陋俗，利用和挖掘我国生产力发展的巨大潜力，奋起直追，以比资本主义国家更快的速度迎头赶上世界发达国家的生产力发展水平。这不但是非常必要的，而且是可能的。

（3）认识到科学力的加速度运动是推动生产力发展的关键因素，就为我们大力发展教育事业，提高全民族的科学文化水平，培养和造就大批人才，提供了可靠的理论依据。赵紫阳同志在六届人大一次会议的政府工作报告中指出：“今后应该十分重视智力开发……，这是实现经济振兴的必要前提。各级政府必须克服轻视文化建设的错误倾向……”无疑是明智的，这是党和国家的一项富有战略意义的重要决策。

（本文发表于《财政研究资料》1983 年 9 月 6 日。我从 20 世纪 80 年代前后，开始关注和研究生产力经济学问题，涉猎资料信息甚广。1983 年暑期利用一周的疗养假时间突击写出 1 万多字的论文初稿，几经修改完善后送去发表。而《财政研究》的大编辑竟将篇幅压缩近半，只保留下基本论文框架及中心论点，有关马恩列斯等关于生产力的理论形成、发展及比较研究等详细内容大都删除。看到样刊后，亦喜亦悲，可惜的是唯一的手稿未能找回。但我还是感谢编辑让论文简明扼要，重点鲜明，并在 1984 年作为我正式发表的首篇论文而荣获中央财经大学姜维壮教授、中国社科院何振一研究员、中国建设银行景宗贺研究员三位专家的好评和推荐，顺利晋升副编审高级职称。）

金融研究篇

国有商业银行可以建立现代企业制度，可以进行股份制改造，但这种创新必须发挥社会主义市场经济的制度优势，必须弘扬企业员工的主人翁地位。

金融搞好了，一着棋活，全盘皆活。

墨海春秋

正确处理“改革、发展、稳定”的关系

——在党校学习“三个代表”重要思想的大会发言稿

“三个代表”重要思想的提出，是党的第三代领导集体在领导全党、全国人民建设有中国特色社会主义实践中，运用马克思主义、毛泽东思想、邓小平理论的基本原理，结合中国改革、开放、发展的实践，所建立起来的一套系统的、全面的有关执政党建设的理论体系，是党在新时期指导中国改革和发展的理论武器和指导思想。

理论是深刻的，它可以揭示事物的本质及其内在规律；真理是朴素的，它以简明朴实的语言唤起人们的认同。“三个代表”重要思想，集中概括了党和国家全部理论活动、实践活动，包括一切工作的根本方向、根本准则、根本依据，成为指引党和国家新世纪伟大进军的行动指南。我们学习“三个代表”重要思想，首先要领会精神实质，其次要用“三个代表”重要思想指导我们的工作实践，第三是要自觉地运用“三个代表”重要思想来指导我们的价值观，提高我们的思想品位和人生境界。

我们作为四大国有商业银行的建设银行的一名员工，作为建设银行美好家园的一名成员，关心建设银行改革和可持续发展是我们的责任，是我们的义务，也是我们人生价值的寄托。我作为建设银行的一名老员工，虽然年近退休，但建设银行的改革发展，建设银行的前途、命运始终是我关注的中心和主题。我为自己能成为建设银行美好大家庭的一员而自豪，也为建设银行半个世纪的光辉业绩感到骄傲！但难免也有“夕阳无限好，只是近黄昏”的意犹未尽之感！

今天有机会在党校和大家一起学习讨论“三个代表”重要思想，我感到欣慰和高兴。我为建设银行的每一项成功的改革，为建设银行在建立现代企业制度进程中的每一项成就和进步感到鼓舞！

我以为建设银行的改革与可持续发展，正以稳健的战略规划和扎实的基础工作，取得了令人鼓舞的进展。股份制改革的进程，明显在四大国有商业银行中处于有利地位。但股份制改革的路并非全是坦途，建设银行的改革与可持续发展也不可能毕其功于一役。为了实现这一战略性的重大变革，我以为如何实现“改革、发展、稳定”三者之间的协调统一，是建设事业成败的关键！这是建行党委和每一名建行人必须时时关注、事事谨慎，事关全局、事关长远的重大问题。

改革，是建行事业发展壮大的推动力；建设银行50年代的辉煌、80年代的大发展、90年代的商业化改革的历史，雄辩地证明了这一点！其一，改革的目的是为了大多数人的利益；其二，改革必须是大多数人参与的事业；其三，改革的结果必须使大多数人得到看得见的实惠。这三者的统一是每一项改革取得成功的基本条件。

发展，是强国富民之本，也是建行改革的出发点和最终目标，是与时俱进、不断创新的永恒主题！只有事业的发展才能创造广阔的生存空间，给人们带来利益。

稳定，是改革、发展的基本前提和保障条件。不改革是难以生存的；不发展是没有前途的；而没有全行上下的稳定环境，改革与发展就是一句空话。当改革、发展过程中积累了众多复杂社会问题时，就应及时清理和疏导，要把握全局的稳定。否则，当稳定成为主要矛盾时，改革、发展就会受到影响而欲速则不达。

改革要学习和借鉴国内外的先进经验，要改革、完善我们的基本架构体系和经营管理运行机制。但是建设银行商业化改革，必须面对我们的国情、行情，不可能完全照搬西方商业银行的全部模式。我们的机构网络庞大，员工众多，我们的科技水平落后，而员工工资水平低。如果不从中国这一基本国情，以及建设银行的基本行情出发，改革的风险是很大的。几年前我看过世界大银行排行榜资料，世界上排名前10名的跨国银行的资本及营业额是我们的十倍、百倍，但是他们的员工总数是我们的四十分之一至五分之一，这些跨国银行通常只有万把人，人数最多的德意志银行也不过7万~8万人。如果按照这一标准来衡量我们的机构、人员总量，我们要减少多少机构，精简多少员工？这是中国的国情，也是建设银行的基本行情。人是社会最宝贵的资源，是生产力中最积极、最能动的因素，也是建设银行改革、发展的主体。处理好人的问题，是处理好改革、发展、稳定三者关系的核心、关键之所在。

中国的改革开放取得了举世瞩目的成就，但中国的改革开放也积累了众多的社会问题。其中，社会就业不仅成为党和国家最高决策层关注的重要社会问题，而且也对改革、发展的环境提出了严峻的挑战！

建设银行提出的“依法、合规办事，有情操作”是完全正确的！但是我们不能不对越来越多的上访现象给予足够的重视！不能不对机构撤并、员工分流中出现的诸多矛盾以及由此引发的诸多现实问题进行深入思考，开展耐心、细致的工作。

党和国家重视再就业问题，但是我们能不能在开拓、发展新的领域方面，创造更多的就业机会呢？我们能不能用事业的发展和开拓，减少下岗员工呢？中国的农村有大量过剩的劳动力，中国国有企业的改制及经营亏损也形成了大量的失业人员，每年的大中专毕业学生的就业越来越困难。在中国，这三个方面汇集成的过剩劳动力或失业人员大军对我们的改革、发展已经造成了巨大压力！许多人没事干，许多事没人干，是一个非常矛盾的现象。在这方面可做的文章很多！在我们建行的改制进程中，如何处理好这一问题，是建行在稳定的前提下，实现改革、发展的一个重要问题。建行的机构调整、人员优化是势在必行的。非如此，不能改变机制；非如此，不能增强竞争力！但我们如何“依法、合规”实施，如何“有情操作”，是需要慎重研究、精心部署的一件大事！毕竟我们每年有近百亿的盈利水平！“中国建设银行，建设美好家园”的口号已经成为建行家园文化的主理念词。建设银行家园的温馨及团队精神的凝聚力，激励着新老几代建行人！这或许不是什么高深的理论问题，但确实是一个实实在在的利益分配、调整的问题。我衷心祝愿，建设银行能在稳定中改革，在改革中实现建设银行的可持续发展。

谢谢大家！

（本文是2003年8月22日在党校学习“三个代表”重要思想的大会上的发言稿。）

中国建设银行 建设美好家园
——对“家园文化”及建设银行主理念的思考

建设银行总行新一届党委从上任伊始就非常重视建行企业文化建设，并提出了“建设银行是我们共同的家园，要建设我们的家园文化”的企业理念。这对建行上下产生了巨大的亲和力、凝聚力和感召力！以团队精神、敬业精神、奉献精神、创新精神为核心的家园文化，在全行员工中的反响极为热烈，并得到了广泛的认同。全行系统围绕“家园文化”这一主题，展开了多层次的研究和探讨。如，建设银行江苏省分行就开展了“爱家园、建家业、议家事、谋家策、学家规、正家风、赞家人、聚家力”的活动，使广大员工有了家园的归属感和亲和力。不久前的总行机关离退休老干部“家园文化”建设研讨会上，几位老行长和老部主任对“家园文化”建设给予了高度评价，认为建设银行的文化特征就是“家园文化”。“家园文化”的提法能够产生如此热烈的反响，能够如此迅速地在全行新老员工中得到一致认同，充分说明了这一提法能够代表我们整个建设银行企业精神中的核心理念和价值取向。

一、“家园文化”是建设银行传统文化最集中的体现

建设银行的历史就是参与建设新中国这个美好大家园的一部创业史。建行人艰苦创业、开拓进取的丰功伟绩彪炳于共和国的辉煌史册，也铸就了建行人的企业精神和建行企业文化的个性特征。从中华人民共和国成立后的第一个五年计划的156项大型建设项目，到各个历史时期的国家大中型项目的建设，都留下了建行人的足迹，浸透了建行人的艰辛和智慧。哪里有建设，哪里就有建行。“家园文化”正是建行传统文化的聚焦点，弘扬了建行的传统精神，并在新的历史时期赋予了新的时代精神，拓宽了“家园文化”的发展空间。

二、“家园文化”与现代企业制度相融，符合“以人为本”的现代企业文化发展趋势

现代西方企业管理理论经历了从“科学管理”到“人本管理”的发展过程。20世纪80年代，西方学者提出了企业文化理论，强调“企业即人”，认为企业中人、财、物的管理应是一个有机系统，其中人处于管理的中心和主导地位。现代企业文化更强调企业精神、企业员工共同的价值取向及在此基础上形成的凝聚力、向心力，因而称其为柔性管理。这种与现代企业制度相匹配的现代企业文化理念，是与东方人本主义文化理念相融的，从而形成现代企业文化的共同结合点。建设银行今天倡导的“家园文化”正是蕴涵了“以人为本”的现代企业文化的精髓。

三、“家园文化”的内涵，符合“三个代表”理论的基本要求

建行人在建设共和国美好家园的创业历程中，既是美好的奉献者，也是美好的分享者；既建设了新中国的大家园，也建设了客户和员工的共同家园。建行人在建设祖国这个大家园的过程中，始终把国家的利益、人民的利益放在首位。风风雨雨几十年，建设银行聚沙成塔，为国民经济的快速、稳步发展奠定了雄厚的物质基础。一座又一座现代化城市的崛起，一处又一处高科技园区的建成，一个又一个新兴工业基地的投产，一片又一片绿色居民小区的出现，一条又一条铁路和高速公路的铺就，一项又一项水利枢纽工程的竣工使用，还有那每年上缴国家几十亿元的巨额利润，建设银行是用实际工作业绩诠释着江总书记的“三个代表”的讲话精神。“家园文化”并不是一个狭隘概念，我们在为人民建设家园，为客户建设家园，为员工建设家园，也在建设地球人的共同家园。“家园文化”的博大、奉献、温馨、进取的深刻含义，是一种先进的文化、为人民奉献的文化、代表先进生产力的文化。

四、“家园文化”具有鲜明的个性化特征

从以上的分析可以看出，把建设银行的文化定位为“家园文化”是恰当的、科学的。同时，这种体现建行特色的“家园文化”具有以下四个明显特征。

第一是主体性。国家的主体是人民，企业的主体是员工，建设银行“家园文化”的主体当然是建设银行的全体员工。建设银行在半个世纪的创业历程中所创立的“家园文化”，最突出的特征就是建行人作为创业者的主体地位，即全体建行人都是家园的主人。天下建行是一家，建行人时时体验着建设家园的快乐，处处感受着家园的温馨。在中华人民共和国建设的不同历史时期，建行人是创业者，充满了国家主人翁的责任感和自豪感！在中国改革大潮中，建行人是改革者，焕发了开拓创新的使命感和紧迫感！建行员工永远是改革的主体而不是客体，是家园的主人而不是雇工。建行人以天下为己任，肩负着强国兴行的历史责任和使命。这是建行“家园文化”主体性特征的集中体现。

第二是凝聚性。企业是个团队，一个团队要发挥集体的力量和智慧就必须具有团队精神，而团队精神的形成有赖于企业文化的凝聚性。企业文化的凝聚性是源于企业在生产、经营、管理活动中形成的共同价值取向和企业理念。建设银行所经历的“三起两落”的曲折发展历程对老一代建行人来说是刻骨铭心的。正是经历了这样的离合悲欢的建行人，才更加深切地体味到建行家园浓浓的温情和宁静，从而加强了家园的向心力和凝聚力。建行人是家园的建设者，也是家园的主人，更懂得珍惜和爱护家园。正是家园的亲和力、向心力更加增强了“家园文化”的凝聚性特征。文化的凝聚力是无形的，文化的凝聚力是强大的。建设银行的“家园文化”浸透着建行人精神，具有巨大的感召力、亲和力和凝聚力。“家园文化”一经提出，即得到强烈的反响和广泛的认同，恰好印证了这个道理。建设银行在商业化的改革过程中、在激烈的市场竞争中、在树立团队精神的过程中，“家园文化”的凝聚性是团结之本、力量之源。

第三是开放性。文化是历史的积累和沉淀的结晶，是自身传统和外在信息交互作用的新陈代谢体系。文化的发展如同科学的发展一样，既要保留和弘扬自身的先进的、科学的精华，也要剔除和扬弃过时的、陈旧的糟粕；既要学习和吸收

外部文化的优秀成果，也要抵制外部不良病毒对传统文化健康机体的侵蚀。这种发展的、开放的吐故纳新机制，是文化进步的基础，也是传统文化充满生机和具有旺盛生命力的前提。建设银行的“家园文化”是在建设祖国美好家园的创业历程中形成的，是在20世纪80年代改革大潮中丰富和发展的，更是在90年代后的商业化进程中逐步提升和完善的一种具有建设银行个性化特色的企业文化。“家园文化”的开放性是丰富和提升建行文化，不断推进建行事业发展的动力之源。这种开放性是主体与外部世界保持畅通信息交流，实现内外资源的有效整合和利用，增强建设银行生命力和竞争力的重要保证。在人类进入信息化时代后，我们不仅要随时吸收中国企业文化的精华，更要借鉴世界企业文化的先进成分，应该具有更大的开放性和包容性。由此可见，“家园文化”并不是狭隘的、封闭的，而是自始至终显示着“东方风来满眼春”的博大和绚丽多彩。

第四是先进性。“家园文化”是建行人在半个世纪的创业历程中积累、发展起来的，具有明确的主体性、强大的凝聚性、广阔的开放性特征的先进文化。“家园文化”的先进性，首先，是因为家园的主体是全体员工，是一个富于智慧、勇于进取、充满奉献精神的先进群体；其次，是这个群体具有崇高的团队精神和共同的价值理念，是一个富有竞争力的群体；第三，是因为这个群体不但有厚重的传统文化，而且善于扬长避短、博采众长，是一个对外开放的、充满生机和活力的群体；第四，这种文化始终是与中国的先进生产力同步发展的，是与世界先进文化交互作用、共同发展的。这种文化的先进性是与发展中的东西方文化同步的，是与当代新科技的发展同步的，是与先进生产力的发展同步的。“家园文化”的先进性是现代企业文化的共性与建行企业文化个性有机统一和融合的体现。先进的企业文化是建立现代企业制度的深厚基础，也是实现企业可持续发展、增强企业核心竞争力的源泉。

“家园文化”的主体性、凝聚性、开放性和先进性特征，是建行企业文化内涵的客观反映，也是任何先进文化的共性表现。我们不仅要倡导一种先进的文化，更要为发展先进文化创造一种良好的环境。在社会主义市场条件下，建设银行面对国际国内金融业的激烈竞争，自身的生存和发展正经历着空前的挑战，同时也存在着壮大和发展的机遇。“家园文化”的内涵要与时俱进，要开放更广阔的发展空间。我们应该为“家园文化”的创新和发展营造良好的氛围，唤起全体建行员工对建行改革发展的参与感和责任感，用我们的智慧和热情共同建设美好的家园，使“家园文化”在新的历史时期谱写出更辉煌的篇章。

五、“中国建设银行　建设美好家园”应作为建设银行的主理念

从建设银行成为国有商业银行以来，在发展企业文化、树立企业形象方面做了不少工作，取得了良好的成绩。但是在建设银行由管理国家投资的专业银行转变为国有商业银行之后，财政职能已移交，政策性业务已分离，建设银行作为国有商业银行该建设什么呢？建设的客体如何定位呢？服务建设这个传统优势在职能转变后还能否发扬光大？笔者以为，回答是肯定的。

建设银行事业总是由现实走向未来，传统总要在新的时空条件下赋予新的内涵、产生新的活力。建设银行是新中国大规模经济建设的产物，是与祖国建设事业共同兴旺发展的。商业化转轨更加拓宽了业务范围和生存空间，而并不意味着传统的迷失和客体的缺位。服务“建设”仍是我们的看家本领和专业优势。中国现代化建设的腾飞、中国新兴产业的崛起，如果没有强大的国有商业银行的匹配和支持，没有密切的银企合作关系，何谈祖国美好大家园的建设！建设银行过去、现在、将来，都是祖国美好家园的建设者，这是建设银行的传统优势、传统特色，也是新时期的核心竞争力。建设银行在投资项目的审价、评估及贷款管理方面的传统业务，在房地产金融信贷方面的巨大市场份额，以及“要住房、找建行”口号的家喻户晓，都是建行传统优势在商业化进程中强势竞争力的集中体现。在四大国有商业银行当中，建设银行在资产质量和效益方面的相对领先位置，虽然是诸多综合因素的表现，但是建行传统业务、传统客户在新时期显示出的特色优势也是一个重要条件。其实，工、农、中、建四大国有商业银行都是在保留传统业务优势的基础上，拓宽自己的服务领域，创新自己的金融产品。这是一个无可争辩的事实。由此可见，建设银行在商业化后的建设客体、服务对象并未发生缺位，而是家园的内涵更深、服务的对象更广、可提供的产品更多。

建设银行在商业化转轨中，曾先后提出过两个企业主理念口号，即“中国建设银行　建设现代生活”“不断创新　追求卓越”。这两个口号伴随着建行企业形象设计及理念的传播和普及，具有一定的时代痕迹。但是，“家园文化”的提

出和被广泛认同的事实，不仅为修正企业主理念提供了厚重的建设银行文化背景，而且准确地标定了建设银行的建设客体。建设银行过去、现在、将来的建设客体都是“家园”，是建行人的家园、客户的家园、祖国人民的家园，即我们共同的家园。建行人是美好家园的建设者，也是美好家园的共享者。为此，笔者认为，建设银行的主理念应为：“中国建设银行　建设美好家园”，这是一个十分准确、恰当的选择！这个口号与我们的“家园文化”融合起来，很有亲和力和独到之处，既实现了传统与现实的完美结合，也展示了“以人为本”的现代企业精神和建行人的服务宗旨。

（本文发表于《建设银行报（理论版）》总第 1146 期，2002 年 7 月 16 日。“中国建设银行　建设美好家园”作为中国建设银行的主理念，随后由中国建设银行党委以企业文化建设的正式文件下发全行系统。）

商业银行的内部控制

一、商业银行加强内部控制的意义

有效的内部控制实际上是商业银行从决策、实施到管理、监督的一个完善的运行机制，它是银行管理的重要组成部分，也是银行机构安全、良好运作的基础。一个健全的内部控制体系，不仅有助于保证商业银行实现经营目标，也有助于它维持可靠的财务与管理报告和实现远期效益目标；不仅有助于保证商业银行遵循法律和规章制度，也有助于它减少意外损失或使银行信誉受损的风险，这是无可置疑的。

在总结银行业长期发展的经验和教训的基础上，人们得出了一个基本的结论，那就是商业银行要保证各项业务的有效运作，实现既定的发展目标和维持良好的财务状况，就必须有一套完整、有效、合理的内部控制制度。商业银行加强内部控制的意义主要表现在以下几个方面：

（一）加强内部控制是外部监管的要求

内部控制与中央银行外部监管所要达到的目的是一致的。

在任何一个国家里，以中央银行为主体所构成的外部监管都是保持商业银行安全、稳健运行，健康、持续发展的重要环节。中央银行的金融监管就是通过外部的监督和管理，来督促商业银行建立和执行完善的内部控制制度，防范和降低经营风险，从而维护正常的金融秩序、防范系统性和区域性金融风险的发生。而商业银行建立内部控制制度的目的就是对自身经营活动中可能出现的各种风险进行预防和控制，这与中央银行外部监管所要达到的目的是一致的。

（二）加强内部控制是商业银行自我约束的保证

商业银行为了保证金融资产的安全性、流动性和效益性，必须建立起一套完整的自我约束机制，以此控制经营风险，促进经营目标的实现。这就要求商业银行内部通过设置一系列组织机构、明确岗位职责和确定相应的操作规程，建立起相互协调、相互制约的内部控制体系，最终形成良好的自律管理环境和氛围，使内部控制成为深入人心的理念和企业文化的有机组成部分。

（三）加强内部控制是保障金融业安全的基础

单个金融机构所产生的金融风险，往往酿成金融危机。

金融业是一个关联性很强的行业，包括商业银行在内的各个金融机构不仅有着共同的利益和目标，而且相互联系密切，资金往来频繁，这使得单个金融机构由于内部机制失控所产生的金融风险，往往通过连锁反应殃及其他金融机构，甚至酿成区域性或系统性的金融危机，进而影响到整个社会的稳定。因此，一个国家金融业的安全运行，必须以每一个金融机构的稳健经营和健康发展为前提，这就要求商业银行不断加强内部控制建设，尽快实现经营与管理的科学化，以增强自身控制各种风险的能力。

（四）加强内部控制是世界性金融风险给予的启示

巴塞尔银行监管委员会通过对近几年来发生的许多银行损失和倒闭破产案例的专门研究，得出的一个最基本的结论：内部控制失灵是导致银行损失和倒闭破产的重要原因。人们从内部控制失败中获得的经验教训，包括了银行管理层营造监管和控制的文化氛围、风险评估、控制活动、信息与交流、监管活动等方方面面。这些经验教训给予我们的一个重要启示就是，健全有效的内部控制制度是商业银行赖以生存和发展的生命线，是防范和控制金融风险的重要手段和必由之路。

（五）加强内部控制是增强商业银行参与国际竞争实力的需要

目前，随着全球经济一体化进程的加快，在世界各国金融业竞争日趋激烈的同时，金融风险的传导方式和渠道也不断增多；与此同时，随着国际上金融创新步伐的推进，一些新的金融工具，特别是衍生金融工具的出现，也使得发生金融风险的可能性急剧增加，后果更加严重。在此情况下，商业银行参与国际金融市场的竞争，就必须有强有力的内部控制制度作为保证。因此，商业银行以国际化为目标，不断完善自身的内部控制制度，加强各项业务制度的标准化、规范化建设，是十分重要的。

（六）加强内部控制是商业银行增强自身发展能力的内在需要

随着市场经济体制的不断完善，客观上要求商业银行在发展过程中必须增强自控能力，坚持走依法稳健经营的路子，而商业银行能否做到依法稳健经营、是否拥有健全有效的内部控制制度，不仅决定着它在日趋激烈的市场竞争中的实力，也关系到它的生死存亡。从 20 世纪 90 年代以来世界著名银行发生的重大案例的教训中，人们普遍认识到，只有建立和健全适应市场经济要求并兼顾本国国情的内部控制制度、外部监管及其他保护制度，才能确保商业银行经营和管理的安全运行，才能有效地防范和化解金融风险和危机，最终保证并促进国民经济持续、健康发展。

健全的内部控制制度，可以有效地保证商业银行经营目标的实现。

健全的内部控制制度可以有效地保证商业银行经营目标的实现，防止资源流失，保证财务报表的可靠性，使银行的经营符合国家法律法规，从而避免经营过程中的风险、突发事件及其他破坏性的后果，这些作用都是显而易见的。但是，我们也应看到，内部控制制度对于商业银行来说并非万能。在充分肯定内部控制作用的同时，也应该认识到内部控制本身的局限性，道理很简单，内部控制可以随时向管理层提供有关该银行在实现经营目标过程中的各种情况，但它无法把一个不懂经营的经理变成一个好经理；同时，内部控制的大多数措施是针对预期发生的情况，而很难对突发性、偶然性的情况做出全面有效的防范。此外，政府政策和法规的改变，经济形势和竞争对手的活动等都是管理层所难以控制的。

实际上，任何一个内部控制系统，不管它设计和实施得多么好，在实现经营目标方面也只能向管理层提供一定的合理保证，而且这种保证还将受到内部控制系统局限性的影响，如决策过程中的判断失误，由操作过程中的一个简单错误而引起的连锁反应等。此外，两人或多人合谋会逃避内部控制系统的控制。由于内部控制的主体是银行管理层，内部控制的程序也是由管理层设置和实施的，因此管理层也有可能将权力凌驾于内部控制系统之上，造成银行的损失。这些都是内部控制力所不及的地方。此外，内部控制系统的设计和建立还必须考虑到成本。内部控制带来的益处必须与控制成本联系起来加以斟酌。内部控制制度建设要有很多的投入，要花很大的精力，但商业银行是一个盈利性组织，其所有行为都必然考虑到成本经济效益原则。所以，内部控制也应当从效益性的原则出发，即内部控制工作所产生的经济效益至少不应小于内部控制成本。

监管是有代价的，但是放弃监管所造成的损失更大。

巴塞尔银行监管委员会认为，有效监管是有代价的，但是放弃监管或者监管不力所造成的损失则更大。商业银行的内部控制也是如此。目前，全球各地的金融监管机构越来越强调良好的内部控制制度的重要性，人们对内部控制制度的日益关注，很大程度上归因于国际上一些金融机构倒闭所造成的重大损失和产生的连锁反应。对导致这些损失的原因进行的分析显示，如果银行维持有效的内部控制制度，这些损失应该是可以避免的。内部控制制度可以预防或者预先发现这些问题，从而避免或者减少银行机构所受的损失。

内部控制程序曾经是一种用来减少舞弊、盗用公款和失误等现象的机制，但随着它的不断完善与发展，被认为是企业进行经营和管理活动的一种科学、有效的技术和手段。所以，当一个商业银行目前的制度，与在市场经济中为一个独立经营的法人机构运作所需要的内部控制机制还有很大距离的时候，就需要在制度、人力、设备和资金等方面加大投入，营造内部控制文化的氛围，改善内部控制的条件，用现代化手段加快信息传递，以保证整个系统的安全高效运作。

二、商业银行内部控制的目标

内部控制目标一定要服务于商业银行的经营目标。

商业银行内部控制的目标就是要保证既定经营目标的实现。所以，在建立和完善内部控制体系的过程中，内部控制目标一定要服务于商业银行的经营目标。

由于金融业务的特点以及金融企业在国民经济体系中的特殊地位，各国的金融监管当局为发挥外部监管的权威性和有效性，对商业银行如何建立内部控制体系提出了明确的要求。20 世纪 90 年代以来，在建立和健全内部控制体系的过程中，各国的银行监管机构都对内部控制的目标作了明确的阐述。如 1998 年，巴塞尔银行监管委员会《关于内部控制制度的评价原则》公布后，美国联邦储备银行发表公告，要求美联储系统监管的所有银行、银行持股公司和所有在美外资银行都要遵守这一评价原则，促进其内部控制目标的实现。巴塞尔委员会及美联储从外部监管角度提出，商业银行及其他金融机构的内部控制应该达到以下目标：

第一，运作的效率与有效性，即运作目标。

第二，财务和管理信息的可靠性、及时性和完整性，即信息目标。

第三，符合适用的法律和规章制度，即合规性目标。

1997 年 5 月，中国人民银行针对我国金融机构内部控制建设的现状，提出了今后一个时期建立和完善我国金融机构内部控制的总体设想，要求各金融机构要切实提高对内部控制必要性和重要性的认识，在全面清理现行管理制度和业务规章的基础上，结合自身实际，借鉴国际经验，抓紧整章建制，用一到两年时间，形成一套责权分明、平衡制约、规章健全、运作有序的内部控制机制，把经营风险降到最低限度，使违规经营和大案要案有明显下降。争取在 21 世纪初，建立起与社会主义市场经济相适应的现代金融企业制度，使我国金融机构在经营管理和内部控制方面基本与国际接轨。

如上所述，巴塞尔委员会及美联储已将对内部控制目标的具体要求集中到运作、信息与合规三个要素上，这是西方发达国家经过长期的实践所做的总结。可以说，商业银行及其他金融机构在建立内部控制中遵循了这些要求，也就实现了与国外发达国家商业银行内部控制目标的协调和统一。同时，中国人民银行对于内部控制的设想与要求，也为我国金融机构内部控制制度的建立和完善指出了方向，它与巴塞尔银行委员会对内部控制目标提出的具体要求的基本精神是一致的。

各国金融监管当局都对商业银行内部控制给予高度重视。

外部监管对内部控制提出的要求与商业银行内部控制的目标虽然侧重点不同，但二者的目的都是防范和化解金融风险，促进商业银行经营目标的实现。因此，它们既是一个事物的两个方面，又形成了一个统一的整体。从根本上讲，内部控制是属于商业银行内部管理的范畴，但实际上各国金融监管当局都对商业银行内部控制问题给予高度的重视，并把监管重点放在商业银行内部控制制度的建设和落实上。这说明内部控制所要达到的目标与金融监管目标的实现、金融监管的运作是直接相关的。这就要求商业银行不断提高管理水平和内部控制能力，确保自己在建立完善的内部控制体系的基础上能够规范各种业务经营行为，有效防范金融风险。这样，商业银行内部控制的目标才能与外部监管对内部控制提出的要求紧密地结合起来，共同促进自身经营目标的实现。

联系商业银行经营与管理的实际来看，在建立内部控制目标和完善内部控制体系的同时，商业银行内部控制的目标还体现在组织和实施内部控制的一系列方法、措施和程序的过程中。因此，在具体的经营和管理中，要使内部控制的目标具体化、标准化，使它具有一定的操作性。如既要有总体的经营目标，也要有针对某一项具体业务的目标；既要有远期目标，也要有近期或重点目标等，但无论如何，都要求它们能够保证商业银行有效地贯彻执行管理层制定的经营战略和政策，保护银行的财产安全和有效使用，确保会计记录和财务资料的正确性与可靠性，保持管理和经营工作的高效率。可以说，达到了这些实施目标，也就为商业银行实现其经营目标提供了可靠的、有力的保证。

依法合规经营，是商业银行生存与发展的基础。

具体来讲，商业银行建立有效的内部控制体系所要达到的目标有以下几个方面：

第一，确保国家法律法规和中央银行监管规章制度的贯彻执行。

第二，确保将各种风险控制在规定的范围之内。

第三，确保自身发展战略和经营目标的全面实施。

第四，确保内部资源配置效率的提高和各项业务的稳健运行。

综上所述，商业银行建立内部控制体系所要达到的目标有着十分明显的指向。强调依法合规经营，是商业银行的生存与发展的基础；通过内部控制来防范和化解金融风险，是把业务经营过程中的差错与舞弊现象的可能性降到最低程度；确保资产的安全性、会计记录的真实性和业务处理的规范性，则为银行各项业务的安全、有效运行提供了根本性保证。而这些目标又最终体现在促进商业银行运作效率的提高，保证经营方针的贯彻、执行及经营目标的实现等方面。因此，商业银行建立内部控制体系所要达到的目标与其经营目标有其内在的一致性。

（本文是应中国财政经济出版社郑宁军主任特约之作，发表于《经济活页文选（理论版)》，《银行监管中的市场约束》2002 年第 23 期，第 17 ~ 23 页。)

实现我国商业银行健康持续稳定发展的战略思考

一、商业银行健康持续稳定发展的内涵

所谓商业银行健康持续稳定发展是指在可预见的未来，商业银行能在更大规模上支配资源，谋求更大的市场份额，在不断进取的过程中，取得良性稳定的发展。其主要特点：一是健康持续稳定发展所涉及的时间是有限期的，这一时间的跨度在商业银行经营中是可控的。不可预见的未来对于商业银行的健康持续稳定发展而言是没有意义的。二是能够更大规模地支配商业银行自身所拥有的资源，以及对商业银行发展有用的，属于其他人或组织所有的资源。三是市场占有率的提高是商业银行得以持续发展的重要标志。四是商业银行必须不断超越自我，不断进取，而决不能满足于一次自我超越后的发展所带来的成效。五是健康持续稳定发展体现为商业银行全要素资源配置效率的明显提高，以及由此所带来的良好的财务业绩。

二、实现我国商业银行健康持续稳定发展的战略意义

当前，我国商业银行面临巨大的挑战。一方面是我国加入 WTO 之后，需要与具有较高效率配置能力的跨国全能银行展开竞争；另一方面，客户金融需求不断趋于多元化和个性化的现实选择。显然，现有的商业银行正承受着巨大资源配置效率的挑战、压力和冲击，部分商业银行尤其是一小部分城市商业银行甚至可以说走到了生与死的关键时刻。健康持续稳定发展的内涵分析已经表明，实现健

康持续稳定发展就是意味着商业银行效率或竞争力的持续性提高，也只有实现商业银行的健康持续稳定发展，显著提高资源配置效率，才能实现国民经济“十五”计划提出“改进金融服务，增强我国金融企业竞争力”的目标。从而在全球金融一体化中赢得生存和发展的新空间，进一步发挥和释放我国银行业的国际竞争力。

三、实现商业银行健康持续稳定发展的路径

1. 一次跨越式或数次跨越式可持续发展模式。从商业银行效率跨越的频率进行考察，可持续发展有两种：一种是一次跨越式发展，另一种是数次跨越式发展。一次跨越式发展是指商业银行的效率只有经历一次较大的提升；数次跨越式发展是指商业银行的效率经历数次较大的提升。

2. 专业化或多元化的健康持续稳定发展模式。专业化发展模式是指商业银行集中资源从事银行产业中的某一领域甚至是某一领域中某一产品或服务；多元化发展模式是指商业银行将资源分散投入保险、证券等几个领域甚至是许多领域从事发展。

3. 内涵式或并购式健康持续稳定发展模式。内涵式发展是指资产存量大体不变的情况下，商业银行通过加强管理，开发新产品，拓展新市场，调整组织结构等方法整合商业银行内部资源的措施，维持并发展商业银行的竞争优势，取得商业银行不断壮大的配置效率，又称为内部管理式发展。并购式发展是指通过吸引外来资本、组建合资商业银行、收购兼并等吸引外在资源的方法发展商业银行自身，又称为资产运营型或外部交易型发展。

四、实现商业银行健康持续稳定发展的支撑因素

1. 核心竞争力。核心竞争力通常是商业银行在一个领域中从事管理或工作多年形成的，代表整个组织的长期积累，反映了这个组织的特点。从商业银行的产业特征和产业结构特点也可以看出，商业银行需要的核心竞争力主要是驾驭风险的能力、快速综合金融服务的整合能力和规模（范围）经济等。驾驭风险的

能力是银行业区别于其他产业所必须的核心竞争力，快速综合金融服务的整合能力和规模（范围）经济是商业银行区别于同业，并对顾客有超值贡献的竞争能力。商业银行核心竞争力与非核心竞争力的区别见表1。

表1

	核心竞争力	非核心竞争力
对消费者价值贡献	有重大贡献	没有重大贡献
竞争者差异	排他性	非排他性
溢出效应	能延展新的市场领域	不能延展新的市场领域
对资源配置效率贡献	支撑较高的独占效率	不能支撑较高的独占效率

核心竞争力对健康持续稳定发展的支撑作用体现在两个方面：一方面是核心竞争力的维持和强化使商业银行能够独占资源效应；另一方面是核心竞争力及变换使商业银行能够不断实现跨越。通过核心竞争力使商业银行实现跨越主要有两种方式：一种是在核心竞争力没有跨越的情况下，通过核心产品的跨越来实现商业银行发展的跨跃；另一种是通过核心竞争力的跨越来实现商业银行发展的跨越，核心竞争力的跨越意味着商业银行综合技术、技能的实质性腾跃，是实现健康持续稳定发展的根本。

2. 竞争优势位势。商业银行可通过防御性战略和进攻性战略来获得竞争优势位势。防御性战略是将竞争对手的攻击所造成的威胁尽可能地降低，尽管从本质上看，防御性战略并不能增强商业银行的竞争优势，但能使商业银行现有的竞争优势保持得长久一些。防御性战略主要有减少竞争对手进攻的因素、提高结构壁垒和增加可预期的报复等三种。进攻性战略就是“以攻为守”，通过不断改善自身的相对成本地位和歧异化经营状况，使自身的竞争优势得以不断地提升，进一步拉大与竞争对手之间的差距。在当前的商业银行竞争中，要成功地实践进攻性战略，技术的利用不容忽视。信息科技变革不仅可以通过影响价值活动的方式影响成本或差异性，而且还可以直接影响商业银行的成本或是差异性。显然，从产业特性和结构的角度来看，通过实施防御性和进攻性战略来获取竞争优势位势是支撑健康持续稳定发展的一个因素。其中，防御性战略能够使商业银行独占资源效应；进攻性战略使商业银行实现发展跨越。

3. 创新体系及创新。创新就是创造新的金融服务方式，创造新的资源配置方式，创造出新的经营管理方式，创造出新的符合客户金融需求的产品和服务。创新是个系统工程，需要通过信息科技创新、制度创新、组织创新、市场创新、管理创新等一系列手段来完成。创新对健康持续稳定发展的支撑功效主要体现在四个方面：一是创新活动使商业银行能够领先一步，形成自己的核心竞争力，成为产业领先者。不论是成本、技术或者是其他方面的领先都能使商业银行拥有比竞争对手更大的回旋余地。二是创新有利于商业银行创造新的金融服务方式，提高资源配置效率，从而降低生产成本和交易成本，增强商业银行的竞争力。三是创新活动能促进商业银行核心竞争力的形成与发展，能提升商业银行的竞争优势，可为商业银行的发展创造条件。四是创新能给商业银行创造出奇制胜的机会。

4. 良好的运行机制。现代商业银行的制度实质是公司制，而公司的有效运行除了需要良好的管理模式外，还必然涉及治理结构问题，因此，商业银行的运行机制就包括商业银行治理和管理模式两部分。

（1）商业银行的企业治理。商业银行的企业治理是商业银行存续的制度基础和保障。商业银行治理由外部治理机制和内部治理结构两部分组成。外部市场机制主要涉及股票市场、经理市场、产品市场等；内部治理结构主要涉及股东和其他相关利益群体（主要包括雇员和债权人）、董事会、监事会、高级经营管理人员等，这是确定商业银行内部各相关利益主体间关系和地位的法律构架。

内部治理结构的关键是要能解决好四个问题：一是信息的不完备性和不对称性。二是权利的不对等性，即拥有信息的主体不一定具有决策权；具有决策权的主体不一定拥有相对优势的信息。三是监督问题。四是激励问题。后两者主要指的是如何在治理结构中反映对各相关利益主体的激励与约束，尤其是对董事、监事和高级经理等的监督和激励问题这也是整个商业银行治理结构的核心问题。显然，这四个问题是保证商业银行运行的制度基础。同时，治理主体的形成和选择对战略导向还具有决定性的作用；治理主体的安排将影响战略主体的动力。如果商业银行的运行在这方面出现比较大的问题，那么，商业银行要实现健康持续稳定发展是不可能的。因此，商业银行要实现健康持续稳定发展，必须要有一个良好的治理结构，即这种治理结构能够较好地实现各相关利益主体责权利的对等，尤其是能确定一个合适的责任体系框架，并确保高层管理人员的创新动力不受损害。

（2）管理模式。管理模式是指某一特定类型的管理方式和管理特点的概括性描述。管理模式一般包括思维方式（心智模式）、组织结构、管理方法、商业银行文化和组织目标等方面的特征。管理模式对商业银行健康持续稳定发展的支撑作用体现在各个阶段上。在创设阶段，商业银行管理模式的特征是明确商业银行发展的方向和性质，对健康持续稳定发展的支撑功能体现在增长能力；在扩张阶段，商业银行管理模式的特征是有效的流程和系统，对健康持续稳定发展的支撑功能体现在投资回报；在成熟阶段，商业银行管理模式的特征是有能力吸引并把握住客户，对健康持续稳定发展的支撑功能体现在市场定位上；在防护阶段，商业银行管理模式的特征是为创新创造条件，对健康持续稳定发展的支撑功能体现在创新上；在跨越阶段，商业银行管理模式的特征是对历史的假设提出挑战，对健康持续稳定发展的支撑功能体现在混业经营或多样化上。

（本文发表于《建设银行报（理论版）》，2001 年 4 月 13 日，署名为文明、吴光飙。）

《商业银行内部控制》前言

我国国有银行向商业银行转轨的全面改革，已走过了七年的光辉历程。在这七年间，中国银行业所面对的内外部环境并不宽松，尤其是亚洲金融危机的波及和影响，对我国银行业乃至整个国民经济形成了巨大的压力和挑战。但是，由于国家宏观决策的成熟和果断，以及应对措施的及时有效，我国银行业及整个经济运行取得了举世公认的成功。

我国的改革大业，任重而道远。国有银行的商业化改革，面临着一系列深层次的矛盾和问题。随着我国加入世界贸易组织的步伐日益加快，金融业进一步扩大开放已成必然，新的金融产品和金融工具将会不断涌现。如果没有健全有效的内部控制制度，我国商业银行在未来金融市场的激烈竞争中不仅难以取得优势，也难以全面有效地控制风险。因此，健全和完善内部控制体系，是我国商业银行一项非常现实的课题和长期的任务；了解和掌握有关内部控制的基本知识，是商业银行各级管理者和广大员工的现实需要。

对建设银行来讲，全面强化内部控制体系建设，有着更为重要的意义。首先，建设银行作为一个拥有 40 多万员工、几万个机构网点，分支机构遍布全国各地的庞大的金融机构，如果没有一个有效的内部控制体系，就难以保证各项业务的安全、稳定和高效运作，也难以保证经营目标的实现。其次，在建设银行向商业化迈进的过程中，受内外部环境的影响，建设银行尚没有建立起完善的适应商业银行经营管理需要的运行机制和法人治理结构，如果没有有效的内部控制体系作保障，就难以有效地防范各种经营风险。第三，由于我国商业银行目前的电子化程度相对较低，建设银行各分支机构都拥有独立的会计账户，如果没有有效的内部控制体系，违规经营和账外账就难以从根本上杜绝。近年来，建设银行在加强内部控制方面，采取了一系列措施，并取得了一些积极成效。如实行法人授权与转授权制度；成立了风险控制委员会和信贷风险管理部，对风险进行控制；

推进了信贷经营管理体制改革，实行审贷分离，建立了责任约束和部门相互制衡机制；推出了审计体制改革方案，逐步建立起独立的内部审计机构体系等。这些措施作为建设银行内部控制体系建设的重要组成部分，在建设银行的经营管理过程中将发挥重要的作用。但是，由于经营管理环境发生了较大变化，建设银行原有的内部控制制度与经济、金融以及建设银行自身的发展越来越不适应。因此，全面强化内部控制体系建设是建设银行进一步深化改革的必要途径和当务之急。

1999 年，信达资产管理公司成立后，已经剥离了建设银行的巨额不良资产。与此同时，要切实采取内部改革措施，把建设银行办成一个符合国际商业银行标准的质优银行，同时不能允许再出现大量的不良资产。为此，建设银行正积极推进各项内部经营管理体制的改革。一是继续推进信贷经营管理体制改革；二是全面加强和完善内部控制体系；三是进行人事激励和约束机制改革。随着这些改革举措的实施与深化，建设银行要切实做到经营规范，管理有序，使建设银行综合风险控制能力全面得到加强。

为配合加强和完善内部控制体系的建设，总行办公室根据行领导的指示，组织编写了《商业银行内部控制》这本小册子，目的是向全行员工，特别是各级管理人员，普及有关商业银行内部控制方面的基本知识，全面提高全行员工的企业文化理念，为进一步健全和完善建设银行内部控制体系，奠定扎实的基础。

本书共分五章，第一章主要介绍商业银行内部控制的概念、意义和目标；第二章主要介绍商业银行内部控制体系的要素、基本要求及建立方法；第三章主要介绍国外商业银行内部控制实践经验和基本准则，重点介绍了“巴塞尔体系”与商业银行内部控制制度的关系；第四章主要介绍我国商业银行内部控制的建设，重点介绍了中国人民银行《加强金融机构内部控制的指导原则》和《中国人民银行关于进一步完善和加强金融机构内部控制建设的若干意见》的内容；第五章主要介绍建设银行内部控制体系的建立情况和进一步完善的基本框架设想。总体而言，本书将商业银行内部控制的基本知识、西方商业银行内部控制的经验和准则，以及我国商业银行内部控制状况及进一步完善的总体设想，进行了较为简明、通俗、系统的诠释和说明。为我行管理人员及全体员工，提供了一本学习、普及商业银行内部控制知识的通俗读本。

商业银行内部控制是一种自律性行为，是商业银行内部制度建设和完善的重要组成部分，而“巴塞尔体系”及相关的国际规则和中央银行的监督管理规定则属于外部监管的范畴。国际规则虽然不具有国内国际法律的强制性，但却可以通过国际市场对相关国家及金融机构产生强有力的约束。中央银行是一国金融事业的管理机关，有关商业银行内部控制的某些国际规则与惯例也是由中央银行监管渠道进入，并传导在商业银行内部的。所以，商业银行的内部控制，必须与国际规则及中央银行监管相协调。本书第三章、第四章及相关内容中，详尽地介绍“巴塞尔体系”及中国人民银行的监管规定的目的，就是要在介绍这些国际规则与中央银行监管规定的同时，追求内部控制与外部监管的协调和统一，从而为实现我行内部控制的规范化、国际化奠定基础。

《商业银行内部控制》一书的编写工作，是在刘淑兰副行长的直接指导下进行的。总行有关部门对本书的编写工作给予了积极的配合和支持。总行办公室陈彩虹、文明同志负责本书的组织、设计、审改及总纂工作；张功臣、郭元析、车新亭、胡清平、陈宝东同志参加了本书的编写工作；张墨春同志参加了本书具体的组织、协调及出版工作。战略规划委员会的孙涤顾问、尹东同志，监察室的林鸿同志，国际业务部的张丽同志，法律部的陈晓同志参加了本书讨论，并提供了宝贵的修改意见。本书是所有参与人员集体智慧的结晶。在完成编写任务，付梓出版之际，我们对所有关心、支持本书编写工作的同志表示诚挚的谢意！在世纪之交，本书编写组谨以此书作为献给建设银行全体员工的一份小礼品，但愿我们用自己的赤诚和智慧，共创建设银行明天的辉煌。

[1999 年底，行领导要我组织编写一本商业银行内部控制小册子。从召开研讨会，选定编写人员，用月余时间，即将送审稿送交行领导。2000 年 6 月，《商业银行内部控制》（7.5 万字）一书，即由中国财政经济出版社首次正式出版，并印发全行系统。本文是为《商业银行内部控制》一书撰写的前言。]

国有商业银行建立现代企业制度的思考

伴随着经济的改革开放，中国银行业的改革经历了二十多年的风风雨雨，从1984年“大一统”银行体制被打破，到1999年中央银行跨行政区设立九大分行，中国银行业的变革可谓沧海桑田。国有银行的商业化改革取得的成绩斐然，但由于许多因素的制约，国有商业银行的制度创新仍然举步维艰。随着中国加入WTO的进程日益加快，一些国人危言耸听“狼来了”，虽有偏颇，但由此增加一点危机感，有一种改革的紧迫感是十分必要的。在既有“内忧”又有“外患”的境地下，国有商业银行的改革路在何方。本文就国有商业银行的制度创新谈一些粗浅想法，愿与大家共勉。

国有企业改革在经历了80年代以来的“放权让利”及承包制后，国家能够给予的政策优惠和倾斜，由于国家财政状况的困境，已经没有多少余地。所以国有商业银行的改革，应立足于制度创新，从制度创新中求效益，避风险，实现国有商业银行改革的实质性突破。在巨额不良资产等待核销的情况下，奢谈什么盈利、效益，倒不如实实在在地从制度的深层次上思考一些治本之策，从中国的国情出发，研究一下国有商业银行如何建立现代企业制度问题。

制度经济学家道格拉斯·诺思给“制度”一词下的定义是：制度是在许多人、多次重复的情形下的游戏规则，或者人的行为规范。他认为有效率的经济组织是经济成长的关键，而有效率的组织需要在制度上做出安排并使之日趋完善。作为上层建筑的制度如果不适应相对的经济基础时，对经济发展的阻碍是显而易见的。因此，国有商业银行的改革在由政策性调整转向制度创新时，我们不得不考虑国有商业银行如何成为一个有效率的经济组织，如何按照权力制衡及现代企业制度的原则，建立起一个有效的法人治理结构及制衡机制。

一、现代企业制度的含义及基本特征

1. 企业制度是一种企业财产的组织形式，决定着企业的资产运营和经营机制。现代企业制度始于19世纪末，也就是资本主义从自由竞争发展到垄断时期，它是近代史上人类文明的一大创举。不少西方学者认为现代企业制度是新时代的最伟大的发现，比蒸汽机和电力的发明更为可贵，它是在适应社会分工、社会化大生产和市场经济发展的需要过程中逐步发展和完善起来的。但是，西方现代企业制度是在私有制基础上发展和完善起来的，而国有企业建立现代企业制度的基础是社会主义公有制。所以，两者之间有许多差异，不能简单比较或照搬。国有商业银行可以建立现代企业制度，可以进行股份制改造，但这种创新必须发挥社会主义市场经济的制度优势，必须弘扬企业员工的主人翁地位。西方现代企业制度发展到今天，企业员工在企业管理中的地位已有了一定的制度保障。我国从1995年1月1日施行的《中华人民共和国劳动法》第8条规定："劳动者依靠法律规定，通过职工大会、职工代表大会或者其他形式，参与民主管理或者就保护劳动者合法权益与用人单位进行平等协商。"这说明，国有商业银行建立现代企业制度，必须首先健全和完善职工代表大会制度而不是削弱或取消这一制度，并且在此基础上，推行国有商业银行职工内部股份制，以此完善国有商业银行的法人治理结构和监督机制。这个问题，在国有商业银行转轨以来被弱化或忽略，而行政权力被过分强化，群众监督制约机制缺乏组织保障。这是一个值得引起重视的问题。国有企业的"老三会"与建立现代企业制度的"新三会"现在都有存在的法律依据，这是制度创新或转轨时期的一个特点。现代企业制度是在市场经济体制下，以明晰企业各个利益主体的产权关系为基本内容，以确立企业的法人主体地位和市场竞争主体地位为核心的一种企业制度。

2. 党的十四届三中全会《关于建立社会主义市场经济体制若干问题的决定》，对我国要建立的现代企业制度的基本特征概括为：产权明晰、权责明确、政企分开、管理科学。

（1）产权明晰。产权明晰是现代企业制度改制的核心内容。其产权演变为两个方面：①出资者的财产所有权，指财产在法律上归谁所有，归谁支配的权利。产权明晰就要明确确定这些不同的投资主体都是企业的归属主体，是按照“谁投资，谁收益”的原则来确定的财产主体。②企业的法人财产权，指对财产中生产资料的实际占有、使用与对产品的处分的权利。产权明晰就要使企业在出资者投资形成的企业法人财产的基础上，形成独立自主的法人实体和市场竞争主体。

（2）权责明确。现代企业制度是有限责任的企业制度，企业以其全部法人财产，依法经营、自负盈亏，对出资者承担资产保值、增值的责任。一方面，投资者所投资本不能抽回，只能转让，企业以自己的全部资产（包括收受投资者的出资和新增积累）对企业的经营风险承担责任；另一方面，投资者以投入的资本额为限承担有限责任，真正体现利益和责任的统一，权利与风险对称的原则。

（3）政企分开。一是指政府行政管理职能和企业经营管理职能分开，二是指政府的社会经济管理职能和国有资产所有权职能分开，政府和企业的关系表现为法律关系和经济关系，即政府依靠政策法规和经济手段等宏观措施，调控市场，引导企业的经营活动；企业按照市场需求组织生产经营活动；政府不直接干预企业的生产经营活动，企业与政府之间没有行政隶属关系，企业不定行政级别，企业员工不纳入国家公务员序列进行管理；企业不再承担应该由政府和企业组织承担的社会职能；确立国有资产产权主体，形成国有资产产权主体与企业的产权关系。

（4）管理科学。现代企业制度有一套科学、完整的法人治理结构，它通过股东会、董事会、监事会和经理层等公司治理结构的设置和运作，形成调节所有者、法人代表、经营者和职工集体之间的制衡和约束机制。通过这一法人治理结构，出资者的终极所有权与企业法人财产所有权的关系就不单纯是一种简单的分离关系，而是在企业内部形成的相互统一而又相互制约的关系。

二、国有商业银行改革的困境

国有商业银行的改革应该充分认识产权是经济效率的必要条件和充分条件。产权模糊会导致权力的作用和界限不清楚。现在有不少人用下面这样一个例子来说明产权明晰的重要性：有棵苹果树，它是无主的，有两个人都想吃到树上的熟苹果，按照西方经济学“理性人”的假定，这两个人都会追求个人利益最大化，因而，都想早于对方把苹果摘掉，结果在苹果未熟之前苹果都被摘掉了，谁也吃不到熟苹果。这就是没有产权的结果。如果这两个人对这棵树的产权达成一个协定，如四六开、五五开……，结果会与前面的情形不同——双方都会耐心等待苹果长熟后再摘。这个例子说明有产权和无产权，所产生的社会效率是完全不同的，有产权时肯定比无产权时大。

在我国，政府是“国有资产的所有者”，由于尚未建立完善的社会资产的法人占有制度，而导致社会资产“所有者缺位”，缺位的结果导入“政府所有”，导致国有企业法人治理机构的行政化和权力化，形成国家权力—行政管理—企业运行的行政化的财产委托关系。这是国有企业改革遇到的最根本性的问题，国有商业银行的改革也尚未摆脱这一运行轨迹。因此，国有商业银行改革要实现“产权明晰、权责明确、政企分开、管理科学”的要求，还有很长的路要走。

（一）政府干预

如果我提出这样一个问题：“国有商业银行的行长是政府官员还是银行家?”要作肯定的回答可能很困难。其实，现在国有商业银行的行长既是政府官员又是银行家，或者是领导商业银行的政府官员。一方面，总行行长是由中组部考察，以国务院红头文件任命的。分行行长是由总行任命的，受总行垂直领导对总行负责。另一方面，国务院与总行、总行与分行存在着委托—代理关系，面对上级部门委托的财产，行长是银行财产的法人代表，理所当然就是经营者了。银行行长这种双重身份的特征，正是现行体制的必然产物。

国有商业银行所有权与经营权的分离是以行政授权而不是以资产授权为基础的，行政授权不仅不能实现两权的彻底分离，还赋予了银行的机关属性。事实上，国有商业银行改革的实践证明，国有商业银行的行政属性在增强，“官本位”在强化。表现在：（1）银行各级分支机构既按行政区设置，又享有相应级别的行政待遇。（2）银行行长由有关部门任命，是行政官员，而不是内部选举或公开招聘产生的职业银行家。（3）银行的经营很难以盈利为目标，自主经营的机制尚未真正建立，银行必须接受政府的行政指令，必须接受政府部门安排的政策性业务。因此，现阶段的国有银行是不可能摆脱行政干预的。

（二）管理体制不科学

管理体制的核心是建立各种约束机制和激励机制，从薪酬分配方面来讲，国有商业银行现行的工资制度与建立现代商业银行的要求还有较大差距，工资总额的限制、分配上的平均主义，大大阻碍了行长（管理层）和行员（职员）主观能动性的发挥。经营者的薪酬未能与绩效挂钩，行长努力经营银行的动力主要靠觉悟，靠党性或事业心，以及行政职务的提升。

从风险控制方面来讲，国有商业银行约束机制存在配置不足。董事会、监事会、经理层（行长）三权分立的制约机制尚未建立，经理层掌握着企业的控制权，由于对经理层的行为不能有效的最终控制，就会产生“内部人控制”问题。没有约束的权力，大大方便了权力拥有者的“寻租行为”，以权力创造利润，腐败行为油然而生。

三、国有商业银行构建现代企业制度的几点思考

国有商业银行改革的出路在于通过建立现代企业制度来提高经济效益，要对现行的银行体制进行战略性调整与创新。

（一）建立国有商业银行法人产权制度

西方商业银行的演进历史与发展经验，以及我国非国有商业银行有效运作的成功事例告诉我们，国有商业银行实行公司制或股份制的财产组织方式，实现银行产权的法人化、多元化是产权制度建设的必由之路。

1. 明确产权，实现国家所有权（终极所有权）和银行经营权（法人财产权）彻底分离的产权结构。清晰地确定国家、银行在经济活动中的角色。以摆脱行政干预，实现政企分离，使银行真正成为一个“自主经营、自负盈亏、自我约束、自我发展”的经济实体。

2. 在明确产权的前提下，可以实现产权结构的多元化、市场化，改变国有银行独资的现状。要有计划、有步骤地对国有商业银行进行股份制改革，允许国家股、法人股、职工股各占一定比例，在国有商业银行实现股份制改革之前，首先要进行银行职工内部股份制改革，银行员工可以通过劳动价值贡献大小，拥有内部股份，把职工代表大会制度改造为职工持股会，参与银行的民主决策和监督管理。当银行在资本市场上募集股本时，银行员工当然也可以享有购买银行股本的优先权，这更有利于提高员工参与管理与监督的自觉性。当然，结合我国国有商业银行的具体实际，股份制也不会是一朝一夕就能实施的，但必须确立银行员工的改革主体地位和参与权。

（二）建立国有商业银行法人治理结构

法人治理结构就是财产所有权与经营权分离的前提下，关于所有者与代理人之间的一种制度安排，就是在董事会、监事会、经理层三者之间形成一定的制衡机制。法人治理结构是现代企业制度的核心，其理论依据是委托—代理理论。法人治理结构中存在着三种代理关系：（1）董事会对股东大会的代理关系。（2）经理（行长）对财产经营权的代理关系。受董事会委托，经理经营公司财产，以保证其增值。（3）监事会对股东利益的代理关系，对董事会和经理的行为进行监督、制约“道德风险”，委托—代理关系实质上是权利与义务关系，因而，三者之间存在权力制衡，相互制约。按照现代企业制度的要求，在董事会与监事会中必须有相当比例的员工代表参加，德国的公司监事会成员中，企业员工占一半左右，其他西方国家的公司法中也都有员工参与决策和监督的规定。国有商业银行的改革在这方面应有比西方更大的比例，才是合理的。

国有商业银行应在法人产权制度下，按“三权分立、权力制约”的原则建立股东会、董事会、监事会及总经理（行长）负责制组成的银行企业组织。通过对银行决策权、执行权与监督权在三者间合理分配与互相制约，形成商业银行的法人治理机制。

1999 年 9 月 22 日中共第十五届中央委员会第四次会议通过的《中共中央关于国有企业改革和发展若干重大问题的决定》中明确规定要“坚持和完善以职工代表大会为基本形式的企业民主管理制度，实行民主评议企业领导人和厂务公开”。因此，国有商业银行在实现股份制改造之前，应当充分发挥“老三会”的作用，应当在银行内部形成一个权力制衡机制。否则，道德风险及“内部人控制”问题，就很难得到遏制。

（三）建立商业银行的管理体制

法人产权制度下的管理体制主要是在公司法人资产的委托—代理制下规范不同权利主体之间权、责、利关系的制度安排。一方面，作为“经济人”的代理人在代理过程中可能存在着工作怠慢或侵蚀银行委托人利益等“道德风险”的可能，以及所有者和经营者在利益目标上的偏差。另一方面，如何最大限度地激发从业人员（行长与员工）的积极性，建立有效的激励约束机制，是一个重要的制度建设问题。管理科学的核心是建立各种激励机制和约束机制。

就激励机制而言，（1）是否可以实行经营者年薪制，使经营者收入与专业的经营业绩挂钩，企业经营者应以其拥有的管理能力、创新能力、风险识别能力作为企业家才能要素参与利润分成。目前，全国实行年薪制的国有企业已达70000户。根据实施年薪制的经验，逐步在国有商业银行推广是很有必要的。（2）是否可以实行股票期权，即企业员工内部持股或MBO，管理者购买产权，从而达到对管理层和员工的长期激励的目的。

就约束机制制而言，实现对经营者的约束可通过以下机制：

1. 股东通过股东大会与股票市场对经营者进行控制。通过股东大会可选举董事、监事、制定公司章程及对公司财产要求采取“用手投票”的监督方式。在股票市场上，通过买卖公司股票，对经营者进行影响与控制，采取“用脚投票”的监督方式。

2. 通过监事会对经营者进行控制。

3. 通过董事会对经营者进行控制。

以上是对国有商业银行的改革的几点粗浅看法和思考。总之，国有商业银行改革的重中之重是建立以公司制法人产权制度及公司制治理结构为主要内容的产权制度及组织制度，这是确保银行经营稳定、运作规范、效益提高、功能完善的根本。虽然，目前有种种主客观因素的限制，但真正的改革是任何力量都不能阻挡的。“青山遮不住，毕竟东流去。”我相信国有商业银行与整个国有企业的改革在制度创新方面会有光辉的前景，具有中国特色的国有商业银行的改革一定会迈出自己坚实有力的步伐。

（本文是2000年5月15日参加中国投资学会第四次会员代表大会时撰写的研讨论文，先后在专题组及大会进行交流发言，并被大会投票评选为“中国投资学会优秀论文”而获奖。2000年7月20日《建设银行报》以《国有商业银行改革重在制度创新》为题发表，芦明参与撰稿。）

中国信达资产管理公司的历史使命

经国务院批准，中国信达资产管理公司于1999年4月20日在北京正式宣布成立。作为中国首家大型资产管理公司，承担着重要的历史使命，面临着诸多的困难和问题，中央领导同志对我们寄予了殷切的希望，各家国有商业银行对我们表示了极大的关注，国内的许多投资银行及资产公司，以及我国媒体也都对我们非常重视。这说明，中国信达资产管理公司的成立，对国有企业改革和对中国金融业的发展都将产生重要的影响。我们正在从事一项极具开拓性和挑战性的事业！每个有志于献身中国改革事业的员工，正是一展身手，报效国家，建功立业的难得机遇！我们要为化解不良金融资产，盘活资产存量而努力工作；要为建立适合中国国情的现代企业制度，提高公司的经营效益而努力工作；要为中国建立资产管理公司开拓业务空间，认真总结和积累经验；同时，我们也要在公司的实际经营活动中，培养和造就一批精通资产管理业务，熟悉中国国情的现代企业家和投资银行家人才。我深信，中国的改革大业必将取得更加辉煌的成就！中华民族的繁荣和振兴，是历史发展的必然！西方列强恃强凌弱，欺我中华的屈辱历史，绝不会重演！我们要把强烈的爱国热情和崇高的民族尊严，化作增强我国综合国力的实际行动！要把全心全意办好中国信达资产管理公司，作为我们全体员工的共同奋斗目标和实现人生价值的具体体现！我殷切地期望，我们中国信达资产管理公司的全体员工，能够团结一致，同舟共济，开拓进取，无私奉献，为共创信达公司的光辉业绩而努力奋斗！

国务院办公厅在转发《人民银行、财政部、证监会关于组建中国信达资产管理公司意见的通知》中，不仅对公司的性质、任务和业务范围等问题，做出了明确的规定，而且也赋予了信达资产管理公司光荣而艰巨的历史使命，这就是剥离、接收、经营和处置建设银行的不良资产，最大限度地保全资产，减少损失。

建设银行从1993年实行商业化改革以来，由于历史遗留的问题，以及现实运作中的诸多障碍，导致了银行资产质量不高，资本充足率难以有效提高等实际困难。这对建设银行进一步深化改革，提高市场竞争能力，都是十分不利的。如何把历史遗留的沉重包袱卸下来，让建设银行轻装进入市场，有效地发挥商业银行的运作机制，仅仅依靠商业银行的功能和手段是难以奏效的。而成立资产管理公司，运用投资银行业务的各种手段来专门处置业已沉淀、凝固的不良资产，不仅是国有商业银行改革所必然采取的手段，而且也是国有企业改革的重要举措。事实上，银行贷款最终都形成了企业的实际资产，而国有企业及其所拥有的厂房、设备等有形资产就是国家所拥有的资产存量。银行不良资产的积累和沉淀，实际上也就是国有资产存量的闲置和凝固。所以，化解银行不良资产的本身，就是国有资产存量的盘活。我国是一个发展中国家，要实现经济腾飞，投资不足是一个主要的矛盾。而我国资产存量的闲置和凝固，不仅是资产本身的巨大浪费，也会对国有企业的改革、社会稳定产生巨大的负面影响。从这个意义上讲，中国信达资产管理公司的成立和有效运作，对化解不良资产，盘活资产存量，将产生重要的推动作用。

中国20年的改革已经取得了举世瞩目的成就，中国金融业也有了长足的发展。但是，由于投资银行业的发展不仅大大滞后于商业银行的发展，而且严重阻碍了资本市场的发育和成熟。截至1997年底，我国投资银行业的总资产仅为2055.5亿元，只相当于国有商业银行总资产68228亿元的3%。这样弱小的投资银行业的状况是难以适应国有企业深化改革的实际需要的，是与发展社会主义资本市场的客观要求不相适应的。国有企业资产存量要盘活，要提高资本效率，就必须使投资银行业有一个大的发展。资产管理公司作为一个国有金融企业，可以运用投资银行的业务手段，进行资产的市场化运营，包括兼并、收购、分拆、破产、重组、股份制及股改上市等方式，实现对银行不良资产有效化解和资产保全。由此可见，中国信达资产管理公司的成立，是中国金融业发展的客观需要和必然趋势，是中国金融业改革的一项重要举措。

金融是现代经济的核心。江泽民同志在年初举办的省部级主要领导金融研究班结业时的讲话中深刻地指出：“金融搞好了，一着棋活，全盘皆活。如果金融业搞乱了，那就会一着棋死，全盘皆输。”这段话精辟地阐释了金融在现代经济运行中的核心地位。在传统计划经济体制下，国有银行包揽了国有企业的全部资金筹集和供应任务，政策性业务和商业经营性业务融为一体。在国有专业银行实行商业化改革过程中，这部分历史遗留下来的政策性信贷所形成的不良资产并未能及时剥离和处置。加之在90年代初的经济超高速发展时期，出现的房地产及股票市场过热现象，以及由此导致的泡沫经济，反映在商业银行账面上的是："一逾两呆"不良资产的迅速膨胀。从1993年下半年开始，中央和国务院果断采取了"约法三章"以及"双紧"政策为主要手段的宏观调控及结构调整，虽然到1996年就实现了国民经济运行的软着陆，避免了一场可能发生的金融危机。但是，银行在经济过热时期业已形成的大量不良金融资产，并未得到有效化解，国有商业银行的资产状况并未得到有效改善。由于中央领导对国民经济宏观运行情况的胸有成竹，以及宏观调控措施的恰当运用，我国不仅避免了一次大的经济振荡和起伏，而且在1997年下半年的东南亚金融危机发生后，处变不惊，沉着应对，使我国在外部经济环境极度恶化的情况下，仍然保持了国民经济的健康、稳定和高速发展。我们在为避免了一次可能发生的金融危机庆幸的时候，不得不冷静地看到中国金融业改革所面临的内外部困难和严峻的挑战。金融业在实行分业管理，加强监管力度的同时，必须对商业银行业已形成的"一逾两呆"不良资产进行剥离和化解，必须尽快改善银行资产的总体状况，提高商业银行防范和抵御金融风险的能力，切实搞好金融工作，实现"全盘皆活"的既定目标。国务院决定成立中国信达资产管理公司，首先剥离建设银行的不良资产，正是抓住了金融这个现代经济的中心，并且对建设银行寄予了极大的信任和无限的期望。有幸从事信达资产管理公司工作的全体员工，要用我们的智慧和勤劳，完成好这一光荣而艰巨的任务，决不能辜负党中央对我们的信任和期望！我们作为首家资产管理公司，在承担化解不良金融资产的工作中，面临许多矛盾和困难。我们必须保持清醒的头脑，严谨的作风，冷静地分析形势，制定周密的应对策略。在认识形势的严峻性方面，不能不对以下几个问题予以关注。

1. 中国经济体制改革正面临攻坚阶段，各种深层次的矛盾更加突出，外部经济环境并不宽松，这就使资产管理公司在管理、处置不良资产时，面临着一个比较复杂和困难的经济环境。

2. 国有企业的资产经营机制尚未形成，社会中介服务机构及服务市场尚不完善，这就使资产管理公司在资产接收、管理、处置过程中，面临一个很不规范的资本市场和服务机制。

3. 由于东南亚金融危机对我国的波及和影响所导致的需求不足，在短时期内难以有大的改观，从而使资产的经营和运作的空间受到挤压，各种投资银行的业务手段受到了较大的制约，不利于公司业务的拓展。

4. 整个资本市场的发育滞后和相应的法规体制不配套，从而使管理公司的运作缺乏一个良好的外部法律环境。

5. 中国信达资产管理公司是首家国有独资金融企业，国家财政在困难的条件下，一次性拨付资本金100亿元，这是一笔不小的投入，但我们接收的不良资产总数肯定在2000亿元以上，自有资本率仅为5%。从公司接收不良资产的数额与公司资金来源的形势看，融资形势不容乐观。目前基本倾向于向建设银行发行公司债券加以解决，具体发行方式、数额等条件和问题，尚需进一步确定和落实。

6. 我们是一支从事资产管理业务的标兵，我们从事的是一项全新的业务，担负着艰巨的化解巨额不良资产的任务。中央、国务院对我们寄托着很高的期望，我们公司上下承受着巨大的工作压力和心理压力。我们既要打仗，又要练兵；既要尽快对外开展业务，又要抓紧公司内部建设；既要统筹安排，从长计议，又要不失时机地尽快寻找商机，力求早见成效；既要尽快开拓业务空间，改善内外部环境，又要及时完善和调整经营策略，善于总结和积累经验。

总之，我们大家必须对公司面临的严峻形势有一个清醒的估计和认识，这样我们才能确定切合实际的经营对策。沉着、稳健地迎接挑战，树立求真务实的严谨工作作风，这是问题的一个方面。我们讲困难，是为了克服困难；我们对形势严峻性的足够认识，是为了更好地发挥主观能动性，变被动为主动。另一方面，我们作为国务院批准成立的首家资产管理公司，从一开始就得到中央、国务院的亲切关怀和有力支持，并为公司的发展提供了一系列的优惠政策。我们争取到了公司建立和发展的一系列有利条件和可供操作业务手段。从外部环境看，我们既面对挑战，也面临着机遇。我们既要敢于接受挑战，也要善于抓住机遇。大家今天能够在中国资产管理公司的旗帜下聚集，就是为接受挑战而来，是为抓住机遇而来，是为创造资产公司的光辉业绩而来，所以我们要以科学的态度、积极的热情、严谨的作风投入到工作岗位上来。

中国信达资产管理公司的成立，是中国经济体制改革深化的表现，是国有企业和银行业改革的重要步骤。我们确实面临着巨大的挑战，但是，公司发展的机遇也正在其中。我们要用自己的实践，去探索一条中国资产管理公司的发展道路，国外的经验一定要吸收和借鉴，但不能简单照搬；国内资本运营和资产管理方面的经验要学习和总结，但没有什么现成模式可以直接效仿。一句话，我们必须自己闯出一条成功之路。资产管理公司的工作不但要积极研究新业务，开拓新思路，探索新领域，而且要重视总结和积累新经验。这不仅是我们开拓事业、改进管理所必须具备的科学态度，而且也是为中国金融业和资产管理公司的进一步发展积累经验，探索一条在中国发展资产管理公司的成功之路。所以，我衷心地希望公司的每一个部门，每一位员工，都应树立一种“敢为天下先”的勇气和魄力，用我们的聪明和智慧，用我们的心血和汗水，为资产管理公司的生存、发展和兴旺积累经验，铸造辉煌。

（本文作于1999年4月初。1999年中国信达资产管理公司筹建成立时，我本已内定调入该公司，但后因故未能成行。当时我已参与起草和审定公司成立大会的总裁讲话稿。讲话稿主体共三部分，我在对初稿进行全面修改时，重新独立撰写了讲话稿的第一部分，即“中国信达资产管理公司的历史使命”，这些内容也是我当时对金融改革及资本市场发展关注和研究的初步成果。此次收入，对文字略有修改，未改变人称。谨以此作为历史的回味和纪念。）

规范资本经营的关键是建立现代企业制度

——在北京市资本运营与国有企业改革座谈会上的发言摘录

一、资本经营的现实问题很值得关注

从当前的现实出发，资本经营具有两方面的现实意义：首先，资本经营是实现投资结构及整个经济结构调整的一个重要手段；其次是解决我国资本不足的一个有效途径。任何一个发展中国家，在国内本身积累水平不高，又面临着大量的建设与发展的任务，特别是基础设施的建设，都存在着资本不足的问题。可是我们在资本不足的情况下，现有的资本又有一部分凝固和僵化，比如厂房、土地、设备等，因此，盘活存量使资本流动起来才能产生几何效应。我国的国有企业改制过程中，资本运营还处于摸索阶段，还存在一些问题，如有些上市公司通过发行股票筹集到资金后，不是将资金注入到产业中，用于发展品牌、壮大资产，而是用相当一部分进入股市炒股，这对股民是一种欺骗，也说明包装上市是不真实的。另外，即使有些上市公司经营情况较好，但是也有盲目追求资产规模扩大的倾向，而忽视了资本效益的提高。所谓企业包装上市，现在很时髦，其实包装只是表面的装潢而已，并不完全真实地反映企业的实绩。搞经济是要讲信用的，不讲信用是没有生命力的。有人说国有企业吃财政，吃完了财政吃银行，吃完了银行吃股民。如果上市公司不能规范运营，提高企业业绩，而单靠二级市场的炒作，必然产生股市泡沫经济。此风一旦漫延，其负面影响不可低估。

二、建立现代企业制度是规范资本经营的有效途径

资本经营主体如何确立，这是经济学理论和经济实践活动所面临的重要难题。我国进行的现代企业制度的改革还不彻底，因为，现在所谓的所有权和经营权的分离只是一次分离，这种分离是不彻底的，是容易产生经营者专权舞弊的一种分离。而西方发达国家的现代企业制度已经实现了二次分离，也就是所有权、决策权、管理权的三权分离，我国的现代企业制度改革也应搞三权分离，不必先搞两权分离，再搞三权分离，因为这种改革的社会代价太大。所谓三权分离，也就是在所有者和管理者之间构建中间隔离带，形成一个董事会阶层。董事会阶层应该是有效的决策阶层，既能为所有者负责，又能监督、制约管理者。我认为，建立现代企业制度是规范企业资本经营的基础或前提。现在国有企业的制约机制未真正建立，企业首长的权力较大，容易造成腐败。另外，国家对企业经营者阶层没有奖惩制机，可以说，现在的国有企业厂长、经理们实际上就是准政府官员，他首先是政府派驻企业的代表，所以必须对政府负责。企业首长的业绩再好，除了提升官职，再不能有它图。这样，对经营者并没有按照经营业绩和资本增值考核，没有体现资本的人格化。这是与现代企业制度的要求和资本经营的原则不相容的一个体制问题。我们在探索总结资本经营的成败时，应把资本经营的规范性以及国有资本的安全性和增值性作为衡量标准。

（1998 年 6 月 18 日，我应邀参加《北京财会》编辑部与北京市国有资产管理局共同召开的“资本运营与国有企业改革座谈会”。本文是由《北京财会》编辑部根据座谈会发言摘要整理，发表于 1998 年 6 月《国有资产管理・专家论坛》第 36 页。）

试论建设银行向商业银行转化问题

一、建设银行向商业银行转化是改革的大方向

我国现有的国家四大专业银行原本属国家银行和财政两个系统：一是原有的人民银行在80年代中期明确履行中央银行职能的同时，从中分离出工、农、中三个国家专业银行，这三个专业银行本来就是从人民银行的母体中分离开来的，所以银行职能相对健全；二是原财政部所属的建设银行，它是具有财政银行双重职能的国家专业银行，从资金来源及业务分工范围看，它本来就是为国家产业政策服务的国家开发银行。由中央银行分离出来的专业银行向商业银行转化虽然也有难度，但相对较小，是顺理成章的事情。而建设银行从财政部分离出来，80年代中期纳入中央银行领导的专业银行体系后，则是在中国改革的进程中，逐步地、艰难地、被动地经历了一个较长的演变过程，以致在今天，已经是别无选择地迈向国有商业银行的轨道。

建设银行是适应50年代初期国家大规模投资建设发展的需要而创建的一家财政性银行，其资金来源全部由国家财政供给，其投资项目完全是国家计划部门确定的重点产业和重点项目。建设银行履行着投资资金拨付及管理监督职能。因此，建设银行是始终为实现国家的产业政策，为国家的重点建设服务的，从开始就具有明显的国家政策性银行的特征。有人说“建设银行是计划经济的产物”。这种提法，从说明建设银行与传统的计划经济体制之间的历史联系看，虽然也有些道理，但这种提法，既不准确也不全面。因为一种事物与另一种事物之间有联系，并不等于这种事物就是另一种事物的产物。建设银行与计划经济体制确有联系，但它是中国大规模投资建设的产物而并非计划经济的产物。如果说建设银行是计划经济的产物，那么，与建设银行同时或更早产生的经济部门，包括其他银

行，谁又不是计划经济的产物呢？建设银行不是银行又是什么呢？其实，否认历史就是一种对现实的偏见，如果我们把中华人民共和国成立以来的大规模投资建设成就给予肯定的话，又怎么能否认建设银行的历史功绩呢？在原有的计划经济体制下，国家的经济、社会部门及其运作行为都受特定的经济、社会环境所制约。从发展的眼光看，事物的发展、完善是无止境的，所以，建设银行不可能是现在意义上的规范的国家开发银行。特别是进入 80 年代以后，随着国家经济建设速度的加快，建设资金需求量的成倍增加，而国家财政状况则越来越走入困境。在这种形势下，仅仅依靠财政资金支持国家重点建设，实现产业政策目标已是根本不可能的了。特别是建设银行从财政部门分离出来之后，建设银行开拓金融业务，加强银行职能，是中国改革发展的必然趋势，是适应国家投资建设发展，全力支持重点建设项目的客观需要。否则，财政年年出现赤字，每年几百亿的投资，怎么能满足经济高速增长的需要呢？譬如，80 年代至 90 年代是我国经济高速发展的关键时期，但首先面临的困难是能源紧张，亟须大力发展能源工业，而国家预算内投资有限，无法满足能源工业的需要。在这种形势下，建设银行理所当然地用借贷资金全力以赴地支持了国家能源工业建设。据统计，从 1985 ~1988 年建设银行仅对国家统配煤矿总公司统贷款就达 22. 2 亿元之多，1989 ~ 1992 年又对国家能源投资公司统贷款 110. 5 亿元，总计信贷规模达 132. 7 亿元之多，这在整个煤炭行业处于严重的政策性亏损，而同时又成为整个国民经济瓶颈部门的情况下，有哪家商业银行能这样做呢？

在国家投资体制及金融体制改革的宏观形势下，建设银行继续履行部分财政职能，同时扩展自身的政策性投融资业务，办成真正的国家开发银行或长期信用银行也是顺理成章的事。只要国家在银行法中赋予建设银行具有使用国家拨付的资金和独立发行债券的职能，即可基本完成这一职能的转化。因为开发银行的资金来源无非是两部分：一是国家财政拨款；二是发行债券收入。几年来，建设银行坚持双重职能，坚持长期信用为主，基本是受这样一个思路支配的。至于建行办储蓄，大量吸收存款，是不得已而求其次的做法。有人说是“逼上梁山”的，这样说也不是没有道理的。但是经济体制改革如同任何一种经济活动一样，归根结底改革是各种经济主体行为综合作用的结果，是客观环境制约主观意愿，不是某一主体单方面的愿望所可以左右客观规律的。譬如，作为投资体制改革的一项重要举措，国家成立了六个专业投资公司，企图通过投资公司来贯彻国家的产业政策，完成国家的重点建设投资任务。但是实践已经证明：其一，专业投资公司首先面临着投资资金的严重不足，这是由国家财力困难所决定的。国家可以成立六个投资公司，但绝不可能使投资资金增加六倍。其二，专业投资公司成立后并不能理顺计划、产业、银行等部门之间的经济关系。管理体制方面的矛盾难以理顺，业务的正常运行就十分困难。现在专业投资公司又改组成了国家开发银行，并明确为政策性银行。与此同时，建设银行变成了国家商业银行。尽管国家开发银行还刚刚开张，建设银行向商业银行转化还将是一个渐进的过程，但可以肯定的是，建设银行不能再在以往的思路下探索和思考问题了。"塞翁失马，焉知非福?"在社会主义市场经济的总体模式下，建设银行只能横下一条心，尽早寻找到自己的适当位置，尽早进入商业银行的角色，准备在市场经济的大环境下，再度奋起，再度辉煌。

二、建设银行向商业银行转化是一个渐进的过程

国家专业银行向商业银行的转变既需要依赖外部条件的转变，也需要内部条件的成熟。而外部条件、内部条件的转变或成熟是一个渐变的过程，我们既不能无视外部条件的客观制约，也不能坐等外部条件的转变而不发挥自身的主观能动性。从外部条件看：一是政府职能的转变，二是现代企业制度的确立。

由于政府职能的转变既有观念上的滞后因素，也有深刻的利益关系在起着制约作用。为什么"翻牌公司"屡禁不止，花样翻新？为什么企业改革进行了十多年至今未取得突破性进展？这就是银行体制改革所面临的两个最主要的外部因素。反过来讲，银行体制改革举步维艰也有银行自身的因素。这两者也是相辅相成、互为条件的。许多专家权威人士提出，我们能否再用10年左右的时间完成专业银行向商业银行转变的过程呢？我看是有根据的。问题是，谁也不能坐等外部条件成熟后再转化，谁也不能等别人都已下海了，自己再去学游泳。因为，在银行把政府、企业因素看作外部条件下，对政府、企业来讲，银行机制的转化也是其外部条件之一，所以建设银行尽早找准自己的位置，尽早进入角色，尽早学会游泳，就会尽早取得主动权，尽早开拓自己的领域，尽早实现建设银行向商业银行的顺利转化。

三、建设银行要积极创造向商业银行转化的内部条件

既然建设银行向商业银行转化是一个渐进的过程，就首先要有战略的眼光，要有切实可行的现实对策。与其整天强调外部障碍，不如从加强内部管理入手，大胆转换机制，积极地创造向商业银行转变的条件。

（一）要树立以市场为取向的价值观念

随着企业制度的改革、公司法的出台与完善，现代企业制度的建立已经开始起步，与此相配套的财税制度、国有资产管理体制、外汇外贸体制的改革及其以市场为取向的配套改革步伐的加快，金融业走向市场，逐步实现银行企业化、资金商品化、利率市场化，已成为建立社会主义市场经济体制的一个重要组成部分。建设银行转变为国有商业银行，实行“自主经营、自负盈亏、自担风险、自我约束”的“四自”经营原则是一个必然趋向。这种转变既需要对经营运作机制、组织机制和内部管理机制等进行调整和改革，更需要从思想观念、价值取向方面进行更新。价值观念本来是一种意识形态的东西，但它却是主体行为的一种准则，是制约主体行为的一种无形的支配力。如果建设银行还停留在传统的“守计划、把口子”，停留在按行政指令调节自身的行为，而不是以市场为价值取向，不去了解市场研究市场、及时把握市场变化的规律，并且运用这种规律来确定自己的经营决策，筹划自身的经营运作方式，建设银行向商业银行的转化就只能是纸上谈兵。建设银行树立以市场为取向的价值观念，就是要树立以效益为中心的内部运行机制。

（二）要加强以竞争求发展的综合实力

随着改革开放的深入发展，我国经济与世界经济的交流越来越频繁，对外开放度越来越大，竞争也越来越激烈。这种竞争首先是商品的竞争，其次是技术专利及知识产权的竞争。商品及知识产权的竞争，必然推动金融业的竞争。在金融领域对外开放不断扩大和我国关贸总协定缔约国地位即将恢复的形势下，外资银行和其他银行机构也将会更多地进入我国。这就迫切需要银行业不断地拓宽业务

领域，向多功能、综合性国有商业银行发展，为社会提供全方位综合性的金融服务。建设银行要抓住自我发展的良好机遇，就应该向这一方向发展。现在上海浦东已经进来许多国外商业银行。今年二月底美国的高盛公司在北京人民大会堂举行了北京办事处成立的记者招待会，基辛格的同僚、撒切尔的顾问都是该公司的董事，这家公司原来的对华业务主要是由香港的分支机构办理，现在正式在北京成立了分支机构。本月中旬日本住友银行在北京举行了商业银行改革研讨会，已经在北京设立了办事机构，也准备进入中国市场。这说明金融业的国际性竞争在我国展开的时间不会太久了。当然，我们建设银行在国外也建立了几个办事处。但是不论是国内竞争还是国际竞争，必须两手抓：一手抓开拓业务领域；一手抓内部管理，改善服务。这样才能扩大客户范围，扩大存款额度。这就是银行综合实力的表现。现在有些文章提出“筹资兴行”的口号，强调了筹资工作的重要性，看到了银行的实力就是资金实力，这是有积极作用的，但口号本身的提法并不全面。因为“兴行”是多方面的，譬如，“科技兴行”“教育兴行”“信贷兴行”，等等。但是应该说，扩大客户、稳住客户，扩大存款、增强筹资能力，是增强建设银行综合实力的一个重要方面。中国有句格言是：“知人者智，自知者明，胜人者力。”作为银行的实力，就是“资金实力”，当然还应强调“资金”的成本和效益，这样就比较全面了。但建设银行要了解竞争对手，明白自己的地位，增强自身的竞争实力，则是树立以市场为取向的价值观念的基本要求。

（三）要树立以信誉求生存、求发展的服务宗旨

信誉是银行生存的基础，服务客户是银行发展的源泉。在当前改革与发展的关键时期，建设银行对外树立良好的信誉和优质的服务水平尤其重要。随着市场经济的发展，人们的金融意识在迅速增强，银行业务正在向多元化、全能化的方向发展，企业经营观念的多向选择，也必然从多角度、多方位出发来寻找最佳的银行作为自己的合作者。在这种形势下，金融业的竞争只能更加激烈，竞争的手段必然多样化，而这种竞争的前提条件，一是资金实力，二是信誉和服务质量。银行的资金是竞争的“硬件”，而信誉和服务质量则是最重要的“软件”。这种“软件”，在一定条件下也可以转化为“硬件”，它在银行的发展中具有巨大的推动作用。我们在与外国银行界的人士交谈中，出现最多的一个名词，就是“客户”。日本住友银行的人士讲：“业务”与“事务”这两个词在日本是两个不能混同的概念，“业务”的含义是指存、贷款以及与客户的交往，而其他都称之为“事务”。“业务”与“事务”比较起来，显然是第一位的。现在，在我们建行的业务人员中，特别是窗口业务人员对客户的分量还是重视不够的。搞商业银行把客户当作上帝的说法并不过分。

（四）要以改革为动力，尽快完善建设银行的管理体制和内部运行机制

由于我国目前的金融改革还处于起步阶段，银行业的竞争还处于朦胧阶段，竞争的手段还比较原始、低级。建设银行要想实现机制转化，抢占市场竞争的制高点，使自己处于有利的地位，对现有的体制必须做大的调整，对现有的运行机制必须重新塑造。

在体制方面，首先改革人事劳资制度，要能吸收和造就高素质人才，要淘汰冗员；其次是改革内部的财务分配制度，建立一套激励机制；再次是改革信贷管理体制，建立资产负债的风险管理机制；最后是改革内部资金管理体制，建立全行统一调度资金的灵活运行机制，充分发挥建设银行资金的效益。总之，建设银行向国有商业银行转变是一个艰苦的创业过程，需要一批具有积极创业精神的开拓者为之奋斗，需要努力加强和提高对员工的思想教育和专业培训，要全行上下树立一流作风，培养一流队伍，提供一流服务，创造一流业绩。

（本文发表于《中国投资管理》1994 年第 8 期，第 4 ~6 页。）

文艺创作要为改革与发展服务

——庆祝建设银行成立40周年书画创作笔会上的讲话

今天我们在江西的风水宝地——三清山下聚会，并畅叙书法、绘画、摄影创作的经验体会，进行一次别开生面的笔会，这是十分典雅、十分有益的活动。我有幸与在座的各位代表相识，感到很高兴！首先请允许我代表总行行庆征文办公室并以我个人的名义向大家的光临表示欢迎和敬意！

我们大家能在中秋佳节相聚相识，能在这样舒适的环境里开会，应该感谢江西省行领导、省行研究所和上饶市分行领导的大力支持和热情款待。所以，我要代表与会的全体代表对东道主的精心筹划、周到安排，表示感谢！

建设银行40年行庆征文活动已经圆满结束，在这次征文活动中评选出一批具有相当水平的书法、绘画、摄影及文艺作品，发现了建行30万职工中有相当数量的具有艺术专长和艺术修养的专门人才，这是出乎我们总行领导和我们征文工作人员意料的重大收获。今天在座的各位就是部分一等奖的获得者，是我们建行系统内具有一定艺术修养和艺术功底的专门人才，我向你们并通过你们，对所有的获奖者表示祝贺。

我是一个艺术细胞贫乏的人，在书法、绘画、摄影、文艺创作方面是一个名副其实的外行，但我又是你们的一名热心观众和支持者。各位代表在这次会上可以大展身手、聚会切磋，而我参加会议的任务，一是祝贺，二是观赏，三是和大家交朋友。此外我没有多少可讲的话。为了表示我对笔会的支持，我想讲几句题外话，也是我的一些粗浅体会，仅供参考，不对之处请大家指正。

一、建设银行的文艺创作者要用自己的艺术专长，为建设银行的改革与发展服务

现代科学的发展，一方面是分工越来越细，所以不再可能出现亚里士多德那样的百科全书式学者。亚里士多德是古希腊哲学家、科学家，柏拉图的学生，亚历山大大帝的教师。马克思说他是古希腊哲学家中“最博学的人物”（《马克思选集》第3卷第59页）。恩格斯称他为“古代世界的墨格尔”。另一方面，又是各个学科的互相融合，出现了许多新的边缘科学。我们建行有金融、会计、投资等方面的专家，但我们也涌现了一批有艺术专长的专门家，这是我们建行的宝贵财富。但艺术总是为特定的领域服务的。我很羡慕有专长的专家。但艺术专长总要植根于建行这块园地里才有前途，才能有所作为，离开特定的创作对象，艺术就成了空中楼阁。但艺术不是装饰品，艺术是科学。我们要说自己的话，走自己的路，搞自己的创作，要立志创作有价值的作品。这些作品要能经得起时间的检验，要对人类有所贡献。我们应当有这样的远大抱负。

我们评判一篇学术文章，主要考察三个因素：一是“义理”，用我们的话说，就是新观点、新见解。二是“考据”，也就是材料，或者是丰富新鲜的材料，或者是旧材料有了新的使用和新的见解。三是“词章”，就是文章的逻辑性强，有文采。你每写一篇文章，也应该估计一下可以在哪个方面做的比较突出，有自己的特色。文章要有新意，没有新意，最好不要写文章。艺术作品质量的高低，与学术文章的鉴定标准是非常相近的。要有新意，有个性，有与众不同之处，有超越他人之处，否则就会出现雷同现象，雷同是没有生命力的。学术研究与各人的气质也有关系。所谓“文如其人”，就是文采、作品，常常是作者人格、修养的结晶。我认为一个严肃的格调高雅的学者，他所提供的作品一定是“货真价实”的而不会搞“伪冒假劣”。“板凳要坐十年冷，文章不写一句空。”这是范文澜先生的一句名言，我们应当提倡这种精神。

二、从事文艺创作要有一种深邃的历史眼光

在座的各位是有艺术专长的人才，搞艺术创作，像从事科学研究一样，要宁

静淡泊，要勤于思考，善于观察，要有一种历史的眼光，因为研究社会现象，一定要有一个较大的历史跨度，这样可以使你看得更深，找出规律性的东西。规律是在时间中展示的。“读史使人明智”，这是培根的名言。此言非常有理，因为一个人观察事物应有一种历史的眼光。这样，你看到的就不只是表面的东西，而是规律性的东西。对于一个事物，应该抓住它的最基本的东西，确定它的历史地位及其发展方向，你也就了解了它。这样，对你了解的东西，熟悉的东西，就有了发言权，就能创作出佳品、精品，被大众所喜欢和认可。

三、从事文艺创作要讲究多谋善断

搞学术研究要讲究多谋善断，一个小问题可能越钻越小，以至于钻进牛角尖，出不来。但一个小问题也可能越想越大，大到无边，这样一来也无法搞了。所以要善断。研究问题要一步步地来，否则“剪不断，理还乱”，永无穷尽。不要把一切都搞懂了才能得到研究结果，这是不可能的。搞艺术创作也要讲究多谋善断，要善于选材，精于构思，勤于探索，才能达到事半功倍的效果。从这个意义上讲艺术创作与学术研究的道理是完全相同的。

四、从事文艺创作要善于运用比较的方法

搞学术研究要善于比较，在比较中发现特点。比较可以看出现象中的规律，但是不等于看出本质规律。研究和学习都要善于扬长补短，要发现自己的能力，发展自己的特长。搞艺术创作也要善于比较，比较是认识事物最直观最有效的方法，有比较才能有鉴别，有鉴别才能有提高，有提高才能互相受益共同发展。这是科学研究、艺术创作者们应该掌握的一种方法，我们对学术研究成果和艺术作品的评选，主要是在比较中分类排队，反复讨论中做出结论的，当然比较也有一个知识层次问题，专家学者们的比较与一般读者的比较是不可等同的。但作为一种认识事物的方法是有普遍意义的。

五、从事文艺创作要追求人生的完美，要安于清静

什么是完美的人生，完美的人生并不是指个人拥有的物质财富的多寡，也不是社会地位的高低，而是在于创造和奉献。歌德说：“你若要喜欢自己的价值，你就得给世界创造价值。”一个人能正确对待物质利益，就会立足于奉献而不是索取，就会将诚实劳动的成果，从不同的角度，以不同的方式返回给社会，实现造福人类的目的。一个品德高尚的人是永远年轻美丽的；一个追求人生完美的人，其艺术作品，将永远是高雅富有生命力的。在发展社会主义市场经济的形势下，由于社会分配格局的变化，加之人们心理天平的失衡，不择手段地追名逐利几乎成为一股社会上极为普遍的污浊洪流。伪冒假劣，李鬼打败李逵的故事，弄得人啼笑皆非。这种唯利是图、拜金主义的不良倾向不仅在经济领域有市场，而且也侵蚀了文化艺术领域。我以为在科学研究、艺术创作中还是要提倡“清静无为”的治学精神，不要被腐朽的铜臭味污染了灵魂。一说“清静”人们就认为是中国道家的“安宁寂静”，一说“无为”就是什么也不干，无所作为了。其实这纯粹是望文生义的粗俗之见。科学研究、艺术创作一定要有个清静的心态，去除私欲和杂念，专心致志地深入其中。满脑子功名利欲和个人私欲的贪婪，怎么能够实现人生的价值，完善人生的追求呢？怎么能进入科学的殿堂、创造艺术的佳品呢？欲念是人行为的根源，如果不时时用淡泊宁静来抵御不应有的私欲杂念，人就会迷失生活方向，整日争名逐利、声色犬马，必然成为私欲的奴隶。一个人什么都想得到，结果必然是什么都得不到；一个人什么都想有所作为，结果必然是什么都无所作为。这就是生活的辩证法。人生就是这样“有所不为才能有所为”，“有所失才能有所得”。一切顺乎自然，按规律办事，把我们的科学研究、艺术创作，与服务建行改革，发展建行文化，实现人生价值，完善人生目标有机地融合起来，就一定会大有作为。知识的积累是辛苦耕耘者的成果；智慧的灵光，是勤于思考者的专利；创造完美人生的人，必然能进入艺术的神圣殿堂。

《聊斋志异·阿宝》里有这样两句话：“书痴者文必工，艺痴者技必精。”我想只要大家潜心钻研，持之以恒地痴心于文艺创作，就一定会有更高的艺术造诣，进入更佳的艺术境界。

中秋时节，丹桂飘香。我有幸参加此次笔会，有幸与建行系统的诸位艺术家相会相识，收获颇丰，感触颇深，即席凑成拙句一首献给与会诸位，以表胸怀，聊以助兴：

《中秋》

海云追月丹桂香，

群仙聚会赣水旁。

舞文研墨著文章，

广寒院外尽辉煌。

（本文是1994年9月21日至23日在江西省建行三清山书画创作笔会上的讲话稿。会后江西省分行在《调研参考》第三期印发，后又刊登在《投资与金融》1994年第6期。）

行史研究篇

以史为鉴，可知兴替。

建设银行因建设而生，因建设而兴，与国家建设同命运、共发展。

聖海春秋

六十华诞话行史

——纪念中国建设银行成立60周年

从1954年10月1日中国建设银行在原交通银行的基础上创建，到2014年10月1日，中国建设银行正好走过了60年的光辉历程。中国建设银行60年发展的历史，是一部跌宕起伏、波澜壮阔的历史。在这60年间，有关记述中国建设银行光辉创业历程的各类作品及文献为数实在不少，但是，有组织的重大修史活动应为三次，正式编写出版了三部行史。

第一部是1989年出版的《当代中国的固定资产投资管理》。本书是《当代中国》丛书编辑委员会，在中华人民共和国成立35周年的时候，统一编辑出版的大型系列丛书之一。这是一部记叙1954～1984年，中国固定资产投资管理30年的发展史。按照丛书开始的选题出版规格，是由国家部委级别为编写的主体单位，而建设银行是主动要求编写并被纳入出版系列的。这不仅是固定资产投资管理在国民经济中的举足轻重的地位被认可，更是建设银行领导者们的高瞻远瞩的风范被丛书决策者认同。从书名及主题来看，这并非一部建设银行史。但从管理主体及内容来看，中国固定产投资管理的发展史，就是中国建设银行的成长史。所以，它实际上也是一部建设银行30年的发展史。这是一部建设银行而立之年的著作，是各家专业银行中仅有的一家，其历史地位是建行人所不可淡忘的。

第二部是1994年出版的《中国人民建设银行四十年》和《中国人民建设银行四十年分行业绩集锦》。本部行史是为纪念建设银行成立40周年而编写出版的大型行史著作。两本书分别详尽地记述了建设银行40年的光辉业绩。这是一部在建设银行不惑之年的行史著作，编写者主要是老一代建行人，他们是建设银行40年创业历程的亲历者。所以，这部行史真实记载了老一代建行人的曲折心路历程和创业经历，是一部真实可信的建设银行40年发展史。

第三部是2010年出版的《中国建设银行史》和《中国建设银行辉煌五十

年》。这是建设银行进入知天命之年的一部大型行史著作。行史的编写工作是从2001年启动的，原计划2004年行庆50周年时正式出版。但是，2003年9月3日第68次党委会决定，行史要完整反映50年的历史，出版时间延至2005年之后；2005年7月行领导要求截稿时间延至2005年底，并增设建设银行股改上市专章；2007年5月行领导又要求行史加写2006年的内容，而此时行史已进入出版社编辑审稿阶段。为执行行领导的指示，行史办一是将重大事件及人事任免等内容尽力延伸至2006年之后；二是建议从2006年开始编辑出版《中国建设银行年鉴》，同时专门设计了年鉴的编纂方案及结构框架体系，并获得行领导的批准。此次修史历时八年，三次延长写作截止期，这一方面为行史办这个临时写作团队带来巨大的压力和困难，而另一方面也足见历任行领导对行史的高度重视和关切。

建设银行在60年间的三次修史，是三次重大的企业文化学习、总结、普及、提高的过程；三部行史著作，是建设银行宏伟的企业文化建设工程的三个里程碑，更是几代建行人智慧和心血的凝聚和结晶。建设银行60年独特的企业文化积累，将永远是建设银行发展综合竞争力的基础。

关于这两本行史的详尽解读，本人先后在2009年1月9日和2009年9月25日在《建设银行报》，以《传承历史昭示未来》《让未来铭记历史》两文作过详尽解读。在全行上下欢庆六十年行庆之际，本文着重运用一些历史文献实录的资料，谈谈《中国建设银行史》编纂中的一些重要史实，并以此纪念中国建设银行成立60周年。

建设银行60年的历史，是几代建行人用自己的勤劳与智慧，创建、发展、壮大建设银行的创业史，是几代建行人用奉献与牺牲，支持国家投资经济发展的建设史，是建行人在发展壮大企业、建设祖国美好家园的历程中，创立建设银行独特企业文化的历史。

在建设银行跌宕起伏、成长壮大的60年历史中，创造了建设祖国的丰功伟业，涌现了无数的英雄模范。我们在编写行史的过程中，虽然查阅了浩瀚的档案文献资料，但是有些资料已无从查考，在整个行史编写过程中，深感用有限的文字书写建设银行半个多世纪的历史，颇为力不从心。不过我们在编写行史的艰辛之中，也享受到一种研究历史的乐趣，产生了作为建行人的自豪感。这里有发现、有惊喜、有遗憾，但更多的是沉思和冷静！

建设银行在历经半个世纪的峥嵘岁月之际，于2004年的知天命之年，初步实现了股份制的改造目标。2005年10月27日，中国建设银行作为四大国有商业银行中第一家在香港实现成功上市的银行，创下了多项纪录。然而在H股上市后不到两年的时间，2007年9月25日建设银行A股在上海证券交易所正式挂牌，从此，建设银行成功地完成了A股的回归之路。

在建设银行改革、发展面临历史性的重要时刻，回顾60年的光辉历程、总结60年的历史经验、审视60年的文化积淀，这是建设银行确立新的发展战略和经营目标，实现重大改革举措的珍贵资源和精神动力。

中国建设银行半个多世纪的历史，根据其自身职能任务的发展和演变，结合中国经济社会发展的外部大背景，可划分为在三个历史发展阶段。在三个不同的历史时期，建设银行充分发挥了自己的职能作用，为社会主义建设事业做出了巨大的贡献。

第一个阶段（1954~1978年）为建设银行办理国家基本建设财政投资拨款时期。

1949年10月1日中华人民共和国成立，揭开了新中国大规模经济建设的序幕。随着中华人民共和国成立初期三年国民经济恢复时期的顺利完成，从1953年开始了第一个五年计划建设。这标志着新中国有计划的、大规模经济建设高潮的到来。为保证国家基本建设投资资金的及时供应和合理使用，国家决定在交通银行原有机构和干部基础上，建立基本建设投资专业银行。

当时国家为什么要在交通银行的基础上成立建设银行？

请看1954年5月10日财政部向中财委报送《关于在交通银行原有机构和干部基础上正式建立办理基本建设投资拨款监督工作的专业银行的报告》实录：

我国基本建设投资拨款监督工作，1951年间即已提出应由专业银行办理，并于1952年1月中财委正式公布基本建设工作暂行办法中明文加以规定。因当时尚无适当机构，经中财委指定暂由公私合营的交通银行办理。但随着国家经济建设的开展，基本建设投资任务与日俱增，机构与任务的矛盾日趋尖锐。

本部苏联专家，伊·维诺格拉多夫同志曾多次建议在财政部系统下正式建立办理基本建设投资拨款监督工作的专业银行，并将公私合营企业财务管理工作移交性质相同的机构接办。我们认为这个建议是完全正确的。为此，特建议：政务院准与另行正式建立办理基本建设投资拨款监督工作的专业银行，其名称拟定为“中国人民建设银行”，由财政部领导。凡中央及地方各部门对基本建设的投资，均集中由该行监督拨款，并办理对建设单位的短期放款业务。

1954年9月9日中央人民政府政务院224次会议通过《关于设立中国人民建设银行的决定》，同年10月1日中国人民建设银行正式成立。建设银行的职能任务是，集中办理国家基本建设预算拨款和企业自筹资金拨款，对施工企业发放流动资金贷款，办理基本建设结算业务，对基本建设资金使用、财务管理及投资计划完成情况进行检查监督。

建设银行成立时的职能任务是如何定位的？

请看1954年9月9日中央人民政府政务院第224次政务会议通过《关于设立中国人民建设银行的决定》的实录：

（1）在中央人民政府财政部系统内设立中国人民建设银行。

（2）凡国家用于基本建设的预算拨款以及企业、机关等用于基本建设的自筹资金，均集中由中国人民建设银行根据国家批准的计划和预算监督拨付。

（3）中国人民建设银行根据国家批准的信贷计划，对国营及地方国营包工企业办理短期放款。

（4）中国人民建设银行应负责办理基本建设拨款的结算业务。

（5）中国人民建设银行应监督基本建设资金专款专用，并对建设单位和包工企业的资金运用、财务管理、成本核算以及投资计划完成情况等进行检查监督。

（6）中国人民建设银行根据业务需要在全国各地设立分支机构；未设立机构地区的业务，得委托中国人民银行代理，或派员驻在人民银行办事。

（7）关于中国人民建设银行的创设事宜，责成中央人民政府财政部办理。

既然政务院9月9日通过设立建设银行的决定，为什么成立日期是10月1日？

其实批准成立和正式成立，在时间上并不一定同步，这是一个常识问题。

请看1954年9月11日财政部《关于中国人民建设银行定于十月一日正式成立的通知》的实录：

关于在财政部系统内，设立中国人民建设银行办理基本建设投资的拨款监督工作一案，业经九月九日政务院第 224 次政务会议通过。兹决定于十月一日在全国各地正式成立，并启用印信。

建设银行从成立到 1978 年改革开放前夕的历史时期，经过不断实践和总结，逐步健全并完善了基本建设拨款规章制度体系，探索出基本建设投资财务资金管理的一整套办法，使新中国的基本建设投资拨款和财务资金管理走上了规范化的道路。建设银行通过及时供应资金，服务于以大型骨干建设项目为重点的基本建设项目，加强拨款管理、财务资金管理与监督，不仅确保国家基本建设计划的顺利实施与完成，还有效地协助有关部门控制了基本建设投资规模，为国家节约了巨额投资。

这一时期，随着国家经济社会建设的起伏，建设银行有过“三起两落”的曲折经历，但是建行人以国家建设为己任，砺精图治、艰苦创业，为创建新中国的工业化体系、促进国家经济建设，做出了历史性的巨大贡献。

从 20 世纪 50 年代单一管理基本建设投资拨款资金，到 20 世纪 60 年代初扩展到承办基本建设预算管理、决算审批和参与基本建设投资规模管理，再到 20 世纪 70 年代中后期的“两管”（管理基本建设支出预算和财务）、“三办”（办理基本建设拨款、结算和放款）、“一监督”（ 对基本建设投资进行财政监督 ），认真履行了国家赋予的职责任务，坚定不移地贯彻国家的方针政策，肩负管好用好基本建设投资资金的历史使命，全心全意服务于国家经济建设，发挥了不可替代的作用，客观上也为建设银行此后更大的发展，培养了干部、拓展了业务、完善了制度。

在这 25 年间，建设银行有过“三起两落”的曲折经历，老一代建行人对此充满悲欢离合的浓浓情结；新一代建行人无此情结，但也不甚了解。

何为“三起”?

1954 年 10 月 1 日建设银行成立，此为“一起”;

1962 年 3 月 28 日财政部发出《关于恢复建设银行机构和加强领导的通知》，此为“二起”;

1972 年 4 月 18 日国务院批转财政部关于《恢复建设银行的报告》，此为“三起”。

何为“两落”?

1958 年“大跃进”时期，基本建设推行投资大包干，建设银行机构被撤并，到 1962 年恢复，先后不足四年时间，此为“一落”。

1970 年正处在“文化大革命”时期，当时财政部与中国人民银行合署办公，建设银行并入人民银行，到 1972 年恢复，先后不足两年时间，此为“两落”。

“两落”的具体撤并情况，请看 1958 年 7 月 5 日国务院《关于改进基本建设财务管理制度的几项规定》的实录：

基本建设财务拨款工作，改归各级人民委员会财政部门直接管理，取消系统垂直领导方法。中国人民建设银行总行改为财政部的基本建设财务司（对外名义继续保留）。地方有关这方面的机构设置、人员编制和是否保留建设银行的名义等，统由各省、自治区、直辖市人民委员会根据当地情况自行决定。

1970 年 6 月 11 日国务院批转财政部军管会、人民银行军代表《关于加强基建拨款工作，改革建设银行机构的报告》的实录：

决定把建设银行并入人民银行，今后基本建设拨款由财政部门确定计划指标，其他业务由人民银行办理。

建设银行并入人民银行后，财政资金和信贷资金，流动资金和基建资金要分别管理，不准互相挪用。

“三起”，是国家投资经济建设发展的客观需要，是国家经济建设兴旺发达的标志。这期间，建行人奋发有为，焕发朝气，奉献的是勤劳与智慧，成就的是国家经济建设的伟业！

“两落”，是在“大跃进”“文化大革命”两个特殊历史时期发生的，是外部政治、经济、社会大环境的产物，是国家经济建设遭受挫折的结果，是国之悲哀。这期间，建行人经受考验，磨砺意志，为国分忧，期盼的是“蓄芳待来年”！这就是建行人以天下为己任的胸怀和气质！

我们在行史写作中，把 1954 年至 1978 年的 25 年，定位为建设银行办理国家基本建设财政投资拨款时期的依据：一是从属于财政部领导；二是资金来源于财政预算；三是主要办理国家投资拨款。

第二个阶段（1979～1993 年）为建设银行履行财政、银行双重职能的国家专业银行时期。

1978 年 12 月，党的十一届三中全会确立了以经济建设为中心和改革开放的方针，历史翻开了新的一页。在1979年国家财政、金融、投资体制开始进行一系列重大改革的形势下，1979年8月28日国务院批准建设银行升格为国务院直属单位，由事业单位改为企业单位。在此前，建设银行一直是财政部下属的司局级单位。

建设银行为什么能在1979年升格，又是怎样升格的？

请看1979年8月28日国务院批转国家计委、国家建委、财政部《关于基本建设投资试行贷款办法的报告》的实录：

国务院的批示指出：基本建设投资试行银行贷款的办法，是基本建设管理体制的一项重大改革，符合按照经济规律管理经济工作的要求，对于加强基本建设管理，建立经济责任制，缩短基建战线，提高投资效果，都会起到积极作用，各地区、各部门应当认真组织试点，从中总结经验，积极创造条件，稳步推广。

建设银行要认真做好基本建设贷款的发放和管理工作，积极组织和利用各项基本建设存款，把资金管好用活。各级革命委员会要十分注意发挥建设银行的作用，进一步加强对建设银行的领导，调整和充实力量，使其担负起日益繁重的任务。

中国人民建设银行，改为国务院直属单位，由国家建委、财政部代管，以财政部为主。省、市、自治区分行，作为厅局一级单位，由总行和省、市、自治区人民政府双重领导，以总行为主。

各级建设银行由事业改为企业单位。

建设银行的升格，是履行新的职能任务的客观需要，这是一种历史必然。但是，在一个《关于基本建设投资试行贷款办法的报告》中明确建设银行的升格问题，在公文运作中则具有偶然性。这里有机遇，更有建行人的智慧。

我们在行史写作中，把具有重大历史意义的党的十一届三中全会召开，作为历史的分水岭，作为建设银行职能发展演变的政治、经济、社会环境发生重大变化的依据。同时，我们把这一历史文件，作为划分国家专业银行开启的历史转折性标志，是完全符合史学研究中的断代分割的一般原理的，是经得起历史检验的。这也就是我们把1979年至1993年定位为建设银行履行财政、银行双重职能的国家专业银行时期的断代分割的历史依据。

建设银行机构升格、财政与银行双重职能的发展、基本建设拨款改贷款的推广、建设银行业务领域的拓展，以及1985年建设银行信贷业务纳入国家统一信贷计划等重大举措，是建设银行作为国家专业银行时期与1979年之前的国家基本建设财政投资拨款时期的显著区别。

建设银行1954年成立，1979年升为国务院直属局级单位，但这期间还不是企业法人。建设银行何时成为企业法人、何时申领经营金融许可证的？

请看1986年6月24日中国人民建设银行首次向国家工商行政管理局申领《企业法人营业执照》的实录：

注册号为工商企内字01444号。法定代表人周道炯。注册资本金人民币182.5亿元。主营业务为办理基本建设和地质勘探拨款，发放固定资产投资贷款和施工企业流动资金贷款，吸收各项存款，发行建设金融债券，基本建设和更新改造价款的结算及清算，办理信托、委托、咨询各项业务。

1986年12月2日中国人民建设银行首次向中国人民银行申领《经营金融许可证》许可证号0452。

建设银行成立32年之后，才申领《企业法人营业执照》和《经营金融许可证》，外国人不会明白，现在的中国人多数也不一定明白，于是有人就会提出一些不可思议的问题，闹出一些历史笑话。你不懂历史，就要虚心学习历史，否则，历史就会捉弄你。这也就是历史！

就在1979年建设银行升格的同时，开始了基本建设投资拨款改贷款和建筑业百元产值工资含量包干的试点工作，由此拉开了建设银行改革开放的序幕。

1985年，是建设银行改革发展进程中具有标志性意义的一年。这一年，基本建设投资全面推行拨款改贷款，建设银行的信贷收支全额纳入国家综合信贷计划，由此建设银行正式进入国家银行体系，从以财政职能为主转变为财政和银行双重职能并重的国家专业银行，由行政事业型转变为企业化经营。

从1979年到1993年的15年间，建设银行紧随改革潮流，业务迅速拓展、机构增加、队伍壮大，作为管理国家固定资产投资的专业银行，经历了一系列重大变革。

这一时期，建设银行始终以改革发展为主题，抓住了改革开放及经济市场化的有利时机，不断拓展商业银行业务，确立新的经营战略和经营目标。建设银行充分发挥管理固定资产投资的专长和经验，延续和完善财政职能，不断推进国家预算内基本建设投资管理体制的改革，以及基本建设财务拨款管理的改革和重点建设项目财务资金管理的改革。推行投资包干、招标投标、百元产值工资含量包干等制度，支持和参与建筑经济业务的改革与发展，逐步建立使用建设资金的经济责任制。不断拓展银行职能，探索和推行基本建设投资拨款改贷款制度，引领社会资金进入固定资产投资领域。积极发展信贷业务，开办工业流动资金贷款，支持国家重点建设和企业技术改造；创办房地产金融业务，开办归集住房公积金业务，推进住房制度改革和住宅商品化进程；促进投资结构调整，并开展贷款项目评估、投资信息调查和科研工作，努力提高投资效益，使银行的功能和作用逐步得到发挥。

建设银行服务国家经济建设，不断改革内部管理体制，完善经营运作机制；建立信贷计划和资金管理体制，改革财务管理体制，深化和发展会计工作，形成特色鲜明的建设银行业务体系，并作为市场主体为后来参与市场竞争奠定了坚实的基础。

建设银行不断拓宽筹资渠道，广泛筹措资金，在进一步巩固和扩大企业存款的同时，大力开办和发展居民储蓄业务，兴办证券业务和信用卡业务，开拓国际金融业务，筹资手段日益丰富，资金实力不断增强。建设银行自 1986 年正式办理居民储蓄业务到 1993 年末，储蓄存款已达 1599 亿元，企业存款比 1978 年增长 33 倍，发行和代理发行的各类债券达 968 亿元。同时不断改进服务手段，积极推行柜台业务和管理工作电算化，开始进入以单机应用为特点的电算化普及阶段，使面向社会服务的会计、储蓄、银行卡等主要柜面业务，由传统手工处理模式转向计算机处理模式，从根本上提高了服务质量和水平。

这一时期，建设银行抓住机遇，服务建设，在改革发展中不断壮大自身实力，为加强和改善宏观调控，支持国民经济发展做出了巨大贡献，同时也为向商业银行转轨创造了条件。

第三个阶段（1994～2005 年）为建设银行分离政策性基本建设贷款业务和移交财政职能后的国有商业银行时期。

1993 年 12 月 25 日，国务院《关于金融体制改革的决定》，确定建设银行转变为以从事中长期信贷为主的国有商业银行。

请看 1993 年 12 月 25 日国务院《关于金融体制改革的决定》实录：

决定组建国家开发银行办理政策性国家重点建设（包括基本建设和技术改造）贷款及贴息业务。中国人民建设银行的政策性业务分离出去以后，转变为以从事中长期信贷业务为主的国有商业银行。

1994年成为我国全面推进金融体制改革的一年。在这一年，建设银行完成了分离政策性基本建设贷款业务，移交了财政职能，确立了商业银行的经营性质。分离后的政策性基本建设贷款业务转变为受国家开发银行委托代理业务，移交的部分财政职能转变为财政部门的委托代办业务，实现了向商业银行中介业务的成功转换。

从1994年到2004年的10年间，建设银行为建立现代金融企业制度进行了不懈的努力和探索。在强化建设银行统一法人管理体制的同时，对全行的信贷审批、内部审计、财务管理、资金管理等方面的管理体制进行了改革，加强了对业务运行和内部管理的制度规范与约束。同时，为了提高机构集约化经营水平，对所属机构进行了扁平化改革，撤并了大量经营规模小、经营效益差的机构网点。

全行实行了人事与激励约束机制改革，逐步建立职务能上能下、收入能高能低、员工能进能出的机制，这有利于调动全行员工的积极性和创造性。经过不断改革，建设银行的信贷资产质量和盈利能力有了明显进步。

2003年末，建设银行总资产为35530.7亿元；当年实现税前利润374.73亿元；境内外机构不良贷款率下降9.12%和6.05%。到2004年底，建设银行总资产为39047.85亿元；当年实现税前利润502.16亿元，较上年增幅为34%；净资产收益率为25.4%；不良贷款率为3.92%；注册资本人民币1942.3亿元，资本充足率达到11.29%。建设银行10年商业化改革，实现了历史的飞跃，取得了巨大的进步。

2003年12月30日国务院决定中国建设银行实行股份制改革中国建设银行作为国有独资商业银行股份制改革试点行，由中央汇金投资有限责任公司注入资本金225亿美元。

2004年6月10日中国建设银行发布《中国建设银行分立公告》根据国务院决定和银监会批复。中国建设银行以分立形式设立“中国建设银行股份有限公司”（暂定名）和“中国建设银行集团有限公司”（暂定名）。分立后，中国建设银行股份有限公司将承继现建设银行全部商业银行主营业务和相关资产。中国建设银行集团有限公司，为国家全资拥有机构，承继除全部商业银行主营业务和相关资产之外的其他资产和负债。

2004 年 9 月 21 日，由中央汇金投资有限责任公司、中国建银投资有限责任公司、国家电网公司、上海宝钢集团公司、中国长江电力股份有限公司五家共同发起的中国建设银行股份有限公司正式成立。中国建设银行由国有独资商业银行改制为国家控股的股份制商业银行。

建设银行股份制改造之后，进一步规范公司治理结构，改革管理体制和转换经营机制，在几年间，改造成为资本充足、内控严密、运营安全、服务和效益良好、具有国际竞争力的现代股份制商业银行。在公司治理结构和国际通行的财务指标方面，达到并保持国际排名前 100 家大银行水平。英国《银行家》杂志公布“2014 年全球银行品牌价值 500 强排行榜”中，建设银行在全球银行业中排名第九位，在亚太地区位列第二位。2013 年建设银行资产规模突破 15 万亿元，净利润达 2151 亿元，主要财务指标继续领先同业。建设银行股份制改革的圆满成功，已经成为建设银行历史画卷中的一个定格。然而上市并不是目的，更不是建设银行改革的最终目标，上市只是银行改革、发展、壮大的一个重要手段和助推器。改制上市的目的是转变经营机制，成为国际一流的商业银行，为客户提供最好服务，为股东创造最大价值，为员工提供最大发展机会。建设银行改制上市的成功，是与未来的约定，也是建设银行 50 多年历史的新接点。建行人站在这个接点上，评估、考量得最多的是追求卓越之道，继续服务国家建设、造福国计民生，谱写新的华彩乐章！

建设银行在 20 世纪 50 年代大规模经济建设的形势下诞生，在 80 年代的改革开放大潮中成长壮大，在 90 年代的市场化进程中实现了商业化转轨，在 2005 年后成功上市，成为一家国有控股的大型股份制商业银行，并以骄人的业绩雄居同业前列。建设银行因建设而生、因建设而兴，与国家建设共命运。在建设银行半个多世纪的光辉历程已经画上圆满句号的时候，历史必将翻开新的更加灿烂的一页。

过去的 60 年已成为历史，她留给我们的是回顾、审视、反思，积淀起来的是一种企业文化；而股份制改造以后的建设银行正面临着更大的机遇和挑战，她要求我们面对、正视、期待，书写新的篇章，创造新的辉煌！这是新一代建行人的使命和责任！但愿每一位建行人，在自己未来的职业生涯中，都能用自己的青春与智慧，谱写辉煌，大有作为！

（本文是在2005年7月26日新行员培训班演讲稿的基础上撰写而成的，原标题是《中国建设银行50年（1954～2004）历史的发展与演变》；在2014年中国建设银行离退休人员“风雨同舟六十载”征文活动中，荣获一等奖；发表于《现代商业银行导刊》2014年第10期，第5～10页。）

传承历史，昭示未来
——解读《中国建设银行史》

《中国建设银行史》在2008年初已修撰完成，即将由出版社正式出版发行。作为一部史书，《中国建设银行史》既承载了建设银行五十多年的发展历程，也展现了中国工业化、现代化建设的辉煌画卷；既记述了建设银行为国家经济建设和社会进步做出的巨大贡献，也宣示了建行人的人文精神。

撰写《中国建设银行史》，不仅是对历史的纪实，更是一种理论的思辨，最大的挑战是如何看待建设银行五十多年的发展轨迹。作为一家大型国有金融企业，历久弥坚，它的核心价值是什么？打开尘封的史卷，俯视半个多世纪的历程，这其中有何规律？该怎样评价建设银行“三起两落”？……这些，都需要勇气和理性。行史编撰者们在占有大量史料的基础上，进行去伪存真、滤粗取精的反刍之后，按照“国家财政投资拨款、国家专业银行、国有商业银行”三个发展阶段，分上、中、下三卷，分别承载了建设银行“初创成长、发展壮大、商业化转轨”三个发展时期。由于谋篇布局上的提纲挈领，体系设计上的纵横交织，从而使全书的历史脉络更为清晰合理，史料引据更为翔实准确，确保了行史的缜密性与可读性。基于此，就让我们沿着“三段论”的编写思路对这部行史的基本脉络进行一番梳理和解读。

一、建设银行在新中国大规模经济建设高潮的序幕中应运而生，定格为办理基本建设投资拨款监督的专业银行

中华人民共和国成立初期，经过三年的国民经济恢复，党和国家为争取财政经济状况基本好转的奋斗目标得以实现，1953年，我国开始了发展国民经济的第一个五年计划，156项重点建设工程陆续启动，全面拉开了新中国大规模经济

建设的序幕。其时，基本建设投资拨款由交通银行办理，随着国家预算内基本建设投资的大幅度增长，由交通银行继续办理基本建设投资拨款已经很不适应。因此，重新组建一家能够承担新中国大规模经济建设任务的国家专业银行，被提上议事日程。

（一）建设银行在原交通银行的基础上组建成立

1954 年 5 月，中财委向中央上报《关于建立基本建设专业银行的请示》，得到了中央的批准。同年 9 月 9 日，政务院第 224 次政务会议通过了《关于设立中国人民建设银行的决定》。同年 9 月 11 日财政部根据政务院的决定，制发了《关于中国人民建设银行定于 10 月 1 日正式成立的通知》，建设银行启用“国字号”印信。

按照政务院的决定，新组建的建设银行，承接了交通银行办理的全部基本建设投资拨款业务和相应的内设处室与员工，以及国内的全部分支机构。建设银行总行的办公地点设在交通银行总管理处办公原址（北京市公安后街 3 号），只是将郭沫若题写的“中国人民建设银行”行标，覆盖了“交通银行”的行标。交通银行总经理马南风改任建设银行行长。创建之初，建设银行在主体业务、制度体系、领导班底、分支机构、员工队伍、办公场所六个方面，全面承继了中华人民共和国成立初期的交通银行。建设银行的老人说：“建设银行与交通银行的关系，就是解放军与八路军的关系。”这个比喻既形象又真实。

建设银行闪亮登场，按照政务院赋予的职能，全面接管、办理基本建设投资拨款业务，制发了第一个基本建设投资拨款法规，创办了审查工程预算新业务，在拨款监督过程中不断扩展和延伸各项工作，培育了一支专业干部队伍，在新中国大规模的经济建设中大显身手。在全国十大钢铁基地、八大重型机械厂，在东北、西北和华北等矿区，在棉纺工业基地，普遍组建了相应的分支机构，并专门组建了跨省、区的铁路专业分支行处，有效地保证了建设资金的调配和供应，促进了国家钢铁、机械、能源和棉纺等工业的优先发展。在建设银行的大力支持下，到 1957 年，156 个重大项目已有 68 个全部或部分建成投产，为“一五”计划的完成做出了积极的贡献。

（二）在基本建设投资管理体制调整中几经波折

建设银行虽然经历了初创时的辉煌，但并非一帆风顺。1958 年 3 月，为贯彻建设社会主义“总路线”，适应“大跃进”形势的要求，基本建设领域推广了基本建设投资包干制。同年 7 月，基本建设财务拨款工作，改归各级财政部门直接管理，取消了建设银行系统的垂直领导体制，总行改为财政部基本建设财务司（对外保留建设银行名义）。在此期间，建设银行依然为国民经济建设做出了不懈的努力。一是总行参与财政部基本建设投资规模管理，并把“守计划、把口子”作为主要任务；二是力促投资包干纳入计划管理，对投资包干工作中的一些浮夸行为起到了一定的制约作用；三是在国民经济实行“调整、巩固、充实、提高”的调整时期，重新恢复了建设银行垂直领导体制。

1962 年，恢复垂直领导体制以后，建设银行按照国民经济调整的要求，积极参与压缩基本建设规模、降低积累率、提高投资效益的中心工作，充分运用广阔的业务领域，改进财务拨款监管手段，为促进国民经济调整做出了显著贡献。拨款监督的职能再次得到确认，担负的任务得到了进一步加强和发展，干部职工普遍得到锻炼提高。

1966 年“文化大革命”开始，全国陷入动乱。1969 年 7 月，财政部和人民银行合署办公。1970 年 6 月 11 日，建设银行被并入人民银行，业务基本停顿以后，基本建设程序被否定，全国范围内出现了基本建设“投资大敞口，花钱大撒手，施工吃大锅饭”的严重局面。

1971 年国家开始执行第四个五年计划。当年 3 月，国家建委和财政部在北京召开全国基本建设财务会议，批判了基本建设投资管理和财务拨款管理中出现的问题。1972 年 4 月 18 日，国务院批转了财政部《关于恢复建设银行的报告》，建设银行正式恢复。此时，机构虽然再次恢复，但面临的内外环境非常困难。建设银行用了一年多的时间组织干部归队，解决百废待兴的各种问题，逐步把主要精力重新投入到基本建设投资拨款管理工作中。一是恢复基本建设财务拨款规章制度，起草了建设单位应向建设银行提送拨款依据的规定和《基本建设拨款管理的几项规定》；二是恢复了“四按”拨款的程序；三是恢复施工企业经济核算制，起草了《建筑安装企业恢复实行经济核算的决定》；四是提出“挖潜力、保重点、促投产”的工作方针，在一定程度上缓解了基本建设战线过长、规模过大的矛盾；五是支持服务于大型引进重点项目，认真执行中央决策，在保证资金及时供应和推行经济核算，促进节约使用资金方面发挥了积极作用；六是重新开办专项委托贷款。建设银行的资金运转方式，由此开始跨进了周转使用和有偿占用的门槛，为20世纪80年代基本建设投资管理体制的改革和信贷业务的发展奠定了基础。

（三）新时期职能任务的确立

1976年10月，长达十年之久的“文化大革命”宣告结束，国家开始执行第五个五年计划。1977年2月，建设银行召开粉碎“四人帮”以后的第一次全国分行行长会议，这是一次新时期确立工作新起点的动员会。1978年初，建设银行代财政部起草了《加强基本建设拨款管理的报告》，报经国务院批准，明确了“建设银行是管理基本建设支出预算和财务，办理基本建设拨款、结算和放款，进行财政监督的国家专业银行”。这个被概括为“两管、三办、一监督”的职能任务，初步提出了建设银行为国家专业银行的定位。同时建设银行抓紧分支机构的恢复和充实工作，加强业务的垂直领导管理。并拓宽了工作领域，为以后全面管理固定资产投资起到了先导作用，为支持国家重新振兴经济，使国民经济尽快脱离崩溃的边缘进行了积极的努力。

二、建设银行在改革开放大潮中不断创新，升格为国家专业银行

（一）在改革开放中激流勇进

1978年12月，党的十一届三中全会确立了以经济建设为中心的方针，我国进入改革开放的新时期。从1979年到1993年，建设银行作为国家专业银行，其改革发展与国家财政、金融、投资体制改革紧密联系在一起，并呈现出一条清晰的主线：在改革与强化财政职能的同时，不断拓展与完善银行职能。

1979年3月，中央决定用三年时间对国民经济重大比例关系进行调整，首当其冲的是调整基本建设规模和投资方向。这就必然要求提高和强化建设银行的地

位，一方面要求建设银行继续行使财政职能；另一方面要求建设银行掌握和利用信贷杠杆，发挥银行功能。正是在这一背景下，1979 年 8 月，国务院决定把建设银行由财政部领导下的司（局）级建制，改为国务院直属机构。1983 年初，经国务院同意，建设银行又改为相当于国务院直属局级的金融经济组织，成为独立经营、独立核算、管理基本建设投资的国家专业银行。

机构升格后，作为管理固定资产投资的国家专业银行，建设银行根据我国改革开放和国民经济迅速发展的要求，在继续行使好财政职能的同时，大力拓展金融业务，业务范围不断扩大。1985 年 4 月，国务院决定改革建设银行资金管理体制，将建设银行的信贷收支全额纳入国家信贷计划体系。1985 年 8 月，人民银行、建设银行决定实行“统一计划，划分资金，实贷实存，相互融通”的信贷资金管理办法。自 1985 年 11 月 1 日起，建设银行的信贷收支，同其他各专业银行一样，全额纳入国家统一的综合信贷计划，使建设银行真正成为中央银行体系之内的国家专业银行，信贷资金计划管理体制改革逐步走向资产负债比例管理；财务经营管理体制改革开始由事业型向企业经营型转变；人事制度改革开始实行垂直领导和统一管理的体制。1985 年至 1993 年，建设银行不仅实现了从财政出纳向银行信用转变的历史飞跃，而且奠定了在我国银行体系中的历史地位。

（二）财政职能的完善

建设银行承担的财政职能，在这一时期由行政赋予变成了代理履行，不仅没有削弱，而且更为强化。主要包括“预算、决算、财务、制度、监督”五大内容，相对于过去“两办、三管、一监督”的职能，从内涵和外延上都有新的扩展。

一是实施基本建设预算内投资拨款改贷款制度。中华人民共和国成立后，国家财政用于基本建设的资金，一直采用财政拨款、建设单位无偿使用的管理体制。随着经济的发展，1979 年初，国家计委、国家建委、财政部、建设银行联合向国务院建议试行基本建设投资由财政拨款改为建设银行贷款，得到国务院批准。当年，建设银行选择部分省、市进行“拨改贷”试点，1985 年全面推行“拨改贷”。

二是探索建立基本建设基金制与建设银行管理基金办法。1986 年国家开始建立基本建设基金制度。建设银行严格按计划规定对基金进行管理，努力协调各方关系，不断探索和改进管理办法，促进资金的保值增值。

三是强化管理基本建设财务职能。1981 年 1 月，国务院在《关于平衡财政收支、严格财政管理的决定》中要求，一切建设资金都必须纳入国家统一的基本建设计划，并由建设银行监督拨付。为此，建设银行制定了一系列有关基本建设资金管理、结算管理及财务决算管理等方面的规章制度，顺利展开了各项财务管理规章制度的恢复和建立工作。

四是根据重点建设项目的需要加强专业分支机构的建设。对于为数众多的大中型重点建设项目，建设银行普遍做到了哪里有项目，哪里就有专业支行或办事处，以加强对大中型建设项目的财务资金管理。

（三）银行职能的拓展

信贷计划和资金计划全额纳入国家信贷计划后，不仅确立了建设银行在国家金融体系中的地位，也拉开了建设银行全面拓展金融业务、不断完善银行功能的历史序幕。

一是大力拓展信贷领域。从 1979 年 10 月首次与辽阳化纤厂签订 3400 万元基本建设贷款之后，建设银行逐步加大了利用各种存款发放贷款的力度。到 1985 年，建设银行信贷业务进入了新的发展时期，资金来源和贷款结构发生了质的变化，贷款种类不断增多，范围不断扩大，总量迅速增长。

二是发展工商企业流动资金贷款业务。在计划经济体制下，工商企业流动资金贷款历来由人民银行而后由工商银行管理发放。改革开放后，信贷资金进入固定资产投资领域，建设银行发放的基本建设贷款和技术改造贷款日益增多，由于缺乏回收手段，陆续出现了一些贷款项目投产后，经济效益良好，但贷款回收困难的问题。在人民银行的支持下，1986 年末，陕西省分行首次向 6 个项目发放流动资金贷款，建设银行从 1987 年开始增加工商企业流动资金贷款。从此，拉开了办理工商企业贷款业务的序幕。

三是大力开拓和发展储蓄业务。随着建设银行承担的支持国家重点建设任务的逐年加重，信贷资金由存差变为借差，资金短缺矛盾日益尖锐，筹资压力增大。由此，建设银行开创了资金来源多元化的新格局。负债业务由传统业务领域拓展到整个金融领域；面向国家有关部门、企业、单位的筹资，延伸到全社会筹资。特别是储蓄业务的开办，极大地增强了建设银行的资金实力。

1986年初，建设银行大力组织存款，湖北、黑龙江、河南、山东等分行先后开始试办居民储蓄业务。1986年7月，建设银行决定进一步开拓筹资领域，在全行试办居民储蓄业务，全面进入社会筹资领域。

四是积极发展房地产金融业务。建设银行房地产金融业务是伴随着我国住房制度改革而创办和发展起来的。1984年，国务院颁发了《关于改革建筑业和基本建设管理体制若干问题的暂行规定》，明确提出大中城市都要逐步推行住宅商品化，并规定综合开发公司所需周转资金由建设银行贷款供应。建设银行及时发出《城市土地开发和商品房贷款问题的通知》，正式设立了“土地开发和商品房贷款”这一新的贷款种类。到1991年底，建设银行在全国房地产金融业务领域居于主导地位。

五是发展国际金融业务。为了适应外向型经济迅猛发展的需求，1986年5月，深圳、厦门、珠海三个经济特区分行开办了国际金融业务，打破了建设银行只办理本币，不办理外币的局面。1986年，上海石化30万吨乙烯工程项目决定筹措外资，上海分行经国家有关部门批准及企业委托，承办了该业务，为建设银行开展以项目融资为主要内容的国际金融业务开了先河。随后，各省、自治区、直辖市、计划单列市、经济特区分行基本都办理了国际金融业务。

六是大力兴办债券代理业务。1981年我国政府决定恢复发行国库券，作为经营长期投资信贷的专业银行，建设银行承办了绝大部分重点建设债券的发行和各种债券的发行交易业务。到1993年底，建设银行代理发行的各种债券总额占同期我国此类债券发行总额的90%以上。

七是信用卡业务的诞生及发展。1989年，建设银行决定试办信用卡业务，并于同年11月和1990年3月，分别加入万事达卡和VISA卡国际组织。1990年4月28日，建设银行在广州市召开发行万事达信用卡新闻发布会，到1993年底，累计发卡42万张，特约商户1.3万家，取现网点发展到7000个，吸收信用卡存款余额8.85亿元，信用卡结算交易额达到110亿元。

从1979年至1993年的15年，是建设银行财政职能和银行职能相互依托、相互促进、相得益彰，不断创新的15年；也是在改革开放大潮中，抓住机遇、激流勇进、由小到大、由大变强、全面拓展，不断发展壮大的15年。

三、建设银行在向商业银行转轨进程中追求卓越，跨越为现代股份制商业银行

（一）在向商业银行转轨进程中与时俱进

1993年12月25日国务院《关于金融体制改革的决定》，把建设银行明确定位为以从事中长期信用为主的国有商业银行。1994年是我国全面推进金融体制改革的一年。这一年，建设银行开始了商业化改革进程。

一是分离政策性业务，移交财政职能。1994年3月，国家开发银行组建，建设银行将历史上经办的政策性基本建设贷款业务，分离给了国家开发银行。1994年8月，按照国有商业银行的改革方向，又将行使了近四十年的财政职能移交给财政部门。之后，建设银行分别与国家开发银行和财政部确立了委托贷款、资金管理及工程审价的代理关系，实现了向国有商业银行中间业务的成功转换。为贯彻实施“自主经营、自担风险、自负盈亏、自我约束”的经营原则，建设银行积极推进资产负债比例管理，统一资金调度管理，试行贷款风险管理，在强化统一法人管理体制的同时，加强对全行业务运行和内部管理的制度规范与约束，对改善经营管理，促进后续改革发挥了积极作用。

二是制定经营发展战略，深化管理体制改革。按照《建设银行改革与发展纲要》提出的总目标，依托这一时期的市场需求，建设银行适时进行了多次经营战略调整。1994年，随着整顿金融秩序、深化金融体制改革的不断深入，推出了“抢市场、增份额、占位次”的经营战略。1996年提出以效益为中心，不断提升负债业务、资产业务、中间业务对全行经营效益的贡献度；1999年将信贷业务、中间业务、国际业务、房地产金融业务并列为“四大支柱”业务；2000年提出大中城市优先发展战略，把提高资产质量、网点单产作为重点。2003年制定与实施了新时期的改革目标与总体发展战略，不断加大结构调整力度，全面推行规范化、科学化管理及金融创新，保持稳定、健康、快速发展。

三是全面发展金融业务，不断创新金融产品。建立和完善资产负债管理体系，加强产品定价管理改革，形成了集中统一的产品定价体系。从1994年开始，

建设银行发挥自身优势，确立以国家开发银行、各级财政部门委托代理业务和审价、估价等咨询业务为主体的中间业务。同时在确立储蓄存款战略地位，增加储蓄存款市场份额的过程中，提升储蓄存款业务的集约化经营水平。网上银行业务的开办、重要客户服务系统的开发、信用卡功能的完善、客户服务中心的建设以及手机银行和电话银行业务的开办，使金融创新日趋活跃。

四是按照新时期的改革目标与总体发展战略，建设银行制定了公司业务经营政策和发展规划：扩大高质量有效市场份额，及时介入新兴市场和拓展新客户群体，实施差别化营销策略；提高投入产出效率，针对客户结构调整力度的加大，调整产品结构，确定重点行业结构，优化区域分布；加大资产业务营销力度，组建了全国性的企业资金结算网络，为重点客户提供综合性金融服务，实现了企业资金流向从源头到下游的体内循环，大大提高了企业资金周转效率；建立以客户为中心的内部管理体系，对固定资产贷款和流动资金贷款业务、企业贷款和存款业务、企业人民币和外币贷款业务实行统一管理。实施客户经理制，开展为重点客户的差别化服务。

五是建立内控管理体系，构筑风险控制屏障。1995 年开始，建设银行逐步加大了信贷风险管理体系的建设。开发了风险评级预警系统，启动了内部评级工程。开展额度授信业务，制定和实施了《授信额度管理办法》及《集团客户额度授信操作规程》。建立与完善了信贷审批制度，对有效防范信贷风险及培育优质大客户起到了科学决策作用。

六是实施不良资产的专业化经营。1999 年，建设银行实行五级分类和期限分类双轨运行的监测与考核机制。经过严格筛选、审查、整理和移交等环节，向信达资产管理公司剥离不良资产。同时，对不良资产专业化管理进行了积极探索，取得了明显成效。

七是完善人事与激励约束机制，科学配置人力资源。实施并逐步建立“职务能高能低，员工能进能出，收入能增能减”的管理机制，变领导人员行政化管理为企业化管理。全面推行全员劳动合同制，建立员工分类管理体制。改进专业技术人员的管理，建立评聘分开体制和等级管理制度。将培养与使用相结合，建立科学的员工培训体系，使培训工作和员工的职业生涯结合起来。与此同时，探索现代企业文化建设。1987 年开展征集行徽、行歌活动，选用上海市分行杨纪良设计的行徽和总行机关集体创作的行歌作为统一的行徽、行歌。1996 年 3 月，以启用新行名为契机，推行了企业形象识别系统，在全行进行企业理念教育和制度建设。几十年来积淀的建行文化与现代企业文化中“以人为本”的核心理念实现了自然对接，企业文化竞争力得到了迅速提升。

（二）在股份制改造中实现历史性跨越

2002 年 2 月，全国金融工作会议提出国有独资商业银行股改上市的目标。2003 年 4 月，建设银行股份制改革领导小组成立，正式启动了审计、评估和法律尽职调查等项目。全行围绕消化历史包袱、房地产确权、实行贷款重新分类和准备金计提等中心内容开展工作。2003 年 12 月 30 日，国务院决定建设银行为实施股份制改造的试点行之一，并动用国家外汇储备注入资本金 225 亿美元，为建设银行实现股份制改造目标奠定了坚实的基础。

经过一年多的努力，建设银行较为彻底地解决了历史包袱和遗留问题，增强了财务实力，提高了资本充足率。同时，按照国际标准审计给出了清晰的财务家底，从根本上改善了财会报告体系。2004 年初，遵循合法、主辅分离和可操作性的原则，建设银行创造性地确立了分立重组模式，确定了股改框架，顺利获得了银监会的批准。

根据《公司法》和国务院对实行股份制改革的时间要求，建设银行确定了五家发起人，除汇金投资有限责任公司、中国建银投资有限责任公司这两家当然发起人股东外，选定了国家电网公司、上海宝钢集团公司、长江电力股份有限公司作为发起人股东。五家发起人出资合计人民币 1942.3025 亿元，全部资本由等额股份构成，每股面值人民币 1 元。公司发起人股东的引入，从产权结构上解决了股权单一的问题。

2004 年 9 月 15 日，由五家发起人发起成立的中国建设银行股份有限公司，召开创立大会暨第一次股东大会，审议并表决通过了《中国建设银行股份有限公司章程》及“三会”议事规则，同时，汇金投资有限责任公司、中国建设银行股份有限公司、中国建银投资有限责任公司三方签署重组分立协议。会后，随即召开了中国建设银行股份有限公司第一届董事会第一次会议和第一届监事会第一次会议。2005 年 3 月 17 日，中央任命郭树清为中国建设银行股份有限公司党委书记，3 月 25 日，郭树清当选为中国建设银行股份有限公司董事、董事长。

股份有限公司的成立，不仅是建设银行发展历史上的里程碑，也是中国银行业改革的重大成果。建设银行公司治理结构的核心，是按照“三会分设、三权分开、有效制约、协调发展”的原则，设立股东大会、董事会、监事会、高级管理层，形成科学高效的决策、执行和监督机制，确保各方独立运作、有效制衡。按照既能满足中外监管机构监管要求，又符合自身特点的原则，2004 年 11 月 29 日建设银行股份有限公司第一届董事会第二次会议和 2004 年第一次临时股东大会，审议通过了公司章程等 23 个议案。2005 年 9 月 16 日，银监会批准了建设银行公司章程。

出资主体的明确和公司治理结构的完善，不仅为公司战略的形成和实施提供了保证，也使追求价值最大化成为建设银行经营最主要目标。2005 年初，董事会正式批准《中国建设银行股份有限公司业务发展战略纲要》，进一步明确了战略愿景、总体市场定位及客户定位、产品定位和地区定位。

2004 年 3 月 2 日，国务院常务会议强调，引进战略投资者是建设银行股份制改造试点的主要任务之一。3 月 11 日，银监会对建设银行引入战略投资者提出了具体要求。2005 年 3 月中旬，建设银行引进战略投资者专项小组按照银监会提出的“长期持股、优化治理、业务合作、竞争回避”原则，进一步明确提出选择境内外战略投资者的出发点和主要目的，并于 2005 年 6 月 17 日，与美国银行签订了战略投资合作协议，6 月 30 日又与淡马锡亚洲金融控股（私人）有限公司签订战略投资合作协议，使建设银行率先成为国有独资商业银行中第一家与国外战略投资者达成协议的银行，标志着国有商业银行在推进股份制改革方面迈出了重要的一步。

（三）在四大国有商业银行中首家实现香港上市

2005 年 4 月 18 日，国家股改领导小组办公室召开工作会议，专题研究建设银行上市事宜。2005 年 6 月，建设银行按预定计划先后取得香港联交所、财政部、银监会、股东大会、证监会一系列审批文件。10 月 2 日，上市工作团队到达香港进行路演准备。10 月 5 日，兵分两路开始了全球路演，在境外 20 个城市举行了 128 场推介会，会见了 500 多家投资机构，围绕“中国经济、行业地位、风险控制、管理团队、财务业绩和战略投资者”六大亮点坦诚相见，全面客观、实事求是地介绍情况，给投资者留下了非常深刻的印象，赢得了83.7%的总体下单率，为整个发行上市奠定了扎实的基础。

2005年10月27日上午10时，建设银行H股（代码0939）在香港联交所正式挂牌交易。发行价格每股2.35港元，当日成交金额85.8亿港元，占当日总成交额的36%。11月9日，超额配售部分全部发行完毕，公开发行总数达305亿股，相当于发行总股本的13.5%，发行总规模达715.8亿港元，折合92.3亿美元。按发行价计算，建设银行市值达到724亿美元，是亚洲第三大银行，在H股企业中排名第一。作为四大国有商业银行中第一家实现成功上市的银行，第一支全流通的国企股，建设银行创下了多项纪录。2007年9月25日建设银行A股在上海证券交易所正式挂牌，成功地完成了A股的回归之路。

半个多世纪的历程凝结的《中国建设银行史》，其主旨在于传承历史、昭示未来。这是一部凝聚着写作团队集体智慧与心血的著作，倾注的是建行人对事业的忠诚与奉献，承载的是建设银行的历史坐标和波澜。让我们沿着建设银行史的文脉，共同谱写更加辉煌的历史新篇章。

（本文是为《中国建设银行史》撰写的自序，发表于《建设银行报》，2009年1月9日。）

让未来铭记历史

——解读《中国建设银行辉煌五十年》

《中国建设银行辉煌五十年》以共和国经济建设和社会发展为背景，以讴歌建行50年辉煌成就为主旋律，全方位多角度地展现了全辖38家一级分行和两个培训中心在不同时期、不同地域执着求索、创业发展的光辉历程，构成了建设银行50年波澜壮阔的历史画卷。《中国建设银行辉煌五十年》是《中国建设银行史》的补充和细化，两书相得益彰，交相辉映，成为从不同层面，不同视野，不同形式抒写中国建设银行50年历史的姊妹篇。

一、《中国建设银行辉煌五十年》以翔实的史料、练达的文笔、图文并茂的手法，既追求历史渊源的厚重感，又追求文采激扬的艺术感，力求编写一部具有建设银行鲜明特色的企业形象篇

首先，本书力求走出一般文稿汇编的模式，突破传统的写史手法，减少了程式化、公文化文体的枯燥，采用记叙体纪实写法，增强富有激情的文学含量，在理论和实践上都有所创新。特别是将建设银行50年划分为三个历史阶段，不仅得到全行上下的认同，而且对统领各分行辉煌50年的写作起到了提纲挈领、立意高远的作用。同时通过浓缩史料、详近略远、突出重点、展示亮点，从而避免了千篇一律的雷同，形成了各篇文稿亮丽的风采。

其次，本书力求文稿标题新颖，构思精巧，结构严谨，亮点凸现。每篇文稿的标题都切题准确、形象生动、含义深刻，具有浓郁的地域经济、社会及文化特色。各篇以巧妙的篇章结构，生动的语言描述，高度概括与展示为国家建设和地方经济发展所铸就的辉煌成就，让人振奋。

再次，本书力求图文并茂，图表相配，具有较强的视觉冲击力和艺术感染

力。一张图表就是一组考据翔实的数据，展示了各分行各项业务从无到有，从小到大，从大到强，不断攀升的发展轨迹；一幅老照片就是一段不加讳饰的历史解读，绽放了建行人服务建设的生命激情，使史书体例多了张力，饶有兴味。

《中国建设银行辉煌五十年》的成功编修，倾注了行史编撰人员无尽的心血和汗水，是各分行全力支持、精诚协作的成果，是全行上下见仁见智，集体智慧的结晶，是向建设银行奉献的一份弥足珍贵的厚礼。

《中国建设银行辉煌五十年》既是记载建行峥嵘岁月、光辉历程的史书，也是建设银行铭记光荣历史传统的教科书。她让我们世代牢记：一代一代建行人在半个多世纪的历史跨越中，演绎了光耀中华的美丽传奇，为共和国经济建设做出了卓越的贡献，同时为建设银行创造了宝贵的物质和精神财富。她让我们世代牢记：是共和国经济建设的使命和人民的重托激发了建行人不懈的追求，是改革开放的春潮放飞了建行人的希望，是 50 年风霜雪雨的洗礼，铸就了建行人世代传承的企业精神和永远高扬的建行旗帜。

二、建设银行的辉煌是在共和国建设的沃土上彰显，岁月的精彩是在不断创造不断跨越的搏发中演绎，建设银行 50 年的创业发展史及其升华的建行精神，值得建行人永远铭记和传承

50 年来，建设银行不断成长壮大，走向历史的辉煌。从 20 世纪 50 年代国家大规模经济建设的热潮中诞生成长，到 80 年代改革开放的浪涛里发展壮大；从 90 年代市场化进程中的商业化转轨，到 21 世纪初股份制商业银行的创立直至成功上市，建设银行从小到大，从大到强，一次次实现历史的跨越，一步步走向今日的辉煌。截至 2004 年底，建设银行资产总额达到 3.9 万多亿元，拥有境内外营业机构 1.4 万多家，员工 31 万多名。2004 年底，在英国《银行家》杂志全球 1000 家大银行一级资本排序中位居第 25 名，2005 年被评选为“中国年度最佳银行”。

50 年来，建设银行与国家建设同命运，共繁荣。从 1954 年成立之后，建设银行经办基本建设拨款，为国家基本建设“守计划、把口子”，利用信贷资金发放贷款，支持国家交通、能源、原材料、信息科技等基础产业项目建设，为创建

国家工业化、现代化体系，发展国民经济，做出了历史性贡献。建设银行因建设而生、因建设而兴，与国家建设同命运、共繁荣。

50年来，哪里有建设的热土，哪里就有建行人的足迹。几代建行人矢志不渝地坚守着“国家利益至上，服务建设为本”的信条，呕心沥血，不畏艰难，锐意进取，辛勤奉献，在共和国经济建设的天地里，谱写了一曲曲壮丽的凯歌。同时，为建设银行积累了经营、管理经验和技术，增强了资金实力，培育了管理固定资产投资乃至现代金融的专业人才队伍和庞大的客户市场，形成了特色鲜明的建设银行业务体系，打造了富有建行内涵的企业文化，磨砺出“特别能奉献，特别能战斗，特别能创新”的企业团队，树立了追求卓越，争创一流的企业精神。

三、建行人在管理国家基本建设投资拨款中，彰显了恪尽职守、顾全大局的敬业奉献精神

共和国选择了建行，人民的重托赋予了建行。忠诚事业不辱使命的建行人从诞生的那天起，就把管理好国家基本建设投资作为自己神圣的历史使命。在共和国各个历史时期的大中型项目建设中，无不浸透了建行人的智慧和心血。从1954年到1978年的25年间，建设银行从早期的国家156个重点项目开始，共经办各类基本建设投资5628亿元，这些拨款和贷款的近60%用于重点建设项目；建成大中型建设项目4000多个；通过建设银行审查工程概预算和制止不合理开支，共为国家节约资金107.8亿元。

“哪里有重点工程建设，哪里就有建设银行”是对建行人服务国家基本建设的真实写照。国家“一五”计划时期，建行人尽情地绽放了青春的活力和生命的异彩，那时，建设银行经办的年度业务量，由1954年的84.64亿元，迅速增加到1957年的124.62亿元，增长了50%。为服务国家156个重点建设项目和694个单项重点工程，建行人坚持“机构跟着项目走”，所设置的机构覆盖了东北、华北、中南、西北、西南、华东等地区几乎所有的重点建设项目基地，涉及钢铁、有色金属、煤炭、机械、化学、电力、国防科研和其他工业领域。办理特大项目的鞍山、富拉尔基、武汉青山、包钢、长春孟家屯、三门峡、哈尔滨动力

之乡、武汉大桥、兰州炼油厂以及玉门 10 个专业分支行，成为建设银行分支机构的突出代表，由他们经办拨款的这些项目构成了新中国工业和经济建设的基础。在此后 50 年的岁月中，按照重点工程设置专业机构的做法，一直被建设银行沿用。今天，在大庆、在宝钢，在三峡大坝，在青藏铁路沿线，在神舟航天载人火箭发射基地，仍然有成千上万的建行员工在为这些代表着国家形象的工程竭诚地服务着。

1954 年 10 月，23 名工作人员从重庆出发，向西藏挺进，历经艰辛，来到了雪域高原，在建设工地扎下帐篷，既办公又住宿，康藏公路支行就是在这样艰苦简陋的条件下安营在西藏扎木。有多少分支机构象康藏公路支行一样艰苦创业，在治淮工程，在宝成、成渝铁路，在全国十大钢铁基地、八大重型机械厂，在东北、西北、华北矿区，在西南“大三线”、西北核工业和航天工业基地，建行人与项目建设者们一起吃干粮、住工棚，餐风露宿，跟进服务，成为建设大军中一支重要力量。“一五”期间，全国完成基本建设投资 550 亿元，其中国家预算内投资近 493 亿元，这些资金全部由建设银行组织供应。建设银行通过遍布全国的分支机构，有效地保证了建设资金的调配和供应，并切实加强了国家基本建设投资拨款的合理使用，促进了国家钢铁、机械、能源、交通和棉纺等工业的优先发展，为奠定国家工业化体系做出了历史性贡献。

“审查工程预决算”是建行人在投资管理的探索中开拓的一项新业务。新中国大规模经济建设开始后，工程造价的不断攀升，影响着基本建设投资效益的提高。建行人急国家建设之所急，满怀责任感，主动请战，共审查了近一万份工程预算，平均剔除高估工程造价 7.8%。这一成绩，被财政部写进了《关于 1954 年国家决算和 1955 年国家预算的报告》中，此项工作得到毛泽东主席的充分肯定。此后，审查工程预决算作为传统优势，为建设银行的发展产生了极为深刻的影响。1994 年建设银行转变为商业银行之后，审查工程预决算业务由监管手段转化为服务客户的工程审价咨询业务，继续发挥着长期以来积累的技术优势，成为中间业务竞争市场的拳头品牌。

为国家“守计划、把口子”是建行人胸怀全局，忠实履行职能的职业品格。“二五”到“四五”计划期间，在国家基本建设投资管理体制的调整中，建设银行组织机构几经波折，两次被取消垂直领导体制，分别撤并到各地同级财政部门和人民银行。第一次撤并时，全国从事基本建设财务拨款的人员，由17000人减少到5000人。面对不利局面，建行人胸怀大局，恪尽职守，仍然不遗余力地以国民经济建设为己任，开创性地坚持了按计划、按工程预算、按建设程序、按工程进度的“四按”拨款原则，加强财务资金管理，为国家管理基本建设投资，促进重点建设项目按计划建成投产，节约使用建设资金，发挥了不可替代的作用，为创建新中国的工业化体系、促进国家经济建设，做出了巨大贡献。

建设银行在以后几十年的发展中，始终坚守服务国家经济建设的信念，不断丰富新的服务内涵。过去，在社会公众的心目中，建设银行的名字一直与水、电、路、桥、房等国家基本建设项目联系在一起。如今，多年服务于基础工业和基础设施建设所形成的传统优势，向重点建设项目提供长期、稳定金融服务和信贷支持的策略，仍使得建设银行在国家重点项目贷款市场中一枝独秀，占有70%以上的份额。“要买房，找建行”“龙的传人用龙卡”“中国建设银行，建设现代生活”这些让老百姓耳熟能详、深入人心的建设银行的代名词，既是国家和社会对建设银行的肯定和褒扬，也是建设银行服务国家建设的承诺，代表着建设银行新世纪的企业形象。

四、建行人在三次历史性跨越中，表现出了勇立潮头、与时俱进的改革创新精神

定格历史的创新，建行人一路奋进。从财政职能为主的银行跨越到具有财政、银行双重职能的国家专业银行，从国家专业银行跨越到国有商业银行，再跨越到国家控股的股份制商业银行，每次跨越，都是建行人饱含激情的升华，每项改革举措的创新，无不体现了建行人勇于探索、敢为人先的勇气和自信。

1978年12月，党的十一届三中全会确立了以经济建设为中心的方针，历史翻开了新的一页。建设银行在改革开放的大潮中激流勇进，以推行基本建设拨款改贷款和建筑业百元产值工资含量包干试点为标志，扬起了向国家专业银行跨越的风帆。

1979年至1993年，建设银行紧紧抓住改革开放的历史机遇，始终以改革发展为主题，一方面充分发挥管理固定资产投资的专长和经验，不断延续和完善财

政职能，致力推进国家预算内基建投资管理体制改革，积极推行投资包干、招标投标、百元产值工资含量包干等制度改革，支持和参与建筑经济业务的改革与发展，逐步建立建设资金使用的经济责任制。这一时期，建设银行累计代理国家、地方财政拨付的各项拨款、拨改贷资金为1.83万亿元，占同期国家财政支出总量的50%左右；累计审查的工程概算、预算、决算总价值约1万亿元，净核减工程造价为国家节约建设资金439亿多元，为加强和改善国家宏观调控，支持国民经济发展做出了巨大贡献。

在完善财政职能的同时，建设银行全行上下联动，大力发展银行业务，不断拓展银行功能，积极探索和推行基本建设投资拨款改贷款制度，引领社会资金进入固定资产投资领域。积极发展信贷业务，开办工业流动资金贷款，支持国家重点建设和企业技术改造；创办房地产金融业务，开办归集住房公积金业务，推进住房制度改革和住宅商品化进程；促进投资结构调整，并开展贷款项目评估、投资信息调查和科研工作，努力提高投资效益，使银行的功能和作用逐步得到发挥。1979年10月，建设银行利用存款第一次向辽阳化纤厂发放3400万元基本建设贷款，突破了计划经济体制下，信贷资金不得进入基本建设投资领域的“禁区”；1981年7月，烟台地区支行向龙口电厂发行1.05亿元建设债券，被称作为“集资办电，全国首创”之举。之后，从总行到分行，从经营到管理，建行人出台了一系列改革举措，创新之路在脚下不断延伸。这一时期，建设银行致力拓宽筹资渠道，广泛筹措资金，在进一步巩固和扩大企业存款的同时，大力开办和发展居民储蓄，兴办证券业务和信用卡业务，开拓国际金融业务，筹资手段日益丰富，资金实力不断增强。同时不断改进服务手段，积极推行柜台业务和管理工作电算化，极大地提高了服务质量和水平。建设银行在开拓银行业务的过程中，不断改革内部管理体制，完善经营运作机制；建立信贷计划和资金管理体制，改革财务管理体制，深化和发展会计工作，形成了建设银行在固定资产投资领域无可争辩、无可取代的业务优势和经营体系。

在国家商业银行征途上历经15年的努力拼搏，建设银行的竞争实力日益壮大，不仅实现了从财政出纳向银行信用的历史性跨越，奠定了建设银行在我国银行体系中的历史地位，还为向国有独资商业银行转轨创造了条件。到1993年底，建设银行总资产达到1万多亿元，分支机构3.2万多个，拥有员工31万多名，成为中国金融业中极具竞争力和创新能力的一支劲旅。

1994年，我国开始全面推进金融体制改革，建设银行在分离政策性业务、移交财政职能后，开始了向国有商业银行跨越的新的历史进程，为建立现代金融企业制度，把自身办成具有国际先进经营管理水平的商业银行，进行了不懈追求和探索。

从1994年至2004年，建设银行强化统一法人管理体制，按照总行的战略部署，紧紧围绕“在经营管理体制上从传统的专业银行向现代商业银行转变，在业务发展方式上从粗放型向集约型转变”这两个根本转变，以健康稳定持续发展为主题，以经营效益为中心，以结构调整为手段，适时调整行业、产品、客户、地域等发展战略，在巩固存贷款业务基础上，依托科技与产品创新，借助电子化建设的网络优势，不断扩充业务领域，丰富服务品种，金融产品种类从以往的存款、贷款和结算发展到银行卡类、电子银行类、代理业务类以及资金类等十几大类别、数百个品种。“CCB”“龙卡”“速汇通”“乐得家”“乐当家”“e路通”一系列的品牌受到广大客户的青睐，彰显了建行人远见卓识的品牌战略。

与此同时，各级分支机构以风险管理和内控建设为保障，不断降低不良资产比率，提高信贷资产质量。按照商业银行的运作要求和管理规范，对信贷审批、内部审计、财务管理、资金管理等方面的管理体制进行了全方位的改革，加强了对业务运行和内控监督管理，有效地防范了经营风险。为了提高集约化经营水平，对所属机构进行了扁平化管理，撤并了经营规模小、经营效益不高的机构网点，实行了人事与激励约束机制改革，有效地调动了全行员工的积极性和创造性。经过不断改革，建设银行的信贷资产质量、风险防范能力、综合竞争能力和价值创造能力日益增强。2004年底，税前利润为502.16亿元；资产总额39047.85亿元，贷款总额22255.85亿元，存款总额34893.76亿元；净资产收益率25.4%；不良贷款率3.92%；资本充足率11.29%。中国建设银行成功地实现了由国家专业银行向国有商业银行的历史性跨越，为办成资本充足、内控严密、运营安全、服务和效益良好、具有国际竞争力的现代化商业银行奠定了坚实的基础。

2003年底，国务院做出推进金融体制改革的重大决策，决定中国银行和中国建设银行实施股份制改造试点，并动用450亿美元国家外汇储备为两家行补充资本金。这一决策的实施，标志着建设银行股份制改革跨出了关键性的一步。

在向现代股份制商业银行的跨越中，各级行按照总行的战略部署，同心同德，齐心协力，开展了一系列卓有成效的工作。对资产负债进行了清理核实，对会计账目和营运进行了审计，对内部重要的法律关系进行了界定，同时进行了不良资产的剥离、出售。建设银行面对发展中的问题，不断改革管理体制，切实转换经营机制，改善经营绩效，着力建立良好的公司治理结构。通过国家注资处置不良贷款、自我消化资产损失、引进境外战略投资者等一系列财务重组措施和相关法律程序，显著改善了资本实力、资产质量和财务状况。特别是2005年10月27日，建设银行在四大国有商业银行中第一家在香港正式挂牌上市并取得巨大成功，创新了当时中国企业最大发行规模、香港资本市场有史以来最大发行规模、五年来全球最大发行规模，全球银行业最大发行规模等多项纪录。建设银行股改上市的斐然成就，充分展现了建行人勇立潮头，敢为天下先的精神风貌，实现了建设银行改革发展的又一次历史性跨越。

五、建行人在共同托起中国建设银行大厦的岁月里，凝聚了团结拼搏、争创一流的艰苦奋斗精神

建设银行之所以能走向今日的成功，离不开“特别能奉献、特别能战斗、特别能创新”的建行员工。建设银行的春华秋实是一代代建行人脚踏实地干出来的，是用心血和汗水浇灌的田野，用勤劳和智慧编织的花环，用真诚和爱心架起的彩虹，用累累硕果托起的不朽丰碑。

建设银行50年发展史充分见证，是几代建行人艰苦创业，辛勤奉献，创造了建行及建行的价值；是千千万万的分支机构，团结拼搏，共同托起了建设银行大厦，铸就了积极向上的精神力量和基业长青的建行之魂。

建设银行各个历史阶段涌现出来的一批又一批先进集体和模范人物，李国章、李宗膺、李厚丰、李子祜、吴传英、李向党、王天龙、秦伶华、舒建国、邹洵游……数不胜数的英雄模范，是建设银行的宝贵精神财富，是全行员工的先进代表，是建设银行崇高的企业形象。他们当中不仅有建行初期艰苦创业，为管理国家基本建设投资做出了突出贡献，为建设银行长足发展打下了雄厚根基的老一

代建行人，而且有一大批推动建行不断改革，为建设银行事业发展立下新功的新一代建行人；不仅有战斗在服务一线、文明窗口，全心全意为客户的柜面员工，而且有忘我工作，努力扩大建行金融产品知名度的营销人员；不仅有刻苦钻研，勇攀科学技术高峰的科技工作者，而且有锐意进取，为建设银行改革发展成绩显著的经营管理者，更有为保卫国家财产不怕牺牲，用鲜血和生命捍卫国家尊严，维护银行权益与信誉的忠诚卫士、革命烈士。

这些英雄劳模乃至千千万万普普通通的建行人，尽管所处的年代、地域不同，所在的工作岗位和担任的职务不一样，但都能以辛勤的劳动和无私的奉献，燃放着报效国家的豪情，践行着服务社会的诺言，张扬着建设银行的个性。建行人有着飞扬的青春，有着七彩的梦想，有着鲜活的故事，更有催人奋进的精神，建行人的言行浓缩起来概括为两个字：“忠诚”，这种对国家对人民的忠诚，对建行事业的无比忠诚，升华了心中矢志不渝的信念，演变成实实在在的行动，催生了奋发图强的精神力量，展现了不断求索，勇于开拓，坚忍不拔，奋斗不息的一代又一代建行人的精神风貌。

50 年峥嵘岁月，50 年光辉历程。建设银行 50 年的历史，既是一部呕心沥血，尽职尽责支持和服务国家经济建设，与共和国同步发展血肉相连的创业发展史；也是一部艰苦奋斗，激流勇进，在锐意创新中实现三次历史性跨越的企业文明史；更是一部千千万万分支机构，一代一代建行人忠诚坚毅，拼搏奉献，共同托起中国建设银行大厦的员工奋斗史。

“以史为鉴，可知兴替”。当建设银行踏上现代股份制商业银行新的征程，擂响与国际一流商业银行竞争的鼓点，去迎接国际资本市场全面检验和 WTO 新的挑战的时候，我们有理由相信，传承了建设银行文化传统，弘扬了建设银行企业精神，植入了现代企业文化新思维新理念的新一代建行人，必将以崇高的信念和昂扬的斗志，为创建国际一流商业银行，团结一心，不断创新，努力工作，奋发图强，迎来更加灿烂辉煌的明天。

让未来永远铭记历史！

（本文是 2006 年底为《中国建设银行辉煌五十年》撰写的自序，2008 年 5 月 5 日改定，发表于《建设银行报》，2009 年 9 月 25 日。）

《中国建设银行史》编后记

《中国建设银行史》的编写工作从2001年开始，到2008年交付出版，历时八个春秋。在本书编写定稿即将付梓之际，谨将编写背景、体系设计、写作思路、编写体例、提纲拟定、初稿撰写、总纂修改、审定程序及修史的全过程简要记述于书后，志为编后记。

2001年1月9日，建设银行第35次党委会议决定编撰中国建设银行史，并要求行长办公室提交具体实施方案。根据党委会的要求，2001年2月1日，行长办公室向赵林书记并淑兰副行长报送《关于编纂建设银行史的请示》。赵林书记和刘淑兰副行长先后批复：要求行长办公室先拿出具体方案和计划报行领导审定后组织实施，并考虑由文明同志专职参加这项工作。

2001年2月21日，席德炎主任通知文明同志负责行史工作，并要求提交行史编写方案和工作计划。根据刘淑兰副行长和赵林书记的批示要求，经过两个多月的行内外相关史书史料的收集、研究、比较和思考，于2001年5月16日行长办公室向刘淑兰副行长报送《关于编写〈中国建设银行史〉初步方案的请示》，提出了编写行史的指导思想、组织工作、进度安排和设计方案等问题，并将编写《中国建设银行史》《中国建设银行辉煌五十年》及筹办中国建设银行史陈列馆三项任务，作为五十年行庆的献礼项目。2001年6月1日，建设银行第58次党委会议研究并审定了编撰行史的初步方案；同意成立行史咨询顾问与写作班子；写作班子要就有关写作问题向党委提出建议，要实事求是，区分不同阶段，突出重点。

2001年6月19日行长办公室根据党委会组建写作班子的指示，向行领导报送《关于成立中国建设银行史编写办公室的请示》。2001年6月26日，行领导正式批准成立建设银行史编写办公室（以下简称“行史办”）。文明任行史办主任，鲁德宽、韩力群任副主任。行史办挂靠行长办公室，直接对主管行长、行长办公室主任负责。

从2001年2月21日开始，到2001年6月1日第58次党委会审定行史工作方案的三个多月间，行史工作的重点是理清编写思路，明确指导原则，规划结构体系，拟定编写大纲。根据建设银行职能演变的历史进程和国家经济社会发展的大背景，首先把建设银行50年的历史划分为三个历史时期，然后按三个历史时期将《中国建设银行史》分列为上、中、下三卷；考虑到建设银行从成立到转变为国有商业银行之前的40多年间主要办理基本建设拨款与贷款、以服务大中型建设项目为中心的历史，以及在商业化进程中各一级分行在业务发展创新中的不同地域、经济、文化特色，将38个一级分行及两个培训中心的历史单独编撰成书，定名为《中国建设银行辉煌五十年》，以拓展行史的记叙空间和横向内容，从而形成行史两本书之间互为依托、相互补充的姊妹篇格局。

为了确保写作大纲的科学性、系统性和可行性，行史办在周密准备的基础上，从2001年9月至2002年7月，先后召开了五次研讨会，专题研究和完善行史的编写提纲。2001年9月在太原召开了10个分行的部分老同志参加的首次行史座谈会；2001年11月在北京召开了部分部门总经理级离退休老同志座谈会；2001年12月分别在总行机关和上海市召开了总行各部门和各一级分行同志参加的两次行史座谈会；2002年7月召开了《中国建设银行史》老行领导研讨会。这五次会议各有特点，参加会议讨论的有总行离退休的老行长、老部主任，分行的老同志，总行各部门的负责同志和主要撰稿人，各分行行史负责人和主要撰稿人，先后共有近200多名同志参加了行史编写方案及写作提纲的研究和论证。行史编写工作采取这种开放的工作方式，增强了全行上下的参与意识，充分发挥了群体智慧，并在反复研究论证的基础上完成了行史框架体系的设计工作；拟定了全书分为上、中、下三卷的总体结构体系；最终形成了全书上、中、下三卷，共计50章的编写大纲，并报党委正式审定。

2001年11月19日，总行印发了《关于编写〈中国建设银行史〉的通知》。这是总行就行史工作进行动员和部署的第一个正式文件，下发了行史编写大纲，明确了行史编写的任务，提出了全书统一的编写体例和撰写要求。

2001年12月7日，行史办召开了总行机关各部门行史执笔人参加的行史座谈会。会议在广泛研究讨论的基础上，落实了各个部门的行史编写任务，提出了细化行史编写提纲的要求，明确了行史的纪实写法的统一体例。

2002年7月3日，行史办召开了《行史》中卷执笔人参加的“行史编写工作交流会”。在基本审定中卷撰写提纲细目的基础上，撰写初稿的工作正式启动。

2003 年 6 月 25 日，行长办公室下发《关于认真做好〈中国建设银行史〉编写工作的通知》，正式开始行史下卷的写作提纲的细化和初稿撰写工作。按照原定于 2004 年 10 月 1 日之前正式出书的进度要求，行史写作的截止期是 2003 年底。但是，在 2003 年 9 月 3 日第 68 次党委会研究 50 年行庆工作时，决定中国建设银行行史要完整反映建设银行 50 年的历史，出版时间顺延至 2005 年之后。为此，2003 年 12 月 15 日总行以建总函 1153 号文件下发《关于认真做好行史编写和文物征集工作的通知》，根据党委会决定重新调整行史工作进度，要求行史写作的截止期为 2004 年 12 月 31 日。

进入 2005 年以后，由于建设银行股改上市等客观情况发生重大变化，为了完整反映建设银行股改上市的全过程，行领导决定《中国建设银行史》的写作截止期再延长至 2005 年底。这样，行史下卷只能顺延至 2006 年之后完成撰稿任务。

在 2006 年底，行史办先后完成《中国建设银行大事记》和《中国建设银行辉煌五十年》两部书稿的总纂定稿工作并送交出版社编审之后，全力开始《中国建设银行史》的修改、总纂和历史照片的收集、编辑工作，并从 2007 年至 2008 年初，行史上、中、下三卷先后送交出版社进入出版编审程序。

为了提高行史写作的质量与效率，行史办根据团队分工撰写的特点，不仅在初期下发了统一的撰写体例和要求，而且在进入分章分卷的总纂定稿阶段又制定统一规范章节目标题、统一政策理论口径、统一文字加工内容、统一图表编号及体例、统一引文核对及注释体例、统一内外口径、严防泄密的六项要求，作为统一修改、编纂的标准和依据。同时，在行史编写工作之初，行史办就着力搜集、整理相关的行史编写资源，先后编辑印发《中国建设银行全国分行行长会议文献汇编》《中国建设银行大事记》《中国建设银行机构及职能任务演变实录》《中国建设银行主要统计资料汇集》等资料，供撰稿人员参考。

行史工作是在行党委和主管行领导的直接领导下，由行史编写办公室设计、组织、实施、修改、编纂完成的。

行史编写工作的总体程序是：（1）由行史办设计总体编撰方案，统一拟定编写提纲和编写体例及相关要求；（2）由部门及特邀人员撰写初稿；（3）行史办与部门及主要撰稿人一起对初稿进行分章研讨、修改、审定，全书各章的初稿修改都在三次以上，有些初稿还组织专人进行了改写或重写；（4）各章初稿基本完成后由行史办邀请专家及部门主要负责人作为特邀审稿人进行审查把关；（5）由专家及部门领导人审定的初稿送行史办后，由行史办总编纂、分卷编纂、编纂人员按照三审制程序，先后进行逐章逐卷的修改、核校、总纂定稿。其间还进行了分卷研讨、集体交流审查、反复切磋，六易其稿。

上卷的编写工作全部由行史办的同志负责。鉴于行史上卷的历史比较久远，当时的亲身经历者大都年事已高，很难承担繁重的编写工作。因此，上卷的编写工作只能全部由行史办的同志承担。为收集第一手历史资料，有关同志多次前往中央档案馆、财政部档案室、国家计委档案室、人民日报社资料室以及故宫博物院等单位查找资料；并多次拜访熟悉上卷历史的老同志，请求指导和提供线索。经过行史办两年多的艰辛努力、反复修改，首先完成了上卷初稿的撰写任务。2002 年 12 月下旬，行史办全体人员集中对行史上卷的初稿进行逐章研究和修改，并初步完成上卷 7 章的文字稿修改和调整工作。为确保史实的准确性和可靠性，经得起历史的检验，先后有 8 位老行领导、5 位部门老领导及 5 位行外专家参与了上卷初稿及送审稿的审定工作。

行史中卷的 17 章中，有 12 章是由总行对口部门承担初稿撰写任务，另有 5 章是因原对口部门撤销而只能由史办邀请原来的高级专业人员承担初稿撰写任务。中卷记述的是 1979～1993 年国家专业银行时期的历史。由于 1993 年之后的 10 多年间，部门机构及人员的多次调整变化，所以中卷初稿的撰写分工只能以部门与特邀专业人员相结合的方式进行。从 2002 年 7 月开始，各章初稿在撰写和修改过程中，行史办与撰稿人密切合作，共同搜集和整理史料资源，反复对初稿进行研讨、修改和充实。经过两年多的艰辛努力，先后三易其稿或改写、重写，到 2005 年 1 月中旬，行史办总纂人员集中对初稿进行研究、修改及总纂工作。其间，有 18 位原部门的老领导及 2 位行外专家参与了审稿工作。在此基础上，行史办总纂人员在对文字稿进行集中研究、补充和修改工作之后，又对历史照片进行了搜集、补充和整理，并于 2007 年圆满完成总纂定稿工作。

行史下卷的 26 章中，除首尾两章主要由行史办承担撰稿任务外，其余 24 章全部由对口部门承担初稿撰写任务。从 2003 年 6 月开始下卷初稿撰写工作后，行史办与各章主要撰稿人员密切合作、反复研究和讨论，大部分是三易其稿，有的是五易其稿。2006年8月初，行史办在内蒙古自治区海拉尔市召开总行9个综合部门的主要撰稿人与行史办总纂人员一起参加的集体研讨会议，集中对有关章节的初稿进行研究、交流和审定。2006年12月下旬，行史办在杭州市召开总行10个业务部门的主要撰稿人与行史办总纂人员一起参加的集体研讨会议，集中对相关章节的初稿进行研究、交流和审定。两次集中交流、研究之后，各部门又对初稿进行了修改和补充，并由各部门25位主要负责人对初稿进行审定、签发。最终由行史办完成总纂定稿工作。2008年初，下卷送达中国财政经济出版社后，全部行史编撰工作即告圆满结束。

《中国建设银行史》的成功编修，是建行创建、发展、壮大历史的忠实记录，是建行人为国家工业化、现代化不懈奋斗的历史写真，是建行文化传承、研究的丰硕成果，是建行人精诚协作、见仁见智、共同努力的结晶。参与此项修史任务的是一个庞大的写作团队。其中，直接参加《中国建设银行史》撰写工作的有223人；直接参加《中国建设银行辉煌五十年》撰写及资料、照片整理工作的有155人。行史编纂任务的圆满完成，不仅凝聚了所有撰稿人、审稿人和总纂人员无尽的心血和智慧，而且也倾注了历届老行长、离退休老领导、老同志深切的关爱和奉献。中共中央办公厅、国家档案馆、财政部办公厅、新闻出版总署、中国财政经济出版社等单位或部门，为行史的成功编修和出版提供了积极的支持与帮助。在本书即将出版之际，谨对所有参与、支持行史工作的单位、部门及相关人员，致以诚挚的谢意。

《中国建设银行史》的编纂者们八载耕耘、呕心沥血，力求行史编著工作能经得起领导的审查，能经得起专家的质疑，能经得起读者的推敲，更要经得起历史的检验。但是，半个多世纪的写作跨度，延伸百年的金融史实，不仅卷帙浩繁，牵涉面宽，加之组织机构与人员变动频繁，编纂进程及史料的搜集整理异常艰辛，而且团队写作的组织协调颇为不易。因此，疏漏乃至错误不当之处在所难免，敬请读者指正。

（本文是《中国建设银行史》编后记，2008年1月18日完成撰写，2008年5月30日完成核定稿。）

附1：

关于报请新闻出版署审批《中国建设银行史》出版的文稿

新闻出版署图书司：

由中国建设银行编写的《中国建设银行史》暨《中国建设银行辉煌五十年》是反映建设银行半个多世纪历史的姊妹篇。这套行史是由中国建设银行党委正式研究、审定并立项的重大科研出版项目。对这套行史所收录的有关党和国家领导人的历史照片，都与中国不同历史时期投资建设的重大史实密切相关，都与建设银行的历史发展密切相关，都与中国工业化、现代化建设的发展历史密切相关，而且这些照片都已在不同时期的公开出版物发表过。在此次行史编审过程中业已经过反复核校，并由建设银行党委审定后送交中国财经出版社出版的。我行对所有照片的真实性、准确性负责。中国建设银行史的出版，不仅是我行企业文化建设的重要文化工程，而且也是共和国投资建设辉煌历史的缩影。我行衷心期望贵署图书司对该书的出版给予指导和支持，并盼能尽快得到审定和批准！

谨致此函请示，盼批复！

中国建设银行行长办公室章

2007年8月6日

附2：

《中国建设银行史》的审读报告

——中国财政经济出版社《中国建设银行史》审读小组

《中国建设银行史》是一部记述中国建设银行成立50多年来变革、发展、壮大历程的史书。全书共150余万字，全面记录了中国建设银行自1954年创建以来，其经营管理体制和业务功能发展变化的历史轨迹。

全书共分为三大部分：第一部分（上卷）自1954年至1978年，为中国建设银行履行财政投资拨款职能时期；第二部分（中卷）自1979年至1993年，为中国建设银行向全面管理国家固定资产投资、全方位开办银行信贷业务，行使财政和银行双重职能的国家专业银行发展时期；第三部分（下卷）自1994年至今，为中国建设银行商业化改革与发展时期。中国建设银行分离了政策性业务，移交了代行的财政职能，在国有专业银行商业化改革进程中，着力建立现代金融企业制度，在办成具有国际先进经营管理水准的商业银行的轨道上不断发展壮大。

金融业是国民经济的重要组成部分，一个国家的金融事业是伴随其国民经济而发展变化的。中国建设银行组建及其发展的历史是与新中国五十多年的经济发展的历史同步的，建设银行的发展映射出了新中国经济发展的轨迹。目前，全面系统阐述新中国经济发展史的著作不多，全面系统阐述新中国金融发展史的著作很少，而有关专业银行历史的著作更少。一部系统、全面的《中国建设银行史》，不但是建设银行五十年风雨历程的历史记录，为读者学习和研究建设银行历史提供了宝贵的历史资料；也为一些专家学者编写其他专业银行史提供了借鉴。因此，《中国建设银行史》的编写出版是有其现实意义和学术价值的。

本书作者以历史唯物主义的态度，对中国建设银行五十多年的历史进行了客观而又全面的介绍。建设银行的发展历程和新中国国民经济发展历程充满了曲折和坎坷。对此，许多专家和学者有各自不同的观点和看法，本书作者当然也不会例外。但他们观点和看法，并没有刻意、生硬地反映在书稿中。历史是已经发生的事实，写史书就是要还历史的本来面目。当然要做到客观、全面绝非易事，只有掌握了大量的史实、史料，才能信手拈来、浑然天成。

本书的另一个特点是图文并茂。全书除了一部分统计图表外，还收集了数百幅历史图片。这些图片形象地反映了文字史料的真实、客观，一方面有助于读者更直观了解真实的历史，另一方面也有助于调减读者阅读长篇史书时的视觉疲劳。这种形式在一般正规史书中也是较少见到的。本书篇幅浩大，章节很多，但全书卷、章、节的安排合理，体例统一，编写风格统一。全书文字较为顺畅，朴实无华，平易可读，差错也较少。这在编辑人员近期审读的书稿中是较少见到的。

中国财政经济出版社《中国建设银行史》审读小组

2008年5月21日

《中国建设银行辉煌五十年》编后记

2001年1月9日，中国建设银行第35次党委会议决定编写建设银行行史，并要求行长办公室提交具体实施方案。2001年6月1日，中国建设银行第58次党委会议研究并审定编写建设银行行史的初步方案，确定编写《中国建设银行史》和《中国建设银行辉煌五十年》的基本思路及构想。《中国建设银行史》以自身职能任务的演变与业务产品的发展为主要线索，运用纪实写法来展示建设银行在长期服务国家投资建设进程中，不断发展壮大的光辉历程；而《中国建设银行辉煌五十年》以各一级分行的机构沿革、业务产品的发展为主要线索，从地域经济、社会、文化特点的视角，突出建设银行在支持地区经济建设过程中，逐步发展壮大的历史及光辉业绩。两本书都以记述建设银行半个多世纪的光辉历史为宗旨。前者的笔法庄重、严谨，全面、系统地展示历史的纵深感，是一部历史的长卷；后者的笔法洗练、浓缩，突出横向的地域感，是荟萃40篇文稿的集锦。两者各有侧重、互为依托，是为姊妹篇。

2001年6月26日，批准成立行史编写办公室（以下简称“行史办”），文明任主任，鲁德宽、韩力群任副主任。行史编写工作开始进入实施阶段。

《中国建设银行辉煌五十年》一书，既要反映建设银行38个一级分行和两个培训中心50年的发展历程及光辉业绩，又要兼顾由于机构设置、业务发展及地域经济、文化等方面的差异，需要事先设定统一、详尽的写作方案，并能在写作团队内形成共识。为此，2001年9月19日，行史办在太原市召开首次行史工作座谈会，建设银行总行和部分分行的十几位同志对编写方案进行了认真研究。此后，行史办又在反复研究、论证的基础上，于2001年11月9日以建总函〔2001〕1166号文件，印发了行史编写通知，明确了编写行史的相关要求。2001年12月25日，行史办在上海召开了“中国建设银行史座谈会”，会议根据总行编写行史通知的要求，与38个分行、两个培训中心的撰稿人进一步研究、讨论了编写工作的基本思路、构想及相关要求，正式启动了《中国建设银行辉煌五十年》的编撰工作。

为了完整反映50年历史，根据2003年9月3日，中国建设银行第68次党委会议决定，于2003年12月12日，总行下发文件，明确《中国建设银行辉煌五十年》的写作内容截止期由原定的2003年底延长到2004年底。从2005年开始，经过认真细致的竞争性谈判，于2006年2月8日，中国建设银行与中国财政经济出版社正式签订出版协议。从2005年11月开始，行史办按照三审制程序，对文稿进行逐篇审核、校订、修改，到2006年底《中国建设银行辉煌五十年》圆满完成总纂定稿任务，并交由出版社开始编辑审稿工作。

从2002年至2006年的四年间，行史办与各分行、培训中心撰稿人通力合作，发挥写作团队的集体智慧，先后召开三次编写提纲研讨会，四次审稿交流会，反复修改、五易其稿，终于按既定的设计创意，完成了该书的写作任务。全书40篇文稿，以其清晰的脉络、丰富的史料、精美的图片、优美的文字展示了中国建设银行50年辉煌壮丽的发展历史。

《中国建设银行辉煌五十年》作为《中国建设银行史》的姊妹篇，不仅是对行史地域和空间的扩展，也是对行史的补充和细化，更是为各一级分行、培训中心谱写的一篇具有鲜明时代特色和历史文化积淀的形象篇。她不仅充分展示了各分行和培训中心50年的光辉业绩和成果，特别是改革开放以来，向商业银行转轨进程中所取得的辉煌成就，而且充实和丰富了建设银行整体形象和光辉业绩，具有传承建行企业文化，继往开来的宣传效应。

《中国建设银行辉煌五十年》的40篇文稿，对建设银行前25年的历史沿革和成长历程只作简要概括性回顾；重点记叙改革开放以后，特别是1994年至2004年期间的商业化改革历程；突出建设银行向商业银行转轨过程中的制度变迁、经营业绩的提升和经营理念的转变。文稿展现了建设银行为建立现代商业银行制度的开拓创新精神和深厚的企业文化底蕴，展现了建行人艰苦创业，努力奋斗，为国家经济建设所做出的重大贡献；展现了建行人在建设强大祖国的历程中的时代风采和综合实力。本书以纵览历史的视角，着眼大局和长远，把共和国经济和本地区经济的大环境与建设银行发展紧密联系起来，突出创造业绩的历史背景和辉煌成就。

《中国建设银行辉煌五十年》的初稿撰写工作，从2002年开始后，各分行、培训中心先后组建了编写机构，或抽调专人负责撰写工作，并且都确定由一位行领导负责组织协调工作。许多分行组织了系统的行史资料征集活动，召开了老干部及有关职能部门座谈会，广泛征求意见。并在此基础上，细化了编写提纲。2002年，行史办先后召开三次编写提纲交流研讨会，对编写提纲及写作思路、文体、风格，进行了认真的研究和界定。

在编写提纲基本确定后，2003年至2004年进入了初稿撰写阶段。各撰稿单位广泛征求离退休老同志及有关部门的意见，对初稿进行了反复的核校和修改。行史办对收到的初稿进行集体审改，将书面评价和修改建议反馈给撰稿人。这样上下的反复切磋、修改，通常在三四次。对质量较好的初稿，则登录在“建设银行行史工作”网页上，以达到互相交流、借鉴的效果。

《中国建设银行辉煌五十年》文稿基本形成后，为了进一步提高文稿质量，行史办于2004年12月到2005年8月，先后召开四次由部分分行主要撰稿人参加的《中国建设银行辉煌五十年》审稿会议，着重就历史脉络是否清楚、综合实力展示是否充分、文章结构是否科学合理，历史照片及统计图表是否配备，以及文字是否顺畅并具有文采等几个方面进行认真细致的讨论、交流和审改。这种主要撰稿人互审和指定特约审稿人审稿的形式，不仅提升了文稿质量，而且所有参与讨论的人员都颇感启发和受益。

《中国建设银行辉煌五十年》的编撰出版，是按照建设银行党委和行领导的要求，全行上下共同努力的结果，是全体写作团队集体智慧的结晶。在本书编纂过程中，全体撰稿人员无私地奉献了自己的智慧和热忱；许多离退休老同志倾注了对建行事业的关怀和忠诚；总、分行有关部门的负责同志，以及山西、上海、甘肃、重庆、厦门、海南、广西、贵州、青岛、陕西、四川等省（市）分行，提供了宝贵的支持和帮助；中国财政经济出版社在编辑出版过程中，为提升书稿质量，做了卓有成效的工作。在本书即将付梓之际，谨表达我们诚挚的谢意！

（本文是为《中国建设银行辉煌五十年》撰写的编后记，2007年7月审定。）

中国建设银行与交通银行的历史渊源

从1954年10月1日中国建设银行在原交通银行的基础上创建，到2004年9月21日中国建设银行股份有限公司成立，中国建设银行正好走过了50年的光辉历程。1949年中华人民共和国成立时接管的交通银行，就是一个政府控股的股份制银行。2004年9月21日改制后的建设银行，也是一个国家控股的股份制银行。仅从法人治理结构的形式上看，似乎是个历史的轮回，然而此股份制非彼股份制，历史的内涵发生了变化。

过去的50年已成为历史，她留给我们的是回顾、审视、反思，积淀起来的是一种企业文化；而股份制改造以后的建设银行才刚刚开始，她要求我们面对、正视、期待，创造新的历史辉煌！

在2004年建设银行开始股份制改造以来，许多人对建设银行创建初期的有关历史问题，一再提出询问和质疑。其中，有关建设银行与原交通银行的历史渊源，更是很多人不甚了解而又颇感兴趣的问题。为了回应这一现实的需求，澄清一些主要史实，本文依据所掌握的历史资料，仅对建设银行与交通银行的历史渊源问题，进行初步的研究和解读。

一、建设银行在交通银行基础上创建的历史佐证

1949年10月1日中华人民共和国成立，拉开了我国大规模经济建设的序幕。随着三年国民经济恢复时期的顺利完成，从1953年开始了第一个五年计划建设。这标志着新中国有计划的、大规模经济建设高潮的到来。为保证国家基本建设投资资金的及时供应和合理使用，国家决定在交通银行原有机构和干部基础上，建立基本建设投资专业银行。建设银行创建的基础是交通银行的史实，是有充分的历史文件可以佐证的。

（1）1954 年 5 月 10 日财政部向中财委报送《关于在交通银行原有机构和干部基础上正式建立办理基本建设投资拨款监督工作的专业银行的报告》指出：我国基本建设投资拨款监督工作，1951 年间即已提出应由专业银行办理，并于 1952 年 1 月中财委正式公布基本建设工作暂行办法中明文加以规定。因当时尚无适当机构，经中财委指定暂由公私合营的交通银行办理。但随着国家经济建设的开展，基本建设投资任务与日俱增，机构与任务的矛盾日趋尖锐。为此，特建议：政务院准予另行正式建立办理基本建设投资拨款监督工作的专业银行，其名称拟定为“中国人民建设银行”。

（2）1954 年 6 月 9 日中财委给中共中央《关于设立基本建设专业银行的请示》指出：中财委同意中财部党组关于正式建立办理基本建设投资拨款监督工作的专业银行的建议，其名称拟定为“中国人民建设银行”，由财政部领导。

（3）1954 年 6 月 18 日中共中央批复中财委《同意建立基本建设专业银行》指出：中央同意在交通银行原有机构和干部基础上以不增加编制的原则，建立基本建设专业银行，由财政部领导，负责办理基本建设投资拨款监督工作。至于专业银行名称请你们与财政部再行商定，连同建立专业银行机构问题，一并报请政务院批准执行，目前可以着手准备。

二、建设银行承接交通银行的基本史实

在 1954 年 9 月 9 日中央人民政府政务院 224 次会议通过《关于设立中国人民建设银行的决定》之后，财政部即在交通银行原有机构和干部的基础上着手组建。同年 10 月 1 日正式成立的中国人民建设银行，承接了交通银行办理的全部基本建设投资拨款业务和相应的内设处室、员工以及国内的全部的分支机构。建设银行总行办公地点就是交通银行总管理处办公原址（北京市公安后街 3 号），只是将郭沫若题写的“中国人民建设银行”行标，覆盖了“交通银行”的行标。交通银行总经理马南风改任中国人民建设银行行长。建设银行总行内设职能部门，在交通银行总管理处原有的 13 处 1 室 33 个科的基础上，除将公私合营企业管理处转为交通银行外，其余各部门全部继承。交通银行系统的 9000 多名员工中，约有 95% 转为建设银行员工。其中，总管理处的 400 多员工中，约有 90%

以上转为建设银行总行员工。建设银行在交通银行的基础上创建，是一个客观存在的历史事实。建设银行创建之初，在主体业务、制度体系、领导班底、分支机构、员工队伍、办公场所6个方面，全面承继了建国初期的交通银行。在老一代建行员工中，从行领导、部门领导及业务专家，有相当一部分就是从交通银行转过来的。一位参与接管交通银行的老领导，在谈到建设银行与交通银行的关系时说："建设银行与交通银行的关系，就是解放军与八路军的关系。"这个比喻很形象，但也很真实。

三、建设银行成立后的交通银行

建设银行成立后，交通银行总管理处迁至北京西交民巷18号办公。总管理处仅保留了公私合营企业管理处的15名员工，相应配备了文秘、人事、后勤人员20多人，共计40人左右。交通银行仅在当时公私合营企业较多的一些大中城市保留了部分分支机构，员工总数约480多人。根据国家对私营金融业改造的有关决定，1955年2月1日交通银行经办的私营工商企业业务并入了人民银行，外汇业务归并于中国银行。1956年7月，交通银行总管理处与人民银行总行私人业务管理局合署办公，正式纳入人民银行体系。至此，交通银行不再作为专业银行而独立存在。

时光过去了整整30年。1986年7月，国务院发布《关于重新组建交通银行的通知》，重新组建的交通银行是以公有制为主的股份制全国性综合性银行，注册资本金人民币20亿元，由人民银行代表国务院投资10亿元，其余由地方政府、部门、企业以及个人认购入股。交通银行总管理处设在上海。新组建的交通银行，是我国改革开放以来成立的第一家股份制商业银行。重新组建的交通银行除了行名之外，与历史上的交通银行并没有其他承继关系。

建设银行50年的历史，是几代建行人用自己的勤劳与智慧，创建、发展、壮大建设银行的创业史，是建行人用奉献与牺牲，支持投资经济发展的建设史，是建行人在发展壮大企业、建设祖国美好家园的历程中，创立建设银行独特企业文化的历史。

在建设银行成功地实现了股份制改造，开始新的改革创业的历史征程之际，回顾总结历史的经验，继承建设银行的光荣传统，弘扬建设银行企业文化的深厚底蕴，对建设银行的未来发展和壮大，无疑具有重要的现实意义。

（本文是根据范一飞副行长的要求撰写的，并在行领导范围内传阅。2005 年 12 月《西部论丛》发表。）

附：

送阅文稿时给范副行长的汇报函

一飞副行长：

行史写作与研究是一项艰巨的企业文化工程。几年间，我们按党委的要求，查阅了大量的档案文件，走访了许多建行老同志，召开过多次研讨会，力求编纂一部员工喜欢、社会认可、经得起历史检验的建设银行历史长卷。为此，我们殚精竭虑，未敢一日懈怠。股改以来，对行史工作提出的诸多需求，我们都及时予以回应。只要时间许可，我们力争对众多历史疑义问题，进行系统的历史解读。看来，研究、普及行史知识，对弘扬建行企业文化，增强建行综合竞争实力，是非常必要的。我们十分乐意为此尽绵薄之力。

您所提出的建行与交行的关系问题，我们本着忠于历史、注重实证、不生歧义的原则，撰成《历史解读》一文，现送上，请阅示。如何修改、使用，按您的指示办理。

文　明

2005 年 8 月 11 日

《中国建设银行年鉴》（2006）编纂的基本构想

第一，《中国建设银行史》（1954～2005年）的写作期截止于2005年底，从2006年开始每年编纂一本《中国建设银行年鉴》（以下简称《年鉴》），是延承行史编修研究工作的一个恰当的对接点和有效的方式。

第二，《年鉴》至少可完成四项使命：一是有效发挥《年鉴》归集史料的功能，避免珍贵资料遗失或管理的空缺；二是提供《年鉴》的检索功能，方便工作、有利研究；三是《年鉴》为未来编纂、修订行史奠定基础；四是通过《年鉴》系统、全面、公开的信息资料，向社会宣示建行的上市银行形象及业绩。

第三，《年鉴》所有资料都按公开口径收集、编纂，符合上市公司信息披露规定及程序，保护建行商业机密。

第四，《年鉴》工作在行长办主任领导下，发挥行长办各处室的综合、协作配合功能，由行史办具体承办。由此，可明确行史办的职能范围，规范资料信息收集渠道、方式，在符合保密规定的前提下，拓宽行史办的信息交流渠道及调研活动范围。

第五，待本项目获批准后，即以行发文形式启动《年鉴》工作，由行史办制定实施方案，明确行史资料、年度报告及初稿的归集上报、内容要求，确定经办部门、单位及责任人等事项。

第六，行史办应将各部分的资料收集、初稿编写、总纂人、审稿人，予以分工落实，并注重集体研究、定期交流、编研结合，营造企业文化氛围。

第七，2006《年鉴》的框架设计力求系统、全面、规范，力争达到正式出版物标准，并为以后年度的延续编写奠定基础。

第八，《年鉴》的资料收集应是日常积累和集中收集结相合。日常积累以网络为主要手段，拟建立电子资料库；集中收集应在一季度完成总行、部门、分行的年度总结报告，并及时跟踪收集重要会议、重大活动的主要文件。2006《年鉴》是首次编纂，启动较晚，应力争在今年二季度完成全部资料收集工作，三季度完成编纂工作，年底出版。

《中国建设银行年鉴》（2006）编纂体系（初稿）

第一部分 中国建设银行2006年综合经营业绩

一、主题：综述2006年度在新的公司治理结构条件下的经营方针、策略及经营业绩

二、主要编写依据及资料来源

1. 2006年度工作会议上的报告及相关会议文件

2. 2006年度各专业会议上报告及相关会议文件

3. 2006年年度报告

三、撰稿人：行办秘书三处，行史办总纂

四、审稿人：董办、监办、行办

第二部分 中国建设银行2006年业务发展状况

一、分部主题

1. 公司及机构业务发展（公司业务、集团客户、机构业务、资产保全等部门提供初稿）

2. 个人银行业务发展（个人金融、高端客户、住房与个人信贷、信用卡、电子银行等部门提供初稿）

3. 资金业务发展（金融市场部供稿）

4. 投资理财及基金托管业务发展（投资银行部、投资托管部供稿）

5. 国际业务发展（国际部供稿）

6. 综合经营管理业务发展（资产负债、计划财务、会计管理等部门提供初稿）

7. 风险及内控管理业务发展（风险管理、风险监控、信贷审批、合规管理、审计、监察等部门提供初稿）

8. 战略协助业务发展（战略协助项目办公室、质量效率部供稿）

9. 机构及人力资源管理（人力资源、资债、培训中心、高级研修院供稿）

10. 信息技术管理业务发展（信息技术、营运管理等部门供稿）

11. 企业文化建设、品牌建设、青年文明号创建活动（公关及企业文化部供稿）

二、主要编写依据及资料来源

1. 总行各部门的年度工作总结报告

2. 总行各部门年度专业工作会议文件

3. 与各分部主题相关的重要文件及资料

三、撰稿人：各部门指定撰稿人后上报行史办；审稿人：由分部主题的相关部门审定

四、写作要求

1. 总行各部门撰稿内容应涵盖其全部业务，突出全行系统的产品业务创新、营运管理策略、重要改革举措及经营管理业绩等方面的重要内容

2. 总行各部门撰稿要以写事为主、写人为辅，避虚就实，突出各自的特色和重点

3. 由相关部门提供10000字左右的初稿，行史办商相关部门撰稿人共同总纂定稿

第三部分　中国建设银行2006年度分行业务发展状况

一、分部主题：各一级分行撰写5000～10000字的年度总结报告，按区城板块分列

二、主要编写依据及资料来源

1. 各一级分行的年度工作会议总结报告

2. 各一级分行的重要文件及资料

三、撰稿人：各一级分行办公室提供初稿，行史办总纂定稿

四、审稿人：按区域分片会议审定

五、写作要求

1. 各一级分行（含海外分行）撰稿内容涵盖在地域范围内的全部经营管理活动，突出主要业绩，突出地域业务特点

2. 撰写业绩应以资产负债表为基础，突出总行考核指标体系的完成情况，注意自身历史发展及内外部的纵横比较

3. 撰稿要用纪实写法、避虚就实，篇幅掌握在10000字左右。

第四部分　中国建设银行2006年独资、控股、参股公司业务发展状况

一、主题：按所属公司情况分列，反映公司全年经营业绩，字数3000～5000字左右

二、主要编写依据及资料来源：公司年报及年度工作总结

三、撰稿人：公司完成初稿，行史办总纂定稿

四、审稿人：计财部及相关部门

五、撰稿内容应反映公司法人治理结构状况、年度经营管理的综合业绩及重要业务活动；文稿内容要简明、系统、重点突出，篇幅控制在5000字左右。

第五部分　中国建设银行2006年度法规制度建设状况

一、主题

1. 年度法律工作及法规制度建设情况概述（3000～5000字左右）

2. 年度重要法规制度汇编、摘编、简介，分类收入

二、主要编选依据：年度内可公开发布的法规制度

三、编稿人：法律事务部

四、审稿人：董办、监办、行办

第六部分　中国建设银行2006年度主要经营业务统计资料

一、主题：反映中国建设银行1994～2006年综合经营业绩、机构人员变化及比较的统计图表（图表体系另附）

二、编选人：信息中心

三、要求：按公开、可比口径编选，辅以必要的注解说明文字

第七部分　中国建设银行 2006 年度大事记

一、主题：反映中国建设银行系统在年度内发生的重大事件及重要活动

二、编选人

1. 总行所有部级机构在一季度向行长办公室报送部门大事记

2. 一级分行办公室存一季度向行长办公室报送分行大事记

3. 行办档案处依据总、分行大事记资料，编选、总纂，行史办定稿

三、要求

大事记初稿由部门、分行归口收录并随重要照片一并上报，要求大事不漏、一事一目、要素齐全、内容准确。编辑体例比照《中国建设银行大事记》，随文件下发。

第八部分　中国建设银行 2006 年度董事会、监事会、高管层活动实录

一、按人物活动内容作文字辑录并附照片，依次排列，以重要性、标志性、公开性为选录标准，以写事为主、写人为辅，总数量百幅左右

二、编选人

1. 董事长、监事长、行长、副行长由行办秘书一处选报行长办，其他高管人员由日常事务机构的联系人提供行史办；

2. 董事、监事分别由董办、监办选报行史办；

3. 《建设银行报》摄影记者及其他负责摄影者，应将每次拍摄报道的照片，附时间、地点、内容，按季度报送行史办。

三、审定人：董办、监办、行办主任审定

第九部分　中国建设银行 2006 年度先进团队及个人先进事迹

一、按团队及个人先进事迹辑录并附照片，以全国、金融系统及建设银行系统先进团队及个人为收录标准，分别排列。照片以表现团队、个人特点为背景，不限于标准照；文字要简明、准确

二、编录、审定单位：总行系统工会

第十部分 附录

一、董事会、监事会、高管层领导名录
二、中国建设银行总行部门、一级分行领导名录
三、中国建设银行获奖项目一览表
四、中国建设银行系统科研产品、项目获奖情况一览表
五、中国建设银行先进团队及个人名录
六、各一级分行经营业绩排序一览表
（按银监会规定的七项考核指标列表）

（由于《中国建设银行史》的书稿已进入出版社编审阶段，统计资料业已截止到2005年底，行史写作实在无法再延长。但是，为了满足行领导对行史工作延期的指示和要求，行史办在行史编纂中适当增加了2005年之后的一些重大事件及机构人事等方面的内容。与此同时，又慎重建议从2006年开始编纂《中国建设银行年鉴》，并草拟了年鉴编纂方案报送行领导审定和批准。此稿2007年4月5日报送席主任；2007年4月11日席主任返回行领导意见，2007年4月13日最后修改并审定此方案，提交实施。）

编辑研究篇

工欲善其事，必先利其器。

编辑是一种职业，也是一门科学。

黑海春秋

知识·信息·语言

——谈谈编辑人员的基本功

编辑工作是沟通作者和读者的桥梁和纽带。编辑人员肩负着促进我国两个文明建设，繁荣我国学术、文化和提高全民族科学文化水平的光荣使命和职责。如果说物质生产部门的任务是为社会提供物质产品的话，那么，编辑出版工作则是为社会提供精神食粮。任何一种出版物一经出版，就会传播到四面八方（即省内外，国内外），有的还会流传后世。一张有权威的报纸、一种有影响的刊物、一部有价值的图书，它所传播的知识、信息，会给读者以知识的营养，会给人一种精神的享受和启迪；相反，一则错误的报道，一篇低劣的文章，一种粗制滥造的出版物，它所带来的不良社会影响，有时是无法估量的。可见，作为精神产品的报刊、图书，应该是真正的科学知识的结晶，一定要把质量看作是出版物的生命之所系。报纸、期刊、图书等出版物是编辑人员编出来的，所以要有高质量的出版物，就必须有高水平的编辑人员。那么，要想办好一个刊物，要想搞好图书的编辑出版工作，该从哪里着手呢？我以为，首先是物色和培养好自己的编辑人员，提高编辑人员的素质，练好编辑人员的基本功，从这个意义上说，还是人的因素第一。所谓“基本功”，就是起码的，必备的本领。不具备这些基本功就很难胜任起码的编辑工作。对于编辑人员的基本功，我想把它归为三点，即要有广博的知识、灵通的信息和练达的语言。简单可概括为：知识、信息、语言。

一、知识

编辑人员要具有广博的知识，这是由编辑工作的特点所决定的。编辑人员要制定选题，要改正稿件中可能出现的种种常识性、知识性的错误，要向各方面的专家、学者组稿并交往，这就要求编辑人员的知识面要宽一些、博一些，否则就不能适应编辑工作的需要。我们习惯上说的“以文会友”，就是要求以广博的知识为基础，与我们的作者、读者交朋友。过去，人们把编辑称作“杂家”，隐含着对编辑的贬义，意思是编辑人员不过像万金油一样，可以到处擦，但治不了病。其实，既然是“杂”就含有“广和博”的意思；既然是“家”也说明非同一般。杂家也算是一家。大家知道，《燕山夜话》《三家村札记》的作者邓拓，就是一名公认的杂家，像邓拓那样博学的杂家，无论过去还是现在的新闻出版界是为数不多的。由此可见，编辑要能成为“杂家”也并不是一个低标准。过去人们称道一个人知识渊博时，常常用“坐拥百城、学富五斗”来形容。“坐拥百城”是指学者所占有的图书资料众多；“学富五斗”是指学者学识广博。但即使一个人“学富五斗”也不能说已拥有足够从事编辑工作的知识。人民出版社的老编辑曾彦修说：“作为一个编辑，只有知识贫乏程度差别的问题，但却永远不存在谁的知识已经够用的问题。”（《编辑工作二十讲》，人民出版社出版，第22页）他把这句话作为编辑工作者的座右铭，是一点都不过分的。这里的道理有二：一是知识本来就是无穷尽的，只有起点而无终点；二是编辑涉及的知识领域宽广，编辑人员以一应十，以一应百、应千，所需知识的广博程度是永无休止的。这也正说明编辑学科的博大精深。所以，我所说的“知识”仅仅是从事编辑工作所应具备的ABC。结合我们财经、投资专业编辑工作的特点，应该具备的知识，主要有以下三个方面：

（一）要懂得马列主义的基本理论和常识

财经学科和编辑专业都属于社会科学范畴。我们的财经理论研究，必须以马列主义的基本理论为基础。马克思主义的三个组成部分中，辩证唯物主义和历史唯物主义的方法论，是我们观察事物、分析事物的基本立场和出发点；科学社会主义理论、政治经济学理论，是我们社会主义经济理论研究的基石，也是建立社会主义财经学科的理论前提。在编辑工作中要坚持马克思主义，要坚持社会主义，就必须懂得马克思主义的基本理论和常识。否则，我们的编辑工作就会迷失方向，坚持“四项原则”就是一句空话。从事编辑工作的人一般都具有大专以上的学历，已学过一些基本的马列主义理论，但从事我们这一专业的编辑人员最好能精读《资本论》，这是一部马列主义经济学的知识大全，如果能掌握和领会其基本精神和基本原理，在实际工作中一定会受益匪浅。

（二）要领会党和国家的有关经济建设的方针政策

报纸、期刊和图书是党和国家的舆论工具，因此，它必须贯彻党和国家的方针政策。编辑出版工作要为宣传、贯彻党和国家的经济建设方针、政策、制度服务。党和国家的经济建设方针，是在对社会主义建设的客形势的正确认识和分析基础上制定出来的。它反映了社会主义经济发展的客观规律性。有效地宣传贯彻党的方针政策，就是坚持党的领导，坚持无产阶级专政的具体内容和体现。宣传贯彻党的方针政策会不会是一言堂，会不会出现舆论一律的局面呢？回答是否定的，恰恰相反，只有正确地贯彻党的方针政策，才能使报刊、图书生机勃勃，富有朝气。“百花齐放，百家争鸣”是我们党的一贯方针，在振兴中华，实现四化的宏伟大业中，我们更需要广开言路，提倡争鸣。党的方针政策只有通过生动活泼的形式才能达到有效的宣传效果，板着面孔教育人，干巴巴地说教，是不利于宣传贯彻党的方针政策的。编辑人员只有吃透了党和国家的大政方针的精神实质，才能心中有底，高屋建瓴，抓住刊物的宣传中心，才能目光敏锐地进行组稿和审稿工作。

（三）要熟悉本专业的学科理论和专业知识

从事专业编辑工作的人，熟悉本专业的学科理论和专业知识，应该说是本行。所谓专业就“专”在这里，任何一个专业都有自己专业所特有的学科理论和专业知识。这些专业的理论研究和业务活动中所形成的专用名词、概念、术语、常识，常常带有浓厚的行业色彩。俗话说：“隔行如隔山”，就是这个道理。所谓“专家”，就是指某一个学科领域或行业内的专家。严格说，人们的知识领域总是有一定的局限性。所谓的专家、学者都是就特定专业而言的。所谓的杂家、通才的知识渊博也只是相对的。说编辑是杂家、通才，也是相对同行业的专家而言的，因为编辑也是分专业的。社会科学领域的编辑要编自然科学方面的稿件，往往是无从下手；经济科学领域的编辑要编政治学、军事学方面的稿件，也会感到力不从心；金融专业的编辑要编财政学的稿件也会相对生疏一些。如此而已，道理十分浅显，说明编辑必须掌握本专业的理论知识。编辑人员的学科理论和专业知识除了要对本学科、本专业的理论和业务知识有一定的深度之外，还应该了解和熟悉邻近学科和专业的基本理论和知识。例如，我们要从事投资经济专业的编辑工作，首先应该比较精通和熟悉投资学、货币银行学、财政学等学科的理论和投资管理方面的业务知识。在这些学科理论和业务知识方面要有一定的深度，也应该专一些。同时，还应该对相邻学科理论、相关部门的业务知识有一定的涉猎和了解。譬如，国民经济计划学、基本建设经济学、建筑企业管理学、统计学、会计学等学科与投资、财政、金融学科多有交叉和渗透；计划、财政、统计、物资等专业管理知识与投资管理业务密切相关。对相邻学科、相关部门的理论和业务知识的了解只能是基本的，不可能很精通，这就是一个知识广度问题。编辑人员要“一专多能”。“专”就是指对某一学科或对某一学科中的某方面的知识深度，“专”到什么程度，这是相对而言的。我想，应该专到与同行专家相差无几，专到有较深的学术见解，专到有自己的学术成果。“多能”是指知识的广度，“广”到什么程度也是相对而言的。我认为“多能”，就是不论哪方面的文章都可以基本读懂，并在编辑加工中，能使稿件更加严密和完善，可以锦上添花，而不是画蛇添足；在与专家、学者的交往中，能找到共同语言；向作者组稿时，能提出有针对性的要求和意向；审稿中能在关键性问题上，能向作者提出建设性意见，能启发作者的思维，从而有助于提高作品的质量。一个编辑人员，如果能较好地做到上述各点，也就具备了从事编辑工作的第一个基本功——知识功。

二、信息

编辑人员掌握本专业的有关信息，是做好编辑工作，办好自己刊物的重要条件。有人形容现在是信息爆炸的时代，是信息革命的时代。由于当代科学技术的迅速发展，信息量激增，收集、传递、运用信息的手段已达到相当现代化的程度。信息已经成为发展社会生产力、推动社会进步的重要因素。如果说电脑、传真、广播、电视是信息传播的最现代化手段的话，那么报纸、刊物、图书，仍然不失为一种有效的信息传播手段。如果说一种刊物、一本图书是知识信息的载体的话，它传播给读者的知识信息必须是准确的、及时的、有效的。否则，就不能发挥它应有的功能和作用。编辑人员信息灵通，就会显得耳聪目明，工作就十分主动，刊物也就会充满活力。我们有些偏僻地方，常说“这里的消息闭塞”，实际就是信息不灵通。这些地方通常是比较贫穷落后的。一个人闭目塞听，两耳不闻天下事，这个人肯定不会成为社会活动家。有人以为编辑人员就是整天坐在屋子里编稿子，所谓“编辑不出门，能编天下书”。这种说法，无论在过去，还是现在都是不合事理的。我以为，编辑人员要有两个长处：一是要能坐下来，即有“坐功”；二是能走出去，要有“走功”。坐下来，才能编稿件；走出去才能掌握握信息。二者缺一不可。有人说记者是“无冕皇帝”，什么地方都可以去，什么人都能找，什么信息都能抓到手。编辑理所当然是半拉记者，如果不能走出去采访，不了解本专业所需的信息，又要想办好刊物，是不可能的。耳目闭塞、信息不灵通的编辑，是不可能编好天下书刊的，如果硬编，一定是个糊涂编辑，必然会闹出许多笑话来。

编辑人员的信息不灵通，工作就必然是盲目和被动的。但是所谓信息灵通，也不可能做到万事通。这就提出这样一个问题，编辑人员应该掌握哪些信息？我以为，编辑人员主要应关心与本专业密切相关的学术情报信息，以及与刊物、图书的性质、指导方针有关的政治、经济信息。从事投资专业的编辑工作，一般要密切注意以下几方面的信息：

（1）要密切注意党和国家政治、经济、指导方针和最新的政策动向。例如，会议精神、文件、领导人讲话、重大事件等。

（2）要密切注意有关经济主管部门的最新规定和重要措施。

（3）要及时了解本专业系统内的最新工作决策和将要采取的重要措施，以及重要会议、重大事件等。

（4）要及时掌握本学科的学术动向和科研成果。譬如，重要学术会议上提出的新观点；报纸、刊物、图书中出现的新观点、新成果。

（5）要及时掌握国家和部门的重要经济统计数据，从中透视财政、金融、物价的现状和工、农、商、交建等行业经济情况。

以上五个方面的信息分类只是粗线条的，它们彼此相互交叉，互相渗透，不能截然分开来。编辑人员在获得信息后，要善于归纳分析，互相印证，从而使信息能有效地为编辑工作服务。

编辑人员善于通过各种形式、各种渠道获取信息，是一项基本功。同样，将所收集的信息有效地利用起来，也是一种基本功，应该说，收集和运用是统一的，两者不可偏废。

三、语言

编辑人员既有了知识功夫，又有掌握信息的功夫，神通就大起来了，但还不全面，还要有扎实的语言功夫。这就是我要讲的第三个问题。

语言是人类交际的主要工具。一个人善于辞令，口头表达能力强，叫作会说话；一个人善于用文字来表达思想，书面表达能力强，叫会写文章。“人无完人、文无完文”。一个人的文章要正式出版，与众多读者见面，就要有人审查、校订、修改、润色，于是就有了编辑这一行。编辑当然要会改文章。从语言工具的运用能力讲，要求改文章的人应比写文章的人还高明一些。在学校里语文老师给学生改作文。老师自然比学生高明。在社会上，编辑一支红笔在手，执掌文章的生杀大权。如果没有深厚的语言功夫，后果是十分严重的。难怪许多老编辑说：语言是编辑的第一武器，语言的功夫是编辑人员基本功中可数第一的基本功。

“工欲善其事，必先利其器”，做工要有好的工具，当编辑要有练达的语言功。这一点，不论是哪个专业的编辑，也不论是哪种出版物的编辑，都是一致的。所谓语言功，就是对稿件的结构体系、中心思想、文字表达的鉴定、校正、修改、润色的功夫。一篇文章经过编辑之手，应该消除一切讹误。否则，就不能说是一个合格的编辑人员。这就要求编辑人员应该具有逻辑、语法、修辞方面的扎实基础。

逻辑是研究思维规律的科学。一个人的思维符合规律，写出来的文章结构严谨、层次分明，内容表达环环紧扣，有条有理，文章很通顺。逻辑主要是解决文章通不通的问题。

语法是研究语言文字是否符合语言习惯，解决语言的规范性问题。文章的语法运用正确，读起来，行如流水，朗朗上口，给人以一种顺畅的感觉。语法主要是解决文章顺不顺的问题。

修辞是研究语言表达效果的科学。同样一个意思修辞手法得当，所达到的效果就好；否则，就相反。修辞学实际上是一种语言表达的技巧性科学。修辞主要是解决文章精练的问题。

如果一个编辑人员既掌握了一定数量的汉字和词汇；又能熟练地应用形式逻辑、语法、修辞知识，就应当说具备了练达的语言功夫。怎样检查编辑人员的语言功夫呢？一是看能否鉴别文章的好坏，能否发现文章语言表达中的错误，以此来验证自己的鉴别能力。一个有经验的编辑，拿起一篇文章粗略地翻一翻，就能对文章优劣可说出一二三来，这里既要有经验，但主要是鉴别能力。二是能否驾驭语言，能否改好一篇文章。一篇并不很好的文章，经编辑一修改，面目一新，能达到发表的水平，这就说明编辑驾驭言的能力比较强。

总起来说，编辑如果能在知识、信息、语言这三个方面有了较扎实的基础，练就一些基本功，那么，就能较好地胜任编辑工作了。

四、编辑人员怎样才能具备上述三方面的基本功

现在从事编辑工作的人，大部分不是编辑专业毕业的。即使有了编辑专业毕业的大学生、研究生，也有一个专业分工的问题。对于大多数半路出家搞编辑工作的人来说，练就编辑功主要靠个人的自学和摸索。下面我想从三个方面谈点个人感受。

（一）要努力完善自己的知识结构

在知识结构方面，每个人都相对地有自己的长项和短项，实际工作时间长的人是这样，刚刚毕业的大学生、研究生也是这样。比如，对财经专业的人来说，专业知识应该相对见长一些；而语言知识则相对短一些：对文学专业毕业的人来说，语言知识相对是长项，专业知识相对是短项；对于搞工程技术出身的人来说，工程技术知识是长项，管理知识则可能是短项。从事编辑工作，要善于补充自己的短项，完善自己的知识结构，这样才能适应工作的需要。一般说，具有大学文化程度的人，只要系统地自学一些主要教材、专著、业务书籍，是比较容易做到的，并不是什么困难的事情，关键是要有一种求知欲望，而且又能持之以恒。

（二）要善于在编辑工作实践中学习和提高

好多事情都是边干边学，才会有进步和提高的。在编辑工作中学习有很多优越条件。首先，编辑人员要编一部稿件，就先要看得懂，并要进行反复推敲，这样，就能学到不少知识。编辑人员是作品的第一个读者，有拜读和学习新作品的有利条件。其次，编辑经常与教授、学者、专家这样一些经济文化界的上层人士接触交往，有求教高师的优越条件，这是一般人不可能具备的。编辑人员在与这些人士的交往中，可以熟悉较高层次的学术见解和最新成果及动态，从而开阔知识视野，有助于提高学术理论水平。最后，编辑人员要接触大量的稿件，其中难免有生疏和不懂的东西，这就要有解决疑难问题的本领：一是请教人（如作者，同行专家等）；二是运用工具书。而运用工具书，不但年轻编辑需要，老编辑也需要。在这方面，新老编辑的差异主要在于谁最会运用工具书。老编辑遇到难题，知道在哪种工具书里查找，并很快能查找到出处。编辑人员经常使用工具书，经常发现并解决自己不懂的难点、疑点，就能不断增加新知识，拓宽自己的知识领域。俗话说“见多识广”，就是这个道理。为了适应编辑工作的需要，编辑人员不但自己手头应有自己常用的工具书（字典、词典、经济学辞典及手册等），而且还要熟悉和运用编辑部、资料室、图书馆的工具书和各种资料。

我认为，在编辑工作实践中学习，在学习中工作和提高编辑水平，这是造就合格编辑人才的主要途径。一个人大学毕业、研究生毕业，不是学习的终结，而是进一步学习和提高的开端，这种学习就是“实践”。

（三）要努力学习新的学科知识，注重知识更新

科学的发展，社会的进步，无论在自然科学领域还是在社会科学领域，都会出现许多新的科学成果，从而形成新的学科门类。新的学科门类是与新的社会实践相联系的。如果编辑人员总是满足于在课本上学到的那点知识，总是满足于自己已经熟悉的知识领域，不愿意在新的学科领域里开荒耕耘，那就绝不会有新的收获和进取。长此以往，头脑中的知识新陈代谢停止了，枯竭了，知识老化了，编辑也就落伍了。知识老化的编辑就只能办出一个知识老化的刊物，编出一些内容陈旧的书。或许有人说，这是危言耸听，不，这是实实在在的现实。我们20

世纪50年代、60年代毕业的大学生，谁懂得什么是计算机？谁懂得计算机语言？谁懂得科技革命中出现的新知识？同样，80年代的大学生，也不可能学到90年以后的新学科知识！建设银行系统的刊物不少都叫什么投资管理之类的名称，请问，你们在大学里谁学过投资学呢？当然，投资学在西方并不是新学科，但是在我国还是近几年才出现的新学科，而且还很不完善，很不成熟，尚处在初创阶段。这里就有一个学习新的学科知识的任务。相形之下，过去我们曾经学习和运用过的基本建设财务拨款学科知识已经显得陈旧和过时。这就是一个知识更新的问题。编辑人员要有一种对新事物、新学科知识的敏锐的眼光，并能及时地吸收新的知识营养，提高自己的知识水平。只要这样，才能提高基本功，逐步地成为一个合格的编辑人员。

（本文是1988年10月应邀在建设银行系统编辑人员培训班上的演讲稿，随后编入《期刊编辑讲座》，中国财政经济出版社，1989年4月出版，第131～142页。）

开展编辑学理论研究　提高期刊编辑质量

80年代改革开放的春风，给建设银行带来了蓬勃生机和活力，伴随着投资管理工作的大发展，投资理论研究、政策研究出现了空前繁荣的新局面，建设银行投资管理类期刊也应运而生。经过十多年的艰苦创业、勤奋耕耘，现在建设银行系统已经有正式期刊14种，非正式期刊22种，共计36种之多。期刊编辑出版工作逐步走上了正规化、规范化管理的轨道，发行数量稳步上升，社会影响日趋扩大。在繁花似锦的中国期刊百花园中，投资类期刊已经赢得了自己的一席之地。但是，也应当看到，与国内外高档次的期刊相比，与投资领域及建设银行改革发展的要求相比，进一步提高期刊的编辑出版质量，仍然是广大编辑人员所面临的首要任务。对此，我们必须始终保持一种谨慎、进取的态度。为了提高期刊的编辑出版质量，就必须提高编辑人员的素质。而要提高编辑人员的素质，就一定要认真开展编辑学理论研究活动。

下面我想就为什么要提倡开展编辑学理论研究和怎样开展编辑学理论研究的问题，谈一点个人不成熟的认识，以就教于广大的编辑同行和热心的读者。

一、为什么要提倡开展编辑学理论研究

第一，从建设银行系统编辑人员的专业知识结构和业务素质的实际情况出发，必须提倡开展编辑学理论研究。

期刊编辑学是编辑学的一个分支。它相对于图书、报纸编辑虽有其自身的特点，但就编辑的一般业务内容、性质、任务、要求及基本规律而言，是大体相近或一致的。不论从事哪个专业的期刊编辑工作，都需要掌握编辑的专业业务知识。编辑专业的业务知识内容十分广博，而且不同专业内容的期刊编辑业务要求还有所不同。但是，概括起来，编辑专业业务知识大体可分为两个大类：一类是

属于各种专门学科的业务知识，譬如，自然科学类期刊就需要自然科学知识，社会科学类期刊就需要社会科学知识；社会科学可分为政治学、经济学、军事学、文艺学、社会学、法学、历史学等；经济学类又可分为计划学、财政学、金融学、投资学、劳动工资学、价格学、物资学等部门经济学科，这些部门经济学一般都与相应的经济管理部门对应，而且在大中专学校里也都开设有相应的专业。各类不同学科专业，一般都有自己的专业类期刊，所以，从事专业类期刊编辑工作，必须掌握这一专业学科的理论及业务知识。另一类是编辑自身的专业知识，即属于编辑学范围的专门知识，譬如，编辑学的对象、任务、内容，编辑工作的规律、程序及要求，以及语言文学知识、逻辑修辞知识，等等。编辑学也是一门博大精深的科学。要从事编辑工作，没有前一类专业知识就很难看懂稿件，很难胜任工作；同样，不掌握后一类知识就不会真正懂得编辑工作的含义，就很难办好刊物，也是很难胜任工作的。从我们建设银行系统编辑人员的知识结构和业务素质来看，前一类知识相对是强项，绝大部分年轻编辑是投资学专业的大学生、研究生，中老年编辑虽然不是投资专业毕业的，但大都从事投资专业工作许多年，不仅懂业务，理论上也有一定的基础，有些人可称得上是这一领域的专门家了。但是，我们数百人的编辑队伍，迄今还没有一个是编辑学专业毕业的，而且从事编辑工作的时间一般都不算长，这方面的知识积累较为缺乏，相对第一类知识是弱项。如果这样的专业知识结构不改变，我们编辑人员的业务素质就无法提高，就无法适应期刊编辑工作发展的需要。这样，我们所要求的期刊规范化管理，提高期刊质量，就很难实现。所以，我认为从我们现有编辑人员的知识结构和业务素质的实际情况出发，提倡开展编辑学理论研究是非常必要和紧迫的。

第二，从建设银行系统编辑人员开展“编研结合”的实际情况出发，必须提倡开展编辑学理论研究。

由于现有编辑人员的专业知识是“一头重、一头轻”，加上其他一些客观原因，所以现有编辑人员的研发方向也是“一边热、一边冷”，即研究投资理论、投资管理业务热，而研究编辑学理论冷。我认为，“编研结合”是提高编辑人员素质的必由之路，也是提高出版物质量的前提条件。但研究方向不能“一头沉”。从提高编辑素质，提高刊物质量这一基本宗旨出发搞“编研结合”，现在尤其应提倡对编辑学理论的研究。编辑之所以是编辑，社会之所以在专家、学者之外还需要有编辑，就是因为编辑是一个独立的专业，有一套专门的学问，有其自身的内在规律性。而且在实际的编辑工作中，必须把专业科学知识体现在编辑专业业务中，又要通过专业业务表现出来。或许有人会问，编辑这一行中不是出现了许多专家、学者么，没听说他们在编辑学方面有什么特殊造诣，他们办刊物不也很有名么？不错，编辑出身的名家是不少，但他们绝不是靠“一头热、一头沉”出名的。茅盾1920年主编《小说月刊》时，才24岁，当时只写过几篇评论，改编过童话等，正式从事小说创作还是1927年以后的事；而他在主编《小说月刊》之前已经在商务印书馆当过四年编辑，并且深受老编辑家张元济、高梦旦的好评。邹韬奋于1926年主编《生活周刊》时，才31岁，此后《生活周刊》的发行量很快由2800份增加到15万份；在此之前，他已担任中华职业教育社编辑部主任。赵家璧1934年主编《中国新文学大系》时，才34岁，大学毕业刚刚两年，但他在大学读书时就开始为出版社编书、编刊，早就热衷于编辑这一行。这三位出版界熟悉的知名老前辈，都是青年时代就为中国文化事业做出了贡献。他们之所以成名，除了专业知识根底深厚外，一个重要的原因就是他们首先是一个优秀的编辑人才，编辑专业知识渊博，编辑业务能力出众。他们都是在编辑学专业知识造诣较深的时候，才走上文学专业创作道路的；他们是文学巨匠，但首先是编辑家、出版家。从建设银行系统编辑人员的科研成果、科研兴趣及发展趋势看，如果不提倡和鼓励大家开展编辑学理论研究，不但“编研结合”搞不好，编辑人员的素质提不高，而且队伍能否稳定，刊物能否巩固和发展，都很难估计。如果我们的编辑人员中真的出现了几个投资学专家，当然也是好事，但这些“专家”是否把编辑当作主业对待？能否办好刊物？我看，不懂得编辑学知识的专家是办不好刊物的，这是已经被实践证明了的结论。

第三，从中国编辑学理论研究不发达的实际情况出发，必须提倡开展编辑学理论研究。

建设银行系统编辑人员的编辑学知识基础差是事实，其他专业系统也大体如此。这是什么原因呢？我看，这与中国编辑学理论研究还处在不发达水平是密切相关的。80年代之前，中国处在“编辑无学”的贫困境地。这种状况是中国出版界行家们的一致看法。但是，编辑学的贫困必将导致中国文化事业的后进和落后。这种状况是与改革开放以来，中国蓬勃发展的社会主义建设事业所不相适应的。针对这一情况，1984 年 7 月，胡乔木同志写信给教育部，建议在北京大学、南开大学和复旦大学开设编辑专业课，请京津沪几位老编辑分头讲几个题目，帮助筹备者编写成一门或几门课的教学大纲。他说，在中国确无编辑学的书籍，“编辑之为学，并非一般基础课学得好即能胜任”。在胡乔木同志的倡议下，1985 年上述三所大学开设了编辑专业课，开始招收我国第一批四年制本科生，结束了我国“编辑无学”的历史。到 1988 年，全国已有 13 所大学陆续设置了编辑出版专业课，5 所大学正在进行研究生培养工作，编辑学高等教育初具规模。但是，目前每年只有 150 名毕业生，而有的高校从去年开始就不招生了。其原因是“三难”所造成的，即分配难、师资难、经费难。据有关部门推测，“八五”期间，仅编辑人员就需补充 5400 名，再加上书籍装帧、出版管理等则更多。（《新闻出版报》，1991 年 8 月 26 日）由此可见，不仅现有编辑人员的素质提高需要通过在职的编辑理论研究、培训来解决，而且将来的人员补充也不能指望从高校毕业生中补充编辑学专业的人才。而且，现在高校编辑专业办学的“三难”中，就有“师资缺”这一难。师资为什么缺呢？主要是编辑学理论研究不发达所造成的。从现有的编辑出版专业报刊的情况看，很难令人满意。其一，涉及编辑学科基础理论研究的文章少得可怜；其二，能看到的一些文章作者大都是些老编辑，而且内容主要是谈历史、谈经验的；其三，参与这方面研究的人数不多，范围不大。这种状况如不及早改变，中国的出版事业就很难有大的发展。面对这一现实情况，我认为大力开展编辑学理论研究，不仅是巩固、发展建设银行期刊工作所必需的，而且也是发展、繁荣中国出版事业所必需的。我们应该有为中国编辑学的繁荣发展多做贡献的雄心壮志。这是对事业的一种奉献和责任感，而绝不是狂妄自大。

二、怎样开展编辑学理论研究

我们办任何一件事情，首先要解决认识问题。认识到问题的重要性、必要性，就有了办好事情的内在动力，方法问题也就好解决了。建设银行系统能否开展编辑学理论研究，能否取得成效，全体编辑人员的努力是决定性的。主编、总编辑重视，并以身作则，编辑室主任作为骨干力量自然会研究这方面的课题。有了这两级人员的先锋带头作用，年轻编辑的引导和发动也就不会有什么困难了。1988年建设银行系统在江苏无锡办了一期编辑培训班，参加学习的学员反映效果不错。有几位老所长和老编辑就是授课的教师，这说明，我们的同行中是有这方面人才的，是能够推动这项工作的。那么，我们到底应该怎样来开展编辑学理论研究呢?

第一，要把我们从事编辑工作的实践经验加以总结、概括、抽象，从中发现一些规律性的东西，这就是实实在在、实事求是的理论研究。

我认为，开展编辑学理论研究的第一条途径，也是最有效的途径，就是总结我们从事编辑工作的实践经验，把它条理化、系统化，并抽象、概括为理论，从中找出一些带有规律性的东西来。实践经验的提炼、升华，就会上升为理论。大家或许会担心，我们既未读过编辑专业的教科书，又未接受过正规训练，怎么能研究编辑学理论呢？其实，任何一门学科的创立，都不是从学校教师那里学来的，也不是哪位师傅密传的，而是人们在实践中摸索、研究、创造出来的。70年代以前参加工作的同志，有谁学过投资专业的课程呢？编写投资学著作的老师们又有谁在学校里学过投资学呢？现在不也从那些人当中出现了投资学方面的专家、学者了吗！我们已经有了十余年的办刊经验，这些经验的挖掘、提炼、升华，就是产生编辑学理论的现实土壤，这是一笔十分珍贵的精神财富。再过不了十年，或许就是从这一批人当中涌现出我们自己的编辑家、出版家。当然，从实践中产生理论，并不排斥从现有编辑学著作中吸收、借鉴他人的理论成果。科学从来就是开放的，从事科学研究的人们，应当博览广读，善于吸收、借鉴一切有价值的东西，从而丰富自己的知识领域，开拓自己的知识视野。科学理论研究，就如同解数学题一样，总是要利用已知条件，去求证出未知的结论。我想，开展编辑学理论研究，不会比研究“哥德巴赫猜想”更难。路就在我们的脚下。

第二，编辑学理论研究的内容是非常广泛的，我们研究的形式应是多样的，只要我们循序渐进，不断攀登，就一定会取得成功。

我们要进行编辑理论研究，是否就是要搞大部头的编辑学著作呢？我认为，有志搞编辑学创作当然是一种理论研究的重大工程项目，但编辑学理论研究的内容是非常广泛的，形式可以是多样的。譬如，如何确定编辑的指导方针和编辑原则，如何确定办社宗旨，如何确定选题，如何组稿，如何采访，如何审读稿件，如何进行编辑加工，如何确定编辑工作程序，如何处理好编辑与作者、读者的关系，编辑的科学含义、编辑学的研究对象、编辑的程序及其特有的规律是什么，编辑应具备什么样的修养，如何树立正确的编辑观念，等等。这些问题是我们编辑工作日常所遇到的，也是应该研究和探讨的。我们不妨从大处着眼，小处着手，由小到大，循序渐进地深入下去。几年之后，就会积少成多，由浅入深地跨入编辑学的殿堂。当然，我们搞编辑学理论研究，与搞专业理论研究一样，要有一种科学的态度，宁肯“小题大做”，千万不要“大题小做”，无病呻吟；不要贪大求多，要细嚼慢咽，注意消化、吸收。否则，就会欲速则不达，事倍功半。

第三，要开设编辑学的研究园地，创造编辑学理论研究的必要环境和条件。

开展编辑学理论研究当然应有一个园地，需要有一个学术研究的环境和气氛。总行《中国投资管理》已开辟了一个“编辑园地”专栏，各地刊物也可以设这类栏目。但是，也不要太分散，分散不便于研究和交流。我们是否可以先集中在《中国投资管理》的“编辑园地”栏目呢？当然，也可以向新闻出版署的报刊推荐。此外，开展编辑学理论研究，不论采取什么形式，研究什么内容，始终要明确一个目标，就是一定要以提高期刊质量为根本出发点，要以提高期刊质量为检验我们开展编辑学理论研究成功与否的主要标准，要把我们的实际工作作为理论研究的起点，又要把研究的理论成果应用到实际工作中去，不能把理论研究和实际工作脱节开来。否则，就收不到预期的效果，达不到我们开展编辑学理论研究的目的和要求。

总之，编辑是一种职业，也是一门科学。我们既然从事这一职业，就要热爱这种职业，认真履行编辑的社会责任，当一名好编辑。同样，我们既然研究这一门科学，就需要为这门科学奉献我们的全部聪明才智，就一定要跨入这门科学的殿堂。这需要知识，也需要勇气，更需要编辑同行们为此努力奋斗！

（本文是在中国建设银行系统期刊工作会议上讲话的整理稿，发表于《中国投资管理》1992 年第 8 期，第 62 ~ 64 页。）

美的追求　美的奉献

建设银行系统期刊办了十多年，现在已经锻炼和培养出了一批有一定经验、素养的编辑人员，刊物水平普遍提高。绝大多数刊物的办刊宗旨明确，刊物内容密切结合投资金融专业的特点，为建行改革发展发挥了重要作用；为促进地区经济发展，推动投资、金融理论研究，做出了巨大贡献。但是期刊作为知识、信息的载体，作为一种大众传播媒介，不仅要有好的内容，而且也需要好的外在表现形式。刊物的印刷出版和装潢设计要有点美感，要充分运用现代印刷出版业的先进技术和新型材料来提高我们刊物的质量。图片既可用于封面、封底，也可用作文章的插图；既可以增强文字的表达效果，又可以美化刊物形象，增加刊物的美感。在期刊等出版物国际交流日益频繁的今天，重视图片编辑、提高刊物的全面质量已是一种现代化的时代潮流。我们不少刊物改为大 16 开本，纸张是胶版纸，图片运用较为广泛，有了一些新气象，但无论与国际水平比、还是和国内一些专业期刊比，我们还仅仅处在一个起步阶段，这就迫切需要进行系统内外的交流和研究。在明确办刊宗旨、提高文章质量的同时，也要讲究封面、版面的设计装潢，这是建行系统期刊进一步提高整体质量、再上新台阶的现实要求。一句话，就是要让我们建设银行的期刊更美。

一、要让图片走进我们建行的期刊

现代期刊，无论是什么性质的，不刊登图片的已少见了。这不仅是读者喜欢看图片，而且图片文字相配合，更能达到传播的效果。同时现代印刷业的发展也为图片的广泛应用，提供了物质技术基础。与现代期刊业发展水平相比，我国在图片使用的数量、质量方面还存在明显的差距：一是不重视封面设计；二是印刷不精美；三是缺乏必要的插图。其所以存在这些缺点，从总体上说还是我们的经济技术水平相对落后造成的。这不仅表现在出版业方面，也表现在其他许多方面。但从另一方面看，落后也是相对的，落后不等于没有艺术、没有美感。这恐怕与我们对美育教育重视不够有关，与缺乏美术、摄影人才有关。建行系统创办期刊十多年来，开始阶段主要是模仿、探索，还不可能对图片的应用予以足够的重视。但现在的建行期刊情况有了显著变化，像现代人注重衣着打扮、居室装饰一样，开始注重期刊的封面、版面、图片、开本的创新和设计。近两年来，不少省市期刊改为大 16 开本，封面、版面花样翻新，各种图片已广泛采用，不少期刊还配备了专门的美术、摄影人才。这种变化，从总体上看，是符合潮流的，效果是好的，是应该肯定的。但是也有些刊物改为大开本后，成本上升了，而内容及装潢没有明显改进，特别是图片缺乏，质量不高，未能取得预的效果。办刊没有图片，实在令人兴味索然；图片运用不当，就会对刊物形象产生负面的影响，所以图片对刊物的作用是不能低估的，很值得研究。

其一，图片具有形象实感作用。一本刊物有文有图，图文并茂，就能给人一种直观真实的感受，这种感受是再好的文章描述都不能取代的，它给读者留下的印象要比文字描述深刻得多。我们不少经济学家的论文、采访性文章，如果能加上作者的照片，很可能增加读者的阅读兴趣：报道信贷业务活动的文章，如果加上与业务相关的图片，效果会生动、真实得多；介绍投资，金融业务知识如果能加上与内容有关的历史性或现实性图片，会增强专业知识的可读性和趣味性：报道一些信息资料，如果能配以有关的图片，也会加强真情实感。总之，图片给人的形象实感，非常有说服力，具有文字所不可企及的表达效果，很值得推广。

其二，图片具有实证作用。由于时间的推移，空间的阻隔，人们不可能事事都在现场耳闻目睹，这需要借助图片来弥补这一缺憾。图片可以超越时空的限制，给人以确凿无疑的实证感觉。过去的图片，对今天认识过去，具有实证作用；今天的图片，对将来认识现在，同样有实证价值。俗话说“百闻不如一见”。这说明人们认识事物很注重实证。而图的这一作用，同样是文章所不可取代的。

其三，图片可增加读者的认同感。图片的实感作用，可使读者如同亲眼所见；图片的实证作用，可使读者心悦诚服。图片还有另一种作用，就是使读者有身临其境，置身其中的感觉。我们看《三国演义》《红楼梦》《水浒传》等历史名著时，书前面常常有人物图片，时间久了，人们看戏、看电影、看电视时，首先要对人物形象进行审视一番，评论是像还是不像，其实谁也没见过刘、关、张，也没见过李逵、林黛玉，但人们最早从图片中已有了印象，形成一种认同感，当人物形象扮演出与人们认同的图像不一致，就难以接受。

其四，图片有美化版面、增加刊物美感的作用。刊物的版面设计如能加上与文字内容贴近的图片或插图，必然增加版面的美感和动感，这不但可以直接吸引读者，而且容易给读者留下深刻的印象。同时也丰富了版面设计的内容，美化了刊物的版面。刊物的封面、封底及广告插页，如能配以与刊物主题相匹配的图片，可以生动地展示刊物的风貌，给人以美的享受，有助于树立刊物的良好形象。人们可以对美的标准有不同选择，但真实自然的美，富有个性的美，与刊物主题相协调的美，恐怕是不会有太大疑义的。我们处在市场经济发展的较低级阶段，一些商品的包装和装潢，要么不太讲究，不会讲究；要么借用名牌商标的装潢，推销假冒伪劣商品，这种“金玉其外、败絮其中”的商品，在市场上是不能持久的。我们的刊物是经济类刊物，经济学是枯燥的，不可能与文艺期刊所追求的美同日而语，但经济学所追求的美应该是实在的，而不是枯燥的，可以有多种方式、多种风格、多种层次的美。在这方面，我们有些期刊已先行一步，正在得到大家的认同。科学是深奥的，但科学又是平凡朴实的。任何一门科学都有自己美的追求。自然科学是完全按照美的设计在运行；社会科学研究美的构成；哲学追寻美的证明；而经济学则讲究美的合理。美是大自然的天性，追求美是人类的共性。我们经济科学工作者、编辑工作者，当然也要追求自己的美，而且要美得合理，美得自然！要把我们对美的追求和欣赏，凝聚在我们的刊物里！要把我们刊物的内在美与外在美，有机地统一起来，完整地展示给读者，流传给后世！

二、要注重图片的编辑工作

办好刊物需要图片，这不仅在现代，就是从刊物产生以来，恐怕就是如此。刊物何时产生，尚无定论。因为印刷术最早产生在中国，有人推测最早产生杂志在中国，但目前尚未发现典籍可作依据。1445 年德国人古滕伯尔格发明金属活版印刷术后，拉开了杂志出版的序幕。1663 年德国汉堡的神学家，诗人里斯特创办了最早的定期刊物《有益的月刊讨论集》，从那时起的几百年间，图片在刊物中的应用越来越广泛，越来越普及。我们办刊要有文字编辑、美术编辑、技术编辑，当然也应该有图片编辑，不过图片编辑主要是由美术编辑、技术编辑具体负责的一项工作。这项工作不论由谁来做，但既然有图片，就必然要编辑，要编辑就要按图片编辑的特有规律和程序做好这项工作。一般来说，编辑之道大同小异，图片编辑与文字编辑一样也要经过选题、组稿、审读、加工、审核等程序。

图片的选题，一是要从刊物整体设计的指导思想出发，确定图片的选题方向、内容及要求；二是要根据刊物栏目设置及文章的主题内容加以确定。图片的选题要与刊物的整体风格及个性特色有机结合起来，从而达到图文并茂，浑然一体的效果。

图片的组稿，主要来自三个方面。一是文章作者自己提供，如作者照片，文章插图等；二是由刊物美编或摄影记者直接绘制或拍摄，在摄影技术普及的今天，实际上刊物编辑部的每位编辑，都应该能承担此项工作；三是由自己刊物的通讯员按要求提供图片或从自由来稿中遴选图片。

图片的审读，一要确定主题是否健康、适用；二是确定图片的艺术水准高低；三是要对与图片搭配的文字进行审读。

图片的加工，一般的图片在使用时，都要根据刊物的要求进行剪辑、取舍、修饰、放大、缩小之后，才可以发稿。

图片的审校，图片发排后，对返回的清样要仔细审核，主要解决工厂制版中的误差。一是要检查工厂是否按设计要求制版；二是核对图片的说明文字有无差错；三是要检查分色效果及深浅、明亮程度是否适宜。有时对发排时考虑不周的问题还可进行弥补或纠正。

总之，图片编辑是刊物编辑的一个有机组成部分，在编辑工作中一定要把握三条基本原则：

一是注重图片的思想性。图片的思想性不仅是指图片的政治倾向，格调高低问题，更主要是指图片是否能表现刊物风格，是否能突出文章重点，能否达到图文丝丝入扣，有机统一的效果。

二是注重图片的艺术性。图片是一种艺术品不仅要有好的思想内容，而且要给人以艺术美感。图片的种类很多，艺术风格不同，可以有不同的审视标准，即使新闻图片，也要对形象、构图、角度、摄制质量等问题，有一个基本要求。具有一定艺术水平的图片，不仅可以突出文章主题，给文章增添光彩，而且图片本身就给读者以美的享受和艺术的熏陶。

三是注重图片的实用性。图片的实用性标准，各种刊物的选择标准不尽相同，但有些方面是共同的。图片一般要制版，所以所选图片要便于制版，而且制版效果应清晰美观。曝光不足，画面虚淡的图片或晒印过长、画面过黑的图片，制版效果肯定不佳。这样，就缺乏实用性。不管什么样的图片，都要求画面清晰，光暗层次分明，这是基本的技术要求。对于大量的插图来说，图片的实用性不仅是指图片制作的技术要求，而且更要考虑图片与文章内容的协调性、一致性问题，要考虑图片对文字内容的陪衬作用，要判断图片对刊物内容的表达效果如何。如果技术方面的实用性与内容的实用性相矛盾时，内容的实用性应是第一位的，技术的实用性是第二位的。图片编辑的任务是力争二者的完美统一。

三、图片编辑要突出建行期刊的特色

期刊的特色，就是期刊的个性。期刊的个性是期刊存在和发展的基础。期刊的特色是期刊编辑人员群体意志的外在表现，不是某一个人的个性表现。如果说期刊的主编或总编辑作为刊物的主要负责人，在决定期刊特色方面有主导作用的话，那么，主编或总编辑的意图，必须被全体编辑人员领会、认同，并付之行动，才能最终体现出来。文字编辑有文字编辑的作用，从内容、风格上讲是主导的、主要的。但图片编辑也不可低估。刊物的封面装潢，图片、版式设计，给读者的是第一感觉，是刊物特色的外在、直观表现，就像一个人的衣着打扮给人的第一印象一样，刊物的装潢设计风格对读者了解刊物有着十分重要的作用。如果说编辑是为他人作嫁衣的服装师，那么图片编辑就是刊物的化妆师、美容师。搞化妆、美容，是以特定人体为对象的。所以化妆师、美容师要善于画龙点睛、扬美抑丑，突出个性特色，对于文学、艺术类刊物而言，美术图片编辑似乎大有作为；对于经济类期刊来说，美术图片编辑似乎有点无用武之地，这也是事实。不过，如同男人、女人、老人、小孩都同样追求美感一样，经济类期刊也要追求自己美的个性，也要美化刊物的封面和版面。这里需要先明确我们建设银行期刊的性质和类型，要定个“格”，然后才能谈如何突出特色。

建设银行期刊的内容是以投资、金融类为主，大都是投资学会和各分行合办的，是会刊和行刊合一的专业类期刊。我们的图片编辑工作如何围绕投资、金融专业的特点，进行装潢美化刊物，如何对外树立投资学会和建设银行的良好形象，这是我们刊物负责人和图片编辑人员需要研究的主题。建设银行期刊的特色与其他专业期刊相比较，既有个性，又有其共性；建行系统的各家刊物虽有大同，也有小异。我们应该从自己刊物的个性中总结出共性来，也要从各家刊物的共性中找出个性来。一般讲期刊特色，应该包含时代特色、地域特色和个性特色这三个方面。

第一，时代特色应是一个时间概念，是就不同时代的比较而言的。

任何一个期刊都应该是时代主导思想和时代精神的产物。建设银行的期刊应在当代中国改革与发展的大背景下，确定自己的特色；要站在20世纪之末，瞻望21世纪中国乃至整个世界发展的大趋势，并由此认识时代的主导思想和时代精神的闪光点。世界很大，但在宇宙空间里却只是一个小球；期刊出版物的世界也很大，像汪洋大海，但它却是由无数个具体刊物汇集而成的。任何一种期刊都难以囊括时代的全貌，都只能在某一横断面、某一特定领域、某一侧面、某一角度上，体现时代精神。建设银行的期刊，就是要反映投资金融领域的时代特色，反映建设银行改革与发展的时代特色，反映投资、金融科学发展的特色，反映投资金融业务发展的特色。时间是个动态概念，时代特色也是个发展变化的流线体，建设银行期刊一定要紧跟时代的步伐，抓住时代的脉搏，弹奏出时代的主旋律。

第二，地域特色是一个空间概念，是就刊物所处的地城空间而言的。

任何事物都处在世界的某一点上，刊物都有自己覆盖的特定空间，这就要求刊物必须有自己的地域特色。中国这么大，一个省，甚至一个市都可能相当于一个小国家，每个省市的行政辖区范围，既有其民族、文化、地域等特色，也有经济发展水平、产业构成、旅游贸易等经济上的差异。与此相适应，建设银行虽然是一个垂直领导的国有商业银行，但各地的业务发展水准、客户构成、队伍素质等都有一定差别。所以，各地刊物的读者对象是有差异的，刊物的侧重面是有差别的。这说明，地域特色在我们建行系统的刊物中也是客观存在的。问题是，我们不仅要认清自己的地域特色，而且要突出自己的地域特色，并把地域特色看作自己的刊物存在和发展的基础和优势之所在。我们一些刊物雄心勃勃，要走向全国、走向世界，这种宏伟的志向、对事业的追求，是值得赞赏的。但我们千万要保持自己的地域优势，突出自己的地域特色，丢掉或淡化了地域特色，是难以走向全国、走向世界的。

第三，个性特色是刊物的生命，是时代特色、地域特色的具体化。

世界上难以找到两个完全相同的人，恐怕也难以找到两份完全相同的刊物。事物的差别就是事物的个性，这是绝对的。期刊的个性特色，是根据刊物的性质、办刊宗旨、读者对象等不同而形成的。主要表现在刊物名称、整体设计、栏目设置、内容编排、装潢风格等方面。期刊的个性特色应主要体现在内容方面，要能通过内容传导出新意，表达出深义，显示出神韵，表现出刊物个性特异的气质来。这是刊物的"骨肉"和"灵魂"。同时，刊物的特色也表现在封面与内容的协调性，刊物装潢的独特性，版面、图片的艺术性，以及刊物实用价值与审美价值的完美统一性等方面。一个人的着装要有些变化，但不管怎么变，总要变得与人本身的形体、气质相协调、相统一；否则，就是弄巧成拙。一个刊物的装潢设计，也要有些变化，以产生一种新颖感、新鲜感。但不管怎么变，也要与刊物的性质、内容相协调，相统一；否则就会使形式与内容相脱节，给人以不得体的感觉。我们需要追求刊物的美感，但不要闹"换肤霜"的笑话，花钱买难看。而要通过鲜明的个性、高雅的整体设计，在读者中树立良好的形象和声誉。

总之，期刊的时代特色、地域特色和个性特色之间，既有区别，又有联系，对每一个刊物来说，都应实现内在的有机统一。

办刊要有特色，这是比较容易形成共识的。问题在于如何才能办出刊物的特色来，这就要靠刊物全体编辑人员的共同努力。

首先，我们的编辑人员，特别是刊物的负责人，一定要把办好刊物作为自己钟情的事业来对待，把刊物的特色作为自己的人生追求来对待。一个人总要有自己的事业，对于编辑人员来说，办好刊物，树立刊物特色，理所当然就是我们为之奋斗的目标。有了这种对事业的奉献精神，就会发挥出编辑的主观能动性，就会激发出聪明才智，就有了办好刊物的前提条件。

其次，要办出刊物特色，就要有一种大胆创新的精神。特色是一种独特美，很富有新意。要有新意，就要有新思想、新观点、新材料，就要时刻注意外部的新动向、新成果，并能及时地吸收借鉴、为我所用。编辑要站在刊物发展潮流的前沿，要把传统的精华保留下来，把外部的新成果吸收进来，“古为今用”“洋为中用”，在发展中保留特色，在变化中创造特色。所以，就需要提倡编辑人员的创新精神。

最后，要办出刊物特色，要研究办刊的规律，要善于发挥自己的优势。办刊是有些规律可循的，根据规律制定的一些办刊原则、工作程序，是必须遵守的。我们对规律的认识是个渐进的过程，而且不会终止。同时办刊总会有有利因素和不利因素，总会有优势和劣势。要办出刊物特色，就一定要从实际出发，量力而行、尽力而为，充分发挥自己的优势。要发挥优势，首先要认识自己的优势，能认识自己的优势就是一种“自知之明”。譬如，地域优势、业务发展优势、人才优势、文化优势等，对办出刊物的特色都是很重要的。

此外，要办出自己刊物的特色，还要有一支素质好的编辑队伍，要有一个好的外部环境，要有必要的宣传手段和传播途径。总之，要真正办出刊物的特色，是要下一番功夫，要经过不懈的奋斗才能实现。但只要我们大家齐心协力，大胆创新，把建设银行的刊物办得越来越美，是完全可能的。

（本文是1995年4月26日在建设银行系统期刊图片编辑研修班上讲话的整理稿，发表于《中国投资管理》1995年第7期，第58～61页；在编辑出版《期刊装帧设计》汇编本时，题目为《美的追求　美的奉献》第6～25页。）

为《改革与发展》序

改革与发展问题，是当代中国之主题。它涉及经济社会发展变革的诸多方面。从现在乃至将来，改革与发展问题都将是摆在中国人面前的一个永恒课题，当是一部划时代的鸿篇巨著的总题名。然而，本书取《改革与发展》为名，则是专论建设银行的改革与发展问题，而且是海口市建行首届改革与发展研讨会的论文汇集。显然，文集不是研究中国改革的宏观问题，而仅仅是海口市建行在商业化改革进程中的思考和探索；也不是名人专家的研究成果，仅仅是海口市建行人在自己工作实践中的总结和交流。这样一本出版物，虽不高深，但建行人脚踏实地的探索研究精神，却值得称道；虽不华丽，但建行人朴实纯洁的言行，却值得肯定；虽非名人宏论，但见微知著，可窥建行改革与发展之一斑。凡著书立说求大固然是一种气魄，但解剖问题，深入实践，则小也有小的好处。本书好就好在建设银行的一个基层机构，在纷繁的工作之余，冷静地研究自己的问题，源于实践，又高于实践，而且又用于指导实践。本书是海口市建行在大特区的环境下，探索建设银行商业化改革方略的荟萃，是海口市建行业务开拓发展的缩影，是海口市建行员工开展理论研究的丰硕成果，也是海口市建行发展企业文化、提高员工素质的真实记录。

海口市建行身处海南大特区的首府，由于起步较晚，发展较快，员来自四面八方，在一段时间里，管理工作面临严重挑战。但是赵洪林行长主持该行工作以来，在全面拓展各项业务的同时，大兴调查研究之风，注重建行商业化改革的理论研究工作。几年来，该行科研工作从无到有，从分散、无组织状态逐步发展成为有组织、经常性的、自上而下的科研组织体系，拥有一支以中层干部为骨干的、素质较高的科研队伍。近几年来，该行在中央、省市级报刊上发表文章 150 多篇，取得了喜人的成果。由于科研工作紧密联系实际，不仅有力地促进了各项工作的发展，而且在发展企业文化、提高职工素质、树立良好的企业形象方面取得了显著进步。1993 年该行先后被建行总行、省分行、海南省和海口市评为

“储蓄工作先进集体”“精神文明建设先进单位”“全市金融系统‘三防一保’工作先进单位”“依法治行先进集体”“职工教育先进单位”等。该行行长赵洪林同志也在1994年荣获“海南省首届十大功勋企业家”的光荣称号。由此可见，建设银行的科研工作绝不是可有可无的，也不是装点门面的摆设，而是只要重视这项工作，并且与建设银行的改革、发展结合起来，就会出成果、见效益。建设银行向商业银行转化，需要树立市场观念，增强竞争意识，但越是发展市场经济越要注重发展企业文化，越要提高员工素质，越要树立建行的良好外部形象。什么是建设银行的企业文化，我认为建设银行的企业文化是一个含义极为广泛的概念。它包括建设银行在经营金融业务活动中所创造的物质财富和精神财富的总和。企业文化素质的高低，直接决定着企业素质的好坏，直接代表着企业的整体形象，最终决定企业的生存与发展。文化的最直接含义，常常与知识相联系，文化素质高，知识层次自然就高。因此，建行员工的文化素质既代表了员工的知识素养，也决定着企业的素质和形象。有人提出，文化也是生产力的命题，如果从文化对生产力的最活跃因素——人的素质的决定因素看，也是有道理的。因为不同品位的文化，可以塑造不同品位的人，不同品位的人可以创造出有着质的差异的生产力相关要素。文化作为生产力的原因，正在于文化对人的创造性的解放和弘扬。那些在发展社会主义市场经济的过程中唯利是图，拜倒在金钱脚下的人，恰恰是文化品位低下的表现。因此，我们在建设银行向商业银行转化过程中，尤其要倡导发展、弘扬建设银行的企业文化，而发展企业文化的方式是多种多样的，内容是十分广泛的，但鼓励科研工作，注重理论研究，则是一个十分重要的方面。

海口市建设银行是总行研究所的科研联系行之一。由于工作的关系，我有机会经常与该行保持密切的联系，从中获得了不少有益的资料信息，从而对该行开展群众性的科研工作，以及由于科研工作对提高员工素质，发展企业文化，促进建设银行业务发展等方面所取得的突出成绩，感受颇深！在《改革与发展》一书出版之际，随便写一点感想，既以此表示感谢，也同时表示祝贺！

（本文作于1994年11月30日北京，《改革与发展》，中国财政经济出版社，1994年12月出版。）

对财政本质要进行历史的研究

——《中国古代财政史研究》前言

任何一门科学的创立与发展，都会伴随着不同学术见解的争论，以致形成不同的学术流派。我国的社会主义财政理论是在50年代社会主义建设实践的基础上，逐步探索、总结、创立起来的。60年代，财政学界出现了“国家分配论”“价值分配论”“国家资金运动论”和“剩余产品价值运动论”等不同的学术观点，但这一时期的不同学术见解的争论主要见诸一些为数不多的论文，而且由于历史的原因，未能进一步开展起来。进入80年代以来，财政学界空前活跃起来，原有的各种学术观点有了进一步的发展和深化，同时又出现了“剩余产品分配论”“再生产前提论”和“社会共同需要论”等新观点，各种系统的不同学术观点的财政学著作相继问世。这些不同学术观点的著作中，有代表性的有：许毅研究员等的国家分配论专著《财政学》、邓子基教授等的国家分配论著作《社会主义财政学》、王绍飞研究员的剩余产品分配论专著《财政学新论》、陈共教授等的再生产前提论专著《财政学教程》和何振一研究员的社会共同需要论专著《理论财政学》，等等。这些不同学术观点的财政学著作，系统地建立了自己的学术体系，自成一家之言，堪称我国不同财政学流派的代表作。从这个意义上讲，我国财政学的不同流派已经形成，并正处在蓬勃的发展时期。不过，只要我们对不同财政学流派的代表作进行们仔细的分析和比较的话，就可以明显地得出这样一个结论：我国不同财政学流派的分歧，主要集中在财政本质、财政起源、财政分配客体和范围等问题上。如果说不同财政学流派在现实的财政理论、政策等问题上尚有许多一致或相似之处的话，那么在财政本质、财政起源等涉及财政发展史方面的问题上的分歧，则是十分明显的。财政的本质问题，是建立财政科学体系所面临的首要问题。而研究财政本质，又必然涉及财政产生、发展等历史问题。由此可见，财政史研究是正确认识财政本质等问题的一把不可缺少的钥匙。

我国财政学界都承认财政是一个历史范畴，那么具体地研究这一范畴的产生、发展条件及其运动规律，就成为我国财政史学界的重要研究课题。当然，不同财政学流派在财政本质、财政起源等问题上既然有分歧，就必然要作深入的研究，即研究现实财政问题有必要向历史延伸（包括外国财政史）；而财政史学界也不能无视现实财政问题（包括当代外国财政问题），一定要古为今用，即研究财政发展史要结合现实财政问题。根据我国不同政学流派在财政本质问题上的主要分歧，大体可归纳为以下七种观点：

第一，国家分配论者认为，财政的本质是以国家为主体的分配关系，所以财政与国家有着本质联系。财政是随着国家的产生而产生，也是随着国家的发展而发展。这一学派在我国财政学界的人数最多，所以在对财政本质的具体认识上尚有不尽一致之处。

第二，剩余产品分配论者认为，财政是社会组织在参与剩余产品分配中所形成的分配关系。剩余产品是引起财政从一般分配中独立出来的根源和物质基础，所以财政与剩余产品有本质联系。从社会发展过程看，随着生产力的发展，剩余产品出现后，社会占有剩余产品的历史过程和占有方式，就是财政关系的形成和发展过程。

第三，再生产前提论者认为，财政的本质包括两个方面的含义：首先，财政是国家集中一部分剩余产品的分配活动，这是财政区别于其他经济范畴的特性，又是不同社会的财政所具有的共性，即所谓财政一般；其次，财政是指财政活动所形成或体现的分配关系，即以国家为主导的一方所形成的分配关系或以国家为主体的分配关系，不同社会制度下的财政体现着不同的分配关系。财政的产生和发展是由经济条件决定的，即由社会生产力和社会生产关系所决定的，而不是由政治权力所决定的。

第四，社会共同需要论者认为，财政的本质是社会再生产过程中为满足共同事务需要而形成的社会集中化的分配关系。所谓社会共同事务需要，是一个理论抽象，它是社会发展在一定阶段上所产生的一个客观范畴。不同社会中的社会共同需要，具有不同的本质和表现形式。财政分配关系中占主导支配地位的主体是社会代表，而国家占财政分配的支配地位或主体地位，仅仅是阶级社会财政的特征。人类社会生产力和生产方式的发展，社会再生产组织的变化，以及由此而引起的社会共同需要的发展，是财政产生和发展的条件。

第五，价值分配论者认为，财政的本质是国家以价值形式进行社会产品分配所形成的分配关系。利用价值和价值形式的必要性，是财政存在的客观条件。

第六，国家资金运动论者认为，财政的本质是国家资金运动所形成的经济关系。

第七，货币关系论者认为，财政的本质是一种货币关系。商品交换产生以前，国家直接分配实物的分配关系，这不是财政的实质，只有商品交换产生以后，国家对价值，即货币形式的分配才是财政的本质。

上述七种观点中，前四种都有专著正式出版，后三种尚未见专著问世，主要根据文章归纳。这七种观点在财政本质及其产生发展条件方面，虽然各侧重某一个方面，彼此存在着十分明显的分歧，但也有相对一致的方面，即他们都认为财政是一个经济范畴，属于经济基础而不是上层建筑。与上述七种观点截然不同，还有一种观点认为，财政同财政机关、财政机构一样，都是一定经济基础之上的阶级意志的产物，是属于上层建筑范畴。财政是作为伴随着国家这个阶级意志支配下的怪物的产生而产生的，而不是在物质生产过程中直接形成起来的。古今中外的财政，都表现着国家的本质。在我国财政学界持有这一观点的学者为数不多，但作为一种学术观点不能以人数为标准，它还是有一定代表性的。

我国财政学界在财政本质及其产生和发展条件问题上的分歧，究竟谁更具有科学性，应由实践来检验，由历史去鉴别，且不必作什么结论。但就不同财政学流派各持己见、互相争论、众说纷纭、莫衷一是这一现象而言，则是十分可喜的，它有利于财政科学的兴旺和发展。对同一事物从不同角度去分析和认识，虽然会得出不同的结论，但都能在一定程度上揭示事物的本质。不同财政学流派的产生，在很大程度上就是由于从不同角度认识财政本质问题的结果，所以彼此是可以互相补充、互相启发、互相借鉴的。应该看到，在这一问题上。各个财政学流派之间的争论还不算深入和充分，尤其缺乏历史的分析和考证。与这一问题的研究现状所不适应的是，财政史学界的研究和论证十分罕见。这就很难对财政这一历史范畴做出历史的、系统的、全面的分析和论证。因此，如何运用历史唯物主义和辩证唯物主义的方法论，从中国和世界财政发展史的研究中，科学地揭示财政本质及其产生和发展的条件，是深刻认识财政本质的需要，也是发展财政科学的需要。因为“最可靠、最必需、最重要的就是不要忘记基本的历史联系，考察每个问题都要看某种现象在历史上怎样产生，在发展中经过了哪些主要阶段，并根据它的这种发展去考察这一事物现在是怎样的”。（《列宁选集》第4卷，第43页）由此可见，任何科学都不能脱离对历史的研究。抛却财政的起源和历史发展，去研究现实财政形态（或本质），往往会产生局限性和盲目性。

《中国古代财政史研究》（夏、商、西周时期）的编辑出版，正是为了弥补我国财政史研究相对落后这一缺憾。这本论文集汇集了史学界、财政学界对于中国财政的起源及其早期形态研究的重要成果。在所收集的论文中，有的出自我国著名史学家之手。这些文章虽然成篇较早，但倾注了老一辈史学家的心血，至今仍有指导意义。更多的文章是财政史教学、科研第一线上工作的中青年研究者的新作。这些新作充满朝气，从不同角度对财政的起源和夏、商、西周的财政历史进行了研究和探讨。文集中专篇研究财政本质问题的文章虽然少见，但它却为进一步认识财政本质问题开拓了一个新的广阔领域。这对推动我国财政理论研究工作，将产生积极的影响。

在古代财政史的研究中最大的困难是，由于年代久远，许多史料已付阙如。要比较准确地认识历史的本来面貌，需要利用多学科的专业知识和技术手段，对研究对象进行综合考察。本书的不少文章运用古籍记录、考古资料、民族调查资料，从史学、考古学、甲骨学、民族学的角度，对我国国家形成初期的财政作了深入和广泛的探索。与以往有关的财政史著作相比，这是本书的显明特点之一，这也是今天科学研究中不同学科互相影响、互相渗透潮流的反映。

财政学是研究财政发展运动规律的科学。它需要广阔的科学视野，才能认识规律、运用规律。而财政史是具体研究财政范畴发展变化的历史规律的学科。这就是说，财政史在纵深方向为财政学拓宽了科学视野，而财政学则可在现实的横断面上为财政史研究开阔知识视野。从这个意义上讲，财政学与财政史研究是彼此互相补充、互相促进、相辅相成的姊妹学科。可以肯定，随着财政史研究的广泛深入开展，它必将为繁荣我国财政科学起到它应有的历史作用。

（本文是为吴才麟、文明主编的《中国古代财政史研究》一书撰写的前言。《中国古代财政史研究》，中国财政经济出版社，1990年出版。）

《理论财政学》评介

中国社会科学院财贸物资研究所研究员何振一同志的新作——《理论财政学》，与广大读者见面了。作者经过多年的潜心研究和反复探索，以社会共同需要论为主线，建立了财政学理论的新体系。全书以社会共同需要论、客观数量界限论、财政调节控制论和财政效益论为中心论点，分别设四篇论述。从生产力论（决定财政的产生）出发，系统地揭示了财政的本质、属性、范围及其内在发展运动的规律；从财政定性分析与定量分析的统一性出发，探索了财政分配的各个大侧面的客观数量界限；从宏观与微观两个不同角度出发，论证了财政对宏观经济控制与对微观经济调节的重要功能和作用；从财政分配效果出发，以社会效益为主线，分析了财政效果的内涵和意义，研究了财政效果评价的内容和方法。全书体系完整，内容新颖，提出了不少与传统观点不同的独到见解。

第一，作者认为，财政是社会为满足共同需要而进行的分配活动。财政的本质是什么？这是财政学研究的首要问题。由于对财政本质的不同认识，使财政学界出现了不同的学派。在一定意义上讲，财政本质问题，是不同财政学主要流派分野的关键。该书认为，财政的本质是社会再生产过程中为满足共同需要而形成的社会集中化的分配关系。这里包含着两个特征：一是指社会再生产过程中客观形成的，满足社会共同事务消费需要的分配；二是指以社会的代表占据支配地位而进行的，社会集中化的分配。在诸多的分配关系中，凡符合这两个基本特征的分配。就属于财政分配的范围。所谓社会共同事务需要，并不是普遍意义上的大家的需要，或人人都需要。它是社会发展在一定阶段上所产生的一个客观范畴。所谓社会共同需要，是就社会总体或社会自身而言，是维持一定社会存在和一定社会再生产的正常进行，所必须由社会集中组织的事务需要。不同社会中的社会共同需要，具有不同的本质和表现形式。并且认为，财政分配关系中占据支配地位的主体是社会代表，而国家占据财政分配的支配地位或主体地位，仅仅是阶级社会财政的特征。

第二，作者认为，人类社会生产力和生产方式发展所引起的社会共同事务需要是财政产生和发展的条件。并将财政分为原始氏族社会财政、阶级社会财政和社会主义社会财政。其中，阶级社会财政和社会主义社会财政，统称为国家财政。

第三，作者认为，财政分配的客体只能是剩余劳动及其生产物。在社会再生产的总成果中，C 是用于补偿生产中的物质资料消耗，V 是用于满足劳动者及其家属的消费，两者都是维持社会再生产继续进行所必须的条件。不能用来满足社会共同需要，所以，都不构成财政分配的客体，财政可分配的只能是物质生产过程中，劳动者为社会一般需要提供的剩余劳动及其生产物。由此推及，社会主义社会里，财政是不能将折旧当成分配对象的，而过去我们把固定资产折旧作为财政分配对象的事实，不过是财政代替了企业财务管理，混淆了财政职能与企业财务职能的界限而已。实践证明，财政将固定资产折旧进行统一分配的客观效果是不好的。

第四，作者认为，财务与财政是两个不同的范畴。具体依据是：第一，企业财务包括企业资金的筹集和使用、生产经营耗费的价值核算和补偿以及生产成果的分配等内容。它不单纯是一个分配范畴，而是企业资金运动和价值分配各个侧面的总和。企业财务的分配是企业内部的初次分配，表现为以企业占支配地位主体的分配，而不是以社会占支配地位的集中化分配。第二，国家财政收入的绝大部分是来源于企业上缴的税收和利润，企业财务与国家财政有着密切的联系。但是企业上缴财政的纯收入比重的大小不能成为财务是国家财政范围的依据。因为任何社会中的财政收入都主要来源于占主导地位的经济成分。第三，把财务看成是财政内容的理论，是特定历史条件下实行统收统支的国民经济管理体制的产物。特定情况下的特定现象，总归不能代替一般。现象也不等于本质，30 年来的实践证明，把财务与财政混为一谈，对社会主义经济的发展是不利的。第四，从理论上讲，把财务看成是财政内容，是与把社会主义经济看成是产品经济，把全民所有制同国家机构直接经营管理企业混为一谈，把计划经济同商品经济对立起来，否定企业作为独立商品经营者的地位，把全国看成是一个大工厂分不开的。

任何一门学科的创立与发展，都会伴随着不同学术见解的争论，在我国社会主义财政科学的创立与发展过程中，也一直存在分歧和争论。但是，财政学各种观点的系统化，并形成不同观点专著的问世，却只是近几年的事情。社会共同需要论的专著——《理论财政学》的问世，又为春色满园的财政科学园地增加了一枝绚丽的新花。

（本文发表于《财政》1988 年第 6 期。）

“投资效率”新译

——《基本建设投资效率》评介

苏联著名经济学家 T. C. 哈恰图罗夫编著的《基本建设投资效率》一书，已由中国财政经济出版社出版。本书是一部系统地论述苏联基本建设投资问题的专著，着重论述了苏联基本建设投资及其结构、基本建设投资在国民经济中的作用、基本建设投资效率及其计算方法。同时还介绍了经互会各国的投资效率及其计算方法，以及美国等发达资本主义国家固定资本投资方面的有关内容。本书对于我们系统地了解和研究基本建设投资效率问题，有一定的参考价值。

苏联从 20 世纪 20 年代开始研究基本建设投资效果问题，在 40 年代到 50 年代提出了基本建设投资效率理论，1960 年苏联国家计委、技委和科学院批准了《基本建设投资和新技术经济效率的标准确定方法》这一标准的制订和颁发，是苏联基本建设投资效率研究的重要里程碑。而正是在这一重要的文件中，包括了本书作者早期所形成的这样一些重要的、基本的原理：绝对效率与比较效率的区别、时间因素的计算、确定各部门效率的差别标准原则、时间中的效率标准动态和影响它的条件、计划效率与实际效率，等等。随后，由本书作者领导起草的《基本建设投资效率的标准确定方法》，经苏联国家计委、建委和科学院于 1969 年批准再版发行，其中以更加展开的形式论述了在实践中进一步充实的关于效率的计算原则。近年来，在此基础上又制定了约四十个关于计算部门效率的细则，并得到了苏联国家计委的批准。可见，苏联在基本建设投资效率的理论研究和实际应用方面，都有相当程度的发展，特别是有关效率指标体系的分层次确定和颁发是很值得我们研究和借鉴的。

本书作者及其论著，对于我国基本建设投资理论界的许多同志是十分熟悉的。他的有关论著文章在 50 年代、60 年代、70 年代都曾在我国翻译出版过。但是，过去的译著中一般都将俄文中的“Эффективность”译为“效果”。本书译者根据原著内容中对效果、效率的专门解释，经过反复推敲后译为“效率”。这是本书与过去同类译著的不同之处。

概念是反映客观事物的本质特征和某些一般特征的思维形式。人们对于客观事物认识的深化和发展，往往反映在对事物概念含义的准确认识和不断的丰富与发展过程中。过去由于我国基本建设投资理论的研究长期处于落后状态，对基本建设投资效益这样一个经济建设中的核心问题，长期停滞在一般抽象的定性分析方面。于是投资效果、投资效率、投资效益这样三个含义相近而又有一定区别的概念，常常当作同一含义来使用。这在一定程度上，反映了我国基本建设投资管理工作处于粗放经营的低级水平和定量分析的落后状况。其实，效果、效益、效率这三个词的中文含义虽然相近，但各自的解释是有明显区别的。“效果”是指由行为产生的有效结果；“效益”则是效果和利益两词的合成体，皆有两者的含义；而“效率”是泛指所得的劳动成果与消耗的劳动量的比率，通常以百分率表示。基本建设投资活动是有明确预期目的的经济活动，必然有其最终的投资效果或投资效益。但效果有好有坏，效益有大有小，都需要有一个量的规定性。所以，作为经济范畴的投资效果及投资效益的含义中自然应具有定性与定量的双重含义在内。其实投资效率这一概念在我国经济生活中，过去并不常出现，近年来虽然有时也被运用，但又常常与投资效果或投资效益的使用相混淆。这里有一个历史的原因，就是俄文中的“Эффективность”的中文含义中皆有效果、效益、效率的意思在内。所以，翻译为中文时，三种译法都有也是自然的。过去一般都译为效果，近年来译为效率的更为普遍些。有关效果与效率的含义，本书有这样一段解释：“首先，应该弄清‘效率’与‘效果’本身的概念。我们把经济效果理解为增加产量、消费量、提高劳动生产率等；或者理解为降低初次费用和日常费用。把‘社会效果’理解为提高人民福利，提高文化教育水平，改善卫生保健事业，增加空闲时间，等等，还包括达到政治目标与国防安全。效率（无论是社会效率还是经济效率），是经济或社会效果与为达到这个效果所需要的耗费之比。”（第23页）本书作者对“效果”与“效率”的明确区分，旨在说明并非是一个单词的两种用法，而是两个意思相近的单词：即“Эффект”为“效果”之意，“Эффективность”为“效率”之意。前者一般不含“效率”之意，但后者则在不同的上下文关系中，可以有不同的中文意思，于是出现了投资效果与投资效率不易区分的情况。不过，我们从原著者的解释中可以推及这样的结论：投资效果、投资效益与投资效率是三个不尽相同的概念，无论在俄文还是中文中的含义都不是完全等同的，必须加以严格的区分。

党的十二大提出“把全部经济工作转移到以提高经济效益为中心的轨道上来”以后，我国投资理论界对投资效益的理论研究空前兴旺起来，有关投资效益指标的考核体系，也相继制订并开始试行。投资效率作为一个综合性考核指标，正成为项目预测和评估的首要因素。投资理论界对投资效益的定量分析工作更加重视。实践证明，单有定性分析而无定量分析，是不可能解决提高投资效益这个问题的。所以，我们在进行定性分析的时候，必须以定量分析为依据，使两者有机地结合起来，相辅相成、相得益彰。如果说由于历史原因，我国的投资理论研究尚嫌不足的话，那么有关投资的定量分析就更为不足。本书的翻译出版为我国投资理论界系统地了解 T. C. 哈恰图罗夫关于投资效率的研究成果及其学术观点，提供了方便条件。由于本书实际上反映了 70 年代以后，苏联政府在投资效率政策方面的一系列规定及措施，所以对丰富我国投资效益理论研究内容，完善投资效益指标体系，均有一定裨益。摆在我国投资理论界面前的中心课题是，深入开展对投资效益的研究和讨论。而考察投资效益的大小，必须以投资效率作为衡量的首要标准。否则，就失去了评价投资效益的客观依据。投资效率具有明显的定量含义，它在一定程度上，可以综合反映投资效益的大小好坏。可见，投资效率问题在我国经济工作中具有何等重要的意义！而本书的翻译出版，无疑将对我国投资理论研究和实际工作产生有益的作用和影响。

（本文发表于《投资研究》1986 年第 10 期。）

《基本建设财务信用学》评介

《基本建设财务信用学》作为高等财经院校基本建设财务信用专业的一本主要教科书，已与广大读者见面了。这是继 1963 年和 1978 年财政部教材编审委员会审定出版的《基本建设财务与信用》和《基本建设财务与拨款》两个版本之后的第三个版本。

1963 年审定出版的《基本建设财务与信用》一书是在总结我国“一五”、“二五”和三年调整时期基本建设财务与信用管理工作的实际经验，根据当时对我国固定资产再生产过程中资金运动客观规律的初步认识基础上编写出来的。它以财政、信贷理论为依据，结合我国当时基本建设财务与信用工作的特点，第一次把基本建设财务与信用作为一门独立的财政学科来编写教科书，从而为开拓这一新的学科领域迈出了第一步。本书根据我国固定资产再生产的特点和社会主义经济发展的客观要求，从理论上指出，基本建设财务与信用是社会主义国家利用价值形式，有计划地组织实现固定资产再生产的有力杠杆。国家通过基本建设财务与信用，在国家预算分配确定的基本建设支出的基础上，集中一切用于基本建设的财政资金和信贷资金，分别按照无偿的财政拨款和有偿的银行贷款原则，在基本建设范围内组织资金的分配和再分配。同时还指出，基本建设信用是国家有计划地动员和集中闲置的货币资金，满足基本建设流动资金临时周转需要的基本形式，它对于节约财政资金，促进建设事业发展起着重要的作用。尽管当时的基本建设信用的实际业务内容还很单纯，建设银行只对建筑安装企业发放超定额储备贷款和固定资产大修理贷款两类，但本书仍将基本建设信用作为本学科的重要组成部分，初步形成了基本建设财务信用学科的独立体系。这是本书对建立这一新兴学科的又一重要贡献。本书在理论上还提出了社会主义国家用于基本建设的资金不能由人们的主观意志来任意决定，而必须受客观比例关系制约的科学论点；分析了决定基本建设投资效果的各种相关因素；论述了基本建设财务与信用的实质、作用及任务等一些重要问题。这些见解的提出不仅在当时是难能可贵的，即使在现在也仍有其重要的理论价值。可以说，《基本建设财务与信用》一书，是中华人民共和国成立初期十多年间的基本建设投资管理工作实践经验和理论研究成果的结晶，是对建立这一新兴的边缘性学科所进行的初步探索。

1978 年审定出版的《基本建设财务与拨款》一书，当时对教学和干部自学起了积极的推动作用，但是由于编写背景的局限，在学科体系和基本理论方面未能作新的尝试和探讨。

《基本建设财务信用学》在前两个版本的基础上，总结了我国三十多年来基本建设投资管理工作的实践经验和投资理论研究的成果，为建立新兴的部门经济管理学科进行了新的探索。

本书首先从探索基本建设财务与信用的共性和联系出发，指出基本建设财务与信用这两个不同的经济范畴，都是通过价值形态来管理基本建设的货币收支、组织基本建设资金运动，都具有分配和管理基本建设资金的职能，都在国家统一计划指导下统筹安排财务信用收入和基本建设支出，由此构成了基本建设财务与信用的共同理论基础。在财务与信用这样两个不同经济范畴之间寻求共性和联系，并以此作为基本建设财务信用学科理论建设的基础，这是前两个版本所未曾探讨的学科理论问题，诚然，这是一个新的、有益的尝试。

本书从探索基本建设财务与信用的特殊性出发，指出本学科的研究范围与对象是在总结我国基本建设投资管理工作基本经验的基础上，探讨基本建设资金运动规律及其科学管理方法，以及由资金运动而引起的各种财务信用关系之间的规律性，从而为基本建设投资管理工作提供理论依据。这种探讨，无疑是向本学科的系统性、科学性方面迈出的可喜一步。

本书以基本建设资金运动的全过程为主线，以提高基本建设投资效益为核心，强调在资金运动的每个环节上都要讲求使用效果，才能保证基本建设投资的最终效果。本书对提高基本建设投资效果的重要性和相关因素的分析，以及对考核投资效果的方法体系的论述，都比前两个版本更系统、更全面、更切合实际，并吸收了近年来有关投资效果问题研究的新成果、新内容。在结构体系上，它首先以基本建设投资决策、投资额确定及投资计划落实等章节开头；然后分别按照不同资金来源的管理、拨款、贷款、结算、流动资金及工程成本等不同业务内容和环节分别设章；最后以财务与竣工决算的审查，投资回收期的管理与监督，以及投资效果的考核与分析等章，综括地分析了投资的最终效果。本书在内容上较之以前两个版本，不仅增加和充实了投资决策和投资回收这样首尾两部分新鲜内容，使本学科的结构体系更加严谨和完善，而且以五章的篇幅详述了基本建设投资信用的业务内容。这样，不但使基本建设信用成为一个相对独立和完整的有机整体，而且充分反映了基本建设投资实行信贷管理的新制度和新方法，从而突出了用信贷杠杆管理基本建设投资的必要性和重要性。同时在财务、拨款、贷款等有关章的内容中，充分反映了我国基本建设投资管理工作的最新业务内容。这样，就使本书从基本理论、结构体系和业务内容方面，都已大大超出了一门财政学科的范围，形成了一门新兴的部门经济管理学科。

相对论的创始人爱因斯坦在谈到科学理论发展时，有这样一段精辟的论述："科学理论的发展，不是拆了旧房盖新房。它像登山一样。创立一个新的理论就像登上一座高峰。视野扩大了，原来隐蔽着的东西被发现了。我们的出发点—原有的理论—仍然历历在目，只是显得小了，成了广阔视野中的一小部分。"一门学科理论的建设本身，就是不间断的科学探索过程，也像登山一样，需要不断地攀高。《基本建设财务信用学》较之前两个版本，虽然有新的探索和尝试，有新的提高和发展，但它既是过去攀登的继续，又是登上新高峰的起点。基本建设财务信用学科是一门年轻的边缘性学科，在这个领域里还有许多有待探索和研究的课题。已经取得的某些成果，与尚需开拓的未知领域相比较，是永远不能满足和就此止步的。我国的基本建设投资管理工作尚处在改革阶段，投资管理的理论研究正处在广泛的探讨之中。本书无论在理论体系，还是在业务内容方面，都有不尽完善之处，有些内容还显得粗糙和不够成熟。这都需要在今后的教学实践和理论研究发展的基础上，不断加以修订和完善，以适应教学、科研和投资管理工作实践的需要。

本书是由中国人民建设银行、中央财政金融学院、湖北财经学院和辽宁财经学院部分同志合编的，景宗贺同志担任主编，林犹恭同志参与总纂。

（本文发表于《投资研究》1984 年第 3 期。）

实践的需要　科学的探索

——《基本建设经济学》评介

根据教育部和财政部拟定的高等财经院校教材编写规划的要求，由中国人民大学张仲敏、湖北财经学院郑汝铭和辽宁财经学院戴恩庆等三位同志主编的《基本建设经济学》教科书，已由中国财政经济出版社正式出版，新华书店发行。

《基本建设经济学》，是根据我国社会主义经济建设的需要而编写出版的。30 多年来，社会主义经济建设实践从正反两方面证明，基本建设作为一个独立的特殊经济领域，不仅是社会主义再生产领域的一个有机组成部分，而且在国民经济中处于举足轻重的地位。忽视基本建设领域的客观存在，或是指导基本建设经济活动的方针、政策失误，都会给国民经济的全局带来重大损失。长期以来，基本建设的理论研究大大落后于实践，不少规律性的东西没有引起人们应有的重视。加上我国管理体制上的弊病，割裂了经济活动的横向联系，以致有不少人看不到基本建设经济领域的客观存在，否认基本建设经济学的必要性。《基本建设经济学》正是根据基本建设经济工作中提出的一系列重要课题，力图揭示基本建设领域中各种经济规律的作用和表现形式；阐明按照经济规律的要求来发展基本建设的原理和方法；探索如何根据我国的国情，走出一条投资少效果好的道路，从而为国家制定基本建设发展方针和政策提供理论依据。

《基本建设经济学》是在近年来我国基本建设经济理论研究取得重要成果的基础上，为建立新兴的基本建设经济学体系而进行的科学探索。近几年来，基本建设的理论研究有了很大的发展。但是，在基本建设经济学理论研究中，对基本建设经济领域内的复杂经济现象尚有种种不同的认识对基本建设的一些基本概念及研究对象、范围，尚有不少意见分歧。这一方面反映了基本建设经济学研究的现状，另一方面，也为这一学科理论的深入研究提出了不可回避的课题。

《基本建设经济学》从揭示基本建设经济领域存在的客观经济规律出发，以基本建设经济活动的总体和全过程为中心，形成了基本建设经济学教科书的独立体系。全书包括基本建设的意义、作用和管理原则，基本建设的规划理论，设计经济原理，施工组织管理原理和方法，基本建设生产要素运动规律，以及讲求投资效果问题等内容。本书作为一本新兴的部门经济学教科书的出版，无疑是对基本建设经济学体系的科学的探索，是对发展基本建设经济理论的有益贡献。当前我国的经济体制正在试行改革，基本建设管理中许多新问题尚待实践和理论概括，所以《基本建设经济学》还需要在实践和科学研究的基础上，进一步修改和完善。

（本文原载于《经济学周报》1983 年 3 月 28 日。）

师其意不泥其迹

——《施工企业流动资金管理》评介

由中国人民建设银行田椿生和朱俊华编著的《施工企业流动资金管理》，是我国迄今为止论述施工企业流动资金管理的第一本专著。这本书运用理论与实践相结合的方法，比较全面地阐明了施工企业管理流动资金的原则，施工企业核定流动资金定额的方法，介绍了施工企业实行流动资金计划管理和分口分级管理的具体做法，探讨了施工企业流动资金管理体制及其改革的前景。

编写财务管理书籍，必然要以国家的财务制度和企业的财务实践为依据，从而达到介绍有关制度和实际做法的要求。但是，书籍仅仅停留于此，不免给人以“制度翻版”和“实例汇编”的感觉，虽然能从中得到一定的知识，读起来总是兴味索然、“不解渴”。

明朝的军事家戚继光，在长期的戎马生涯中，积累了丰富的作战和练兵经验，提出了对兵法原理“师其意不泥其迹”的精辟见解。意思是既要把兵法作为行动指导，又不能生搬硬套，而要有所创见。这种做法是值得我们的编著者学习的。其实，制度和实际做法都是不断发展变化的，关键是要领会其精神，把握其依据；既遵循它，又不局限于它；立足现实，而又探索改革趋向；善于把制度精神、理论原理、实际业务方法水乳交融地浑然一体。这样才能编写出受广大读者欢迎的书籍来！

《施工企业流动资金管理》一书在实践上述要求中迈出了可喜的一步。这本书既密切地依据了施工企业流动资金管理制度和工作实际，而又不停留于此。通过对现行制度的一些不同意见的分析和讨论，阐明了制定制度的指导思想和理论依据。尤其是作者能够通过施工企业同工业企业的对比，阐明施工企业在资金管理上所具有的不同特点，和过去建筑企业财务管理书籍中一般性地论述资金管理有很大的不同。对施工企业流动资金的日常管理，本书既介绍了一些企业的实际做法，而又不限于实际资料的简单罗列，而是力求其条理化和系统化，提到理性认识的高度。这本书还针对当前施工企业流动资金管理中存在的问题和近几年来的改革情况，结合国外的一些做法，提出了改革施工企业流动资金管理体制、提高流动资金管理水平的探讨性见解。

这本书论述施工企业流动资金管理的具体做法，是以建筑、安装企业为依据的，而施工企业包括建筑安装企业和各种专业性的施工企业，他们之间在流动资金的管理上既有共性，也有特性，对各种不同专业的施工企业所具有的资金管理上的不同特点，这本书缺乏论述，这是本书的不足。

《施工企业流动资金管理》一书，已由中国财经出版社出版。本书的出版将为施工企业广大财会人员、基本建设单位及其主管部门和建设银行的经营管理人员提供一本适用的业务参考书籍，将对施工企业加强流动资金管理起到积极的推动作用。

（本文发表于《财务与会计》，1982 年第 10 期。）

投资信息：威廉·唐纳森先生谈他的中国之行

美国纽约证券交易所董事长兼首席行政执行官威廉·唐纳森先生，于1994年9月12日向首都新闻界畅谈了他此次率团来华访问的目的，介绍了纽约证券交易所及其与我国交流的情况。他说，他受中国证监会主席刘鸿儒教授邀请访问中国，感到非常激动和荣幸。此次访问的目的有四：一是为了更好地了解中国的政治、经济和金融形势；二是为了拜访中国金融界的高级政府官员；三是会见准备在美国投资的中国企业界人士；四是向中国同行们介绍纽约证券交易市场，了解中国的股票交易，与中国同行交流经验，并说明进入美国金融市场的好处。

他说，大家或许知道，纽约证券交易所是一家私营组织，并非美国政府部门。多年来，始终都坚持积极地在全球发展市场。他们对中国的兴趣由来已久，其中包括1986年在北京举办的中美金融市场研讨会。该研讨会是由中国人民银行和纽约证券交易所共同主办的。

中国经济的迅猛发展让纽约证券交易所、美国以及全世界都感到振奋。美国的投资者正渐渐地把注意力转向中国及其他国家的股票市场。

目前有两家总部在中国的公司已在纽约证券交易所上市，即上海金山石化，1993年上市；山东华能电力，上个月上市。除此之外，还有三家总部在百慕大和香港但在中国开展业务的公司也已上市，即金杯汽车、上海橡胶和易初摩托。由于美国投资者对中国投资兴趣的增强，现在已经形成四个专门为中国投资的基金。这四个在纽约证券交易所的基金是中国基金、大中国基金、坦普利顿中国世界基金和恰和中国地区基金。

由此可以看出，威廉·唐纳森先生一行期待着这次访问的原因很多。双方的讨论和信息交流对双方都有极大的帮助。同时，他们也希望这次访问将对继续两国间就资本市场进行的有建设性的对话有所帮助。

在1993年，纽约证券交易所先后接待了25个中国代表团，成员包括政府部门、证券管理机构人员、股票市场、银行和投资公司等，此次访问将是纽约证券交易所与中国同行多年来对话、交流的又一个里程碑。

威廉·唐纳森先生说，纽约证券交易所是全球性股票交易的世界性大市场。迄今，非美国公司占日交易量和新上市公司的10%。在纽约证券交易所上市的非美国公司充分意识到，在纽约证券交易所上市为他们进入世界上最大的国际资金库和流动资金额最大的市场提供了机会。譬如，纽约证券交易所曾帮助非美国公司筹集到新资本中的90%左右。纽约证券交易所代表世界上所有存股证交易的85%。通过纽约证券交易所上市的公司，得以进入世界上最大的投资者市场和流动资金最大的市场。全美国约有5100万人是个人股票持有者，有1万多个机构投资者，美国投资者总共拥有价值55000亿美元的证券资本。

投资者对纽约证券交易所信任程度高的原因是，因为它长期形成的公平和公开交易的良好声誉，以及它建立的保护投资者和监督管理交易的严格标准。

纽约证券交易所不仅成为全美最大的证交所而且是全世界最大的证券市场。现在拥有47000亿美元的市场资本，它相当于全美其他证券市场资本总和的五倍。令外国公司特别感兴趣的是，由非美国公司在美国市场上所集到的股本每10美元中有9美元是与一个在纽约证券交易所上市的公司有关。美国投资者对扩大他们的投资领域非常感兴趣，包括更多的非美国公司，目前大约有5%的美国证券投资者向外国公司投资。调查表明这个数字将很快增长到10%，而且会继续增长。那些经济增长速度超过更成熟经济增长的国家对美国投资者非常有吸引力。

在纽约证券交易所上市同时也在他们本国上市的外国公司普遍发现，在纽约证券交易所的交易会随之带来本国市场交易的上升。这其中的原因之一，即源于上述理由。

威廉·唐纳森先生有着在政府、学术界及证券交易会员公司工作的丰富阅历。他于1959年与人共同创立了唐纳森·卢夫金·詹兰特公司，1970年该公司向社会发售股票，从而成为纽约证交所的第一家会员公司。同年他被美联社评为年度美国企业家。1973年他被尼克松总统任命为副国务卿，在基辛格博士领导下工作。他1991年1月1日担任纽约证交所董事长兼首席行政执行官以来，与我国银行、证券及投资界人士有着广泛交往。相信，威廉·唐纳森先生的中国之行，一定会为中美证券界的对话、交流，开辟更为广阔的前景。

（本文是1994年9月12日参加美国纽约证券交易所在人民大会堂举行的信息交流会后，撰写的投资信息稿，发表于《投资研究》1994年第10期封三，署名俊鹏。）

投资辞典：纽约证券交易所

纽约证券交易所（NYSE）是世界最著名的股票交易场所。1792 年 5 月 17 日，24 名经纪人和商人创建了纽约证券交易所，他们签署了被后人称之为“Buttonwood（美国梧桐）协议”的一份文件。该协议包括对会员资格的要求和自律规定的初步内容。

纽约证券交易所由范围很广的参与者组成，包括上市公司、个人投资者、机构投资者、证券公司和专门负责各种股票买卖的场内经纪人。这些不同的参与者，使用着最为复杂的技术和通信系统，正是这些参与者之间的相互作用创造了纽约证券交易所的市场。所以，要了解纽约股票市场及其运作，就有必要对这些参与者及其作用加以介绍。

1. 上市公司。世界各地的 2300 多家公司在纽约证券交易所挂牌上市。这些公司的股票公开上市后就有可能为各种生产目的筹集资金，包括研究和发展、扩大和创造就业机会以及研制新产品。

上市公司的股票是大大小小投资者的工具，能够使他们对国家的未来进行投资并投身于经济增长和经济的活力之中。除此之外，众多外国公司的股票在纽约证券交易所交易之时，投资者也有机会分享世界范围内经济增长所带来的益处。一家公司如在纽约证券交易所上市，它将有最高的能见度并最容易接近投资者。

2. 个人投资者。大约有 5100 万美国人直接拥有某公司的股票或股票共同基金中的股份。对纽约证券交易所而言，个人投资者十分重要，交易所已经采取了多项鼓励其参与的措施。其中之一就是为个人投资者迅捷传递服务。这保证了个人投资者的委托从不被机构投资者的委托及程式交易委托所延误，而可在交易场内直接执行。

个人有几种参加纽约证券交易所的途径。最常见的方法是对单个公司股票的投资。有很多股票共同基金投资于数家公司股票的资产组合，而个人投资者则可以购买其中一家共同基金的股份。几百万美国人作为养老金和保险计划的受惠人，还间接地参与了对纽约证券交易所上市股票的投资。纽约证券交易所向投资者提供了上市前即已达到一整套标准的2300多家公司。投资者可以从大、中、小的众多公司中做出选择。从长远角度看，这种证券的表现要优于其他主要投资方式。

3. 机构投资者。机构投资者管理着很多投资者的联合资产，既有大户，也有小户。这些机构包括上至养老基金，下至投资公司、银行和大学。管辖着5万亿美元证券的1万多家公司既能进入又能使用纽约证券交易所市场。这些机构有两种至关重要的作用。首先，它们向其所代表的个人提供专业知识和判断。其次，通过其投资金额，它们向纽约证券交易所市场补充了巨额流动资金。

4. 证券公司。证券公司，又称会员公司或经纪公司，它受顾客的委托买卖证券，也代表自己的账户交易，既是投资者又是投资者的代表。这些公司对纽约证券交易所市场的运作极为重要。在纽约证券交易所交易场内，它们既有自己的经纪人，也让一些独立经纪人代理，后者与数家经纪公司签约服务。这些交易场内的行家在纽约证券交易所市场中努力为其客户获得最好的价格而工作。

来自世界各地经纪办公室的委托，通过最先进的技术，被瞬间传送到纽约证券交易所市场。当投资者要买卖某一上市公司的股份时，他们将与属于某一会员公司雇员的零售经纪人接触（又称注册代理人或账户执行人）。注册代理人可以用两种方法处理客户的委托。有时账户执行人通知在纽约证券交易场内的经纪人，他将代表客户进行交易。有关这笔成交的信息在成交后当即可被世界各地的投资者知晓。几秒钟内，交易即被确认。客户的委托也可通过Superdot进行电子处理，这是计算机化的委托路由和通报系统，能在几秒钟内完成交易循环。这包括向纽约证券交易所发送执行委托以及通知参与者交易业已完成。

会员公司还为客户进行大宗股票交易。它们甘冒自己资金的风险为客户完成交易。最后，这些会员公司还代表自己的账户进行交易。所有这些活动都促进了现金流动。在行使各自作用的同时，所有的市场专业人员，场内及场外，与纽约证券交易所的经纪人同舟共济，各司其职以维护各指定股票的市场公平和井然秩序。

5. 指定自营。商纽约证券交易所的指定自营商，又称作“市商”，所起的作用可比拟为航空指挥。他们负责保持指定给他们的证券交易的公平和市场秩序的井然。

他们属于以客户为中心的体系，与其相对的是以做市商为中心的体系。纽约证券交易所常常被称作是代理拍卖市场，这是在市场上由代理人代表公众的拍卖。因此，买方和卖方之委托的相互作用决定了纽约证券交易所上市股票的价格。纽约证券交易所指定的做市商起着四种关键作用：

第一，他们是信息的导管，对指定给他们的股票进行电子报价和记录市价以及卖主开价。这保证了市价信息能传送到世界各地，让所有的市场参与者了解到纽约证券交易所上市的各种股票的供求情况。

第二，指定做市商扮演着代理人的角色，执行交易场内经纪人所负委托，即如果股票达到客户特定价格时即执行委托。

第三，有时会出现买主或卖主的短缺，这时纽约证券交易所的指定做市商将会以自己的账户买卖，特点是逆市场走向所动。然而并不要求他们随时补充市场的现金流动。这类买卖只代表交易的很少一部分。纽约证券交易所的绝大多数交易都是公众委托的结果，即个人、机构和会员公司直接相互作用。

第四，指定做市商起着催化剂的作用，把买方和卖方聚在一起，因而买方出价与卖方开价相吻合。

在交易日中，市场参与者的任何行动都处在不断的监督之下。另外，纽约证券交易所要对其指定做市商在保持其指定证券的市场秩序方面是否成功进行审查。这种严密的监督仅仅是纽约证券交易所在努力保持世界上最公平、最开放的市场所用方法之一，所有这一切都是为参与者着想。

纽约证券交易有一套由证券管理委员会批准的极为严格的规定，这保证了对所有投资者的平等对待。纽约证券交易所凭借先进的监测技术行使其管制责任。

纽约证券交易所的努力属于一个统一规定的一部分，这包括会员公司、全美各地和证交会的各交易所。这些组织共同执行联邦法规、规定和规则。每个组成部分都有其职责范围，所有人都对国会负责。证监会可将案例移交美国司法部，后者可开展刑事调查。今天任何违反法律的人都要冒着极大被查获或判刑的风险。

尽管没有十全十美的体系，纽约证券交易所仍堪称世界上市场规定最为有效的交易所。

市场中不同的参与者之间的相互作用构成了实力、稳定和公正。任何单独一个集团都不能与所有人提供的现金流动同日而语。他们一起将纽约证券交易所变成了最易进入、管理最出色、拥有投资者数量最多的股票交易市场。

纽约证券交易所市场促进了集资和资金分配的进程，它鼓励节俭和投资，并向投资者提供了分享美国和外国出色公司的增长之机会。另外，纽约证券交易所鼓励将储蓄注入市场以帮助个人、家庭和国家对其未来投资。

（本文发表于《投资研究》1994 年第 12 期，第 48 页至封三，署名俊鹏。）

公文写作篇

积学以储宝，酌理以富才，研阅以穷照，训致以绎词。

墨海春秋

第一部分　公文的一般常识

一、公文的含义

公文，就是公务文书。它是指机关、团体、企事业单位在处理各种事务中形成的体式完整、内容系统的各种书面材料。公文又统称文书材料，或称文件。

公文、文书、文件这三个名词，在文书学著作中三者之所以并存，是因为这三者之间在含义上不具有质的差异性，主要是适应习惯上的称呼。过去，在国家机关系统多叫公文，党的系统多叫文书、文件。不过，按我们通常的理解，文书的外延较大，公文次之，而文件较小。我们平常所说的文件，一般是指具有固定规格的有红色文件头并编号的正式公文。

公文就其使用的范围而言，又可分为专用公文和通用公文两大类：

（一）专用公文

这是由具有专门职能的机关，根据特殊需要而使用的具有特定内容和格式的公文。如外交领域使用的国书、照会、备忘录、条约等；司法机关使用的起诉书、判决书、调解书等。它们只能在一定的领域和范围内使用。

（二）通用公文

通行于各机关、团体、企事业单位中，如命令、指示、决定、通知、请示、报告等。它们的使用范围较为普遍。我们通常所说的公文，实际上是指通用公文。

二、公文的特性

公文明显地不同于报刊、图书、资料等书面文字材料。具体说来，公文主要有如下特点：

（一）有鲜明的政治性

公文产生于阶级、国家出现之后，其基本内容是国家政权机关的指挥意志、行动意图、公务往来的系统记录，直接反映国家政权的政治意向和根本利益。所以，公文具有鲜明的政治色彩。今天，各机关、团体、企事业单位的公文，与党和国家的政治事务和人们的社会生活密切相关，它是传达贯彻党和国家的方针、政策、法律、法令，推进四化建设的重要武器。中华人民共和国成立以来，党和国家的领导人历来重视国家的公文制度建设。1951 年 4 月中央人民政府政务院在北京召开了全国秘书长会议，讨论通过了《公文处理暂行办法》，规定了简明易行的公文名称、体式和适用范围，使公文管理在适应国家公务管理方面迈出了新的一步。1981 年 2 月 27 日国务院颁布了《国家行政机关公文处理暂行办法》，使公文管理满足了改革开放和社会经济发展的实际需要。1987 年 2 月 18 日国务院颁布了《国家行政机关公文处理办法》，1993 年 11 月 21 日国务院颁布了修订后的《国家行政机关公文处理办法》，对公文的种类、分类、适用范围等作了新的规范，使公文处理更为适应现代化、科学化发展的需要。2000 年 8 月 24 日国务院发布了新的《国家行政机关公文处理办法》，从 2001 年 1 月 1 日起施行。这个办法共分 9 章 57 条，是现行的国家行政机关公文管理的基本依据。第九届全国人民代表大会选举的新一届政府总理朱镕基同志，在 1998 年 3 月 24 日召开的国务院第一次全体会议上通过的第一个文件就是《国务院工作细则》（国发〔98〕9 号)，这个文件的第二十二至三十条就专门规定了《公文审批制度》。2003 年 3 月 21 日温家宝同志担任国务院总理后召开的国务院第一次全体会议通过的第一个文件也是《国务院工作规则》（国发〔2003〕11 号)，这个文件的三十八条至四十二条也是专门规定公文审批的制度。2008 年 3 月 21 日，温家宝连任国务院总理后主持国务院全体会议通过的《国务院工作规则》中的第十章“公文审批”，共有四条（第四十五至四十八条）是公文审批内容，其中第四十五条就是要求“各地区、各部门报送国务院的公文，应当符合《国家行政机关公文处理办法》的规定”。

由此可见，公文制度是政府机构运行的一项基本制度，其重要性不言而喻。对于机关、团体、企事业单位来说公文制度是否健全、有效，也是十分重要的。

（二）有法定的作者

公文必须有法定作者，即依法成立并能以自己的名义行使权利和承担义务的组织。党政机关、团体、企事业单位等，都是依据法律、条例、章程、决定、决议等建立和合法存在的，它们都是法定的作者。公文就是这些法定的作者根据自己的职能和权限制发的。

公文主要以机关或机关的某一部门的名义发布，有时也以机关首长和国家领导人的名义发布。有的是机关首长对所属工作人员的任免令或任免通知等。以领导人名义作为公文的作者，并非以私人身份出现，而是以他所在机关的领导人、负责人的身份发布的；是领导人、负责人行使自己职权的一种表现。而领导人、负责人的职务，又是经过委任或选举程序，报请上级机关批准的，因此，他们也是公文的法定的作者。

（三）有法定的权威和特定的格式

作为机关的喉舌，公文可以代表机关发言，代表制发机关的法定权威。例如，中共中央文件代表了党中央的意见；全国人民代表大会及其常务委员会通过，并发布的各项法律性文件，具有法律权威；再如，国家行政领导机关发布的文件，代表了人民政府的职权和意图，具有行政领导和行政指挥的权威。

正因为公文代表了制发机关的法定权威，所以制发公文是一件非常严肃的工作。为了维护公文的权威性和严肃性，党和国家规定了统一的公文格式，任何机关不得另搞一套，自行其是。一件公文的制发过程，实际上就是公务机关运作的真实记录，必须按照机关的规定程序办理。从公文的拟稿、审核、会签、核稿、签发、编文号、打印、送发的全过程中，每个环节都是职能部门公务活动的记录；每个部门办理公务的质量、效率，都可以从中体现出来。一件公文对于受文机关来讲，从签收、拆封、登记、分文、传阅、批办、承办、催办、归档等全过程中，不但是机关工作运作的记录，而且也是公文实际效用的体现。所以，任何一个严肃负责的公务人员都不能不重视公文的质量和效率。一个机关的主要领导人对待公文质量和效率的重视程度，常常体现了领导者的素质和作风；而一个机关的公文质量和效率状况，也常常是机关工作质量和工作效率的综合体现。如果说公务人员之间的往来要注重语言、举止、仪表等公众形象的话，那么机关、团体、企业之间的公文往来，不但要有法定的权威性，而且还要有特定的格式，因为公文是机关、团体、企业意志及形象的一个缩影。

（四）有现实的效用

由于公文是在现实工作中形成和使用的，为推动现实工作而服务，因此，它的作用有时间的限制。这项工作一旦完成，由这项工作所形成并使用的公文的作用也随之结束。只是各件公文的寿命不等，有的时效长些，如法律性公文；有的时效短些，如某件具体事情的通知，在事情办过之后，公文的效用也就结束了。但是，这些公文既然已经发生过效用，在它失效后也就依然具有查考的价值。因此，它又需要立卷归档保存，转化成为机关档案。

三、公文的作用

公文是传达和贯彻党和国家的方针政策，联系和处理各级机关公务的一种工具。具体有以下几方面的作用：

（一）有上传下达、互通情报的作用

公文可以将各级机关在按照党和国家的统一意志进行活动的过程中需要交流的精神意图、情况要求记录下来，传达出去，以沟通上下左右之间的联系。例如，中央党政领导机关在制定与发布各项方针、政策、法令时，就常利用公文传达到全国各个地区、各个机关、各级干部和广大人民群众中间去，组织与动员广大干部和群众贯彻执行。再如，下级机关经常以请示、报告等，把工作中的情况和问题反映给上级领导机关。这对于上级机关了解下情，行使权力，推动工作，是一种必不可少的手段。

（二）具有工作依据和凭证的作用

上级机关的公文，对下级机关具有领导和指导作用，下级机关根据上级机关的公文所制定和传达的方针政策、工作任务和部署，开展工作；上级机关根据下

级机关的公文掌握情况，解决问题，指导工作；平行机关和不相隶属的机关之间，也可根据往来的公文知照情况，洽商工作。离开了公文的依据和凭证作用，各级机关将无所遵循，难以开展正常而有秩序的工作。

（三）有宣传教育的作用

这在下行文中表现得尤为明显。许多公文在传达贯彻党的方针政策和布置工作时，一般都要阐明其指导思想，讲清道理，提出要求。它既是推动工作的工具，也是向干部群众进行宣传教育的手段，更是提高认识、统一思想的政策标准。

（四）有规定人们行为规范的作用

在机关公文中，有相当一部分内容，是用以制定和发布各种法规和政令的。这些公文本身就具有法律效力，一经发布，就必须坚决执行，任何人不得违反，这就成为人们在某一方面的行为规范。

一件公文的作用，又往往不是单一的，而是同时有几种作用。例如，党中央、国务院的指示和决定，既有领导和指导的作用，又有凭证和依据的作用，也有宣传和教育的作用。

四、公文的格式

公文都有一定的格式，这是公文具有权威性和约束力在形式上的具体表现。它要求结构完整，标志准确，各机关保持一致。

公文的格式一般包括：标题、主送机关、正文、附件、发文机关（或机关印章）、发文时间、抄报抄送单位、文件版头、公文编号、机密等级、紧急程度、阅读范围、主题词、其他 14 项。

（一）标题

公文的标题应当准确、简要地概括公文的主要内容，它一般由发文机关、事由、公文种类三个部分组成。例如《国务院关于发布〈村镇建房用地管理条例〉

的通知》中的“国务院”，就是发文机关，“发布《村镇建房用地管理条例》”就是事由，“通知”则是公文种类。有的公文也可只写发文机关和公文种类，如《中华人民共和国全国人民代表大会公告》；或者只写公文种类，如布告、公告。标题是一份公文的具体名字，是公文制作的画龙点睛之笔，一定要准确得当，以杜绝发生题文不符的现象。标题的位置在公文的开首，居于正文的上端中央，通常以突出的字号、字体编排，使人阅读起来有一目了然之感。

在公文标题的制作上常见的错误是：

（1）公文要素不全，即把一些必须要由三个部分组合制作的标题，省去了不该省的部分。

（2）公文标题冗长，不是画龙点睛而是拖泥带水，片面追求要素齐全、内容完整，忘记了“准确”“简要”的基本要求。

（3）公文标题中添加具体的文字内容或数字。

（二）主送机关

这是发文机关首先要明确的问题，即确定受文机关。上级机关对下级机关发出的指示、通知、通报等，需要所属各机关都了解和执行的公文，叫普发公文，可以主送几个以上的机关，凡其下属机关都是主送机关。下级机关向上级机关报告和请示的公文，一般只写一个主送机关，不要多头主送，以免责任不明，延误问题的及时处理。如果需要同时报送另一个上级机关，可以用抄报的形式。主送机关一般写在正文之前，标题之下，顶行写（主送机关名称前不空字）。布告、公告、通告等公布性公文，不写主送机关；计划、报表以及规章、条例等法规性公文，也不写主送机关，可在发送或发表时另加一个通知或公函。

（三）正文

这是公文的主体，是叙述公文的具体内容的，为公文最重要的部分。正文内容要求准确地传达或贯彻党和国家的有关方针、政策精神，写法力求简明扼要，条理清楚，实事求是，合乎文法，切忌空泛议论，不着边际，模棱两可，冗长杂乱。请示问题应当一文一事，不要一文数事。

（四）发文机关

写在正文的下面偏右，所以又称落款。发文机关一般要写全称，不能滥用简称，以表示严肃负责。如需以机关领导人名义行文，应同时冠以职务身份。政府机关的公文，常常以文头或印章为标志，不再写发文机关。机关印章盖在公文末尾年月日的中间（骑年压月），作为发文机关对公文生效负责的凭证。党的领导机关有些大批印发的公文，按照规定的格式专门印制了文件版头，并经机要交通递送，可以不再加盖印章而同样有效。

（五）发文日期

公文必须注明发文日期，以表明公文从何时开始生效。发文日期位于公文的末尾、发文机关的下面并稍向右错开。发文日期必须写明年月日的全称，不能省却年份或月份，以免日后查考时发生困难。发文日期一般以机关领导人签发的日期为准；几个机关联合发出的公文，以最后签发机关签署的日期为准；法规性公文，以批准日期为准，或者在正文的最后专门规定生效和开始执行的日期。会议通过的文件，应当注明会议的名称和通过的日期，通常加括号写在标题的正下方。

（六）抄报、抄送单位

这是指需要了解此公文内容的有关单位。送往单位如属上级机关的，列入抄报；如属平行或下级机关的，列入抄送。抄报、抄送单位的数量必须加以控制，禁止滥抄滥送，以免造成不必要的浪费，影响机关的工作效率。另一方面，也要防止漏抄漏报，以免工作脱节，不利于协调一致。抄报、抄送单位的名称应列于文尾，即公文末页的下端。为了整齐美观，文尾处的抄报、抄送单位、印制机关和印发时间，一般均用上下两条线隔开。文件份数一般印在最后。

（七）文件版头

正式公文一般都有版头，标明是哪个机关的公文，版头以套红大字印上“×××××（机关）文件”，下面加一条红线或红五星衬托。公布性文件如“公告”、“布告”等，通常不用文件版头。

（八）公文编号

一般包括机关代字、年号、顺序号。如“国发〔2003〕2号”，代表国务院2003年第二号发文。“国发”是国务院的代字，“〔2003〕”是年号，“2号”是发文顺序号。几个机关的联合发文，只注明主办机关的公文编号。编号的位置，凡有文件版头的，放在标题的上方、文头的下面；凡无文件版头的，放在标题的右侧方。编号的作用在于统计发文数量，便于公文的管理和查找；在引用公文时，可以作为公文的代号使用。

（九）机密等级

机密公文应当根据其机密程度划分机密等级，并分别注明“绝密”“机密”“秘密”等字样。机密等级由发文机关根据公文内容所涉及的党和国家机密的程度来划定，并据此确定其送递方式，以保证机密的安全。密级的位置，通常放在公文标题的左上方醒目处。机密公文还要按份数编上号码，印在文件版头的左上方，以便查对、清退。

（十）紧急程度

这是对公文送达和办理时限的要求，分为“急件”“紧急”“特急”几种。标明紧急程度是为了引起特别注意，以保证公文的时效，确保紧急工作问题的及时处理。紧急程度的标明，通常也是放在公文标题左上方的明显处。

（十一）阅读范围

根据工作需要和机密程度，有些公文还要明确其发送和阅读范围。它通常写在发文日期之下，抄报、抄送单位之上偏左的地方，并加括号，如：“（此件发至县团级）”。行政性、事务性的非机密公文，下级机关对上级机关行文，都不需特别规定阅读范围。

（十二）附件

这是指附属于正文的文件材料，它也是某些公文的重要组成部分。附件不是每份公文都有，它是根据需要，一般作为正文的补充说明或参考材料的。公文如有附件，应当在正文之后、发文机关之前，注明附件的名称和件数，不可只写“附件如文”或者只写“附件×件”。

（十三）主题词

文件编主题词是科学、规范管理公文的现实需要，是与现代信息量空前增加，办公效率加快的实际情况相适应的，是实现公文档案的科学分类、迅速检索、利用的现实需要。

在1999年5月1日之前，金融系统的公文主题词是采用人民银行1994年编印的《金融类公主题词标引手册》，这个手册的主题词主表共分25大类，附表共分22大类，每个大类下又分若干个小类，基本上涵盖了金融领域的全部内容，是金融类公文主题词标引的依据。但是由于金融业务的发展变化较快，加之这一主题词表的制订主要是从中央银行的角度出发的，所以从商业银行公文的实际需要看，这个手册太繁杂，明显不能满足需要。1999年4月12日中国人民银行办公厅以银办发〔1999〕45号文件颁发了《金融类公文主题词表》，从1999年5月1日起执行，1993年的主题词表同时废止。1999年4月30日中国建设银行办公室以建办字〔1999〕第28号文件转发了这个文件及主题词表，同时在转发时结合建设银行的实际情况，提出了五点执行意见，其要点是：

（1）要求主题词的标引应包括类别词、类属词、文种词三个完整的部分；

（2）在《金融主题词表》所列14个类别词、346个类属词的基础上补充国际业务、委代业务、零售业务、资金清算、市场营销、网上银行、人事7个类别词；

（3）从主题词表的类属词中用黑体字标出90个可选作类别词，在类属词表中选不到合适的类属词时，可根据所发文件的内容和形式自选类属词；

（4）涉及港、澳、台公文的主题词标引以《国务院公文主题词表》中的香港问题、澳门问题、台湾问题为类别词；

（5）在适当的时候制定《中国建设银行公文主题词表》。

建设银行从1999年5月1日开始到2003年7月23日所依据的就是这个《金融类公文主题词表》。

1997 年国务院办公厅秘书局以国办秘函〔1997〕350 号文件印发了《国务院公文词表》，这个表是在 1994 年主题词表的基础上，修订后，自 1998 年 2 月 1 日起开始执行的。

1998 年 8 月，中国档案出版社出版了中共中央办公厅秘书局制订的主题词表的主表共分 19 大类、71 小类。这个主题词表的主表分 13 大类、43 小类，共 751 个主题词。

主题词的标引在公文制作中的实际情况比较混乱，其原因有二：一是不懂标引规则，二是不熟悉主题词表。

《中国建设银行公文主题词表》及评注意见见本文附录。）

（十四）其他

公文文字一律从左至右横写、横排。拟写、誊写公文，根据 1964 年 1 月 24 日国务院秘书厅和国家档案局的通知，一律使用钢笔或毛笔，严禁使用圆珠笔、铅笔，也不要复写。公文纸一般用十六开，在左侧装订。目前在办公自动化逐步普及的基础上，一般公文几乎都用计算机打印，这是一个必然趋势。但计算机打字也要有统一格式要求，特别要注意克服由计算机软件所带来的差错和不规范现象。计算机是英文世界的产品，有许多违犯公文规则和汉字语言习惯的“洋化”现象，这是需要在办公自动化系统的软件设计及推广过程中逐步解决的一个实际问题。

在普遍推广公文电子化的过程中，各种适应这一趋势的公文规定在不断制定和改进。目前乃至今后将是实物公文和电子公物并行时期。建设银行从 1999 年之后陆续研发和推出 OA 系统，颁发了不少专门有关电子公文的操作手册、规定和标准。今后仍会有改进的版本出现，这是一个总趋势，也有电子公文与传统实物公文的一些特殊技术要求。但是，电子公文毕竟是把实物公文搬入电脑系统，主要是发挥现代科技的便捷、高效优势，达到提高工作效率的目标。就其公文的基本格式而言，并无本质变化，公文的基本要素、特点、功能仍是一脉相承，也不可能发生大的变化。

五、公文的行文关系

行文的关系，指的是发文机关与收文机关之间的关系。这也是在拟写公文时所必须注意的。行文的关系，主要有下六个方面的问题，需要注意。

（一）要遵守逐级行文的程序

下级机关一般应按照直接的隶属关系而不要越级行文，以免打乱正常的领导关系。如遇特殊情况或紧急事宜必须越级行文时，应当抄报所越过的机关。上级机关如有必要越级向下行文时，应当同时抄送受文机关的直接上级机关。

（二）要注意联合发文的程序

拟制涉及几个部门职权的公文，主办机关要主动与有关部门会商，取得一致意见后联合行文。联合行文的机关应当是同级机关。

（三）要注意行文的常规

平行或不相隶属的机关之间，应当使用平行文（如函、通知等），不能使用上行文（如请示、报告等），也不能使用下行文（如命令、指示、决定等）。

上级机关的所属业务部门和下级机关对口的业务部门（如财政部和省财政厅、省财政厅和县财政局），仅在业务上有指导关系，没有直接的领导关系，它们可以在自己的职权范围内互相行文。上级机关的业务部门也可以根据上级机关的授权和有关规定，答复下级机关请示上级机关的有关业务问题，但无权发指示、下命令。

（四）要分清主送机关与抄送机关

向上级机关的请示，不要同时抄送下级机关。向下级机关的重要行文，可以抄送直接上级机关。受双重领导的单位向上级机关的请示，应当根据内容写明主送机关和抄报机关，由主送机关负责答复所请示的问题，上级机关向受双重领导的单位行文时，应当抄送另一个上级机关。

（五）要注意防止党政不分的现象

党务和政务事宜要分别行文，凡属政府方面的工作，均应以政府名义行文；凡属党委方面的工作，则应以党委名义行文。政府机关和群众团体的党组，其日常工作，只对上级党委负责；它由于不是一级党委，不宜用党组名义向下行文；上级党委可以向政府机关和群众团体的党组行文，但不宜直接向政府机关和群众团体发布指示；政府机关和群众团体也不能对党的组织发布指示、交付任务。

（六）要明确发文权限

属于全面的、重要的、方针政策性的问题，以领导机关的名义行文。属于在既定方针政策范围内的日常业务工作问题，应以有关业务部门的名义直接行文。公文内容要符合制发机关的职权范围，否则就无权威性和约束力。应由中央决定的问题，地方行文无效；应由其他部门决定的问题，本部门行文无效。公文力求精简，避免文牍主义，可发可不发的不发，能通过面谈、电话协商解决的问题，就不要行文，以减少程序，提高效率。

国家控股的股份制商业银行是以盈利为目的金融企业，效益是全部经营活动的主旨，为了提高财务经营效益，工作必须讲究效率，靠文山会海是不讲效率、不求效益的具体表现。特别是在现代信息业飞速发展的形势下，公文的制发、传递都应充分运用现代科技信息业的新成果和新手段。靠红头文件指导商业银行运营的传统作风是完全不能适应现代市场经济条件下的金融业生存发展的。

六、公文写作的基本要求

一份公文写得内容清楚明了，文字简练确切，解决问题的措施得力，就能促进党和国家各项方针、政策的贯彻执行，推动各项工作的开展。反之，一份思路不清、冗长杂乱、前后矛盾、不切实际的公文，必然使人费解或发生误解，以致失时误事，影响工作，甚至造成严重损失。一个单位或部门的领导者一定要重视公文的撰写工作。

有些重要公文的起草和制发，不仅要事先有要求和指示，而且要从内容到文字、标点，都要一丝不苟地加以推敲和审改。发扬良好的文风，努力提高公文质量的关键是领导者的素质、作风和责任。

不同种类的公文，有不同的具体要求和写作方法，但是，不论哪一种类的公文，都必须做到以下六项要求：

（一）符合国家的法律、法规和方针、政策及有关规定

如提出新的政策规定，要切实可行，并加以说明。

党和国家的法律、法规和方针、政策及有关规定，是根据国家政治、经济、社会发展的全局情况制定的，体现了全国人民的整体利益，必须遵照执行。因此，无论是各级政府机关还是企事业单位及社会团体的公文草拟工作，都要符合国家的法律、法规和方针、政策及有关规定。从根本上讲，公文都是为了更好地贯彻执行党和国家的方针、政策、法律、法令和上级的有关规定。公文的权威性和约束力也正在这里。从横向上说，一份公文往往涉及许多方面，受着多方面方针、政策的约束，因此必须注意与各方面的政策相一致，防止互相抵牾。这就要求公文的起草人必须认真学习政治理论，学习研究党和国家的方针、政策、法律、法令，不断提高理论水平和政策水平，以正确的立场、观点和方法分析问题、解决问题。

（二）情况确实，观点明确，条理清楚，文字精练，书写工整，标点准确，篇幅简短

公文是写公事、办公事的文章，必须从实际情况出发。所谓“情况确实”，就是要求事实要真实可靠，数字要确实无误，结论要符合实际，办法要切实可行。也就是说，公文的内容必须符合客观实际，符合工作规律。因此，公文起草人不能闭门造车，生逼硬挤，必须深入实际，调查研究，切实掌握新情况，分析研究新问题。同时，要精通本行业务，学习有关知识，避免拟写公文时说“外行”话，抓不到点子上，说不到要害处。只有这样，才能真正有针对性地提出解决问题、指导工作的意见和措施，实事求是地答复和处理问题，踏踏实实地推动工作。

所谓“观点明确”，就是要求在对与错、是与非、行与不行等实质性问题

上，要有明确的原则立场，不能是是非非、模棱两可。“观点明确”是建立在“情况确实”的基础上的。一般而言，情况确实，就容易观点明确；情况不确实，就难以观点明确，明确了也可能有片面、武断之嫌。

所谓“条理清楚”，是指公文内容要有主有次，有纲有目，层次分明，中心突出，一目了然。即使是较长的公文，也应开门见山。一开头就要提出要点，用极简要的文字点出全文的中心，以唤起阅者注意，并有一个总的概念，然后再分段陈述。长文分若干段时，每段也应采用这种方法。公文有几层意思或几项要求时，要注意按照条理分清层次，以数目字标明段落和项目，使公文眉目清楚，便于阅读。

所谓“文字精练”，这是现代文书发展的趋势。写公文，要惜墨如金，只要把意思表达清楚就行，该短则短，用一个字表达明白的，决不用两个字。公文的语言文字，要求庄严郑重，朴实无华，简明扼要，不宜使用文艺作品中经常使用的描写、抒情等表达方法，也不要乱用形容词，矫揉造作，更不要乱用文言词语，而应直截了当，一是一，二是二，实话实说，不“穿靴戴帽”，不故弄玄虚，不短话长说。拟完草稿后，要反复修改，压缩文字，竭力将可有可无的字、句、段和不必要的空话、套话删去。讲究文字精练，自然就可以使公文的篇幅简短，公文的文字精练、篇幅简短，就可以节省时间，提高工作效率。

所谓“书写工整”，在手书公文的条件下，是要求公文书写的文字规范、整齐、准确、干净。这就要求公文的起草人不仅要有较高文字修养，而且也要有一定的书法功底。一个写字很丑陋，或写字很不认真的人，即使其他条件再好，可能也不适合做书写公文的工作。在计算机打印公文普及的条件下，给一些写字功底不高的人，提供了方便。但在计算机打印公文的条件下，仍有两个问题是不可回避的。一是计算机打字不能消除错别字的错误，二是计算机打字也有一个公文的书写格式、字号、字体等的正确选择问题。事实上，在计算机打印公文的条件下，书写工整的问题仍需要特别注意，否则，公文的规范化管理还会出现新的问题。

所谓“标点准确”，就是要求正确地使用标点符号。标点符号的使用常识，一般在小学生的语文教学中就有了。但是，标点符号使用中的错误可能在受过大学教育，甚至研究生毕业的高学历层次中的人员当中，照样出现。这或许是微不足道的雕虫小技，不引起人们的注意。但标点符号使用的错误，与错别字一样，可能差之毫厘，谬之千里。这方面的笑话、事故这里不想枚举，仅就日常普遍存在的一些错误列举于后：

（1）一逗到底，不用句号，把一大段话变成了一句话，让人读起来有不知所云之感。

（2）分号升级，超越句号或段落之上，俨然把分号变成了段落之间的区分标志号。

（3）分号与句号混用不分，不能区分句子之间的正确关系。

（4）公文名称应用书名号而不能用引号，但实际上两者混用的情况很普遍。

（5）阿拉伯序号后面的圆点改顿号，已经到了以假乱真的地步。

（6）阿拉伯数字的分节号不肯放弃，这是违背国家语委等部门 1987 年 1 月 1 日公布的《关于出版物上数字用法的试行规定》的，也是与世界惯例所不相符的。

（7）随意将外文中的标点符号引入中文当中，这种现象在一些涉外业务部门中较为普遍。这是很不严肃、很不负责的行为。

标点符号是语言文字的重要组成部分，任何一种语言文字都有其相应的标点符号，所以在书面语言表达中，特别是公文写作中，决不可忽视这个问题。

（三）人名、地名、数字、引文要准确

引用公文应当先引标题，后引发文字号。日期应当写具体的年、月、日。

（四）公文结构层次序数一般规定为四个层次

第一层为“一、”，第二层为“（一）”，第三层为“1.”，第四次为“（1）”。

（五）必须使用国家法定计量单位

（六）用词用字准确、规范

文内使用简称，一般应当先用全称，并注明简称。

公文的用词用字准确、规范，这首先是一个工作态度问题，一个工作态度不严肃认真的文秘人员，就很难做到“准确、规范”；其次是一个知识素养问题，一个知识素养太低的文秘人员，即便工作态度再认真，也难以做到“准确、规范”。

七、公文的种类

公文的种类简称文种。机关、团体、企事业单位的公共事务是复杂多样的，所以，公文的种类也是多种多样的，办什么事，用什么文种，一定要选用准确，做到“对号入座”。否则，就会妨碍收文机关对文件意图的准确理解，失时误事，造成不应有的损失。

公文的种类和使用方法是由国家权威部门统一规定的，而不是由机关、团体、企事业单位自行规定的。1993 年 11 月 21 日，国务院办公厅以国办发〔1993〕第 81 号文件发布了《国家行政机关公文处理办法》，先后执行了七年，到 2000 年废止。2000 年 8 月 24 日国务院发布了新的《国家行政机关公文处理办法》（国发〔2000〕23 号），从 2001 年 1 月 1 日开始施行。现在的国家行政机关都在执行这个公文办法，国有的企事业单位基本也都参照执行这个办法。

1998 年 3 月 24 日由朱镕基总理主持的国务院第一次全体会议通过的《国务院工作细则》第二十二条明确规定：“国务院各部门和各省、自治区、直辖市人民政府报送国务院审批的公文，应当符合《国家行政机关公文处理办法》的有关规定”。

2003 年 3 月 21 日、2008 年 3 月 21 日，由温家宝总理主持召开的国务院第一次全体会议通过的《国务院工作规则》中，都有“公文审批”这一章，都规定：“各部门、各地区报送国务院的公文，应当符合《国家行政机关公文处理办法》的规定。”

2001 年 1 月 1 日开始施行的新公文处理办法是以国务院名义颁发的，共九章五十七条。这一办法将国家行政机关的公文种类归纳为 13 种，即命令（令）、决定、公告、通告、通知、通报、议案、报告、请示、批复、意见、函、会议纪要。这些文种按照行文关系、文件去向，可分为上行文、平行文、下行文：

上行文，指下级机关向所属上级机关的发文，如请示、报告。

平行文，指平行机关或不相隶属的机关之间的发文，如通知、函。

下行文，指上级机关对所属下级机关的发文，如命令（令）、决定、公告、通告、通知、通报、批复、意见等。

在现行的13种行政公文中，前四种在金融企业中应用较少，后九种除“议案”以外的八个文种的应用频率较高，下面分别加以介绍：

（一）命令（令）

适用于依照有关法律公布行政法规和规章；宣布施行重大强制性行政措施；嘉奖有关单位及人员。

（二）决定

适用于对重要事项或者重大行动做出安排，奖惩有关单位及人员，变更或者撤销下级机关不适当的决定事项。

（三）公告

这是一种告启类文件，可以登报或张贴，阅读范围广泛。“公告”适用于公布社会各有关方面应当遵守或者周知的事项。

（四）通告

适用于公布社会各有关方面应当遵守或者周知的事项。

（五）通知

适用于批转下级机关的公文，转发上级机关和不相隶属机关的公文，传达要求下级机关办理和需要有关单位周知或者执行的事项，任免人员。

通知是一种使用范围较广的文体。凡需要特定机关和人员知道、办理的事宜，都可以用通知。但是，也不能因为通知便于使用而滥用通知。

通知可分为批示性通知、一般性通知、指示性通知、会议通知、任免通知，5种。

1. 批示性通知。领导机关在批转下级机关的公文时，或者在转发上级机关、同级机关和不相隶属机关的公文以及发布某些行政法规时，可用这种通知。上级机关根据某个下级机关的来文内容，加上批语转发的通知，与被批转或转发的文件一起构成一个新的文件，不仅答复来文机关，并且要求所属其他机关借鉴或参照、遵照执行。这类通知要写明对所批转或转发的文件的意见或评价，并分别情况表明批转、转发的目的，如要求下级机关“参考”“参阅”“参照执行”“遵照办理”“研究执行”“认真贯彻执行”，等等。有的批转、转发文件的通知，不仅要表明批转、转发目的和要求，还要在其中做出具体的指示性意见，以提高下级机关对某项工作的认识，并在实际工作中有所遵循。

2. 一般性通知。在上级机关的有关事宜需要使下级机关知道或办理时，用这种通知。像庆祝某个节日，成立、调整、合并、撤销某个机构，启用印章，更正文件差错，请下级机关报送有关材料等，都可用这种通知。

这种通知，要交代清楚所通知的事项，如何办理，有什么要求等。

3. 指示性通知。上级机关在对下级机关某项工作有所指示和安排，但根据公文的实际内容，又不必用“命令”或“指示”时，即可以用指示性通知，来要求下级机关按上级机关的要求安排某项工作。

这类通知要求写得符合实际，切实可行，文字要通顺达意，准确精练，使下级机关一看就知道要求他们解决什么问题，为什么要解决这些问题，采取什么措施来解决这些问题。

4. 会议通知。上级领导机关要召开比较重要的会议时，一般都要提前通知所属有关单位，这就是会议通知。这种通知要求写得明确具体，交代清楚会议名称、主持单位、会议内容、起止时间、参加人员、会议地点、报到地点、携带材料以及其他有关事宜。如果这些事项交代不清，丢三落四，就可能影响会议的按时召开和正常进行。具有保密性质的会议的通知，召开会议的目的和准备讨论的议题，可不必写明。

5. 任免通知。上级机关在任免下级机关的领导人或上级机关的有关任免事项需要下级机关知道时，要发任免通知。这种通知写法比较简单，一般只要写清决定任免的时间、机关、会议或依据文件，以及任免人员的具体职务即可。

不论哪种类型的通知，还应当注意以下几点：

第一，通知一般都要有一个符合标题“三要素”（发文机关、事由、文种）

的标题，使人一看标题就知道是通知什么事情或要求做什么事情。近年来，通知用得比较广，有些机关文件的标题就简单地标个“通知”，这是不确切的，应尽量避免，更不宜提倡。

第二，通知的标题下面、正文之前，要写明被通知的单位。被通知的单位可以是一个，可以是几个，也可以是所有下属单位。有些通知往往不写被通知的单位，这是不妥当的。

第三，如果所通知的事项需要被通知的单位尽快知道，可在“通知”之前加“紧急”二字，这就是我们常见的“紧急通知”。

（六）通报

通报是党政机关和社会团体把工作情况、经验教训以及好坏典型事例，通知所属下级单位的文件。通报适用于表彰先进，批评错误，传达重要精神或者情况。

通报的作用不同于决议、决定、报告、通知、指示等公文，它的作用在于沟通消息，互通情况，使有关单位或组织了解工作的进程，树立全局思想，安排自己的工作；或使其学习他地、他人的经验，见贤思齐，推动自己的工作；或使其记取他地、他人的教训，引以为戒，警惕类似问题的发生。因此，拟写此类公文，要放眼全局，拿准所通报内容的普遍意义。要事实准确，把时间、地点、人物、数据、事例、背景都书写清楚。要目的明确，对其原因、影响、经验、教训进行科学的总结，使人得到教益。

通报的写法也不同于决议、决定、报告、通知、指示等公文，是属于叙事的写法。总的要求是叙事清楚、简明扼要。常见的写法有三种：

第一种是概括一个短时期的工作进展情况。这可以分条专题叙述。第二种是专题通报。这可以按事情的演变过程分段叙述。第三种情况是表彰或批评一人一事。这可以分节叙述通报的主要内容和目的。一般包括三个部分：

一是导语。用简练的文字概括通报的中心内容。

二是主体。详细叙述该人该事的基本情况和事实，也可穿插介绍调查、处理的情况。

三是结论。对该人该事的评价或处理意见，并引申出应当记取的经验或教训，提出对有关下属单位和人员的要求，或推广，或戒防。

通报是一个文种，可以直接编发文号，加标题和发送单位，不需要以“通知”的形式印发通报。譬如，中共中央办公厅：厅字〔1998〕1号《中共中央办公厅、国务院办公厅关于广东省恩平市委、市政府负责人违法干预金融业务活动造成巨额损失的通报》，就是直接印发的，并没有以通知的形式下发。

（七）议案

适用于各级人民政府按照法律程序向同级人民代表大会或人民代表大会常务委员会提请审议事项。

（八）报告

报告是上行文，适用于向上级机关汇报工作，反映情况，答复上级机关的询问。

报告是陈述性文件。它的种类很多，按内容可分专题报告、综合报告、总结报告；有按时间可分年度报告、季度报告、月份报告和工作进程报告等。

为了陈述清楚，报告的拟写方法一般可分为四个部分：情况、经验、问题、今后意见。如果属于自我批评、工作反省的专题报告，也可分为四个部分：情况、原因、责任、处理情况和意见。

在现行公文运用中，往往在报告中夹杂有“请示”内容，有的根本就是“请示”，但就是以“报告”行文，这样上级部门就只能对“报告”进行批复，这是不符合公文运用规定的。“报告”与“请示”的一个重要区别是：前者无须批复，而后者必须批复。譬如，银行呆账核销，分支机构请示总行批复后，方可核销，但不少分行就是用“报告”向总行行文，这是错误的。

（九）请示

请示是上行文，适用于向上级机关请求指示、批准。“请示”与“报告”是两种不同的公文，不能混用，也不能合用。

一般而言，凡向上请示的问题，应属于以下几种情况：

一是属于主管上级单位明确规定必须请示批准才能办理的事项。

二是对现行方针、政策、法令、规章、制度不甚了解，有待上级单位明确答复才能办理的事项。

三是工作中发生了新情况，而又无章可循，有待上级明确指示才能办理的事项。

四是因情况特殊难以执行现行规定，有待上级重新指示才能办理的事项。

五是因意见分歧，无法统一，难于工作，有待上级裁决才能办理的事项。

六是有章可循，有法可依，可以开展工作，但因事由重大，为防止工作中失误，需请示上级审核的事项。

七是按上级明文规定，完成一个任务，需报请上级审核的有关事项。

撰写请示，一般要掌握三个要领：

第一，详细、准确地写明请示事由。这是请示的主体内容。不仅应在标题上写清，还要在正文里写明请示什么问题，为什么要向上级请示。请示的事项，最好专题专文，以便上级及时批复。

第二，明确提出本单位或个人对解决这一问题的意见，供上级参考。意见要写得有根有据，必要时可引证有关的现行政策、规定条文。如果本单位意见分歧，要分别陈述不同意见的内容，并加以分析、比较，各述利弊，还可提出倾向性的意见，供上级权衡、批复。

第三，具体提出对上级的要求。包括希望按某个最佳方案批示；由于时间限制，或事态严重，希望上级尽快答复，甚至务请在什么时限内批复；提请上级批复时需要注意或强调的问题，否则可能引起什么不良后果；在上级正式批复前，建议上级同意暂时先按什么原则进行工作；等等。向上级提出上述要求的目的是为了得到上级及时、准确的批复，但行文中勿用要挟的言辞。

（十）批复

批复，是下行公文，适用于答复下级机关的请示事项。这是上级机关对下级机关的请示给予答复时所使用的一种文体，它的行文对象是提出请示的机关。

批复的内容一般包括两个方面：一是告知情况，二是表明态度。批复针对性要强，态度要明朗，当行则行，当止则止，不能含糊其辞，模棱两可。文字要言简意明，准确无误，以免贻误工作。有的请示内容比较复杂，不但请示做什么事，还有如何做这件事，有的更涉及其他单位，则要将原请示附在批复后面，以便下级和涉及单位遵照办理。

（十一）意见

适用于对重要问题提出见解和处理办法。这是一个新的文种，常用于党和政府及综合管理部门对重要问题表明的态度和见解，以指导或影响下级部门、单位的工作。“意见”同废止的公文办法中的“指示”及别的下行文种比较，具有指导性的意向，而缺乏指令性的权威。这也是新旧公文种类的唯一变化。

（十二）函

函，即信；公函即公务信件。它是上下级和各平行机关或不相隶属的机关之间在商洽和联系工作、询问和答复问题时所使用的文体。它适用于不相隶属机关之间商洽工作，询问和答复问题，请求批准和答复审批事项。函的特点是不受公文规定的严格限制，如不用正式文件头，也可不编文件号，有时还可不拟标题，因此用起来极为简便。为了精减文件，提高效率，改进工作，反对文牍主义，凡用公函能解决的问题，就不要用有固定规格的正式文件。

公函大体有以下几种用法：

1. 下级机关向上级机关询问一般事宜，或上级机关答复或催办下级机关有关事宜。

2. 平行机关或不相隶属的机关之间商洽有关事宜。

3. 用函来通知一般事项。如通知开一般性会议、要求下级机关报送某项材料或统计某些数字等时，也常用公函。

4. 向上级机关请示较小事宜也常用函。

此外，对原发正式文件做微小的补充或更正时，也常用函。如果份数有限，函也不必打印，直接书写即可发出。现在复印机广泛使用，也可手写后再加以复印。在具有传真通信条件的单位，也可用真迹传真机直接发，既快捷又准确。

公函的标题一般是《关于×××问题的函》，复函的标题一般是《×××机关关于×××问题的复函》，如上例。不相隶属的机关所来往的函件，其标题有时只有“事由”，而无发文机关和文件名称。

函的正文要写清商洽、询问、答复的事项。行文要开门见山，不必讲过多的道理。平行或不相隶属的机关之间的函件，措辞要得体，戒用命令、指示等语言。

公函使用起来比较方便，但因其往往没有特制的固定规格的文件版头，所以必须加盖机关印章，才能证实公函的效力。

（十三）会议纪要

适用于记载、传达会议情况和议定事项。

有些中小型专题会议或座谈会，在开过后并不作正式决定或决议，但对会上所讨论的问题，在取得一致意见后，需要贯彻执行，或公布于报刊。在这种情况下，就需要写会议纪要。

会议纪要一般包括两个部分：

一是会议情况简述。要求简要叙述开会目的、时间、地点、参加会议人员和讨论的问题以及讨论情况。

二是内容纪要。要求记述有关领导同志的讲话摘要，归纳会议经过讨论，取得一致意见的一些问题。

会议纪要的有关内容，有的是要求下属单位遵照执行的，有的是作为情况交流的，在写作时应注意以下问题：

第一，阐述要清楚，交代要具体，否则就无法贯彻执行。

第二，观点要鲜明，是非要分明，对讨论中有争论的问题要表明态度，以免造成误导和损失。

第三，要抓住要点，不能兼收并蓄。

第四，语言要简练，判断要准确，陈述的口吻要统一。

第五，条理要清楚，概括要完整。纪要应分条、分层叙述，避免杂乱无章、前后矛盾的现象。对于主要的、尚待解决的问题，可附记于纪要之后，加以说明，以引起与会人员与有关领导部门的注意，在时机成熟时，予以适当的解决。

以上介绍的 13 种公文，是 2000 年 8 月 24 日国务院在《国家行政机关公文处理办法》中统一规定的，较之 1993 年公文办法的变化是：删去了“指示”，新加了“意见”；把“公告、通告”由一个混列文种；分成两个独立文种；文种总数由12种增加为13种。这个办法是现行国家行政机关公文处理运作的基本依据。

以上13种公文没有，也不可能把机关、团体、企事业单位日常应用的各类文书种类都包括进来。譬如，法规与规章文书（条例、章程、规定、办法、制度、规则、守则、细则等）、会务文书、筹划总结性文书等常用文书均属其他应用文类，未纳入国家行政机关公文处理办法的范围。

下面仅对条例、章程、规定、办法、简报几种文书，略作介绍。

1. 条例。用于规定比较长期实行的调整国家生活某个方面准则的文件，或用于规定某个机关的组织和职权以及某些专门人员的任务和权限。如国务院发布的《发明奖励条例》《会计人员职权条例》《学位工作条例》《国家建设征用土地条例》等。

2. 章程。用于规定某个组织或团体的性质、宗旨、任务、组成人员、组织结构和活动规则等的文件，如《中国共产党章程》《工会章程》等。

3. 规定和办法。用于对某项工作或活动的进行做出具体规范的文件。二者的区别在于："规定"原则一些，要求照章执行；"办法"具体一些，可参照办理。如《国务院关于职工探亲待遇的规定》《国家行政机关公文处理暂行办法》等。

以上几种公文多以条款的形式行文，具有较强的行政约束力。写作这类公文时，首先要把某个机关或某个会议所决定的事项和内容了解清楚，抓住其主要问题和基本精神，用简洁明晰的文字，采取分段或分条分款的办法，把内容逐一写清。条款较多时，还可以细分章节。条例、章程、规定、办法等公文都是经过有关部门或会议完全肯定，并取得一致意见的内容，不容有含糊不清、似是而非的提法。未经决定或有分歧意见的，一律不要写入。

4. 简报。是汇报工作、反映问题、帮助领导掌握情况的一种常用文件，但简报的阅读范围小，多属内部参考性的信息资料，不能代替正式公文。

简报的种类很多，从其反映的内容上加以区别，大体有以下几种：

（1）综合简报。主要反映本机关、本部门的工作情况和问题。这种简报不是有闻必录，什么都反映，而是要抓住主要问题，写最值得反映的东西。既要有面上的情况概述，给人以总的印象；又要按照一定的逻辑顺序，运用典型事例给人以活生生的感性认识。

（2）专题简报。关于某一项专门工作的动态、进展、经验、问题，或向上级反映，或通报有关部门，或同时发给所属基层单位，用以推动工作。

（3）会议简报。一般由会议秘书处或主持单位编写，专门报道会议进展情况，反映与会人员的意见、建议。这种简报有综合性的，也有写一件事或一个问题的。写简报要进行归纳和整理，既可根据同一问题上的不同意见综合编写，也可把意见相近、相同，但角度不同的发言加以综述。对一些有特殊见解的发言，也可单独上简报。

此外，各单位根据各自不同的工作特点，还可编写其他形式的简报。

简报按出刊日期分，有定期的，也有不定期的。按阅读范围分，有的只供领导阅读，属于内部机密文件；有的发得较广，属于一般公开文件。

简报的格式同其他公文有所不同。一般简报的格式，大体分报头、正文、报尾三部分：

编写简报，一定要选择好材料，选用那些与执行党的路线、方针、政策密切相关的重大问题、重要情况和经验，反映上级单位正在抓的中心工作和重点任务的进展情况和上级领导关心的重要动态。简报对工作、情况要作全面的反映，有喜报喜，有忧报忧。既反映成绩、优点、经验，又反映问题、缺点、教训。这样，才能使领导掌握全面情况，预见未来，对工作做出正确的估计和安排，对问题做出恰当的处理。会议简报一定要紧紧围绕会议的中心议题，把与会人员对会议报告的修改意见，对上级领导领导机关的批评或建议，以及会议中反映出来的主要情况和问题反映出来。简报所反映的材料，是领导机关做出决策的一种依据，所以材料一定要真实可靠，力求准确无误地反映客观实际。

“简”，是简报的一个特点。它不同于正式的工作报告，应该更为简明扼要、短小精悍。简报的语言要准确，文风要朴实，去掉一切不能说明问题的废话、空话和套话。

“快”，是简报的另一个特点。它类似新闻报道中的“消息”，速度一定要快，以便使领导机关及时掌握新情况，研究新问题。

此外，要注意不滥发简报，克服文牍主义。

附1：

关于印发《中国建设银行公文主题词表》的通知

建办〔2007〕10号

各省、自治区、直辖市分行，总行直属分行，苏州、三峡分行，哈尔滨、常州培训中心，总行各部门，各审计分部、各总审计室：

为充分发挥公文主题词的作用，做好公文的档案管理，便于查询、检索和使用，总行根据建设银行业务范围及部门职责划分，编制了《中国建设银行公文主题词表》，现印发你们，并将有关事项通知如下：

一、中国建设银行公文主题词是中国建设银行经营管理活动形成的语言，并经过规范化处理的词或词组，用于反映公文的主旨内容，是公文处理和档案管理的重要工具。公文主题词由类别词、类属词、文种词三个部分构成，类别词体现公文内容的归属，类属词反映公文的具体内容，文种词表示公文的种类。

为便于标引和使用，本次编制的类别词主要按照总行部门职能确定；类属词主要按照具体业务范围和种类等确定，其中涉及多个部门的，单独列出了共用类属词供相关部门选用；文种词按照总行公文处理的有关规定确定。

二、标引方法

1. 标引顺序应按照类别词、类属词和文种词依次标引，并注意公文主题词内在逻辑的完整性。

2. 总行部门拟制公文，应选择与本部门职责相对应的类别词标引；分行及以下内设机构拟制公文，应根据公文的内容选择相应的类别词标引。

3. 同一类别词项下的类属词不能满足需要时，应从共用类属词或其他类别词项下的相关类属词中选用。

4. 同一文件标引的主题词一般为3个，最多不超过4个。其中，类别词和文种词各1个。

5. 如果文件有两个以上主题内容，其类属词须先对第一个主题内容进行标引，再对第二个主题内容进行标引。

6. 转发系统内的文件，其主题词按原文件的主题词标引；转发外单位文件，其主题词应按本主题词表的要求标引。

三、党务发文的类别词统一为“党建”。

四、公文主题词由总行行长办公室统一管理、调整和维护。各分行、总行各部门如有调整需求，应及时向总行行长办公室提出。

五、各级分支行在拟制公文时，应严格按照《中国建设银行公文主题词表》的内容规范引用公文主题词，不得自行编制。

六、本次公文主题词将在总行OA系统和档案系统中装载使用。OA系统将以类别词为依据，提供公文的分办功能，以简化公文传送程序，提高办公效率。

总行各部门应积累本部门的常用词库，以供行长办公室在OA系统中进行配置。各分行应建立类别词与部门职能之间的对应关系，以便在OA系统中配置分办功能。

七、为便于向国务院、人民银行等单位上报公文的主题词标引，本次将上述单位的常用主题词一并列上，供行文使用。

八、本通知自印发之日起执行。

附2：

对2007年主题词的粗浅评注意见

1. 2007年印发的公文主题词共计467个，其中：其中类别词37个，类属词418个，文种词12个。

2. 37个类别词是按颁发时的37个部门分类的，再按37个类别（部门）的职责分工标列为329个类属词，另外再加上共用类属词89个，全部类属词为418个。

3. 这种按部门标类别词、按部门分工职责标类属词的方法的优点是直观、明了、易操作，有利于所有部门的办文人员熟练地掌握公文主题词的标列原则和方法。

4. 由于总行的部门设置及分工的频繁变化调整，使得这种公文主题词也必须随之经常变化与修订，同时，部门的设置及职责分工的变化可能有主观随意性，与公文类种、类属的要求并不一定完全重合，客观上增加了主题词的不稳定性。

5. 公文主题词是现代公文管理、分类、归档的重要依据，但从政府、部门、企业的实际运用情况看，尚未实现相对统一、规范、稳定的要求，这只能义循序是一个渐进的过程。

6. 建行公文主题词的运作情况，总体上是健康、规范的，是有良好传统的。

附3：

中国建设银行公文主题词表

一、类别词、类属词

1. 董事会（10）

投资者关系　年报　中报　股东　中介机构　公司治理　资本市场　股价　信息披露　专门委员会

2. 监事会（7）

财务监督　内控监督　履职尽职监督　风险提示　征询　质询　访谈

3. 办公文秘（14）

公文　签报　档案　保密　密码　报刊　印章　办公自动化　督查　信访　分工　行史　值班　通讯员

4. 人力资源（17）

系统管理　本部管理　青年人才　专业技术　用工　垂直条线　离退休　薪酬　培训　劳动　劳务　员工　任免　招聘　录用　内设机构　福利

5. 资产负债管理（8）

规划　营业机构　中间业务　资金　流动性　价格　利率　资本

6. 计划财务（19）

经营计划　预算　投资　成本　费用　固定资产　租赁　管理会计　监督　审查　税务　经营绩效　准备金　采购　合同　程序　结果　范围　商品

7. 会计（20）

操作　外币　现金　出纳　外审　科目　汇票机构　联行　账户　柜面业务　机具　票据　凭证　会计报告　决算　结算　核算　防伪　结息　年结

8. 信息（6）

数据　统计　报表　监测分析　征信　网站

9. 风险管理（6）

对公　零售　授权　条线　计量　分析

10. 风险监控（4）

评估评价　组合　认定　限额管理

11. 信贷审批（4）

信用等级　受理　标准　评级

12. 审计（9）

业务　非现场　离任　任中　IT　海外　本级　追踪　专项

13. 研究（4）

宏观　杂志　课题　博士后工作站

14. 公司业务（6）

区域　行业　中小企业　房地产　商人银行　核准

15. 集团客户（8）

营业　资金结算网络　金融服务网络　额度　交换　支付　国际收支　密押

16. 机构业务（16）

政府　事业法人　财政　社保　军队武警　银行　期货　信托　保险　财务公司　非银行　集合计划　派出柜台　融资融券　卫生　教育

17. 国际业务（10）

外汇　国外银行　贸易融资　国际融资　海外机构　信用证　经常项目　资本项目　衍生品　外事

18. 投资托管（4）

基金　监督稽核　资产　机构投资

19. 个人金融（8）

存款　储蓄　证券　银行卡　网点　自助银行　设备　渠道

20．高端客户（4）

理财　策划　私人银行　财富管理

21．住房金融（10）

个人贷款　商业用房　房改　住房　公积金　维修基金　监测督导　消费助业　助学

22．信用卡（3）

商户　运营　信用

23．金融市场（6）

本币　代客　拆借　头寸　结汇　售汇

24．投资银行（7）

融资　再融资　财务顾问　经纪　资产证券化　信托　资本运营

25．资产保全（6）

债转股　委托代理　核销　处置　破产　关闭

26．信息技术（7）

安全　架构　开发　支持　供应商　资源　测试

27．营运管理（10）

应用　配送　稽核　清算　个人业务　总账　境外交易　金库　账务　运行

28．电子银行（13）

网上银行　手机银行　电话银行　家居银行　后台管理　电子对账　呼叫中心　主机直联　投诉　短信　外呼　互联网　域名

29．质量效率（2）

流程　六西格码

30．合规（4）

反洗钱　责任认定　关联交易　整改

31．法律（9）

非诉讼　诉讼　知识产权　工商登记　金融许可证　合同文本　法律性文件纠纷　和解

32．纪检监察（12）

执法　效能　问责　处理　处分　违规违纪　举报　案件　反商业贿赂

专项治理　积分　审理

33. 安全保卫（10）

综合治理　治安　应急　突发事件　群体事件　事故　押运　自然灾害　防护设施　调查处置

34. 公共关系（11）

宣传　新闻　品牌　广告　企业形象　社会责任　企业文化　理念　行为规范　服务　示范点

35. 总务（8）

行政　房管　接待　物业　后勤　房产　物资　基建

36. 工会（7）

劳动保障　帮扶　职代会　职工生活　女工　调解　慰问

37. 党建（20）

组织　作风　思想　廉政　领导班子　党员队伍　群众工作　党委　党支部　党员　党费　选举　民主评议　民主生活　党风党纪　巡视　青年　理论教育　理论研讨　文明创建

38. 共用类属词（89）

高管层　讲话　调查研究　会议　要点　管理　检查　总结　法规　行政规章　规章制度　签字样本　政策　计划　方案　系统　人员管理　风险　风险经理　内部控制　授信　信贷　非信贷　保证　担保　抵押　质押　企业评级　信用风险　市场风险　操作风险　分类　不良资产　减值准备　风险偏好　资产质量　预警　平行作业　市场　客户　客户经理　营销　项目　产品　研发　发行　保函　保理　承兑　证明　银团贷款　借记卡　理财卡　账户金　保管箱　小额信贷　汇款　收费　保证金　黄金买卖　批发业务　零售业务　自助业务　透支　回购　招标　投标　监理　代理　承销　债券　国债　股票　承兑汇票　贴现　年金　工程造价　咨询　准入　退出　表外业务　网络　考核　竞赛　考试　评选表彰　奖励　激励

二、文种词（12）

决定　公告　通告　通知　通报　议案　报告　请示　批复　意见　函　会议纪要

附 4：

中国建设银行常用上级单位主题词表

一、国务院的公文主题词

1. 类别词

综合经济　经济管理　金融　外事　机构　人事　劳动　工资

文秘工作　行政事务　综合党团

2. 类属词

银行　货币　存款　贷款　信贷　贴现　利率　利息

贴息外汇　外币　汇率　债券　证券　黄金

二、中国人民银行的公文主题词

1. 类别词

货币信贷　外汇管理　财务会计　金融统计　货币发行

国库管理　金融科技　金融法制　金融外事　人事教育

金融党建　纪检监察　金融文秘

2. 类属词

资金　现金　利率　准备金　信贷管理　贷款　消费信贷

住房金融　业务管理　储蓄　存款　金融秩序　金融风险

稽核　资本金　信用评级　资产保全　金融市场管理

货币市场　资本市场　债券市场　公开市场　有价证券　股票

债券　企业债券　金融债券　财务会计　结算　决算

金融保卫　金融信息

上级单位文种词同中国建设银行的文种词。

第二部分 金融公文写作

人类社会有了文章、就有了写作。社会越发展写作越重要。社会分工越细化，写作的门类也越加复杂。

金融与写作息息相关，在各种金融活动中都离不开写作这一手段；写作作为一种信息载体，贯穿于整个金融活动的始末。特别是在市场经济条件下，包括金融在内的一切经济活动，都要依法运作，讲求规范，以文字形式记载、传递活动内容及其过程的写作必然将广泛被运用。因此，加强金融写作的研究，探索金融写作的规律，提高广大金融干部职工的写作能力和写作水平，是金融形势、金融工作发展的客观需要。就一个金融企业而言金融写作的水平，不仅对金融企业的经营管理和运作效率至关重要，而且在很大程度上代表了金融企业的整体形象和素质。所谓“文如其人”不仅从富有人情味的文学作品中，给人以这种感觉，而且在庄重、严谨、程式化的公文中，也常常标志着公文起草者，乃至公文制发的机关、团体、企事业单位的工作作风，办事风格、管理素养等个性化的特点。金融写作除了其特有的专业性要求外，也要符合国家关于公文管理的共同要求。下面仅就金融写作的几个主要问题，谈点看法，供参考。

一、金融公文写作的特点

金融属于经济的范畴，金融写作是经济写作的一个分支。金融写作是记载金融活动，传播金融信息的重要工具，同时也是研究金融活动规律，实施金融监督管理的重要手段。作为经济写作的一个大类，金融写作具有如下特点：

（一）金融公文写作具有很强的专业性特点

金融工作从理论到实务都具有很强的专业性。我们几乎每天都在同货币打交道，但是，并非所有同货币打交道的人都能弄懂货币。金融写作的专业性，一是体现为金融企业作为一个经营主体，有其自身的专业特点；二是金融企业公文的传递运作主要在金融领域之内，即受文的客体，具有一定的专业性特点。对于绝大多数从事非金融专业工作的人来讲，只能看到金融活动的表面现象，而无法知晓其内在实质。作为记载、描述金融活动及其规律的金融写作，自然具有其很鲜明的专业性特点。从事金融写作的作者只能是从事金融研究、金融实务工作的，具有一定的金融理论水平、政策水平和实践经验的专业人员。而且这种写作、并非是作者个人意志、偏好的产物，而是金融企业集体意志、利益的体现。

（二）金融公文写作的内容，具有真实性的特点

金融写作内容的真实性特点，是有其具体含义的：

一是各类数据必须真实而不虚假，准确而不能有差错。存、贷款、现金发行量等数据如果出现虚假、差错，可能会引起不良后果，甚至对宏观决策造成不利的影响。如果在合同、票据上出现差错，则会引起纠纷，使其中一方当事者受损。有些数据，比如只能通过典型调查推算出来的数据，要求尽量与实际情况吻合，误差过大，文章就失去应有的参考价值，甚至产生负面作用。

二是情况必须真实。金融写作的时间、地点、单位、事实都必须真实准确，不允许杜撰。特别是对金融运行中出现的问题及其成因分析，一定要抓得准，剖得透。问题抓得不准，以次要矛盾代替主要矛盾，就会掩盖事实真相，给读者得出错误的判断。问题找准了，但在分析问题成因时所举事例不合实情，或只是个别现象，不具备代表性，同样也会影响文章的真实性效果。

（三）金融公文写作的表达方式具有程式性特点

金融写作的程式化特点，是指在金融写作中要遵守一定的规则和程序。

一是结构方面，金融文书大多有相对固定的模式，即不同的金融文书有各自不同的基本固定的结构样式，开头主要写什么，中间（正文）分为几个层次，如何结尾，以及先后顺序都基本上是既定的，不能随意打乱。

二是内容方面，某种特定的金融文书主要应包括哪些要素是有规定的，这些要素要写全，不能漏项。比如贷款合同，必须写明借贷双方当事人、贷款日期、

期限、金额、利率、借款用途、还款方法、违约责任等。若是抵押贷款或担保贷款，还应写明相关的事项。每一项都不能漏掉，也不能错写，否则会引起合同纠纷。

（四）金融公文写作的用语，要符合规范性要求

金融写作用语讲求规范，是由其性质和作用决定的。所谓规范，有两层含义：

一是指用语的专业化。在长期的金融研究和金融工作实践中，逐渐形成大量有特定含义的专门术语，如货币信用方面的“货币供应量”“基础货币”“原始存款”“派生存款”“可用资金来源”“头寸”，股票交易市场中的“牛市”“熊市”“大盘”“个股”“股指”“市盈率”，等等。这类词语在其他写作中基本不用，而在金融写作中则经常运用，如果不用这些术语，而用其他的语言来表述这些术语所指的特定含义，则会被视为用语不规范，影响意思的表达。金融写作重在实用，只需内行看懂就行，外行能否看懂无关紧要。如果将这些专门术语通俗化，让所有有阅读能力的人都能读懂，文章就显得冗长、累赘，影响其实用效果。让所有有阅读能力的人了解金融专业知识也是需要的，但那是科普读物的写作要求，而不是金融公文写作的任务。

二是指金融写作的语言表达具有解释的单一性，不能使用模糊语言和模棱两可的词语。如在信贷资产质量调查报告中，对不良资产数额及其所占比重的表述，不能用“很少”“很多”“大部分”“少部分”等模糊概念，必须用具体的数字表明。在金融写作中使用模糊语言容易使事实走样，问题不明，矛盾混淆，于读者有害无益。模棱两可的语言在金融写作中也是忌讳的。特别是金融监管方面的文书，涉及对被监管单位违规违纪事实的认定和处理，绝不能使用“也许存在”“可能有”“大概是”等似是而非的语言。这些语言容易产生歧义，影响执法质量和效果。

二、金融公文写作的种类

金融写作公文的种类，按照不同的分类标准可以有多种类型。按金融业的分

类标准，可分为银行类公文写作、保险类公文写作、证券类公文写作、信托类公文写作四类；按公文种类的不同来划分，可分为报告、请示、批复、通知、决定等不同公文种类的公文写作；按公文写作的内容、功能的不同来划分，又可分为金融业务性公文写作、金融调研性公文写作和金融监管性公文写作三种类型。

金融业务性公文写作，是指在开展金融业务过程中所进行的写作，如信贷、计划、财务、委托代理等业务方面的写作。

金融调研性公文写作，是根据金融工作的需要，在进行调查研究的基础上所进行的写作，如经济金融形势分析预测、信贷资产质量调查、股市评论等。

金融监管性公文写作，主要指中央银行、银监会及其分支机构在对辖区内金融机构、金融业务实施监督管理活动中所进行的写作，如稽核系列文书的写作，成立金融机构、开办金融业务方面的申请、批复等文书的写作。

以上这三类公文写作在内容、作用以及写作方法上都有所不同。这样的分类打破了行业界限和文体界限，将一般通用的应用文体，如计划、总结、会议纪要、通知、简报等公文写作与金融专业特有的公文写作相区别开来了。这样的分类方法，只是为了论述的方便，因而只具有相对的意义。从广义的角度看，金融调研、金融监管都可称为金融业务。金融稽核是中央银行履行金融监管的重要手段，稽核工作当然也是中央银行的一项重要业务工作。不过，金融调研、金融监管同日常的金融业务经营活动毕竟有比较明显的区别。金融调研不是直接经营、办理金融业务，而是为了更好地开展金融业务；金融调研的主体在从事调研活动时不同客户发生业务往来，只发生工作往来，如请求客户提供调查需要的情况、资料。金融监管也不直接对外办理存款、贷款、保险、证券投资等金融业务，而是对金融机构及其业务活动进行监督、管理、协调，以促进金融业合规经营，稳健经营。三种金融活动由于其工作性质、内容、行为方式有所不同，因此体现在写作上也就有了差异。金融业务写作讲求直向，就是开门见山，直截了当，不说空话，不搞议论，不带水分，全是干货，重在直述；金融调研写作追求理性，重在分析，要求在调查研究的基础上，有理有据地进行分析、论证，给人一种启发和思考，一般不直接要求读者应该怎么办，重在务虚、讲理；金融监管写作注重严谨，重在对金融业务活动进行合法性、合规性评述和判断，并且具有一定强制性要求。

三、金融类公文写作的基本要求

金融类公文对金融决策具有重要参考作用，对金融业务活动具有重要的指导作用和规范引导作用。要充分实现金融公文的应有作用，在金融公文的写作中，要根据不同种类和不同文种的公文特点和要求进行写作，才能达到事半功倍的作用。金融公文写作的基本要求，主要有以下五个方面：

（一）写作内容要真实

写作内容的真实性，是写作的最基本最一般的要求。金融写作内容的真实，首先要求作者在公文的起草和审定过程中，站在企业法人的立场上，按照国家的金融法规和政策要求来表达观点，分析和研究问题，而不能以作者个人的立场和好恶作为写作的出发点。这就要求公文的起草者要时刻明确，公文写作不是一种个人行为，不能以个人的利益、好恶影响公文的写作。其次，要善于区分一般现象和个别现象，要分清必然现象和偶然现象。如果以个别现象和偶然现象为依据，就会失去公文的真实性，而导致公文内容的失真。比如，在信贷资产质量调查报告的写作中，我们不能因为被调查单位出现少量不良贷款，就得出该单位“信贷管理薄弱”的结论，对贷款质量要作全面、综合的分析，看哪些因素起决定性作用。需要说明的是，我们在调查研究报告中反对以偏概全、以个别代替一般的做法，不是说个别现象、存在的问题不能写，作为监管写作中的检查、处罚方面的文书，主要就是写“个别现象”，即存在的问题，而且要写准、写深、写透。写“问题”是为了解决问题，防止类似问题在今后发生。这与写作内容要真实不但没有矛盾，而且是统一的。关键的问题是公文写作的种类不同，写作的要求和动机不同，前一种是从一般的，大量的现象中，抽象、分析出一般的立场和观点，而后一种是就具体问题进行合法性、合规性的比较判断。所以，要对写作真实的要求作具体的分析，不能一概而论。

（二）运用政策法规要准确

金融写作的政策性很强，在具体写作中，往往要运用有关金融政策、法规，尤其在金融监管写作中，无论是申请（批复）设立金融机构，变更机构要素，申请（批复）开办金融业务，还是对金融违规行为进行处理，都要严格按照有关金融政策法规办理，有时要直接引用政策法规条款内容。因此，在写作中，必须准确把握政策法规，需要引用时要注明文件、法规名称，颁布单位、时间，具体条款内容，一般要求用引号直接引原文，不能仅凭印象引用，要对照原件，以免出现漏引、错引，否则将造成不良后果。

（三）观点要明晰

金融写作除合同（协议）类文书只记载各方当事人商定的事项外，其余大都要表明公文制发单位的观点。公文所表明的观点必须是清晰明白，不能模棱两可，自相矛盾。比如贷款项目评估报告，要通过对各种因素的综合分析，得出该项目可不可行，能不能发放贷款，发放多少贷款的结论，而不能矛盾上交，推诿责任。在这一分析评价过程中，必须鲜明、准确地表达出可行与不可行，为什么可行或不可行，以便于领导或上级部门据此做出正确的判断。否则，应该贷款的项目没有贷，使企业失去机会，经营蒙受损失；不该贷款的项目贷了，使贷款形成风险，银行和企业都受到损失。

（四）理由要充分

公文写作的理由是否充分、得体，是公文发挥应有作用的关键之所在。理由要充分与观点要明晰的要求是相联系的。观点要靠理由来支撑，无理由的观点不能成立，理由不充分，观点也站不住脚。在金融写作中，要表达某一观点，必须以充分的理由来说明这一观点的正确性。比如涉及经济处罚方面的文书制作，要做出对被检查单位某一违规行为处以罚款或没收非法所得的决定，就必须说明违规行为事实、违规行为性质和给予处罚的法律法规依据。只有这三个要素齐备，处罚的理由才算充分。三个要素缺其中一项就不能做出处罚决定。如果只有违规行为事实，没有或无法对这一行为事实定性，则处罚的理由不充分；如果事实存在，也做出了准确定性，但找不到相应的金融法规予以处罚，则处罚的理由同样不充分。

（五）语言要庄重、质朴

这是由金融公文写作的性质决定的。金融公文写作既是金融活动的载体，又是金融活动必不可少的手段，同时也是金融活动的重要组成部分。金融公文写作是一项很严肃的工作，语言表达上要求庄重、质朴，一般不使用随意性的口头语、俏皮话，以及夸张、比拟、比喻等修辞手法，以避免损害文义；要规范、准确、精练。当然，庄重、质朴并不等于呆板，不排除在适当的情况下使用少量约定俗成的形象化的语言，使之更准确、更深刻地表达所要表达的意思。比如我们经常说的资金“体外循环”，就是描述信贷资金在脱离银行控制下的一种运动方式。这是一种形象的比喻。适当使用形象化的语言，还可以增强文章的可读性，但切忌滥用。

四、银行员工要努力提高写作能力

以上讲的公文及公文写作知识方面的内容，只是一种常识性的介绍，要能真正提高写作水平，不仅应具备一定的综合知识功底，更需要在长期工作实践中学习、积累和提高。所谓“功夫在诗外”的道理，就是说光知道技巧或常识是写不出好的诗词来的。

（一）写作是一种能力

写作是一种能力，能力不能传授，只能通过实践将知识转化为能力。写作，从本质上讲是运用文字表达思想感情，反映客观事物。这种表达和反映有抽象和形象之分。应用文写作为抽象性的，文学写作属形象性的。因此，应用文写作能力的前提是认识能力；应用文写作的基础是思维能力；应用文写作能力直接表现为表达能力，表达能力是多种能力的综合表现。首先要有选择主题能力，其次要有论述主题能力，还要有文字修辞能力。具备了这些能力，就有了从事应用文写作的基本素质和能力。

（二）写作是一种态度

公文是公务文书。公文写作是一项重要的公务活动。公文写作的态度是否严谨、认真、得体，不仅要有胜任此项工作的能力，更要具有良好的工作态度和敬业精神。能力低难以写好公文，能力高不认真同样办不好公文。米卢说“态度决定一切”，是对足球运动员讲的，其实做任何事情都应有良好的态度。从事公文写作人员，能够养成谦虚、好学、严谨、精细的写作态度，平和、敬业的职业操守是很重要的。

（三）如何提高写作能力

要提高写作能力，首先要提高认识能力，广泛积累知识。刘勰在《文心雕龙》中讲：“积学以储宝，酌理以富才，研阅以穷照，训致以绎词。”刘勰虽任多官职，但其名不以官显，却以文彰，一部《文心雕龙》奠定了他在中国文学史上和文学批评史上不可或缺的地位。此句中：积、酌、研、训四字，道明了治学为文的进程和规律。

要努力把握写作理论，忽视写作理论的学习，就是忽视对写作规律的认识。

要善于通过写作实践把知识转化为能力。懂得写作知识固然必要，但不等于具备了写作能力。重要的是在写作实践中提高自己的能力。陆机在《文赋》中讲：“非知之难，能之难也。”就是强调了“能”比“知”更难的道理。陆机出身名门，祖父陆逊为三国名将，西晋文学家、书法家，与其弟陆云合称“二陆”。他“少有奇才，文章冠世”（《晋书·陆机传》），与弟陆云俱为我国西晋时期著名文学家，其实陆机还是一位杰出的书法家，他的《平复帖》是我国古代存世最早的名人书法真迹。

“学而时习之不亦说乎”，“时习之”如果只解释为按时温习学过的知识，是不够的！“时习之”如果解释为实习、运用学过的知识，或许才真正值得喜悦！因为学是为了用，学以致用才是目的。“知”而“能”，不仅强调把知识升华为实际能力，也要注重在实际写作中的学习和积累。人生既要读有字之书，更要读无字之书。所谓“与有肝胆人共事，从无字句处读书”的人生座右铭，是对人们如何“共事”，“读书”的有益启迪和戒勉。

陆游在《剑南诗稿·文章》中讲“文章本天成，妙手偶得之”。此句强调为文是有其内在规律的，要有深厚的功底，才能使文章自然天成、妙手偶得。陆游，南宋诗人。12 岁即能诗文，一生著述丰富，是我国现有存诗最多的诗人。

陆游具有多方面文学才能，尤以诗的成就为最。自言“六十年间万首诗”，今尚存九千三百余首。

鲁迅在《别诸弟三首》中讲：“我有一言应记取，文章得失不由天。”鲁迅1900年和1901年分别作《别诸弟三首》，其中第三首为：从来一别又经年，万里长风送客船。我有一言应记取，文章得失不由天。此句是对其弟劝勉，强调自身的努力。

（四）公文核稿人员应具备的素质

1. 要有较高的理论政策水平
2. 要有较为广博的专业知识基础
3. 要有较为扎实的文字功底
4. 要有认真的工作态度和良好的职业操守
5. 要有较好的人际沟通和协调能力

（此文是1996～2008年间，本人从事中国建设银行公文核稿，以及多次为行内外员工办班培训过程中逐步撰写、修改而形成的一份演讲稿。）

后记

《墨海春秋》付梓出版，正逢改革开放四十周年庆祝活动之际，这是一个巧合，也令人欣喜！

从1978年2月23日进入中国财政经济出版社开始从事编辑工作，迄今正好是40个年头。其间30多年的职业生涯，主要是编书、办刊、核公文、搞科研，即所谓“甘做嫁衣事财经，墨海奉献赤子心”。

历史让我幸运地亲历并参与了改革开放的全过程！我不是以自己著书立说为目标，也没想成为专家权威，只是默默地做好自己的本职工作，真诚地履行职责，尽力拓展知识视野，倡导编研结合。在完成极其繁重的编辑、核稿、调研工作过程中，始终坚持工作、学习、研究，以“学而时习之”为乐。30多年间，先后在不同岗位上，不经意间完成上百篇的论文、书评、讲稿、词条等。在临近退隐之前的几年，曾计划撰写《投资银行学》《金融公文写作》两本书，以奉献社会。但由于2001年中国建设银行总行党委要我主持《中国建设银行史》的总编纂工作，于是只能放弃计划，全身心投入为建行修史的工作。2008年完成中国建设银行行史编纂任务，2010年新书正式出版发行，在中国建设银行的职业生涯总算划上圆满句号。

驻足回眸40多年职业生涯，检索、整理、翻阅那些尘封多年的文稿及见诸报刊、图书的作品，是一个回味人生百味的心路历程。每一篇文稿里都有难忘的故事，故事里众多的人物形象，是那样熟悉、亲切、鲜活，令我思念和难以释怀！这种回忆和品味，像定格的历史照片，不断地在脑海里浮现，宛如就在昨天！而这些故事和曾经的场景，都发生在跌宕起伏、波澜壮阔的改革开放历史大潮之中，于是让我萌生了将文稿编选出版，赠赠亲友、同事、同行，并奉献社会的想法。其间不少亲友、同事、同行对文稿颇有兴趣，并鼓励尽早付梓出版。这让我既受感动，又受鼓舞，于是正式出版此书不仅是个人的一种使命，更是一种社会责任。

《墨海春秋》共选入 1982 ~ 2014 年的 49 篇文稿；分为 6 篇：序篇、投资研究篇、金融研究篇、行史研究篇、编辑研究篇、公文写作篇；6 篇内的文稿按由近及远的时间排序。按学科划分，6 篇内容是相对独立的，但这些学科又是相近的，更是在实际履职中的作品，自然有其内在的联系。其实，工作就是最好的学习，实践就是最好的学校，谁也不可能仅仅囿于某一学科而成就事业。“与有肝胆人共事，从无字句处读书”是最值得崇尚的人生座右铭！因此，这不是一本专著，也不是一本专业文集，而是一个财经从业者用心血和汗水浇灌的履历表和心路历程。文稿内容从改革开放初期的高度集中的计划经济体制，到中国特色社会主义市场经济体制的确立，跨越了 30 多年。这是一个逐步探索、逐步思考和逐步进取的过程。文稿基本保持发表时的原貌，与改革开放发展的进程基本同步，其中难免有稚嫩、局限和不足之处，但这是追索的足迹，进取的记录，与时俱进的奉献！在科学探索的道路上，哪里有什么真理的发明者，而更多的是孜孜不倦的进取者而已！

书中文稿原大多为纸质文件，不仅收集整理不易，而且将其转换为电子版的扫描、校订之不易，更让我唏嘘不已！好在有家人、亲友们的支持和帮助，特别是李琪、田和荣、白浩然、张浩、吴联明、林渊、饶倩等同学们先后热情帮助我完成扫描、校订工作，颇令我感动！过程虽然艰辛，但毕竟顺利跨越了这一难关。

本书的付梓出版，无疑是对我职业生涯的有益总结和回味，也是令人欣慰的人生记录！为此，我要感谢家人、亲友和同学们对我无微不至的关爱、鼓励和帮助！这些真诚的关爱、鼓励和帮助，不仅让本书的编写出版十分顺畅，更让古稀之年的生活每天都充满阳光和温馨！

中国财政经济出版社赵力总编辑、财政分社张晓彪社长、责任编辑张怡然，为本书的编辑出版做了卓有成效的工作，给予了真诚的支持和帮助！经济科学出版社李洪波社长，对本书的出版工作给予了热情的关怀和鼓励！在此，谨致衷心的感谢！

谨以本书奉谢给

中国建设银行的朋友、同事、同行们！

中国财政经济出版社的朋友、同事、同行们！

文　明

2018 年 12 月 30 日

北京